Bol Nevka
Бол Невка
Petrogradskaïa
Neva
Нева
Quai du Palais
Gostiny Dvor
PETROGRADSKAÏA
Pages 64-73
Plans 1 et 2
QUAI DU PALAIS
Pages 74-95
Plans 2, 5 et 6
GOSTINY DVOR
Pages 96-113
Plans 2 et 6
0
600 m

GUIDES VOIR

SAINT-PÉTERSBOURG

GUIDES VOIR

SAINT-PÉTERSBOURG

hachette
TOURISME

Hachette Tourisme

Aussi soigneusement qu'il ait été établi, ce guide n'est pas à l'abri des changements de dernière heure. Faites-nous part de vos remarques par e-mail à l'adresse suivante : **voir@hachette-livre.fr**

HACHETTE TOURISME
43, quai de Grenelle
75905 Paris Cedex 15

DIRECTION
Nathalie Pujo

DIRECTION ÉDITORIALE
Cécile Petiau

RESPONSABLE DE COLLECTION
Catherine Laussucq

ÉDITION
Émilie Lézénès et Adam Stambul

TRADUIT ET ADAPTÉ DE L'ANGLAIS PAR
Marie-Christine Louis, avec la collaboration de Dominique Brotot et Ghislaine Ouvrard

MISE EN PAGES (PAO)
Maogani

CRÉATION GRAPHIQUE COUVERTURE
Laurent Muller

CE GUIDE VOIR A ÉTÉ ÉTABLI PAR
Catherine Phillips, Christopher Rice et Melanie Rice

DK

Publié pour la première fois en Grande-Bretagne en 1998 sous le titre *Eyewitness Travel Guides : St Petersburg*

IMPRIMÉ ET RELIÉ À DONGGUAN (CHINE) PAR
SOUTH CHINA PRINTING COMPANY

Achevé d'imprimer en août 2012
Dépôt légal : août 2012
ISBN : 978-2-01-245354-8
ISSN : 1246-8134
Collection 32 – Édition 01
N° de codification : 24-5354-6

◁ **La grande façade de l'Ermitage sous un soleil d'hiver**

SOMMAIRE

Maquette de bateau en bronze : un symbole de Saint-Pétersbourg

PRÉSENTATION DE SAINT-PÉTERSBOURG

Les joies de la neige, devant l'Ermitage

SAINT-PÉTERSBOURG QUARTIER PAR QUARTIER

Le pont des Petites-Écuries enjambe la Moïka

Statues dorées de la grande cascade de Peterhof

LES BONNES ADRESSES

RENSEIGNEMENTS PRATIQUES

Icône du XVe siècle représentant saint Georges et le dragon, Musée russe

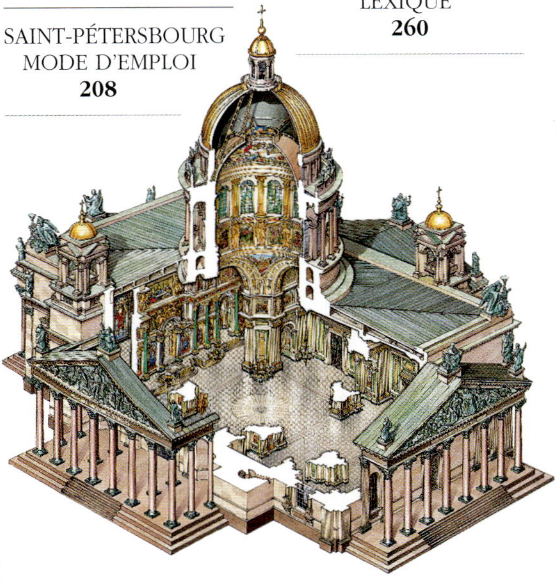

La cathédrale Saint-Isaac : 40 pierres et minéraux différents ont été utilisés pour sa décoration intérieure

COMMENT UTILISER CE GUIDE

Ce guide a pour but de vous aider à profiter au mieux de votre séjour à Saint-Pétersbourg. L'introduction, *Présentation de Saint-Pétersbourg*, situe la ville dans son contexte géographique, historique et culturel. Dans le chapitre consacré à l'histoire, une chronologie permet de visualiser les principaux événements. *Saint-Pétersbourg d'un coup d'œil* offre un aperçu des visites les plus intéressantes. *Saint-Pétersbourg quartier par quartier* présente les principaux sites et monuments classés en deux groupes : ceux situés dans le centre de Saint-Pétersbourg et ceux des quartiers périphériques. Trois promenades à pied permettent de découvrir les îles et les canaux le long de la Neva. La partie *Environs de Saint-Pétersbourg* décrit les excursions d'un ou deux jours. *Les bonnes adresses* vous fourniront des informations sur les hôtels, les restaurants et les boutiques, et les *Renseignements pratiques* vous donneront des conseils utiles tant pour téléphoner que pour utiliser les transports publics.

SAINT-PÉTERSBOURG QUARTIER PAR QUARTIER

Nous avons divisé Saint-Pétersbourg en cinq quartiers. Chaque chapitre débute par un portrait du quartier et une liste des monuments présentés, situés clairement par des numéros sur le plan *Le quartier d'un coup d'œil*.

Un ou deux *Plan du quartier pas à pas* développent ensuite la partie du quartier la plus intéressante. La numérotation des monuments reste constante de page en page.

1 Plan général du quartier
Les principaux centres d'intérêt du quartier sont classés par catégories (églises, musées et galeries, places et rues historiques, parcs et jardins) et signalés par des numéros sur le plan Le quartier d'un coup d'œil, *qui indique aussi les stations de métro, les gares, les parcs de stationnement et les embarcadères.*

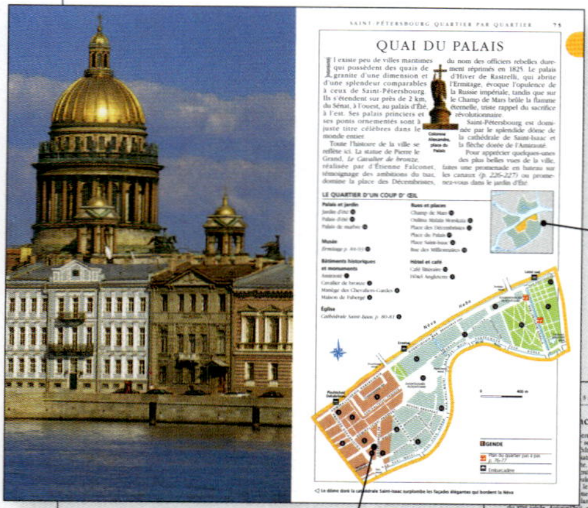

Une carte de situation indique où se trouve le quartier dans la ville.

Des repères de couleur aident à trouver le quartier dans le guide.

Carte de situation

La zone détaillée dans le *Plan pas à pas* est **ombrée de rose**.

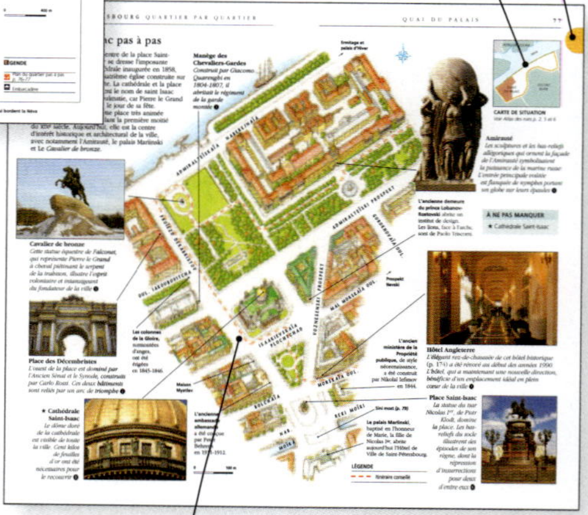

2 Plan du quartier pas à pas
Il offre une vue aérienne du cœur du quartier. La numérotation des monuments correspond à celle du plan Le quartier d'un coup d'œil *et à celle des descriptions détaillées des pages suivantes.*

L'itinéraire conseillé est indiqué en rouge.

PLAN GÉNÉRAL DE SAINT-PÉTERSBOURG

Chacune des zones colorées de ce plan *(p. 14-15)* correspond à l'un des cinq quartiers principaux décrits dans *Saint-Pétersbourg quartier par quartier (p. 54-131).* Ces repères de couleur apparaissent sur d'autres plans tout au long de ce guide. Ils permettent ainsi de trouver les monuments les plus importants dans *Saint-Pétersbourg d'un coup d'œil (p. 32-49)* ou les plus beaux ponts de la ville. Les couleurs des bordures des plans correspondent à celles des onglets colorés situés en haut de chaque page.

Les numéros renvoient à ceux des plans situant le monument.

Chaque rubrique donne les **informations pratiques** nécessaires à l'organisation d'une visite, ainsi que la référence correspondant au plan de l'*Atlas des rues (p. 238-245).*

3 Renseignements détaillés

Les sites importants sont décrits individuellement dans l'ordre correspondant à leur numérotation sur le plan Le quartier d'un coup d'œil. *Un tableau des symboles se trouve sur le rabat arrière de couverture.*

Le mode d'emploi vous donne tous les renseignements pratiques pour organiser votre visite.

Des encadrés approfondissent des sujets historiques ou d'intérêt particulier.

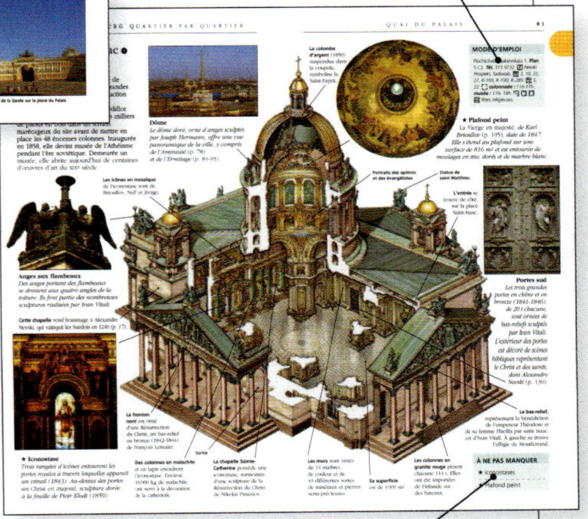

4 Principaux monuments de Saint-Pétersbourg

Deux pleines pages ou plus leur sont réservées. La représentation des bâtiments historiques en dévoile l'intérieur. Les plans des musées facilitent la visite et permettent de localiser les plus belles expositions.

Des étoiles signalent les œuvres ou éléments remarquables.

PRÉSENTATION DE SAINT-PÉTERSBOURG

QUATRE JOURS À SAINT-PÉTERSBOURG

Saint-Pétersbourg a changé maintes fois de visage en trois siècles. Bâtie sur des marais et destinée à tourner la Russie vers l'Occident, la « folie » de Pierre le Grand devint une superbe ville. « Berceau de la Révolution » qui porta Lénine au pouvoir, elle fut le symbole de la fierté nationale pendant la Seconde Guerre mondiale. Aujourd'hui capitale culturelle de la Russie, elle est dotée d'un patrimoine remarquablement conservé et d'une programmation artistique internationale. Voici quatre itinéraires thématiques passant par les sites phares et montrant les influences impériale, russe et soviétique qui ont façonné la ville. Les tarifs indiqués comprennent le transport, les repas et les visites.

Monument à la Victoire

L'imposant escalier principal de Rastrelli au palais d'Hiver

LA VILLE IMPÉRIALE

- Art et opulence
- Places et panoramas
- Souvenir de Raspoutine

POUR DEUX ADULTES,
prévoir au moins 160 €

Matin

La journée débute par la visite du **palais d'Hiver** *(p. 92-93)* de style baroque, ancienne résidence officielle de la famille impériale devenue le cœur du musée de l'**Ermitage** *(p. 84-93)*. Admirez surtout les salles d'apparat et ne manquez pas la vue sur l'immense **place du Palais** *(p. 83)* bordée par le bâtiment en courbe de l'état-major général. Il abritait autrefois les ministères et fait aujourd'hui partie du musée. Flânez ensuite le long des quais avant d'aller déjeuner au **Crocodile** *(p. 186)*.

Après-midi

Remontez Galernaïa oulitsa jusqu'à la **place des Décembristes** *(p. 78)* au milieu de laquelle se dresse une statue équestre de Pierre le Grand : **Le Cavalier de bronze**. L'endroit offre une belle vue sur l'île Vassilevski avec ses riches demeures et ses élégantes institutions. Prenez la direction de la **cathédrale Saint-Isaac** construite entre 1818 et 1858 *(p. 80-81)* et surmontée d'une coupole dorée. Le colossal édifice abrite un musée depuis l'ère soviétique. À moins de 1 km en direction de l'ouest, le **palais Ioussoupov** *(p. 120)* permet d'imaginer le faste et le pouvoir de cette famille princière. L'intérieur, avec son théâtre et ses salles de réception, en est la marque. Pour le dîner, rendez-vous au **1913** *(p. 186)* où vous pourrez écouter de la musique russe.

LA VILLE RUSSE

- Icônes et encens
- Déjeuner traditionnel
- Achat de souvenirs

POUR DEUX ADULTES,
prévoir au moins 120 €

Matin

Cet itinéraire vous conduira sur les plus beaux lieux historiques de la Russie traditionnelle. Commencez par le **Musée russe** *(p. 104-107)*, qui abrite la plus belle collection d'art russe au monde. Admirez ensuite l'intérieur de l'**église du Sauveur-sur-le-Sang** *(p. 100)*. Déjeunez traditionnel au **Kalinka-Malinka** *(p. 187)*.

Église du Sauveur-sur-le-Sang, de style Renouveau russe

◁ *Saint-Pétersbourg – Vue du pont de Troizkoi*, par J. Schroeder (XIXe siècle)

Après-midi

Faites un tour au **Rynok Souvenirov** *(p. 199)* où l'on vend de tout, des icônes aux chapkas.

Prenez ensuite le métro à Gostiny Dvor (ligne verte) jusqu'à plochtchad Alexandra Nevskovo pour visiter le **monastère Alexandre-Nevski** *(p. 130-131)* où reposent, entre autres, Tchaïkovski et Dostoïevski. En fin d'après-midi, vous pourrez assister à un service chanté aux chandelles à l'église de l'Annonciation.

Pour le plaisir de trouver de la belle confection russe, allez chez **Slavianski Stil** *(p. 199)*. En soirée, choisissez entre un ballet *(p. 202-203)* et un dîner-spectacle avec danses folkloriques au **Saint-Pétersbourg** *(p. 188)*. Pensez à réserver.

L'hôtel des Monnaies de la forteresse Pierre-et-Paul est encore en service

CIRCUIT FAMILIAL

- **Vues grandioses**
- **Drôles de spécimens**
- **Déjeuner en forêt**
- **Patinoire ou cirque**

POUR UNE FAMILLE DE QUATRE, prévoir au moins 110 €

Matin

Montez à la colonnade de la **cathédrale Saint-Isaac** *(p. 80-81)* pour admirer la vue. Traversez ensuite la Neva jusqu'à la **Strelka** de l'île Vassilevski *(p. 58-59)* pour visiter les musées de **Zoologie** et de la **Marine** ou le **Kounstkamera** *(p. 60-61)* réservé à ceux qui aiment les monstruosités conservées dans du formol. Rejoignez Petrogradskaïa *(p. 64-73)* où vous pourrez prendre, selon votre appétit, soit un déjeuner substantiel et bon marché au **Pelmeni Bar**, soit un repas plus léger au **Troïtski Most** *(p. 193)*.

Après-midi

La principale curiosité de Petrogradskaïa est la tristement célèbre **forteresse Pierre-et-Paul** *(p. 66-67)*. Vous y verrez les cellules de la prison, le bateau à rames de Pierre le Grand, des expositions sur l'histoire de la ville et le chemin qui fait le tour des remparts. La vaste cathédrale abrite les tombeaux des Romanov.

En été, profitez du parc qui offre des attractions pour les enfants et abrite le restaurant **Zver** *(p. 185)*. Après le repas, prenez le métro jusqu'à Krestovski Ostrov, puis allez à la pointe occidentale de **l'île Élaguine** *(p. 136-137)* où se trouve une patinoire ouverte en hiver. Les couchers de soleil y sont sublimes. S'il fait froid, allez au **Cirque** *(p. 201)*.

LA VILLE SOVIÉTIQUE

- **Sites du patrimoine révolutionnaire**
- **Monuments au peuple russe**
- **Dîner typique**

POUR DEUX ADULTES, prévoir au moins 70 €

Matin

Allez à **l'Institut Smolny** *(p. 128-129)* qui fut le siège de la révolution d'Octobre et plus tard celui du Parti communiste. Prenez le bus 46 ou 136 qui passe devant le mémorial de Dzerjinsky, père de la police secrète soviétique, le **Champ de Mars** *(p. 94)* où sont inhumés les combattants de la Révolution et **Kchessinskaïa**, le musée de l'Histoire politique du pays *(p. 72)* situé sur l'autre rive. Le **croiseur Aurora** *(p. 73)*, dont le canon sonna le début de la Révolution, est ancré non loin de là. Vous déjeunerez au restaurant géorgien **Salkhino** *(p. 185)*.

Après-midi

Au nord se trouve le **musée Kirov** *(p. 72)* dédié au Premier secrétaire du Parti communiste de la ville, Sergueï Kirov, dont l'assassinat en 1934 suscita une vague d'exécutions. Prenez ensuite le métro à Moskovskaïa pour découvrir le **monument à la Victoire** *(p. 131)* qui rend hommage aux héros de l'Union soviétique. Un mémorial montre la vie lors du siège de Leningrad. Rendez-vous en métro jusqu'à Tekhnologuitcheski Institout et rejoignez la ligne rouge : les stations entre Avtovo et Plochtchad Vosstania retracent une partie de l'histoire de la ville *(p. 222)*. Pour finir, dînez au **Kitsch russe** *(p. 184)*.

La station Avtovo rend hommage à l'automobile de l'après-guerre

Saint-Pétersbourg dans son environnement

La Fédération de Russie s'étend de la Baltique au Pacifique sur une superficie de 17 millions de km². Saint-Pétersbourg, située au nord-ouest du pays, est la deuxième ville, avec une population de près de 5 millions d'habitants. Ancienne capitale de la Russie, cette « fenêtre sur l'Occident » *(p. 20-21)* a été construite sur des terrains marécageux, à l'endroit où la Neva se jette dans le golfe de Finlande. Parmi les douze pays qui bordent la Russie, l'Estonie et la Finlande sont les voisins les plus proches de Saint-Pétersbourg.

Légende des symboles, *voir le rabat arrière de couverture*

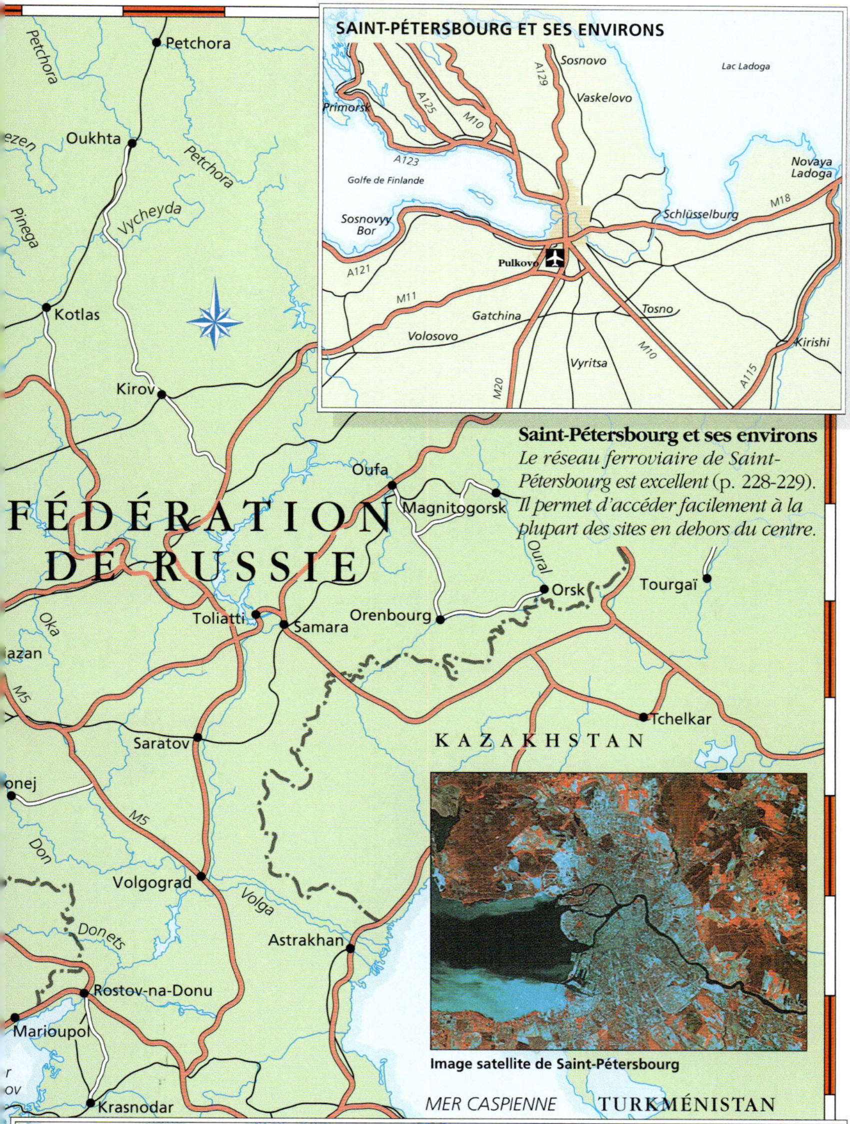

Saint-Pétersbourg et ses environs
Le réseau ferroviaire de Saint-Pétersbourg est excellent (p. 228-229)*. Il permet d'accéder facilement à la plupart des sites en dehors du centre.*

Image satellite de Saint-Pétersbourg

Le centre de Saint-Pétersbourg

Ce guide divise Saint-Pétersbourg en cinq quartiers qui possèdent chacun un caractère particulier, héritage de l'histoire de la cité. La rive sud de la Neva est bordée de somptueux palais. À l'est, le Gostiny Dvor, longeant la perspective Nevski, est le cœur commerçant de la ville. À l'ouest, les berges arborées des canaux de Sennaïa plochtchad donnent une grâce romantique à ce quartier autrefois misérable évoqué dans les romans de Dostoïevski. L'île Vassilevski, la plus grande de la ville, associe les vestiges de son activité portuaire à des institutions académiques et des musées. Au nord, la forteresse Pierre-et-Paul domine le quartier de Pétrograd.

Île Vassilevski
Sur la pointe orientale de l'île se dressent les Colonnes rostrales ornées de figures allégoriques des quatre fleuves russes (p. 60). *Ce site offre une vue panoramique de la Neva et de ses berges.*

Pétrogradskaïa
La cathédrale Saint-Pierre-et-Saint-Paul (p. 68-69) *se dresse au centre de la forteresse. Pierre le Grand y débuta la construction de la ville en 1703. La flèche dorée qui orne la tour de la cathédrale domine Pétrograd, un quartier qui recèle de splendides édifices Art nouveau.*

Gostiny Dvor
Nevski prospekt est traversée par des voies navigables, notamment la Moïka (p. 36). *L'été, ces croisements sont très animés, et les cafés, situés sur des bateaux ou le long des berges, se remplissent de monde.*

Quai du Palais
Dans le prolongement de l'Ermitage, la rive de la Neva est dominée par l'ancien palais d'Hiver, splendide édifice baroque (p. 92-93). *Le long du quai se dressent l'exceptionnel* Cavalier de bronze (p. 78-79) *et le plus modeste palais d'Été de Pierre le Grand* (p. 95).

Sennaïa plochtchad
Le palais Ioussoupov (p. 120) *offre un décor raffiné qui témoigne de la splendeur et du luxe de ses anciens propriétaires. Autour, des rues tranquilles offrent de belles promenades, surtout pendant les Nuits blanches de juin.*

LÉGENDE

- Site principal
- Site important
- Station de métro
- Embarcadère de ferry/bateau
- Poste de police
- Église orthodoxe

1703.

HISTOIRE DE SAINT-PÉTERSBOURG

Dix ans après sa fondation en 1703, Saint-Pétersbourg devient la capitale du vaste empire de Russie et l'une des plus belles villes d'Europe. Rebaptisée trois fois au cours du XXe siècle, elle a subi trois révolutions et un siège de 900 jours. Un passé mouvementé pour une ville d'à peine trois siècles.

Environ 850 ans avant la fondation de la ville, les tribus slaves de la région choisissent Riourik, un chef varègue, pour les gouverner. Son successeur fonde la principauté de Kiev. En 988, la conversion du grand-prince Vladimir au christianisme orthodoxe fait de cette religion l'un des fondements de l'identité russe. Paradoxalement, l'unité de la Russie ne s'est développée qu'au cours des 250 années de domination mongole. En 1237, ces tribus guerrières, converties à l'islam, ont conquis toutes les principautés à l'exception de Novgorod. Un siècle plus tard, les Mongols confient à Ivan Ier (1325-1340), un grand-prince moscovite, le soin de collecter les tributs des autres principautés. Cette bienveillance à l'égard de Moscou va s'avérer néfaste pour le pouvoir mongol.

Ivan IV « le Terrible »

Guerriers mongols, illustration d'un manuscrit du XIVe siècle

En 1380, le grand-prince moscovite Dimitri Donskoï remporte une première victoire décisive qui marque un pas vers l'autonomie de la nation russe. Ivan III (1462-1505) met définitivement fin à la suzeraineté mongole, ce qui accroît le prestige de Moscou. Le règne d'Ivan le Terrible (1533-1584), le premier « tsar de toutes les Russies », débute dans la prospérité, mais se termine par une période de terreur. Dans un accès de fureur, Ivan tue son fils aîné, inaugurant le « Temps des troubles ». Moscou est envahie par des usurpateurs polonais.

LES PREMIERS ROMANOV

Pour stabiliser le pouvoir, les notables portent Michel Romanov sur le trône en 1613, instaurant trois siècles de domination de cette dynastie. Son fils, Alexis, souhaite moderniser le pays. Il rédige un Code des lois, impose la souveraineté de l'État sur l'Église et fait venir des architectes occidentaux.

Boris Godounov

CHRONOLOGIE

- **862** Riourik s'établit à Novgorod
- **863** Cyrille et Méthode créent l'alphabet cyrillique
- **988** Le prince Vladimir se convertit au christianisme orthodoxe
- **1000**
- **1108** Fondation de la ville de Vladimir
- **1147** Fondation de Moscou
- **1200**
- **1223** Premier raid mongol
- **1240** Souveraineté mongole en Russie
- **1242** Victoire d'Alexandre Nevski sur les chevaliers Porte-Glaive
- **1400**
- **1462–1505** Règne d'Ivan III
- **1480** Ivan III refuse de payer son tribut aux Mongols
- **1533-1584** Règne d'Ivan IV le Terrible
- **1598** Boris Godounov tsar après 12 ans de régence
- **1600**
- **1605-1613** Temps des troubles
- **1613** Michel Romanov, premier tsar de la dynastie des Romanov

◁ ***Pierre le Grand instruisant ses ouvriers lors de la construction de Saint-Pétersbourg*** **(Alexander von Kotzebue, 1862)**

PIERRE LE GRAND

Pierre Ier, le fondateur de Saint-Pétersbourg, inaugure une nouvelle ère de l'histoire de la Russie. Après la mort de son père, le tsar Alexis, l'enfance de Pierre est obscurcie par la terrible rivalité entre les Narychkine (sa famille maternelle) et les Miloslavski (celle de la première femme de son père). Lorsque Pierre est proclamé tsar, à l'âge de dix ans, les gardes streltsy, acquis aux Miloslavski, déclenchent une révolte. Pierre est contraint de partager le trône avec son demi-frère Ivan, et sa demi-sœur Sophie assure la régence. Le souvenir de l'assassinat de sa famille est à l'origine de l'aversion du jeune tsar pour Moscou et sa société conservatrice et intrigante.

Pierre le Grand (1682-1725)

À la mort d'Ivan, en 1696, Pierre a 24 ans. Pendant son enfance, il aimait élaborer des tactiques militaires avec ses soldats de plomb. Il tirera profit de cet entraînement pour réformer l'armée russe. Il rêve aussi de créer une marine russe et, en 1697, part étudier la construction navale en Europe. Travailleur acharné, il passe beaucoup de temps sur les chantiers navals. Dès son retour en Russie, il introduit des réformes influencées par son expérience.

UNE NOUVELLE CAPITALE

Pierre décide d'établir un port septentrional sur la Baltique afin d'assurer la protection de la Neva. Cette initiative déclenche une guerre avec la Suède, l'un des plus puissants royaumes européens de l'époque. Toutefois, la construction d'une forteresse et du chantier naval *(p. 20-21)* commence en 1703. Le site choisi est un terrain marécageux où les matériaux de construction sont rares,

Vue de Saint-Pétersbourg au début du XVIIe siècle et du chantier naval de l'Amirauté, à gauche

CHRONOLOGIE

1672 Naissance de Pierre le Grand, à Moscou

1682 Révolte des streltsy. Pierre partage le trône avec son demi-frère Ivan V, sous la régence de sa demi-sœur Sophie

Sophie, régente de 1682 à 1689

1689 Pierre exile Sophie au monastère de Novodevitchi

1690

1696 Mort d'Ivan V ; Pierre est souverain absolu

1697–1698 Pierre visite l'Europe de l'Ouest

1698 Pierre massacre les gardes streltsy *(p. 20)*

1700

1700 Début de la guerre du Nord contre les Suédois

1703 Fondation de Saint-Pétersbou

1709 Bataille de Poltava et victoire sur Charles XII de Suède

1710

1712 Le gouvernement s'installe à Saint-Pétersbourg

1714 Constructions en pierre interdites, sauf à Saint-Pétersbourg

LA COUR D'ÉLISABETH

Lorsqu'elle ne surveillait pas les plans d'architecture, Élisabeth recevait ses suivantes dans sa chambre. Allongée sur son lit, celles-ci lui caressaient les pieds et l'instruisaient des derniers potins. Très dynamique, la reine entraîne ses courtisans dans des parties de chasse et de patinage. Elle exige qu'ils lui tiennent compagnie à toute heure du jour et de la nuit. Les 15 000 robes que contenait son immense garde-robe sont restées célèbres.

La tsarine Élisabeth entourée de ses courtisans, en promenade à Tsarskoïe Selo

la lumière du jour très réduite, et les inondations régulières et désastreuses. Plus de 40 000 ouvriers (prisonniers suédois et paysans) y travaillent jusqu'à l'épuisement.

Il n'est pas certain que le tsar ait eu l'intention d'en faire la nouvelle capitale du pays, mais, après la victoire de Poltava en 1709, qui met un terme à la menace suédoise, sa décision est prise. En 1712, Saint-Pétersbourg devient capitale de l'Empire. À la mort de Pierre, en 1725, le centre-ville abrite 40 000 habitants, et les campements de travailleurs situés dans les environs sont tout aussi peuplés.

Élisabeth (1741-1762)

LE RÈGNE DES FEMMES

Le reste du XVIIIe siècle, la Russie est gouvernée par des femmes, qui ont donné à Saint-Pétersbourg son style architectural si particulier.

Pendant les courtes périodes du règne de Catherine Ire (1725-1727), la femme de Pierre, et de son petit-fils Pierre II (1727-1730), la Cour abandonne cette ville frontière pour s'installer plus confortablement à Moscou. Lorsque Anne, la fille d'Ivan, monte sur le trône, elle décide de revenir à Saint-Pétersbourg et d'européaniser la Cour. L'impératrice, âgée de 37 ans, a passé la majeure partie de sa vie en Allemagne, et la plupart des ministres et des favoris qui l'entourent sont allemands. Toutefois, l'élégance vient de Paris, et les opéras à la mode sont italiens. Malgré une personnalité austère, Anne encourage l'épanouissement de la vie culturelle russe et parvient à élever la Cour au rang des Cours européennes les plus frivoles.

Élisabeth, la fille de Pierre le Grand, est un successeur idéal aux yeux de cette Cour superficielle. Attirante, énergique et enjouée, elle parvient à séduire la plupart de ses sujets, en particulier les gardes, qui l'aident à conserver son trône. Elle s'entoure de conseillers habiles à qui elle confie les affaires de l'État. Malgré ses extravagances, la tsarine conserve une piété surprenante qui la mène à se retirer de temps à autre dans un couvent. Elle a laissé de magnifiques édifices baroques, dont la plupart sont dus à Rastrelli, son architecte de prédilection *(p. 93)*.

1721 Paix de Nystad, fin de la guerre avec la Suède

1733 Fin de la construction de la cathédrale Saint-Pierre-et-Saint-Paul

1738 Création du premier ballet russe à Saint-Pétersbourg

1745 Mariage de Pierre III avec la Grande Catherine

1757 Fondation de l'Académie des beaux-arts de Saint-Pétersbourg

1720 | **1730** | **1740** | **1750**

1717 Voyage de Pierre en Hollande et en France

1725 Mort de Pierre le Grand ; l'impératrice Catherine monte sur le trône

1727-1730 Règne de Pierre II

1730-1740 Règne d'Anne

Anna Ivanovna, fille d'Ivan V

1741 Ivan VI est détrôné et Élisabeth prend le pouvoir

1754 Début de la construction du palais d'Hiver de Rastrelli

Une fenêtre sur l'Occident

Pressé d'en finir avec le Moyen Âge et influencé par les Occidentaux rencontrés à Moscou, Pierre le Grand est le premier tsar à voyager en Europe. Il en rapporte des idées de réformes et des influences architecturales. En 1710, lorsque la menace suédoise est écartée, la famille impériale et le gouvernement s'installent, à contrecœur, dans cette région humide et glaciale. Pierre fait bâtir de solides édifices en pierre, crée une infrastructure rationnelle et fonde des académies. Saint-Pétersbourg accueille les nouvelles technologies et les modes européennes avant qu'elles ne soient diffusées dans le reste du pays.

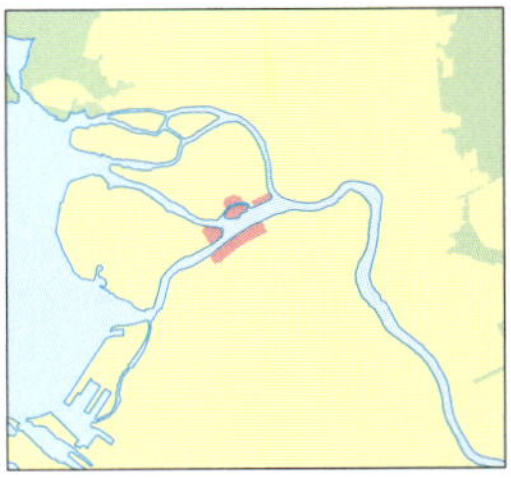

AGGLOMÉRATION PÉTERSBOURGEOISE

1712 *Aujourd'hui*

PLAN DE LA NOUVELLE VILLE

Sur ce plan de 1712, le centre-ville est situé sur l'île Vassilevski. La traversée de la Neva étant périlleuse, il sera transféré autour de l'Amirauté.

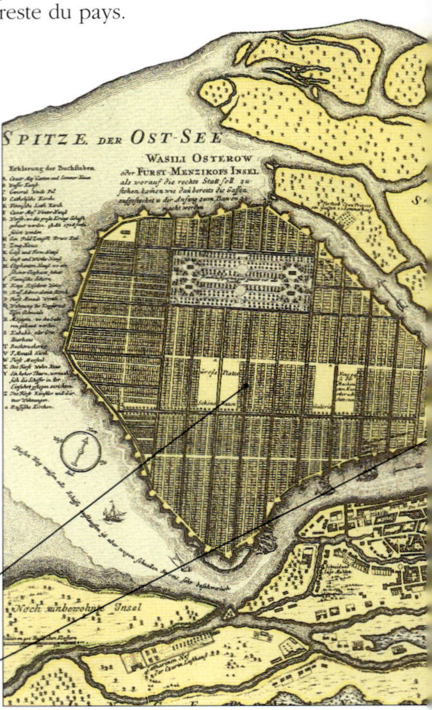

Le tsar charpentier

En 1698, lors de son voyage en Europe, Pierre (à gauche) passa plusieurs mois aux Deptford Docks, à Londres. Il y apprit les principes de la construction navale.

Inspiré du plan d'Amsterdam, le plan originel s'organisait autour d'un lacis de canaux. Il fut modifié par la suite *(p. 57)*.

Palais Menchikov

Nouvelles modes

Pierre, qui désirait occidentaliser la Russie, exigea que ses courtisans rasent leurs barbes touffues.

RÉVOLTE DES STRELTSY

Les gardes streltsy envahirent le Kremlin en 1682, à la suite d'une rumeur selon laquelle la famille de Pierre avait pour dessein de tuer Ivan, le demi-frère du tsar. Pierre, âgé de 10 ans, assista au massacre de son conseiller et des membres de sa famille. Ce spectacle terrifiant, dont il garda un tic nerveux qui lui déformait le visage, le poussa à quitter Moscou et à fonder une nouvelle capitale. En 1698, il prit sa revanche en torturant à mort près d'un millier de streltsy.

Massacre au Kremlin, en 1682

Bataille de Poltava
Le contrôle de la Baltique déclencha la guerre du Nord contre la Suède. Neuf ans après la défaite de Narva, les réformes militaires de Pierre le Grand portèrent leurs fruits. Sa victoire sur Charles XII, à Poltava (1709), fut la première que la Russie remporta sur une puissance européenne.

OÙ VOIR LE SAINT-PÉTERSBOURG DE PIERRE LE GRAND

Certains bâtiments de cette époque subsistent au centre de la ville : la maisonnette de Pierre *(p. 73)*, le palais d'Été *(p. 95)* et le palais Menchikov, de style baroque *(p. 62)*. La forteresse Pierre-et-Paul *(p. 66-67)* date aussi de cette période. La visite de Monplaisir, la première demeure de Pierre à Peterhof *(p. 150)*, est très intéressante.

L'atelier de Pierre le Grand, palais d'Été

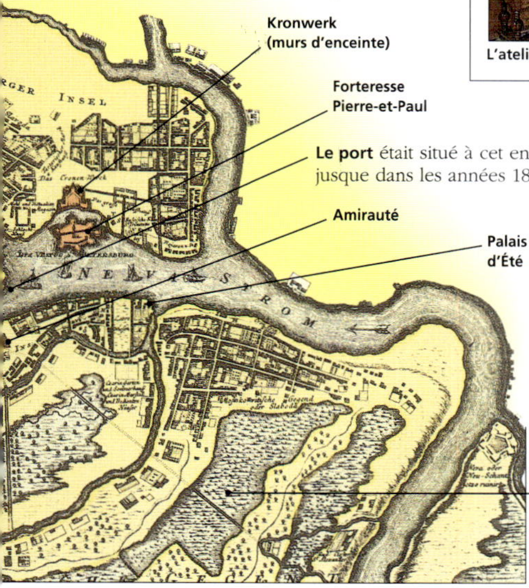

Verre à vin
Le tsar aimait faire boire ses invités jusqu'à ce qu'ils tombent ivres morts. Ce verre à vin en cristal porte le blason d'Alexandre Menchikov, son meilleur ami.

Les souris enterrent le chat
Les loubki, *gravures sur bois et caricatures politiques, représentaient toujours Pierre le Grand sous la forme d'un chat à cause de sa moustache.*

Catherine Ire
En seconde noce, Pierre épousa une jeune Lituanienne, qui avait suivi l'armée de retour des guerres de 1704. Elle appartenait à la maison Menchikov (p. 62). *Malgré la perte de leurs enfants, à l'exception de deux filles, leur union fut heureuse, et Catherine succéda à Pierre et devint ainsi la première tsarine de Russie.*

LA GRANDE CATHERINE

Élisabeth choisit Catherine, une princesse allemande, comme femme de son successeur, Pierre III. Lorsque celui-ci monte sur le trône en 1762, Catherine a passé 18 ans en Russie. Elle adore la culture du pays et parle le russe. Six mois après le début du règne de Pierre, elle le détrône avec l'aide de la garde impériale. Pierre III est assassiné peu de temps après et Catherine proclamée impératrice.

La Grande Catherine, en 1762

À sa mort, à l'âge de 67 ans, Catherine laisse un pays considérablement agrandi grâce à des campagnes victorieuses menées contre la Turquie et la Pologne. Toutefois, ses dernières aventures amoureuses dégagent un parfum de scandale, et sa réputation de monarque éclairé *(p. 24)* est ternie par sa réaction hostile à l'égard de la Révolution française de 1789.

GUERRE ET PAIX

La Russie est l'une des grandes puissances européennes lorsque éclatent les guerres napoléoniennes, sous le règne d'Alexandre Ier, petit-fils de Catherine. Malgré sa participation au meurtre de son père, on attend beaucoup du nouveau tsar, à l'esprit éclairé. La Russie, en particulier sa paysannerie asservie, est avide de réformes. Mais les besoins créés par la guerre passent avant tout, et l'autocratie demeure intacte durant le règne d'Alexandre Ier.

Usant du patriotisme de ses sujets, Alexandre s'allie aux Britanniques lors de l'invasion de l'Autriche par Napoléon, en 1805. Après une défaite écrasante à Austerlitz, le tsar, qui manque d'expérience, retire son armée, laissant 11 000 morts sur le champ de bataille.

Au traité de Tilsit (1807), Napoléon trace une nouvelle carte de l'Europe, divisée entre la France et la Russie. Trompé par cette alliance, Alexandre laisse envahir le pays en 1812. L'ampleur du territoire à conquérir et la rigueur du climat forcent Napoléon à battre en retraite. Alexandre lance son armée sur les traces de l'envahisseur et le pourchasse jusqu'à Paris. En 1814, la Russie s'allie aux puissances européennes et contraint Napoléon à abdiquer. Pour célébrer cet événement, Alexandre ordonne la construction d'une série d'édifices publics de style Empire.

Assassinat de Paul Ier, en 1801. Malgré toutes ses précautions, le fils de Catherine, personnage instable et paranoïaque, est tué dans son palais fortifié *(p. 101)*

CHRONOLOGIE

1762 Mort d'Élisabeth. Pierre III monte sur le trône, mais il est assassiné six mois plus tard. Sa femme, Catherine II, lui succède

1783 Annexion de la Crimée

1787-1792 Deuxième guerre russo-turque

1801 Assassinat de Paul Ier. Alexandre Ier devient tsar

1805-1807 Fin de la guerre avec la France. Traité de Tilsit

1760 | **1780** | **1800**

1763 Catherine II correspond avec Voltaire

1767 Catherine II publie son *Bolchoï Nakaz*

1768-1774 Première guerre russo-turque

1773-1775 Rébellion de Pougatchev

1782 Falconet termine *Le Cavalier de bronze*

1796 Mort de Catherine II. Accession au trône de Paul Ier

Alexandre Ier (1801-1825)

1812 Napoléon envahit la Russie

1816 Alexandre Ier est hostile aux réformes

Défaite des rebelles décembristes, 1825

RÉBELLION DES DÉCEMBRISTES

Séduits par les régimes occidentaux plus libres, les officiers de l'armée russe se heurtent au refus du tsar Alexandre d'envisager des réformes constitutionnelles. Lorsque son frère Nicolas, un homme inflexible, monte sur le trône en 1825, ces officiers libéraux soutiennent Constantin, le frère aîné du tsar, qui avait renoncé à ses droits. Ils déclenchent une insurrection le 14 décembre, sur une place appelée aujourd'hui « place des Décembristes » *(p. 78)*. Les troupes restées fidèles au tsar ouvrent le feu sur les insurgés. Des centaines de rebelles sont tués avant que leurs dirigeants ne se rendent. Nicolas Ier réprime l'insurrection dans le sang. Il fait exécuter cinq décembristes et en exile une centaine en Sibérie.

RICHES ET PAUVRES

Au cours du XIXe siècle, Nevski prospekt reflète toutes les couches d'une société très divisée. On y côtoie mendiants, ivrognes et prostituées, mais aussi courtisans et jeunes officiers, notables et commerçants. Ce petit monde privilégié vit souvent au-dessus de ses moyens, achetant caviar et champagne chez Elisseïev, hypothéquant serfs et domaines pour maintenir un luxueux train de vie. En revanche, le salaire d'un simple fonctionnaire est insuffisant pour nourrir une famille. Dans les campagnes, la misère des serfs appartenant aux grands domaines provoque des tensions. Les réformes politiques et sociales deviennent inévitables.

À la suite de l'autocratie implacable de Nicolas Ier, le « tsar de Fer », les libéraux accueillent avec soulagement l'arrivée de son fils, Alexandre II, plus libéral. En 1861, il signe l'édit d'émancipation qui abolit le servage. Cette nouvelle loi oblige toutefois les paysans à acheter leurs terres à des prix très élevés.

Avec l'industrialisation du pays, la population rurale se rue vers les grandes villes, mais les conditions de vie sont tout aussi difficiles, voire pires, que celles qu'elle fuyait.

INVASION NAPOLÉONIENNE

Après la victoire de Borodino, l'armée napoléonienne, qui compte 600 000 hommes, arrive à Moscou en septembre 1812. Dupée par la stratégie de retraite adoptée par le général Koutouzov, elle entre dans une ville abandonnée par ses dirigeants et incendiée par ses habitants. La rigueur de l'hiver russe force Napoléon et ses troupes à se retirer vers l'ouest. Lorsqu'il atteint la frontière, il ne lui reste que 30 000 hommes.

Retraite de l'armée française en 1812

Léon Tolstoï

1818 Début de la construction de la cathédrale Saint-Isaac

1820

1822 Suppression des sociétés secrètes et maçonniques

1825 Révolte des décembristes. Nicolas Ier devient tsar

1833 Pouchkine publie *Le Cavalier de bronze*

1840

1851 Ouverture de la voie ferrée Moscou-Saint-Pétersbourg

1853-1856 Guerre de Crimée

1855 Mort de Nicolas Ier. Alexandre II lui succède

1860

1861 Émancipation des serfs

1864 Réformes du gouvernement local, des lois et de l'éducation

1865-1869 Tolstoï écrit *Guerre et Paix*

1874 3 000 narodniki (populistes) propagent leurs idéaux parmi les « masses » paysannes

L'impératrice éclairée

Catherine II, originaire d'une famille princière allemande, est une femme énergique et d'une grande érudition. Elle s'intéresse vivement à la philosophie des Lumières et entretient une correspondance avec Voltaire et Diderot. Elle achète des collections d'art européen pour l'Ermitage *(p. 84-93)* et fonde des bibliothèques. Elle envisage de revoir la condition des serfs. Mais la révolte paysanne des années 1770 et la Révolution française de 1789 ont raison de son libéralisme. À sa mort, la vie du peuple russe ne s'est pas améliorée.

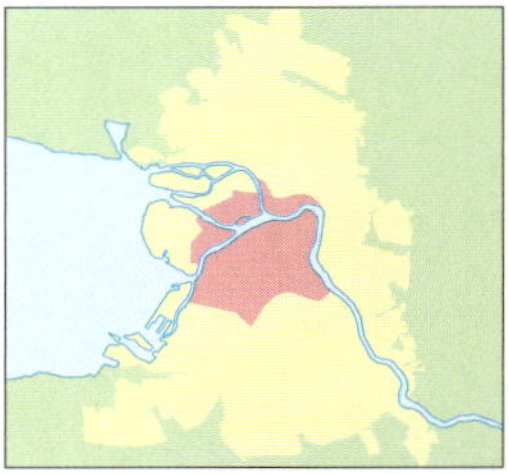

AGGLOMÉRATION PÉTERSBOURGEOISE

1790 *Aujourd'hui*

Les gardes royaux prêtent serment
Lors du coup d'État du 28 juin 1762, Catherine s'empare du trône de son mari, Pierre III. Les régiments de la garde lui apportent leur soutien, et le tsar est assassiné le 6 juillet.

Le temple évoque la passion de Catherine pour l'architecture néoclassique.

La médaille offerte au comte Orlov pour sa victoire contre les Turcs à Tchesma, en 1770.

LA GRANDE CATHERINE

L'expansionnisme territorial de Catherine II se révèle par une première victoire navale qui entraîne l'annexion de la Crimée. Ce tissu commémore cette victoire de façon allégorique.

Le comte Orlov, frère de Grigori, amant de la reine, a joué un rôle important dans l'usurpation du trône.

L'Instruction de Catherine
En 1767, Catherine, âgée de 36 ans, publie L'Instruction (Bolchoï Nakaz), *un recueil de 22 chapitres sur lequel est fondée la réforme du système législatif russe.*

Pougatchev, prétendant au trône
Le cosaque Pougatchev, qui se proclamait tsar sous le nom de Pierre III, représentait une menace pour Catherine. Arrêté, il parvint à s'échapper et prit la tête d'un important soulèvement paysan qui éclata en 1773.

La nouvelle Académie des sciences
Catherine fonda plus de 25 institutions académiques et fit construire des bâtiments pour celles qui existaient déjà. Quarenghi construisit l'Académie des sciences, édifice néoclassique (1783-1785).

OÙ VOIR LA VILLE NÉOCLASSIQUE

Catherine fit ériger le palais de Marbre *(p. 94)* et le palais de Tauride *(p. 128)* pour deux de ses amants. Elle fit ajouter le Petit et le Grand Ermitage et le théâtre *(p. 84)* au palais d'Hiver. Cameron construisit la galerie qui porte son nom, le pavillon d'Agate, à Tsarskoïe Selo *(p. 154)*, et le palais Pavlovsk *(p. 158-161)*.

La Salle grecque à Pavlovsk, créée par Charles Cameron en 1782-1786

Portrait de Catherine en Pallas Athéna, la déesse de la Sagesse et de la Guerre, munie d'un casque et d'un bouclier.

Tissu d'un paravent fabriqué par l'usine Permons, à Lyon, en 1770.

Vase de style Empire (1790)
La porcelaine était très appréciée à la Cour. En 1744, la Manufacture de porcelaine impériale est créée à Saint-Pétersbourg.

Grigori Potemkine (1739-1791)
Le prince Potemkine, admiré par l'impératrice dont il était l'amant, était un grand général et un conseiller influent. Leur amitié dura jusqu'à la mort du prince.

Mikhaïl Lomonossov
Philosophe, historien, linguiste et savant, Lomonossov (1711-1765) personnifie l'époque des Lumières dans la Russie du XVIII*e siècle. Cette sculpture rappelle qu'il était fils d'un pêcheur.*

Alexandre II est assassiné par un groupe de révolutionnaires en 1881. Au moment fatal, il aurait eu en poche le projet d'un Parlement russe

CHUTE DE LA RUSSIE TSARISTE

Les revendications sociales créent une tension qui atteint son paroxysme en 1881. Aucun changement radical n'ayant été réalisé, un groupe de révolutionnaires assassine le tsar Alexandre II. La situation empire sous Alexandre III. La presse est censurée, et la police secrète redouble de vigilance. La classe ouvrière s'organise, et l'opposition au régime s'amplifie. Lorsque Nicolas II monte sur le trône, le pays est au bord de l'effondrement en dépit de l'industrialisation des années 1890. Le désastre de la guerre russo-japonaise (1904-1905) provoque le 9 janvier 1905, une manifestation ouvrière non violente ayant pour but d'adresser une pétition au tsar, qui réplique par les armes. Ce « Dimanche rouge » entraîne des grèves dans tout le pays. Pour calmer les esprits, le gouvernement de Nicolas II promet les libertés fondamentales et instaure la Douma, un Parlement investi d'un pouvoir législatif, que le tsar peut toutefois dissoudre à sa volonté. Mais la tyrannie du pouvoir et l'influence de Raspoutine *(p. 121)* sur la famille royale vont contribuer à la chute des Romanov. Lorsque la Première Guerre mondiale éclate, le tsar pense tirer profit du sursaut patriotique de son peuple. Trois millions et demi de citoyens sont déjà morts pour le pays, à la fin de 1916.

Insigne de l'Armée Rouge

LE MONDE DE L'ART

Costume dessiné par Bakst, 1911

Malgré le climat politique agité de la fin du XIXe siècle, l'art prospère. Un petit groupe d'artistes de Saint-Pétersbourg, dont Bakst et Benois, forment un mouvement artistique très influent sous la conduite de Serge Diaghilev. Ils fondent une revue, *Le Monde de l'art*, où ils présentent les dernières créations de l'Occident. Par ailleurs, sur scène, les costumes et les décors des Ballets russes *(p. 118-119)* font connaître la culture russe dans les pays d'Europe de l'Ouest.

RÉVOLUTION ET GUERRE CIVILE

En février 1917, des grèves éclatent à Saint-Pétersbourg, rebaptisée Petrograd depuis 1914. Le tsar est contraint d'abdiquer. La famille royale est arrêtée et un gouvernement provisoire instauré. Les révolutionnaires rentrent d'exil et, en octobre, une insurrection armée renverse le gouvernement *(p. 28-29)*.

CHRONOLOGIE

1880

1881 Assassinat d'Alexandre II par un groupe terroriste. Alexandre III devient tsar

1881-1882 Pogroms

1887 Le frère de Lénine est pendu pour avoir attenté à la vie du tsar

1894 Mort d'Alexandre III ; Nicolas II accède au pouvoir

1898 Fondation du Parti social-démocrate de Russie. Création du Musée russe

1900

1902 Lénine publie *Que faire ?*

1903 Scission entre les bolcheviks (dirigés par Lénine) et le Parti social-démocrate

1904-1905 Guerre russo-japonaise

1905 Révolution de 1905 et instauration de la première Douma, en 1906

La famille Romanov en 1913

1913 300e anniversaire du règne des Romanov

1914 Première Guerre mondiale. Saint-Pétersbourg rebaptisée Petrograd

Les bolcheviks tendent à ignorer les principes de la démocratie autant que le tsar. Pourtant, en 1918, ce dernier tient sa promesse de soustraire la Russie à la guerre, pour la précipiter toutefois dans la guerre civile.

Les bolcheviks sont alors menacés par une coalition de groupes contre-révolutionnaires, les « Blancs », soutenus au début par les puissances étrangères. La menace d'un rapprochement des Blancs avec la famille impériale provoque l'exécution de cette dernière, en juillet 1918. En novembre 1920, les Blancs, forces disparates, quittent la Russie soviétique dévastée. Suivent deux années d'épouvantable famine. Lénine abandonne la politique stricte du « communisme de guerre » et met en place la nouvelle politique économique (NEP), légèrement plus souple.

Les palais impériaux situés autour de Saint-Pétersbourg, dont Pavlovsk *(p. 158-159)*, furent entièrement détruits par les Allemands pendant la Seconde Guerre mondiale

LES ANNÉES STALINE

À la mort de Lénine en 1924, Saint-Pétersbourg est rebaptisée en son honneur Leningrad. Durant les cinq années qui suivent, Joseph Staline use de sa fonction de secrétaire général du Parti communiste pour éliminer ses pontentiels rivaux et instaurer une dictature. De 1928 à 1929, une première purge est menée contre les intellectuels. De plus, la collectivisation de l'agriculture force les paysans à intégrer les fermes collectives et provoque une terrible famine, faisant dix millions de morts de 1931 à 1932.

Staline sur une affiche de propagande de 1933

En décembre 1934, Sergueï Kirov, le chef du Parti à Leningrad, est assassiné sur un ordre secret de Staline *(p. 72)*. Faussement imputé aux membres d'une cellule antistaliniste, ce « complot » marque le début d'une épuration du Parti qui durera cinq ans : environ quinze millions de personnes sont arrêtées et envoyées au goulag, et plus d'un million exécutées. Les purges dans l'Armée Rouge s'avèrent lourdes de conséquences car, au déclenchement de la Seconde Guerre mondiale, les trois quarts des officiers ont été éliminés. Lorsque les nazis envahissent la Russie en 1941, ils coupent Leningrad du reste du pays et l'assiège pendant 900 jours *(p. 131)*. 670 000 personnes, pour la plupart des civils, périssent pendant le siège. Leningrad sera surnommée « la Ville héros ». Après la défaite des Allemands, les Russes comptent 20 millions de morts et seront sujets à de nouvelles vagues de terreur jusqu'à la mort de Staline, en 1953.

917 Révolution russe *(p. 28-29)*

1918 Début de la guerre civile. Moscou capitale

1925 Trotski écarté du Politburo

1929 Collectivisation des campagnes

1934 Assassinat de Kirov. Les grandes purges de Staline commencent

1939 Pacte germano-soviétique

1941 Les nazis attaquent la Russie. Début du siège de Leningrad

1947 Début de la « guerre froide »

1920

1940

921 Révolte e Kronstadt. Lénine bannit toute opposition au régime

1924 Mort de Lénine. Petrograd rebaptisée Leningrad

1922 Staline secrétaire général du Parti communiste

1932 Réalisme socialiste : seul style artistique reconnu

Sergueï Kirov

1944 Fin du siège

1942 Première représentation de la 7e *Symphonie* de Chostakovitch dans Leningrad assiégée

La Révolution russe

Saint-Pétersbourg est le berceau de la Révolution russe. Après la révolution de Février 1917, qui entraîne l'abdication du tsar Nicolas II, le gouvernement provisoire amnistie les révolutionnaires exilés. Lénine et Trotski rentrent aussitôt à Saint-Pétersbourg, rebaptisée en 1914 Petrograd. Ils constituent des conseils d'ouvriers et de soldats : les soviets. En octobre, les soldats russes, qui ont peu à peu déserté le front, apportent leur soutien aux dirigeants révolutionnaires, et, finalement, un soulèvement armé amène les communistes au pouvoir.

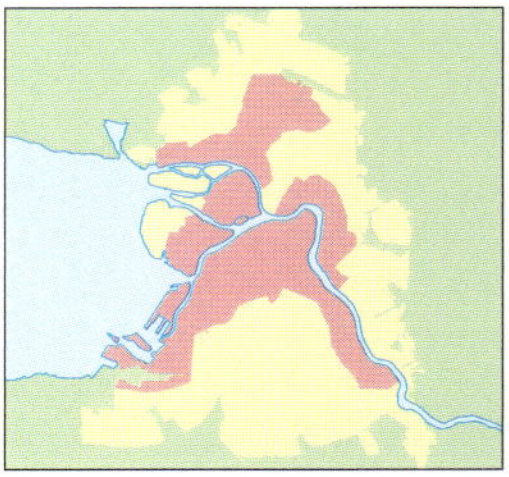

AGGLOMÉRATION PÉTERSBOURGEOISE

1917 — Aujourd'hui

L'ex-tsar *Nicolas II, en résidence surveillée, en mars 1917, déblaie la neige à Tsarskoïe Selo. Déporté ensuite à Ekaterinbourg, il y est assassiné avec toute sa famille.*

ASSAUT DU PALAIS D'HIVER

Le soir du 25 octobre 1917, le croiseur *Aurora (p. 73)* tire à blanc sur le palais d'Hiver. Les gardes de l'Armée Rouge, entraînés par Trotski à l'Institut Smolny, prennent d'assaut le palais, faiblement défendu par 300 cosaques. Les ministres du gouvernement provisoire sont arrêtés.

Soldat de la Garde rouge

Le pillage des palais amène les marins et les soldats à visiter leurs caves à vin bien remplies.

Les cosaques et les cadets, rejoints par un bataillon féminin, étaient trop peu nombreux pour résister aux révolutionnaires.

Camarade Lénine
Lénine, peint ici par Victor Ivanov, était un orateur charismatique. De retour d'exil en avril 1917, il prend la tête de la Révolution. Les bolcheviks s'emparent du pouvoir dès 1918.

Assiette révolutionnaire
Des céramiques diverses célébraient, par des sujets révolutionnaires teintés de folklore russe, les grandes occasions. Ici, la IIIe Internationale.

Léon Trotski
Cet intellectuel va jouer un rôle militaire décisif pendant la Révolution. En 1927, durant la lutte pour la succession de Lénine, il est exilé par Staline, qui le fera assassiner par un de ses agents, en 1940, au Mexique.

Propagande
La propagande intensive était l'un des principes du régime. Des artistes de talent réalisèrent des affiches au graphisme percutant pour propager le message socialiste. Durant la guerre civile (1918-1920), des affiches vantaient l'« armée pacifiste des travailleurs »* pour soutenir le communisme de guerre.*

Art d'avant-garde
Même avant 1917, les artistes russes avaient déjà fait preuve d'un esprit révolutionnaire. On leur doit, entre autres, les premières peintures abstraites, comme ce Supremus n° 56, *de Kazimir Malevitch, peint en 1916.*

Ministres du gouvernement provisoire essayant en vain de résister.

Nouvelles valeurs
La Révolution ébranle les traditions. Un simple serment devant le drapeau rouge remplacent les mariages religieux. L'égalité des sexes, hautement proclamée, signifie pour les femmes : travailler deux fois plus (à la maison et à l'usine).

CHRONOLOGIE

1917 Révolution de Février

Mars Abdication du tsar. Formation du gouvernement provisoire du prince Lvov

Octobre Les bolcheviks prennent d'assaut le palais d'Hiver après le signal de l'*Aurora* et le renvoi du gouvernement provisoire

Mars Paix de Brest-Litovsk avec l'Allemagne. Moscou devient la capitale

1917

Juillet Kerenski prend la tête du gouvernement provisoire

Croiseur Aurora

1918

Janvier 1918 Trotski devient commissaire du peuple à la Guerre

Juillet Début de la guerre civile. Assassinat du tsar et de la famille royale à Ekaterinbourg

Décembre Lénine fonde la Tcheka (police secrète)

***La Colombe de la paix* de Washington, caricature russe de l'époque de la « guerre froide »**

DÉGEL ET STAGNATION

Trois ans après la mort de Staline, Khrouchtchev dénonce les crimes du dictateur lors du XXe congrès du Parti, inaugurant la période dite du « Dégel ». Les prisonniers politiques sont relâchés, et Soljenitsyne publie *Une journée d'Ivan Denissovitch,* sur la vie au goulag. Craignant pourtant que la Hongrie ne se retire du pacte de Varsovie, les tanks russes envahissent le pays. En 1962, Khrouchtchev installe des missiles à Cuba. Le monde frôle alors la guerre nucléaire. Lorsque Brejnev accède au pouvoir en 1964, le climat intellectuel se dégrade et la persécution des dissidents politiques s'intensifie. Jusqu'au milieu des années 1970, le niveau de vie s'élève sensiblement, mais un vaste réseau de marché noir et de corruption se développe. Les apparatchiks, qui en profitent, s'emploient à péréniser le système. La presse européenne de l'époque ne peut qu'imaginer les rouages internes totalement opaques du pouvoir en place. Ainsi, à la mort de Brejnev, en 1982, le Politburo tente – en vain – d'empêcher l'accession au pouvoir de la nouvelle génération.

PREMIÈRE NATION DANS L'ESPACE

***Spoutnik 2* et Laïka en 1957**

Sous Khrouchtchev, l'URSS parvient à dépasser l'Occident dans la conquête de l'espace avec le lancement du premier satellite, *Spoutnik,* en 1957. La même année, la chienne Laïka, le premier être vivant de l'espace, est lancée à bord de *Spoutnik 2,* mais ne peut être récupérée. Quatre ans plus tard, Iouri Gagarine, le premier homme dans l'espace, est accueilli en héros à son retour sur Terre. Bien que les Soviétiques aient perdu la course vers la Lune, leur programme spatial constituait une puissante arme de propagande, en laissant imaginer au peuple que le pays pourrait aussi dépasser le niveau de prospérité occidental.

GLASNOST ET PERESTROÏKA

Lorsqu'il arrive au pouvoir en 1985, Mikhaïl Gorbatchev admet la faillite du système archaïque et entreprend une politique de *glasnost* (« transparence ») et de *perestroïka* (« restructuration »). En 1989, au congrès du PCUS, les élections sont pour la première fois libres. L'opposant Boris Eltsine et Andreï Sakharov, le défenseur des droits de l'homme, sont élus tous deux députés.

Mikhaïl Gorbatchev et George Bush

En automne, le bloc de l'Est est secoué par un séisme politique sans précédent – la chute du mur de Berlin – qui aboutira en quelques mois au démantèlement du système.

CHRONOLOGIE

1950-1954 Guerre de Corée

1953 Mort de Staline

1955 Khrouchtchev au pouvoir. Création du pacte de Varsovie

1956 Staline est dénoncé par Khrouchtchev au XXe congrès du Parti. Répression de l'insurrection de Budapest

1957 Lancement de *Spoutnik*

1960

1961 La momie de Staline est retirée du mausolée de Lénine, sur la place Rouge. Iouri Gagarine est le premier homme dans l'espace

1962 Crise de Cuba

1964 Brejnev devient secrétaire général du Parti

1968 Invasion soviétique de la Tchécoslovaquie provoquée par le « printemps de Prague »

1969 SALT (Strategic Arms Limitation Talks). Négociations avec les États-Unis

Leonid Brejnev (1906-1982)

1970 Soljenitsyne obtient le prix Nobel de littérature

1979 Invasion de l'Afghanistan

1980

1982 Mort de Brejnev, remplacé par Andropov

Manifestation sur la place du Palais, lors du putsch de 1991

SAINT-PÉTERSBOURG AUJOURD'HUI

La disparition de l'URSS permet un retour à la religion et de nombreux lieux de culte désaffectés retrouvent leur fonction. La situation sociale connaît une évolution plus difficile : les réformes économiques mises en œuvre dès 1991 creusent les inégalités, et la liberté d'entreprendre et de voyager ne profite pas à tous. Une certaine nostalgie du communisme apparaît brièvement, mais ses partisans perdent tout poids politique réel après les élections de décembre 1999. Élu président de la Fédération de Russie en mars 2000, Vladimir Poutine effectue un deuxième mandat de 2004 à 2008. Il cède ensuite la place à son dauphin désigné Dmitri Medvedev, devient son Premier ministre, mais brigue un nouveau mandat en 2012. Les deux hommes sont nés à Saint-Pétersbourg et sont diplômés de son université.

En août 1991, un putsch militaire tente de renverser Gorbatchev. Eltsine résiste à l'attaque des chars, gagne une grande popularité auprès des Moscovites et est élu à la présidence de la république de Russie. Saint-Pétersbourg ne sera pas troublée par les chars, mais son maire réformiste, Anatoli Sobtchak, n'en rassemble pas moins les partisans de la démocratie. Dès le mois de septembre, les habitants de Leningrad, toujours à l'avant-garde, décident de reprendre l'ancien nom de Saint-Pétersbourg. Lorsque Gorbatchev est libéré de sa résidence surveillée, Eltsine le contraint à dissoudre le Parti communiste. Pendant ce temps, les dirigeants des républiques prosoviétiques (Ukraine, Biélorussie, etc.) sont renversés et remplacés par des dirigeants nationalistes et démocrates. En décembre 1991, Gorbatchev perd ses fonctions de président de l'URSS ; la Russie et les Républiques baltes se déclarent indépendantes. C'est la fin de l'Union soviétique.

Nouvel emblème de la Russie

Le mariage religieux est à nouveau en plein essor

1984 Tchernenko remplace Andropov

1989 L'URSS quitte l'Afghanistan

1991 Eltsine devient le secrétaire général du Parti. Démantèlement de l'URSS le 25 décembre

Boris Eltsine avec le drapeau russe en 1991

2004 Poutine est réélu président

2008 Conflit osséto-géorgien. La Russie reconnaît l'indépendance de l'Abkhazie et de l'Ossétie du Sud

1990 — **2000** — **2010**

1990 Gorbatchev est élu président de l'URSS et obtient le prix Nobel de la paix

1998 Inhumation de Nicolas II et de la famille Romanov dans la cathédrale Saint-Pierre-et-Saint-Paul

2000 Poutine élu président de Russie

Vladimir Poutine

2004 Prise d'otages dans une école de Beslan par des séparatistes tchétchènes

2008 Medvedev devient président de Russie ; Poutine est Premier ministre

SAINT-PÉTERSBOURG D'UN COUP D'ŒIL

Bâtie sur l'eau, Saint-Pétersbourg offre une grande diversité de paysages et de sites historiques. La forteresse Pierre-et-Paul *(p. 66-67)*, l'un des premiers bâtiments de la ville, contraste avec les monastères baroques et les palais néoclassiques. L'histoire tumultueuse de la cité est retracée dans beaucoup de ses musées, allant de la célèbre collection d'œuvres d'art de l'Ermitage réunie par la Grande Catherine jusqu'aux souvenirs de la Révolution, situés dans l'hôtel particulier de la Kchessinskaïa *(p. 72)*.

Pour vous aider à profiter au mieux de votre séjour, les pages qui suivent proposent un aperçu des musées, ponts et canaux les plus intéressants, de même que des grands noms de l'histoire et de la culture russes qui ont contribué à la renommée de la ville. Voici les visites à ne pas manquer...

VISITES À NE PAS MANQUER

Musée russe
p. 104-107

Théâtre Mariinski
p. 119

Nevski prospekt
p. 46-49

Musée Stieglitz
p. 127

Église de la Résurrection
p. 100

L'Ermitage
p. 84-93

Cathédrale Notre-Dame-de-Kazan
p. 111

Cathédrale Saint-Isaac
p. 80-81

Cathédrale Saint-Pierre-et-Saint-Paul
p. 68-69

Monastère Alexandre-Nevski
p. 130-131

◁ La cathédrale Notre-Dame-de-Kazan néoclassique, avec son hémicycle de colonnes en granite

Les plus beaux ponts et canaux de Saint-Pétersbourg

Comme Venise et Amsterdam, Saint-Pétersbourg s'organise autour d'un réseau de canaux et de rivières. L'hiver, le voile de brumes qui s'élève des eaux gelées lui confère une atmosphère surnaturelle. L'été, un miroir de façades brille dans l'eau sous les rayons du soleil couchant ou dans la clarté des nuits blanches.

Les ponts, qui relient les différentes îles, sont ornementés de sculptures, de réverbères et de décorations en ferronnerie.

Pour apprécier pleinement ce spectacle, vous prendrez un bateau-mouche ou longerez les canaux à pied *(p. 134-135 et 226-227)*.

Canal d'Hiver
Creusé entre 1718 et 1720, ce canal étroit est enjambé par trois ponts et par le foyer du théâtre Iouri Velten (1783-1787) de l'Ermitage.

Pont Blagovechtchenski
Reconstruit entre 1936 et 1938, ce pont a gardé l'ancien parapet de Brioullov, orné d'hippocampes en fer forgé.

Pont aux Lions
Construit en 1825-1826, c'est l'un des plus anciens ponts suspendus. Ses câbles sont tenus par quatre lions en fonte, sculptés par Pavel Sokolov.

Pont Égyptien
Ce pont qui enjambe la Fontanka est de style égyptien et date de 1826, alors que ce style était très en vogue.

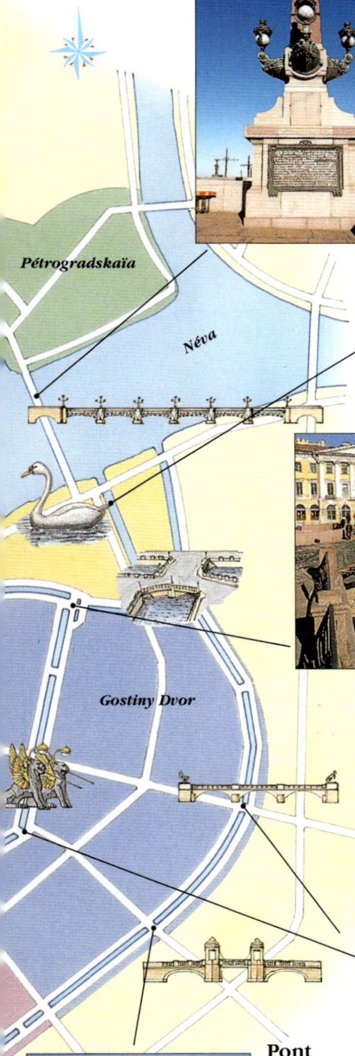

Pont de la Trinité
Le pont de la Trinité (1897-1903), aux dix arches, est célèbre par ses réverbères Art nouveau et son parapet ouvragé. Il est l'œuvre de deux ingénieurs français : Vincent Chabrol et René Patouillard.

Canal des Cygnes
Ce canal bordé d'arbres (1711-1719) doit son nom aux cygnes attirés jadis par ses eaux tranquilles.

Les grands ponts
Le pont du Théâtre et celui des Petites-Écuries ont été bâtis par Traitteur et Adam entre 1829 et 1831. Ils permettent de franchir le confluent de la Moïka et du canal Griboïedov.

Pont Anitchkov
Ce pont, édifié entre 1839 et 1841, permet à Nevski prospekt d'enjamber la Fontanka. Des Dompteurs de chevaux, *sculptures imposantes de Pierre Klodt, l'encadrent.*

Pont de la Banque
Ce pont, ornementé de quatre griffons en fonte, a été construit à la même époque que le pont aux Lions et par les mêmes architectes. Il doit son nom à l'ancienne banque située à proximité.

Pont Lomonossov
Les tourelles en granite (1785-1787) coiffées de dômes recélaient le mécanisme d'ouverture du pont. Celui-ci a été reconstruit en 1912, mais les tourelles ont été conservées.

À la découverte des ponts et canaux de Saint-Pétersbourg

Saint-Pétersbourg se visite agréablement en bateau-mouche. Allez à l'embarcadère situé près du pont Anitchkov *(p. 226)* pour un circuit sur la Neva, la Fontanka et la Moïka. Vous passerez sous des ponts majestueux et devant des palais imposants. Pour découvrir la ville à votre guise, choisissez votre itinéraire en prenant un bateau-taxi *(p. 227)*. Vous flânerez ensuite sur les berges du canal Griboïedov, recelant de belles demeures du XIXe siècle, en traversant des ponts richement décorés. En hiver, on peut se promener sur les eaux gelées de la Neva mais ce n'est pas conseillé.

TROUVER LES PONTS

Les références cartographiques renvoient aux plans p. 238-245.

Pont Alexandre-Nevski **8 F3**
Pont Anitchkov **7 42**
Pont de la Banque **6 E2**
Pont Blagovechtchenski **5 B1**
Pont des Chantres **2 E5**
Pont Égyptien **5 B5**
Pont des Lanternes **5 C2**
Pont aux Lions **5 C3**
Pont Liteïny **3 A3**
Pont Lomonossov **6 F3**
Pont du Palais **1 C5**
Pont des Petites-Écuries **2 F5**
Pont Pierre-le-Grand **4 F5**
Pont Rouge **6 D2**
Pont Saint-Panteleïmon **2 F5**
Pont du Théâtre **2 F5**
Pont de la Trinité **2 E4**

La Neva gelée face à la forteresse Pierre-et-Paul

LA NEVA ET SES AFFLUENTS

La Neva, longue de 74 km, est la plus grande rivière de la ville. Émissaire du lac Ladoga, à l'est de la ville, elle se jette dans le golfe de Finlande. L'île Vassilevski, qui compte parmi la centaine d'îles du delta ramifié de ce grand fleuve, la divise en deux bras : la Bolchaïa Neva, ou Grande Neva, et la Malaïa Neva, ou Petite Neva.

La Neva est gelée au moins quatre mois dans l'année. Le dégel commence en mars, et l'ouverture de la navigation est officiellement annoncée par l'administration portuaire mi-avril. Jusqu'en 1917, cet événement faisait l'objet d'une grande cérémonie. Le commandant de la forteresse Pierre-et-Paul *(p. 66-67)*, à la tête d'une flottille, recueillait de l'eau glacée dans un gobelet en argent et allait l'offrir au tsar, qui l'attendait dans son palais d'Hiver *(p. 92-93)*.

RIVIÈRES ET CANAUX

S'inspirant d'Amsterdam, Pierre le Grand transforme en canaux les rivières du delta pour drainer le terrain marécageux. L'essor de la ville s'accompagne de celui du réseau navigable.

La **Moïka** coulait à l'origine d'un marais proche du Champ de Mars *(p. 94)*. Le long de ses quais, l'aristocratie fit bâtir, au XIXe siècle, des villas qui y dressent toujours leurs façades néoclassiques. Péniches et chalands circulent sur la **Fontanka**, longue de 7 km, la voie navigable la plus large et la plus animée. Le **canal Krioukov**, creusé au XVIIIe siècle, relie ses deux rivières.

Baptisé « canal de Catherine » en l'honneur de la Grande Catherine, lors de son inauguration, le **canal Griboïedov** permettait aux cargos de circuler depuis Sennaïa plochtchad. La partie la plus pittoresque de ce canal part du pont aux Lions et se dirige vers le sud.

Le **canal d'Hiver**, à l'est du palais d'Hiver, est le plus étroit. Non loin, le ravissant **canal des Cygnes** longe le jardin d'Été *(p. 95)*.

L'Obvodni a été percé en 1834 pour répondre aux besoins industriels croissants du XIXe siècle. Il permettait d'augmenter la circulation des gros chalands et l'approvisionnement en eau.

PONTS SUR LA NEVA

Le **pont du Palais** (Dvortsov most) est le plus central. Sa structure, construite au début du XXe siècle, remplace le pont flottant saisonnier qui reliait l'île Vassilevski au continent. L'autre pont reliant l'île, le **pont de**

Vue de la Moïka et de la rive sud, avec un bateau-taxi

Le pont Pierre-le-Grand, qui enjambe la Neva, près de l'Institut Smolny

l'Annonciation (Blagovechtchenski most) *(p. 63)*, fut le premier pont permanent sur la Neva. Le **pont de la Trinité** (Troïtski most) *(p. 73)*, construit par la Compagnie des Batignolles à partir de 1897, a été inauguré en 1903 pour célébrer le bicentenaire de Saint-Pétersbourg. C'était le plus long de la Neva avant la construction du **pont Alexandre-Nevski** (most Aleksandra Nevskovo) dans les années 1960. Entre ces deux ponts se trouve le **pont Liteïny** (Liteïny most) (1874-1879). En 1917, les autorités de la ville tentèrent d'empêcher les ouvriers révolutionnaires de franchir la Neva à partir de Vyborg, en levant sa travée centrale. Précaution inutile, puisque le fleuve était gelé !

Soutenu par deux voûtes en acier, le **pont Pierre-le-Grand** (most Petra Velikovo) (1909-1911), connu aussi sous son nom soviétique de Bolchoï Okhtinski most, est situé près de l'Institut Smolny. Sa travée centrale bascule, et ses deux arches jumelles datent de 1909-1911.

D'avril à novembre, presque tous les ponts de la Neva ouvrent leur travée la nuit pour permettre aux bateaux d'accéder à la Volga *(p. 209)*.

PONTS ORNEMENTÉS

À l'origine, les ponts enjambant les canaux et les rivières de Saint-Pétersbourg étaient en bois. On les nommait selon leur couleur. Ainsi, le **pont Rouge** (Krasny most) (1808-1814), qui permet à oulitsa Gorokhovaïa d'enjamber la Moïka, a gardé son nom. C'est un pont métallique orné d'obélisques en granite portant des lanternes. Le **pont des Lanternes** (Fonarny most) franchit la Moïka près du palais Ioussoupov *(p. 120)*. Ses réverbères dorés ont la forme de clefs de sol. Le **pont des Chantres** (Pevtcheski most), à l'autre extrémité de la Moïka, doit son nom à la chorale de l'Académie Capella, située à proximité. L'ingénieur Adam, qui l'érigea, dessina aussi les garde-fous.

À l'endroit où le canal Griboïedov rejoint la Moïka, on trouve un intéressant ensemble formé par le large **pont du Théâtre** (Teatralny most) et le **pont des Petites-Écuries** (Malo-Koniouchenny most), qui semble être partagé en deux.

Le **pont de la Banque** (Bankovski most), construit par Traitteur, enjambe le canal Griboïedov. Ses câbles sont tenus par deux couples de griffons aux ailes dorées. Le **pont aux Lions** (Lviny most), que l'on doit au même ingénieur, est soutenu par des câbles fixés dans la gueule de quatre superbes lions.

Le **pont Saint-Panteleïmon** (Panteleïmonovski most) *(p. 99)*, le premier pont à chaîne de Russie (1823-1824), enjambe la Fontanka, près des jardins d'Été.

Réverbère du pont Saint-Panteleïmon

Sa décoration de style Empire, avec ses dorures et ses aigles bicéphales perchés sur des couronnes de laurier, a été conservée. Dans l'alignement de Nevski prospekt, le **pont Anitchkov** (Anitchkov most) est célèbre par ses quatre groupes imposants de sculptures de dompteurs de chevaux, tous dans des attitudes différentes, dessinés par Pierre Klodt. En remontant la Fontanka, on arrive au **pont Lomonossov** (most Lomonossova), orné d'inhabituelles tourelles.

En continuant jusqu'au canal Krioukov, on atteint le **Pont Égyptien** (Eguipetski most), orné de sphinx en bronze. Les têtes du pont évoquent l'entrée d'un temple égyptien. Érigé en 1826, il s'est écroulé sous le poids d'un escadron de cavalerie en 1905, puis a été reconstruit en 1955.

Illustration du XIXe siècle représentant une des nombreuses inondations

INONDATIONS

Comme l'indiquent les repères du canal d'Hiver et de la forteresse Pierre-et-Paul, la ville de Pierre le Grand est souvent inondée. Le tsar a dû comprendre très vite son erreur, car en 1703, trois mois après le début des travaux, tous les matériaux furent emportés par les eaux. La ville a été submergée en 1777, 1924 et 1955, mais l'inondation de 1824, évoquée dans *Le Cavalier de bronze* de Pouchkine *(p. 78-79)*, fut particulièrement désastreuse. Elle détruisit 462 bâtiments. Un barrage, commencé en 1989, permet de contrôler ce fléau qui affecte la ville une fois par an en moyenne.

Les plus beaux musées et palais de Saint-Pétersbourg

Saint-Pétersbourg compte plus de 90 musées, installés pour la plupart dans d'anciens palais ou des bâtiments historiques. Certains ont une réputation mondiale, comme celui de l'Ermitage, où la Grande Catherine exposa ses premières collections privées d'art européen. D'autres, comme le Musée russe et le palais d'Été, déploient une richesse d'informations sur l'art, l'histoire et la culture du pays. Il existe aussi de nombreux petits musées qui retracent la vie et l'œuvre d'artistes, d'écrivains et de musiciens célèbres. Cette carte en situe les plus remarquables, selon leur spécificité.

L'Ermitage
Englobant aujourd'hui les grandes salles d'apparat du palais d'Hiver, c'est l'un des plus beaux musées du monde, avec une collection de plus de trois millions d'objets d'art et d'antiquités.

Palais Menchikov
Situé sur l'île Vassilevski, ce palais baroque témoigne de la puissance du prince Menchikov, ami et conseiller de Pierre le Grand.

RÉSIDENCES DE LA COUR IMPÉRIALE

Pour échapper aux contraintes de la vie politique, les tsars firent construire des demeures somptueuses dans l'arrière-pays. Ces résidences offrent un aperçu fascinant du style de vie des Romanov.

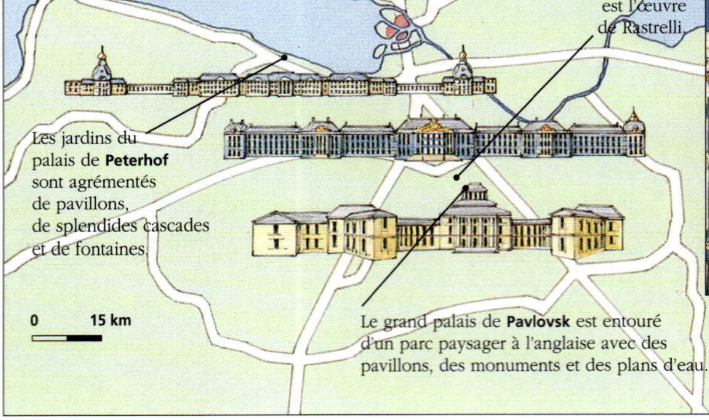

Tsarskoïe Selo
Le palais Catherine, de style baroque flamboyant, est l'œuvre de Rastrelli.

Les jardins du palais de **Peterhof** sont agrémentés de pavillons, de splendides cascades et de fontaines.

Le grand palais de **Pavlovsk** est entouré d'un parc paysager à l'anglaise avec des pavillons, des monuments et des plans d'eau.

Hôtel de Kchessinskaïa
Construite pour une danseuse étoile du théâtre Mariinski, cette demeure Art nouveau abrite aujourd'hui le musée d'Histoire politique, avec des documents sur la Révolution.

Palais d'Été
L'intérieur et le mobilier de ce modeste palais, dont le lit à baldaquin de Pierre le Grand, témoignent de la relative simplicité du tsar.

Musée Stieglitz
Une superbe collection d'objets d'arts décoratifs est exposée dans ce musée construit par Meschmaker qui fut inspiré par la Renaissance italienne.

Musée russe
Le palais Michel, construit par Carlo Rossi, abrite une magnifique collection d'art russe qui s'étend des icônes médiévales aux œuvres contemporaines, avec notamment ce tableau de Kandinsky, La Crête bleue *(1917).*

Maison-musée Pouchkine
On y retrouve l'environnement familier de Pouchkine, avec un mobilier d'époque et des objets ayant appartenu au poète, comme son encrier.

À la découverte des palais et musées de Saint-Pétersbourg

Si Pierre le Grand tenait à ouvrir une fenêtre sur l'Occident, Lénine et ses révolutionnaires en feront le berceau de la Révolution. Cette histoire riche et mouvementée est illustrée dans les nombreux musées de la ville. Musiciens, écrivains et artistes hantent encore les lieux, dans ces appartements-musées qui vous feront découvrir la culture russe sous tous ses aspects. Quant aux amateurs de locomotives, d'attirail militaire, d'insectes ou de baleines, ils trouveront leur bonheur dans une quantité de petits musées fascinants.

Le palais d'Été de Pierre le Grand domine la Fontanka

PALAIS

Les somptueux palais de Saint-Pétersbourg évoquent les fastes de l'époque impériale, mais la découverte ne serait pas complète sans la visite d'une des résidences d'été de la famille impériale, situées en dehors de la ville : **Peterhof** *(p. 148-151)*, **Pavlovsk** *(p. 158-161)* ou le palais Catherine *(p. 152-153)* à **Tsarskoïe Selo.**

Ces demeures luxueuses illustrent l'extravagance de la Cour et montrent l'abondance des ressources naturelles de l'Empire. L'or, la lazurite, la malachite, le marbre et autres précieux matériaux ornent l'intérieur de ces palais grandioses. Monuments et folies agrémentent les jardins paysagers qui les entourent.

Au centre de la ville, le **palais d'Hiver** *(p. 92-93)*, annexé à l'Ermitage, révèle le faste du règne de Pierre le Grand. En revanche, le **palais d'Été** *(p. 95)* est beaucoup plus intime. L'ami et conseiller de Pierre, le prince Alexandre Menchikov, se fit construire deux superbes résidences : le **palais Menchikov** *(p. 62)*, sur l'île Vassilevski, et une résidence d'été à **Oranienbaum** *(p. 146-147)*.

Le **palais Ioussoupov** *(p. 120)*, qui domine la Moïka, fut le théâtre du meurtre de Raspoutine, ce paysan doté de pouvoirs singuliers qui exerça une influence néfaste sur Nicolas II.

Si vous êtes à la recherche d'un endroit tranquille, partez découvrir le **palais Élaguine** *(p. 126)* et l'île du même nom. Vous pouvez réserver une journée à la découverte de l'île entière, dotée de charmants pavillons.

MUSÉES D'ART

L'**Ermitage** *(p. 84-93)* contient l'une des plus belles collections d'art occidental du monde, avec plus de trois millions de pièces. On peut y voir des momies égyptiennes, des collections d'art scythe, des vases grecs,

Chambre du Palais chinois (1760), à Oranienbaum

des émeraudes colombiennes et d'éblouissantes peintures de vieux maîtres européens, impressionnistes et postimpressionnistes.

Le **Musée russe** *(p. 104-107)* abrite des œuvres d'art russes, y compris l'avant-garde du XXe siècle et l'artisanat populaire qui l'a influencée. Des expositions temporaires ont lieu au **château des Ingénieurs** *(p. 101)*, au **palais de Marbre** *(p. 94)* et au **palais Stroganov** *(p. 112)*.

L'**Académie des beaux-arts** *(p. 63)* expose des œuvres de ses anciens étudiants ainsi que des maquettes des grandes demeures des notables de la ville.

Le **musée Stieglitz** *(p. 127)* abrite une vaste collection d'arts décoratifs du monde entier (objets en céramique, en bois sculpté, broderies…).

Le Cycliste **(1913) par Natalia Gontcharova, Musée russe**

MUSÉES HISTORIQUES

De nombreux musées retracent les trois siècles d'histoire mouvementée de Saint-Pétersbourg. La **maisonnette de Pierre le Grand** *(p. 73)*, le plus ancien bâtiment de la ville, témoigne de la simplicité surprenante du mode de vie de Pierre Ier.

La forteresse Pierre-et-Paul réunit des édifices d'une grande importance historique. La **cathédrale Saint-Pierre-et-Saint-Paul** *(p. 68-69)* abrite les sépultures des tsars, à l'exception de trois, depuis Pierre le Grand. Les cellules de la prison du **bastion Troubetskoï** *(p. 69)* rappellent les conditions terribles dans lesquelles des centaines de prisonniers politiques ont été incarcérés. Ancienne cour de justice, la **maison des Commandants** *(p. 69)* a été pour sa part aménagée en un musée qui présente une exposition sur les premiers villages médiévaux de la région. La collection d'objets de la **maison des Ingénieurs** *(p. 68)* est consacrée à la vie quotidienne à Saint-Pétersbourg avant la Révolution.

Le **musée d'Histoire politique** présente une riche collection, notamment des affiches de l'époque de Staline et un immense panneau de propagande en vitrail. C'est dans ce musée, installé dans l'ancien hôtel particulier de la Kchessinskaïa *(p. 72)*, que les autorités bolcheviques siégèrent en 1917. Le **croiseur *Aurora*** *(p. 73)* a joué un grand rôle dans la Révolution lorsque son canon tira à blanc, avant l'assaut du palais d'Hiver, en octobre 1917.

Les salles de classe du **Lycée impérial** de Tsarskoïe Selo *(p. 155)*, où Pouchkine fit ses études, ont été restaurées pour retrouver leur aspect du XIXe siècle.

Le **monument aux Défenseurs héroïques de Leningrad** se dresse au sud de la ville sur la place de la Victoire *(p. 131)*, qui évoque le terrible siège de la ville.

Bureau de Sergueï Kirov, secrétaire du Parti de Leningrad, musée Kirov

MUSÉES SPÉCIALISÉS

Le **Kounstkamera** *(p. 60-61)*, le cabinet des curiosités de Pierre le Grand, est le plus ancien musée de Russie. Installé sous le même toit, le **musée d'Anthropologie et d'Ethnographie** abrite une collection d'objets provenant du monde entier. Le **musée de Zoologie** *(p. 60)* possède une belle collection de mollusques et de coraux bleus.

Le **musée de la Marine** *(p. 60)* permet de découvrir des maquettes de bateaux, de petites embarcations, des figures de proue et des drapeaux. Le **musée de l'Artillerie** *(p. 70)* abrite des armes de toutes les époques. Le **musée des Transports** *(p. 123)* possède la première locomotive russe du chemin de fer de Tsarskoïe Selo.

Le **musée de la Vie musicale**, installé dans le palais Cheremetev, expose d'anciens instruments de musique et évoque le rôle de cette famille de généreux mécènes à Saint-Pétersbourg au XIXe siècle. Le **musée du Théâtre** *(p. 110)*, sur la place Ostrovski, abrite une collection de photographies, des maquettes de décors de théâtre et des costumes de scène, dont un ayant appartenu au grand artiste lyrique Fiodor Chaliapine (1873-1938).

MAISONS-MUSÉES

Des musées évoquent la vie de célèbres pétersbourgeois. Le **musée Pouchkine** *(p. 113)*, le **musée Dostoïevski** *(p. 130)* et le **musée Nabokov** *(p. 122)* recréent avec fidélité l'atmosphère du XIXe siècle et la vie de leurs anciens occupants.

Le musée **Anna-Akhmatova,** installé dans un pavillon de jardin du **palais Cheremetev** *(p. 129)*, retrace la vie de la poétesse, qui y passa de nombreuses années.

Pour avoir un aperçu de la vie d'un fonctionnaire communiste des années 1930, vous visiterez le **musée Kirov** *(p. 72)*. Il est consacré à l'un des leaders du Parti dont l'assassinat ordonné par Staline fut à l'origine de la **Grande Terreur** *(p. 27)*.

À l'extérieur de Saint-Pétersbourg, la maison du peintre Ilia Repine se trouve à **Repino** *(p. 146)*, dans une région boisée du golfe de Finlande.

Violon et partitions du XVIIIe siècle au musée de la Vie musicale, dans le palais Cheremetev

Hôtes célèbres

Lieu de résidence de la famille impériale et de la Cour à partir du XVIIIe siècle, Saint-Pétersbourg fut une ville prospère. Un mécénat généreux favorisa l'essor de la création artistique et l'épanouissement d'idées nouvelles. Des institutions, telles que l'Académie des beaux-arts, l'Université, le Kounstkamera et l'École impériale de danse, ont donné des générations d'artistes et de savants du plus haut niveau. À l'aube du XXe siècle, Saint-Pétersbourg était devenue un des centres culturels les plus importants d'Europe.

Grigori Kozintsev
Le réalisateur Kozintsev fut découvert à l'Ouest grâce à son interprétation du Hamlet *de Shakespeare en 1964, réalisé à Lenfilm* (p. 70).

Nicolas Gogol
Satiriste acerbe de la société pétersbourgeoise, Gogol habita trois ans oulitsa Malaïa Morskaïa (p. 82).

Ilia Repine
Cours de dessin du brillant peintre réaliste qui enseignait à l'Académie des beaux-arts (p. 63).

Piotr Tchaïkovski
Tchaïkovski obtint le prix du Conservatoire (p. 120) *en 1865, avant de composer ses opéras et ses ballets mondialement célèbres.*

Anna Pavlova
La Pavlova, danseuse étoile du théâtre Mariinski (p. 119), *conquit la scène parisienne en 1909 grâce à son interprétation des* Sylphides *avec les Ballets russes.*

Alexandre Pouchkine
Cet autoportrait sur une page de manuscrit est celui du grand poète. Son appartement est aujourd'hui aménagé en musée (p. 113).

Serge Diaghilev
Animateur prodigieux des Ballets russes, Diaghilev a aussi fondé la revue Le Monde de l'art *dans son appartement situé 45 Liteïni prospekt. Sur cette photo, il est accompagné de Jean Cocteau* (à gauche).

Anna Akhmatova
Portrait d'A. Akhmatova par Nathan Altman. Elle habitait dans un pavillon du jardin du palais Cheremetev (p. 129). *Dans* Requiem, *son poème le plus célèbre, la poétesse condamne le régime stalinien avec force et émotion.*

Dimitri Chostakovitch
La 7e Symphonie *de Chostakovitch a été diffusée en direct à la radio en août 1942, lors du siège de la ville, contribuant, a-t-on dit, à soutenir le moral des citoyens assiégés.*

Fiodor Dostoïevski
Le célèbre romancier a vécu plusieurs années dans le bas quartier de Sennaïa plochtchad (p. 122-123), *qui lui fournit le décor de son chef-d'œuvre* Crime et Châtiment.

Hôtes célèbres

Les rues de la ville sont émaillées d'institutions artistiques et littéraires. Des galeries d'art fascinantes, des musées-appartements, des théâtres et des salles de concert évoquent la mémoire des célébrités de la ville. L'ombre de Lomonossov hante les lieux avec celles de Pouchkine et de Dostoïevski, et le théâtre Mariinski retentit encore des applaudissements du public qui acclamait les danseurs Anna Pavlova et Vaslav Nijinski. À l'époque des Ballets russes, écrivains, musiciens et peintres accouraient vers Saint-Pétersbourg pour donner libre cours à leur talent et à leur créativité.

Le poète symboliste de l'Âge d'argent, Andreï Belyï (1880-1934)

LITTÉRATURE

Considéré comme le père fondateur de la littérature russe moderne, **Alexandre Pouchkine** (1799-1837) fut séduit par la beauté de Saint-Pétersbourg, tout en connaissant le climat d'intolérance et de méfiance qui réprimait les écrivains à la veille de la rébellion des décembristes de 1825 *(p. 23)*. **Nicolas Gogol** (1809-1852) répondait à cette oppression par des satires. Dans *Le Nez,* il caricature avec brio la suffisance et le conformisme des fonctionnaires russes.

Fiodor Dostoïevski (1821-1881) dépeint un autre aspect de la ville. Dans *Crime et Châtiment*, qui fait partie de la trentaine de ses romans qui ont la ville pour décor, il prend comme toile de fond les quartiers sordides de Sennaïa plochtchad *(p. 122-123)*. Cette histoire de meurtre d'une vieille usurière est tirée d'un fait divers. Le roman, publié en 1866, aurait inspiré une série de crimes semblables.

La poésie, florissante à « l'Âge d'or » de Pouchkine, reprit son ascendant sur le roman à « l'Âge d'argent » au début du XXe siècle. **Alexandre Blok** (1880-1921), **Andreï Belyï** et **Anna Akhmatova** (1889-1966) se réunissaient à cette époque à « La Tour », un appartement qui donnait sur les jardins de Tauride *(p. 128). Pétersbourg* de Belyï inaugure le roman du « courant de conscience ». Le musée du palais Cheremetev *(p. 129)* rend hommage à la poétesse **Anna Akhmatova**, réhabilitée après la mort de Staline. **Joseph Brodsky** (1940-1996), l'un de ses protégés, reçut le prix Nobel de littérature en 1987. Brodsky était la bête noire des écrivains officiels de la ville à la solde de l'État, dans les années 1960. Le refus obstiné des autorités à publier son œuvre, considérée comme « pessimiste et décadente », le contraignit finalement à émigrer en 1972.

MUSIQUE

Mikhaïl Glinka (1804-1857), compositeur des premiers opéras russes, est l'un des principaux musiciens issus du mouvement nationaliste. **Anton Rubinstein** (1829-1894) fonda le Conservatoire en 1862, qui devint le centre de la vie musicale de Saint-Pétersbourg. **Rimsky-Korsakov** (1844-1908) y enseigna pendant 37 ans. **Moussorgski** (1839-1881) et **Borodine** (1833-1887) se joignirent à lui pour former le « groupe des Cinq ». Ces autodidactes, pour la plupart, cherchaient à développer un langage musical puisant ses sources dans la musique populaire russe. Les premières représentations de leurs opéras eurent souvent lieu au Mariinski *(p. 119)*.

Igor Stravinski (1882-1971) passa beaucoup de temps à l'étranger, mais, comme le montrent des œuvres comme *Le Sacre du printemps,* ses racines culturelles étaient essentiellement russes.

La Grande Philharmonie *(p. 202)* connut ses heures de gloire lorsque **Piotr Tchaïkovski** (1840-1893) y dirigea sa *6e Symphonie* en 1893 et **Dimitri Chostakovitch** (1906-1975) sa *7e Symphonie* en 1942.

Le compositeur Mikhaïl Glinka, peint par Ilia Repine en 1887

***Exercices au sol dans un cirque* (1919) de Marc Chagall**

BEAUX-ARTS

À partir du XVIIIe siècle, l'Académie des beaux-arts *(p. 63)* fut le centre de la vie artistique de Saint-Pétersbourg. **Dimitri Levitski** (1735-1822), **Orest Kiprenski** (1782-1836), **Semion Chetchedrin** (1791-1830) et **Karl Brioullov** (1799-1852), le premier peintre russe de réputation internationale, y firent leurs études.

En 1863, des étudiants se rebellèrent contre l'Académie et formèrent le groupe des Ambulants *(p. 106)*. Ils se réconcilièrent toutefois avec l'institution, quand **Ilia Repine**, le plus doué d'entre eux, y fut nommé professeur en 1893.

Cinq ans plus tard, **Serge de Diaghilev** (1872-1929) et le peintre **Alexandre Benois** (1870-1960) fondèrent la revue *Le Monde de l'art* *(p. 107)*, dont la devise était « L'art pour l'art ». **Léon Bakst** (1866-1924) dessina les plus célèbres costumes des Ballets russes. Bakst fut aussi le maître de **Marc Chagall** (1887-1985), qui s'installa plus tard en France et exerça une profonde influence sur l'art russe et occidental. Les célèbres peintres **Kazimir Malevitch** (1878-1935) et **Pavel Filonov** (1883-1941) font également partie des éminents instigateurs de l'avant-garde russe.

Des œuvres de ces artistes sont exposées au Musée russe *(p. 104-107)*.

DANSE ET CHORÉGRAPHIE

La technique des danseurs russes est légendaire. Les représentations de la Compagnie des ballets Mariinski (Kirov) continuent à enthousiasmer le public du monde entier.

Depuis 1836, l'ancienne École impériale de ballet a formé de nombreux artistes. Le Marseillais **Marius Petipa**, brillant chorégraphe du Mariinski de 1869 à 1903, a inspiré toute une génération de danseurs, dont **Mathilde Kchessinskaïa** *(p. 72)*, **Vaslav Nijinski** (1889-1950) et **Anna Pavlova** (1881-1931).

Michel Fokine (1880-1942) succéda à Petipa et fut le chorégraphe principal des Ballets russes *(p. 119)*. Après la Révolution, **Agrippina Vaganova** (1879-1951), diplômée de l'École impériale, relança la tradition du Mariinski et ouvrit la voie à des générations de danseurs tels que **Rudolf Noureïev** (1938-1993) et, plus près de nous, **Galina Mezentseva** (1952) ou encore **Emil Faskhoutdinov** (1974).

CINÉMA

Les studios Lenfilm *(p. 70)* ont été fondés en 1918 sur le site où l'on projeta le premier film réalisé en Russie, en 1896. À son apogée, Lenfilm produisait 15 films par an. Ses deux plus brillants metteurs en scène, **Grigori Kozintsev** (1905-1973) et **Leonid Trauberg** (1902-1990), y travaillèrent ensemble à des films expérimentaux avant de réaliser *La Nouvelle Babylone* (1929), dont le montage et les effets de lumière sont remarquables, et la trilogie *Maxime* (1935-1939). Kozintsev réalisa les adaptations cinématographiques de *Hamlet* (1964) et du *Roi Lear* (1970).

Affiche du film *La Jeunesse de Maxime* (1935), dirigé par Kozintsev

SCIENCES

Le mathématicien Mikhaïl Lomonossov

Mikhaïl Lomonossov (1711-1765) *(p. 61)* est le père de la science moderne en Russie. Il travailla pendant plus de 20 ans au Kounstkamera *(p. 60)* et publia en 1741 *Éléments de chimie mathématique*, un traité qui anticipe les études de Dalton sur la structure de la matière.

En 1869, le professeur et botaniste **Dimitri Mendeleïev** (1834-1907) établit la classification périodique des éléments chimiques.

La première transmission d'un message radio serait due à **Alexandre Popov** (1859-1906). Elle fut réalisée dans les laboratoires de l'université de Saint-Pétersbourg le 24 mars 1896.

En 1904, le physiologiste **Ivan Pavlov** (1849-1936) reçut le prix Nobel de médecine pour sa théorie sur les réflexes conditionnés qu'il démontra à partir d'expériences sur les chiens.

Nevski prospekt

De l'Amirauté au canal Griboïedov

Artère principale de Saint-Pétersbourg, la perspective (ou prospekt) Nevski est jalonnée d'édifices somptueux qui affichent une profusion de styles architecturaux : du néoclassicisme de la cathédrale Notre-Dame-de-Kazan au style baroque du palais Stroganov, en passant par la maison Singer Art nouveau. Les nombreuses églises de confessions différentes, érigées aux XVIIIe et XIXe siècles, lui ont valu son surnom de « rue de la Tolérance » *(p. 108).*

Café littéraire
Appelé jadis le Wolf et Béranger, ce café était fréquenté par des célébrités. En 1837, Pouchkine y but son dernier café avant le duel fatal (p. 83).

Amirauté ***(p 78)***

Place du Palais ***(p. 83)*** **et l'Ermitage** ***(p. 84-93)***

Les bâtiments néoclassiques datant de 1760, situés aux nos 8 et 10, sont les plus anciens de la perspective.

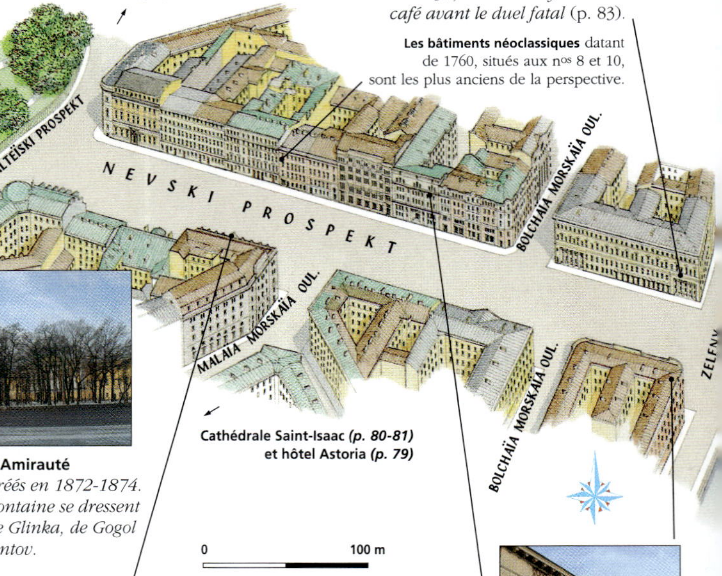

Jardins de l'Amirauté
Ils ont été créés en 1872-1874. Près de la fontaine se dressent les bustes de Glinka, de Gogol et de Lermontov.

Cathédrale Saint-Isaac ***(p. 80-81)*** **et hôtel Astoria** ***(p. 79)***

École au n° 210
Elle porte une inscription datant du siège de la ville : « Citoyens ! Ce côté de l'avenue est plus risqué pendant les tirs d'artillerie. »

Bâtiment d'Aeroflot
Créée par Marian Peretiatkovitch (1912) en granite austère, l'architecture de ce bâtiment est inhabituelle à Saint-Pétersbourg. Le palais Médicis de Florence a inspiré les étages supérieurs et le palais des Doges de Venise les arcades.

À NE PAS MANQUER

★ Cathédrale Notre-Dame-de-Kazan

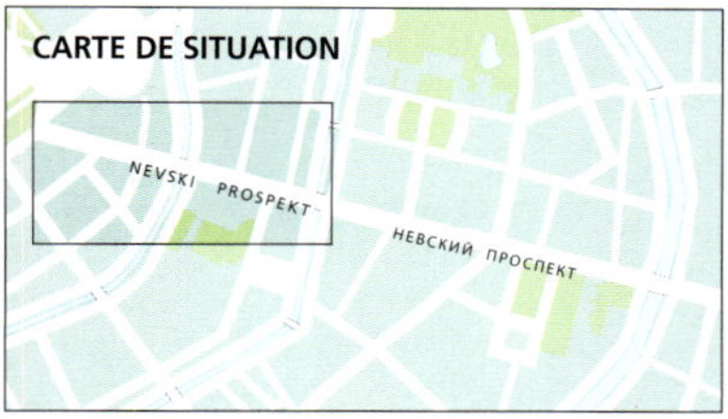

Église hollandaise
Le sanctuaire est situé derrière le portique néoclassique de Paul Jacot (1831-1837). Les ailes du bâtiment abritent encore des bureaux et des boutiques.

Palais Stroganov
La façade de ce palais baroque, l'un des plus anciens édifices de l'avenue (1753), est ornée de sculptures et du blason des Stroganov (p. 112).

Maison de la Mode
Marian Lialevitch dessina cette boutique pour le fourreur Mertens en 1911-1912. La façade en verre bleuté présente des arches néoclassiques.

Le bâtiment Singer, édifié pour le fabricant de machines à coudre du même nom, abrite aujourd'hui une librairie dominée par un globe terrestre en verre.

Suite *p. 48-49*

Le temple luthérien (1833) accueillait une importante communauté évangéliste. Converti en piscine pendant l'ère soviétique, le bâtiment a aujourd'hui retrouvé sa fonction *(p. 112)*.

Le canal Griboïedov, anciennement canal Catherine, prit en 1923 le nom du dramaturge Alexandre Griboïedov.

★ Cathédrale Notre-Dame-de-Kazan
96 colonnes corinthiennes disposées en quatre rangées s'organisent en hémicycle qui s'ouvre largement sur Nevski prospekt. L'architecte Voronikhine s'est inspiré de la colonnade de Saint-Pierre de Rome (p. 111).

Nevski prospekt

Du canal de Griboïedov à la Fontanka

Depuis le milieu du XVIIIe siècle, c'est autour de Nevski prospekt (ou perspective Nevski) que se concentre la vie commerçante et culturelle. À l'approche du pont Anitchkov, qui enjambe la Fontanka, cafés et restaurants se font encore plus nombreux, et on découvre trois galeries marchandes historiques : Gostiny Dvor, les arcades d'Argent et Passage. L'avenue est aussi bordée de nombreux bâtiments historiques comme le palais Anitchkov.

Le Passage
Cette galerie de 180 m de long est couverte d'un toit en verre. Inaugurée en 1848, elle a été reconstruite en 1900. Elle est toujours très animée.

Église du Sauveur-sur-le-Sang *(p. 100)*

La Petite Philharmonie était la salle de concert principale au début du XIXe siècle.

L'église Sainte-Catherine (1762-1782) offre un mélange de styles baroque et néoclassique. C'est la plus ancienne église catholique de la ville.

Grand Hôtel Europe *(p. 101)*

Musée russe *(p. 104-107)*

L'église arménienne (1771-1780) est un bel édifice néoclassique construit par Iouri Velten *(p. 108)*.

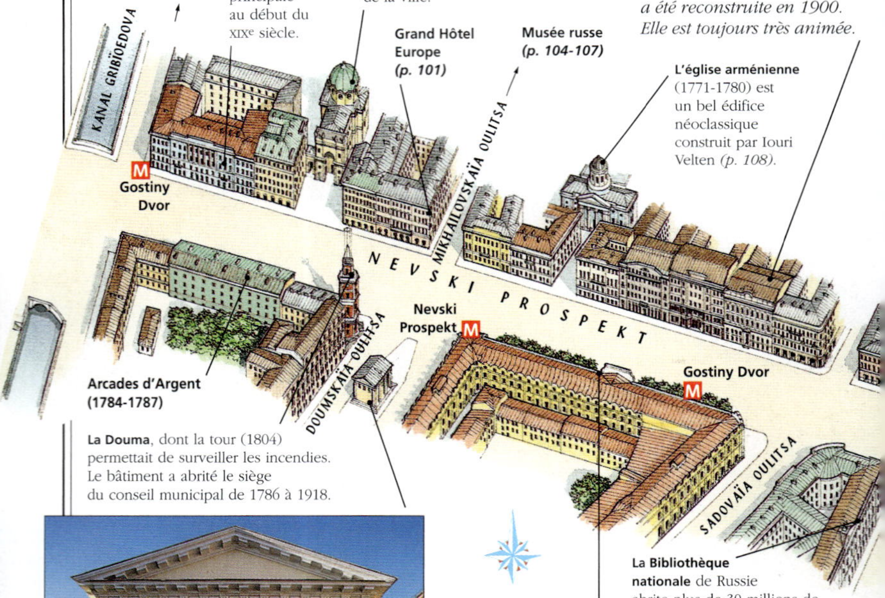

Arcades d'Argent (1784-1787)

La Douma, dont la tour (1804) permettait de surveiller les incendies. Le bâtiment a abrité le siège du conseil municipal de 1786 à 1918.

La Bibliothèque nationale de Russie abrite plus de 30 millions de volumes, dont le plus ancien est un manuscrit russe de 1057.

Portik Rusca Perinnyie Riadi
Ce portique de six colonnes, construit par Luigi Rusca, servait jadis d'entrée à une galerie de boutiques. Démantelé pendant la construction du métro, il fut reconstruit en 1972.

0 100 m

★ Gostiny Dvor
Cette arcade majestueuse date du milieu du XVIIIe siècle (p. 108-109). *La galerie marchande abrite 300 boutiques proposant toutes sortes de produits : des vêtements à la parfumerie, et des souvenirs aux chocolats…*

★ Elisseïev
Ce superbe édifice Art nouveau abrite le théâtre de la Comédie Akimov (p. 109). *L'épicerie fine dont il porte le nom a fermé.*

À NE PAS MANQUER

- ★ Elisseïev
- ★ Gostiny Dvor

Palais Belosselski-Belozerski
Somptueux bâtiment baroque construit d'après les plans d'Andreï Stakenschneider en 1847-1848, le palais accueille un centre culturel et un musée de cire. La façade rouge est décorée de pilastres corinthiens et de balcons soutenus par des atlantes.

Les étals de Quarenghi ont été construits en 1803-1806. Le bâtiment fut cédé à la chancellerie impériale et rebaptisé « le Cabinet ».

Au n° 66 se trouvaient au XIXe siècle les bureaux de Bessel & Co, des éditeurs musicaux avec lesquels Tchaïkovski fut en rapport.

Les bâtiments du Trésor public sont d'aspect néoclassique bien que construits dans les années 1940.

Théâtre Alexandra

Statue de la Grande Catherine sur la place Ostrovski *(p. 110).*

Le palais Anitchkov, offert par Élisabeth à son amant Razoumovski, devint la résidence d'hiver de l'héritier du trône *(p. 109).*

Gare Moskovski

Pont Anitchkov
Quatre chevaux et leurs dompteurs, dessinés par Pierre Klodt dans les années 1840 (p. 35), *encadrent ce pont.*

SAINT-PÉTERSBOURG AU JOUR LE JOUR

Pour les Pétersbourgeois, toutes les saisons sont propices aux réjouissances et permettent de profiter des moments de liberté. Les fleurs ont une grande valeur symbolique : on offre ainsi du mimosa pour la Journée internationale des femmes ou du lilas pour fêter le début de l'été. On célèbre partout dans la cité les fêtes nationales ou locales comme la fête de la Ville. Ces jours-là, on assiste à des régates, des vols en ballon et des feux d'artifice, alors que, le soir, les Colonnes rostrales *(p. 60)* sont allumées.

Le lilas, symbole de l'été

La musique classique est à l'honneur dans de nombreux festivals annuels qui attirent des artistes internationaux. Mais, même sans prétexte officiel, toutes sortes de réjouissances ponctuent les saisons : les Russes aiment sortir et aller skier en hiver ou cueillir des champignons en automne.

PRINTEMPS

Le printemps est là lorsque le soleil attire ses premiers fidèles sur les plages situées près de la forteresse Pierre-et-Paul *(p. 66-67)*. Au début du mois d'avril, rivières et canaux dégèlent et les ponts de la ville se lèvent pour laisser passer les gros bateaux. Pour se réchauffer après les mois de grand froid, les Pétersbourgeois fêtent *maslennitsa*, la préparation des crêpes (blinis) avant le carême. Puis on cueille des branches de saule pour célébrer le dimanche des Rameaux. À la veille du carême, le dimanche de la Miséricorde, on demande pardon à ceux qu'on a offensés. Lorsque la neige a fondu, les citadins se rendent dans leurs datchas.

Bain de soleil près de la forteresse Pierre-et-Paul

MARS

Journée internationale des femmes *(Mejdounarodny jenski den)*, 8 mars. Les hommes offrent des fleurs aux femmes, et chacun se souhaite une bonne fête *(s prazdnikom)*. On assiste à des représentations théâtrales et à des concerts spécialement programmés pour l'occasion. Aussi sexiste que cela puisse paraître à des non-Russes, c'est un jour très populaire.

Bougies allumées dans une église orthodoxe pour la messe de Pâques

De l'avant-garde à nos jours *(Ot avangarda do nachikh dneï)*, mi-mars. On célèbre l'art et la musique du XXe siècle dans toute la ville.

Dimanche de Pâques *(Paskha)*. La date du carême et de Pâques varie tous les ans. Le dimanche de Pâques, les églises de la ville se remplissent de fidèles. Ce jour-là, on se salue par : *Khristos voskres* (« Christ est ressuscité ») et l'on répond : *Voistinou voskres* (« Il est vraiment ressuscité »).

AVRIL

Printemps musical de Saint-Pétersbourg *(Muzykalnaïa Vesna v Sankt-Peterbourgue)*, mi-avr. Après les longs mois d'hiver, on range les manteaux de fourrure et les grosses bottes, et l'on se rue vers les salles de concert de la ville.

Jour des cosmonautes *(Den Kosmonavtiki)*, 12 avr. Des feux d'artifice, tirés à 10 h du soir, célèbrent l'exploration de l'espace, qui était la fierté de l'URSS.

MAI

Fête du Travail *(Den Trouda)*, 1er mai, férié. Journée internationale de solidarité entre les travailleurs.

Fontaines de Peterhof *(Fontany v Petergofe)*, 1er w.-e. de mai. Groupes et orchestres accompagnent les jeux d'eau *(p. 151)*.

Fête de la Victoire *(Den pobedy)*, 9 mai. Cérémonie solennelle au cimetière de Piskarevskoïe *(p. 126)* pour commémorer la capitulation des nazis en 1945. Les vétérans défilent sur Nevski prospekt *(p. 46-49)* et la place du Palais *(p. 83)*.

Fête de la Ville *(Den goroda)*, dern. sem. de mai. Fête de la fondation de la ville, le 27 mai 1703. Festivités près de la forteresse Pierre-et-Paul *(p. 66-67)*.

Vétéran à la fête de la Victoire

Musical Olympus International Festival, fin mai/déb. juin. Le plus célèbre orchestre de la ville accompagne de jeunes musiciens venus du monde entier.

Ensoleillement
Le climat de Saint-Pétersbourg est très contrasté. Les jours d'été peuvent être très chauds, avec parfois de fortes averses, alors qu'en hiver il neige, et la température descend bien au-dessous de zéro. De mi-juin à mi-juillet, la nuit ne tombe pas. En revanche, pendant les mois d'hiver, les jours sont très courts, mais souvent ensoleillés.

ÉTÉ

La floraison des lilas annonce les beaux jours et, quand le Champ de Mars *(p. 94)* se couvre de fleurs, règne une pointe d'euphorie. Les citadins passent le week-end dans leurs datchas, des résidences d'été situées le plus souvent hors de la ville.

Le mois de juin, avec son Festival des nuits blanches, est une période de fête. Quand le soleil ne se couche quasiment pas et qu'il ne fait jamais vraiment nuit, des spectacles ont lieu dans la ville. Ne manquez pas de vous joindre aux milliers de spectateurs *(p. 201)* réunis sur les rives de la Neva pour assister à la levée des ponts, à 2 h du matin.

JUIN

Journée internationale de protection de l'enfance *(Den zachtchity deteï)*, 1er juin. Spectacles et manifestations sont organisés dans tout Saint-Pétersbourg.

Jour de la Russie *(Den Rossii)*, 12 juin. Des feux d'artifice célèbrent l'indépendance de la Russie.

Dimanche de la Trinité *(Troïtsa)*, 50 j. apr. Pâques. Fidèles et athées vont fleurir les tombes de leurs parents et lever un verre de vodka à la paix de leur âme.

Festival de jazz des nuits blanches, mi-juin. Il réunit de nombreux musiciens russes ou étrangers.

Les Étoiles des nuits blanches, festival de musique classique *(Zvezdy Belykh notcheï)*, fin juin. Ce festival est consacré à l'opéra, à la musique et à la danse classiques, et des représentations de premier ordre ont lieu dans toutes les plus grandes salles de la ville.

Festival de rock des nuits blanches *(Belye notchi)*, fin juin. De nombreux concerts de rock en plein air ont lieu à la forteresse Pierre-et-Paul *(p. 66-67)*.

Festival des festivals *(Festival festivaleï)*, dern. sem. de juin. C'est un festival international de films où l'on peut voir les plus grands films de l'année précédente. De nombreuses vedettes du monde entier assistent à cet événement.

Tsarskoïe Selo Carnaval *(Tsarskoselski karnaval)*, dern. w.-e. de juin. De drôles de costumes, de la musique et une grande agitation sont au cœur de Tsarskoïe Selo *(p. 152-155)*. On y boit la bière locale.

Bateaux de guerre sur la Neva, le jour de la fête de la Marine

JUILLET

Compétitions sportives On peut assister à des tournois de tennis et à des régates sur la Neva et dans le golfe de Finlande.

Fête de la Marine *(Den Voïenno-Morskovo Flota)*, 1er dim. apr. 22 juil. La Neva prend l'allure d'un vaste chantier naval, avec des sous-marins et des torpilleurs.

AOÛT

Les familles qui en ont les moyens quittent la ville pour passer dans leurs datchas cette période de vacances scolaires où règnent les températures les plus clémentes de l'année.

Levée d'un pont en face de la forteresse, pendant les nuits blanches

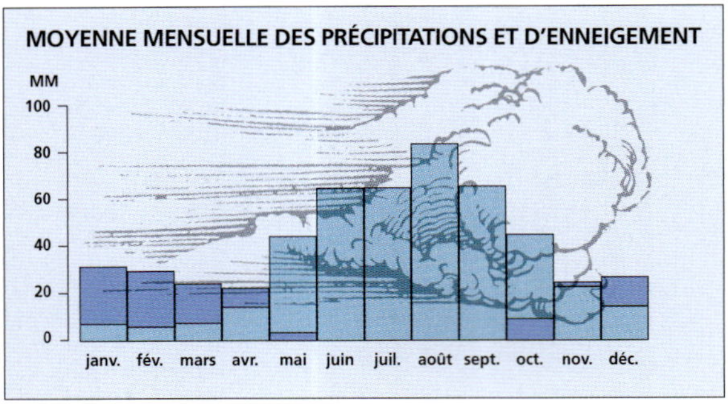

Précipitations et enneigement
À Saint-Pétersbourg, les étés sont humides, mais les averses apportent un peu de fraîcheur. En hiver, les tempêtes de neige sont fréquentes. La neige tombe en abondance et fond fin mars.

Précipitations

Enneigement

AUTOMNE

La vie reprend lorsque les vacanciers rentrent de leurs datchas et que les boutiques se remplissent de familles préparant la rentrée scolaire.

En septembre, lorsque les théâtres rouvrent leurs portes, la vie culturelle de la ville reprend son cours. Le Mariinski (Kirov) rentre de tournée et présente ses dernières pièces de théâtre et ses nouveaux opéras. Le mois d'octobre inaugure la saison des festivals. Des musiciens et des compagnies théâtrales arrivent alors du monde entier.

L'automne, frais et humide, est la saison idéale pour cueillir les champignons. Les gens de la région se rendent au nord-ouest de la ville, près de Zelenogorsk et Repino *(p. 146)*, pour trouver des chanterelles, des champignons bruns *(podberyozoviki)* et des bolets à chapeau orange *(podosinoviki)*.

Si vous n'êtes pas un amateur averti, contentez-vous d'une excursion en hydrofoil vers Peterhof *(p. 148-151)*, moins risquée et encore plaisante en cette saison. Vous y admirerez les magnifiques jets d'eau avant qu'ils ne soient fermés pour l'hiver.

Chanterelles, ou girolles

Couleurs automnales dans le parc de Tsarskoïe Selo

Enfants habillés pour le jour de la rentrée des classes

SEPTEMBRE

Journée du savoir *(Den znanii),* 1er sept. C'est la rentrée des classes et les enfants apportent des brassées de fleurs à leurs enseignants.

OCTOBRE

Festival de théâtre des pays Baltes *(Teatralny festival Baltiiskikh stran)*. Pendant deux semaines, acteurs, clowns et pantomimes venus des pays Baltes se produisent dans quelques théâtres et dans les rues de la ville. De nombreux musiciens étrangers et la plupart des interprètes russes de renommée internationale refusent des propositions afin de pouvoir y participer.

NOVEMBRE

Jour de la fête de l'Unité nationale, 4 nov. Cette fête rappelle que la Fédération de Russie est un pays pluriethnique, comprenant plusieurs communautés religieuses.

Festival de musique contemporaine *(Zvoukovye pouti)*, mi-nov. L'avant-garde russe du jazz et de la musique contemporaine.

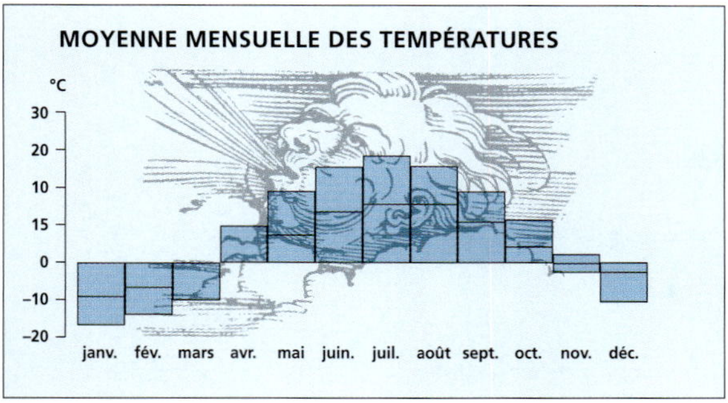

Températures
Le climat maritime de Saint-Pétersbourg n'est pas aussi froid qu'on peut le croire. Les étés sont doux, ponctués de journées très chaudes dès le mois de mai. L'hiver, la température descend bien au-dessous de zéro. Le diagramme ci-contre indique une moyenne des températures minimales et maximales.

HIVER

Les rivières et canaux sont gelés et la neige tombe à gros flocons. C'est un moment fort apprécié par les Pétersbourgeois, qui emmènent leurs enfants faire de la luge (la location est bon marché). Dans les parcs de Tsarskoïe Selo *(p. 152-155)* et de Pavlovsk *(p. 158-161)*, on peut louer skis et luges à la *lyjnaïa baza*, au pied des pistes. Les patins à glace se louent à la patinoire du parc Pobedy, près de la station de métro Parc-Pobedy, ainsi qu'au parc de Culture et de Repos (métro Krestovski-Ostrov).

Le matin de bonne heure, les membres du club de natation, « les Morses », comme on les appelle, brisent la glace près de la forteresse Pierre-et-Paul *(p. 66-67)* pour se baigner dans l'eau glacée.

Noël est fêté le 7 janvier, selon le calendrier orthodoxe. Le Nouvel An est une grande période de festivités au milieu de l'hiver, et beaucoup de Russes célèbrent aussi l'ancienne date du Nouvel An, le 14 janvier. La traditionnelle représentation du ballet *Casse-Noisette* au théâtre Mariinski *(p. 119)* est une pure merveille.

Pour pêcher, il faut percer un trou dans la glace

Lugeurs sur la Neva prise par les glaces, près de l'Ermitage *(p. 84-93)*

DÉCEMBRE

Fête de la Constitution *(Den konstitoutsi)*, 12 déc. Sa date a changé lorsque la nouvelle Constitution de Boris Eltsine a remplacé celle de Brejnev. Des feux d'artifice ont lieu à différents endroits de la ville.
Rencontres musicales de Palmyre *(Mouzykalnye vstretchi v Severnoï Palmire)*, déc.-janv. Ce festival de musique classique est le dernier de l'année. Le cadre est féerique, avec les rues enneigées et les rivières glacées.
La veille du Nouvel An *(Novy god)*, 31 déc. C'est la plus grande fête de l'année et le *champanskoïe (p. 183)*, le « champagne » russe, coule à flots. Certains membres de la famille se déguisent en Père Gel (équivalent de notre Père Noël) et Fille des Neiges pour apporter les cadeaux.

JANVIER

Noël orthodoxe russe *(Rojdestvo)*, 7 janv. Cette fête est célébrée de façon plus modérée que Pâques. La nuit de Noël, les cloches retentissent dans la ville pour appeler les fidèles.

FÉVRIER

Fête des Défenseurs de la mère patrie *(Den zachtchitnikov rodiny)*, 23 fév. C'est l'équivalent de la Journée des femmes, mais pour les hommes.

JOURS FÉRIÉS

Nouvel An (1er janv.)
Noël orthodoxe russe (7 janv.)
Journée internationale des femmes (8 mars)
Pâques (avr.)
Fête du Travail (1er mai)
Fête de la Victoire (9 mai)
Jour de la Russie (12 juin)
Jour de la fête de l'Unité nationale (4 nov.)
Fête de la Constitution (12 déc.)

Les bateaux-taxis glissent sur la Moïka devant le palais Stroganov ▷

46
P
TAXI

SAINT-PÉTERSBOURG QUARTIER PAR QUARTIER

ÎLE VASSILEVSKI

C'est sur l'île Vassilevski (Vassilevski ostrov), la plus grande île du delta de la Neva, que Pierre le Grand avait envisagé d'installer le siège du pouvoir de sa nouvelle capitale. Il abandonna ce projet initial à cause des difficultés d'accès (le premier pont permanent ne fut construit qu'en 1842), des inondations et de la traversée souvent houleuse de la Neva. La ville se développa alors de l'autre côté de la rivière, autour de l'Amirauté *(p. 78)*. Sur le plan d'origine, les rues ou lignes *(lini)* numérotées, qui ont gardé leur appellation, orientées nord-sud, s'alignaient sur un réseau de canaux qui, pour la plupart, n'allaient jamais être creusés *(p. 20)*. Les premiers bâtiments officiels furent édifiés à la pointe est de l'île, endroit appelé Strelka. Au XIXe siècle, l'essor des quartiers alentour a suivi l'industrialisation et une classe moyenne s'y est installée, ainsi qu'une communauté allemande florissante comme le rappellent plusieurs églises luthériennes. Aujourd'hui, l'île est paisible, avec ses larges avenues bordées d'arbres et ses nombreux musées.

Sculpture de Neptune sur le musée de la Marine

LE QUARTIER D'UN COUP D'ŒIL

Musées
Kounstkamera ❹
Musée de la Marine de guerre ❷
Musée de Zoologie ❸
Palais Menchikov ❻

Bâtiments historiques et monuments
Académie des beaux-arts ❾
Colonnes rostrales ❶
Douze Collèges ❺

Église
Cathédrale Saint-André ❽

Rue et pont
Bolchoï prospekt ❼
Pont de l'Annonciation (Blagovechtchenski most) ❿

LÉGENDE

- Plan du quartier pas à pas *p. 58-59*
- Station de métro
- Arrêt du tramway

◁ **Un des deux sphinx imposants (XIVe siècle av. J.-C.) situés en face de l'Académie des beaux-arts**

La Strelka pas à pas

La Strelka, la pointe orientale de l'île Vassilevski, était l'ancien pôle du commerce à Saint-Pétersbourg. Aujourd'hui, elle rassemble plusieurs institutions académiques comme l'Académie des sciences et l'université de Saint-Pétersbourg, des musées, des instituts et des bibliothèques aménagés dans d'anciens entrepôts et bâtiments des douanes. Le musée de la Marine de guerre et les deux Colonnes rostrales rappellent toutefois l'ancienne vocation de cette partie de la ville, et, de cet endroit, on a une vue magnifique de la forteresse Pierre-et-Paul *(p. 66-67)* et de l'Ermitage *(p. 84-93)*.

Vue du musée de la Marine de guerre et des Colonnes rostrales

Douze Collèges
À l'origine, ces bâtiments furent érigés pour abriter les douze départements ministériels institués par Pierre le Grand ❺

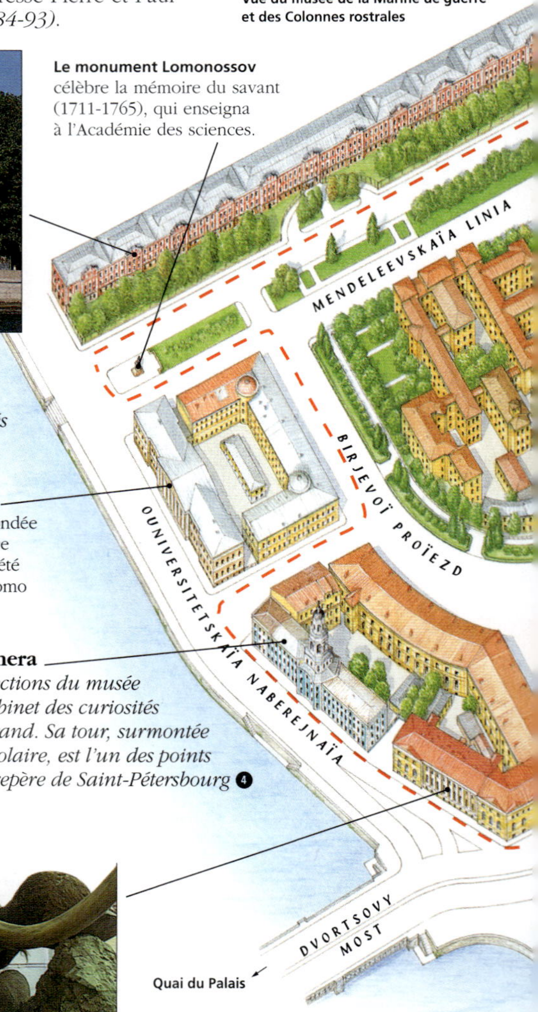

Le monument Lomonossov célèbre la mémoire du savant (1711-1765), qui enseigna à l'Académie des sciences.

L'Académie des sciences a été fondée en 1724. L'édifice de 1783-1785 a été conçu par Giacomo Quarenghi.

★ Kounstkamera
Parmi les collections du musée se trouve le cabinet des curiosités de Pierre le Grand. Sa tour, surmontée d'un cadran solaire, est l'un des points de repère de Saint-Pétersbourg ❹

Quai du Palais

Musée de Zoologie
Ce musée, qui possède plus d'un million de pièces, est l'un des plus importants du monde. On y trouve aussi les animaux empaillés de Pierre le Grand et une célèbre collection de mammouths ❸

À NE PAS MANQUER

- ★ Kounstkamera
- ★ Musée de la Marine de guerre

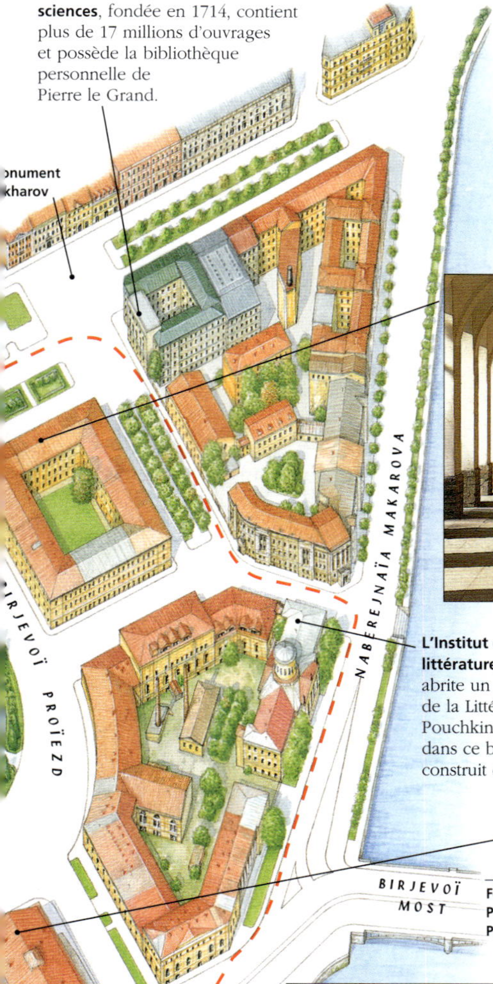

La bibliothèque de l'Académie des sciences, fondée en 1714, contient plus de 17 millions d'ouvrages et possède la bibliothèque personnelle de Pierre le Grand.

CARTE DE SITUATION

Voir Atlas des rues, plan 1

Le Nouveau Bazar, construit au début du XIXe siècle par Quarenghi, était un marché animé. Les étudiants ont aujourd'hui remplacé les marchands, puisque cet édifice de style néoclassique loge les départements de l'Université.

L'Institut de littérature russe abrite un musée de la Littérature. Pouchkine vécut dans ce bâtiment, construit en 1832.

★ Musée de la Marine de guerre

Parmi les nombreuses maquettes de bateaux exposées se trouve le Botik *sur lequel Pierre le Grand apprit à naviguer* ❷

Colonnes rostrales

À l'origine, elles servaient de phares aux bateaux qui entraient dans le port de Saint-Pétersbourg. Ces imposantes colonnes de 32 m de haut sont des repères dans le paysage de la ville. Elles sont notamment allumées le jour de la fête de la Marine (p. 51) ❶

Colonnes rostrales ❶

Ростральные колонны

Rostralnïe kolonny

Birjevaïa plochtchad. **Plan** 1 C5. *7, 10, 47, K-47, K-128, K-141, K-147, K-187, K-209, K-228.* *1, 7, 10.*

Situées sur la Strelka, devant le musée de la Marine de guerre, ces deux colonnes de granite ont été érigées en 1810 sur des plans de Thomas de Thomon. Les torches à huile qu'elles portaient ont été remplacées à la fin du XIXe siècle par des lampes à gaz. Suivant une tradition romaine, elles sont ornées de proues de navires (*rostra* en latin), à la gloire des victoires. Les piédestaux portent les figures allégoriques des grands fleuves russes : la Neva, la Volga, le Dniepr et le Volkhov.

Colonnes rostrales sur la Strelka

Musée de la Marine de guerre ❷

Военно-Морской музей

Voïenno-Morskoï mouzeï

Birjevaïa plochtchad 4. **Plan** 1 C5. ***Tél.*** *328 25-02.* *7, 10, 47, K-47, K-128, K-147, K-187, K-209, K-252.* *1, 7, 10.* *mer.-dim 11h-18h.*

www.navalmuseum.ru

L'ancienne Bourse (*birja*), construite en 1805-1810 par l'architecte suisse Thomas de Thomon et inspirée du temple grec de Paestum, en Italie, était le bâtiment central de la Strelka. À l'est, au-dessus de la façade à colonnades, une sculpture allégorique représentant le dieu Neptune dans un char tiré par des hippocampes est là pour rappeler que le commerce maritime était l'élément vital de la ville. La Bourse ayant perdu sa raison d'être après la Révolution, elle fut transformée en musée en 1940.

Sous le magnifique plafond à caissons de la grande salle principale, une collection d'objets retrace l'histoire de la marine russe et soviétique, de l'époque de Pierre le Grand à nos jours. Parmi les maquettes de bateaux, uniformes, figures de proue, drapeaux et sous-marins se trouve le *Botik*, un petit bateau en bois sur lequel le tsar apprit à naviguer.

Au second étage, un superbe diorama présente l'assaut du palais d'Hiver (*p. 28-29*). Les photographie entourant la grande salle retracent surtout la période révolutionnaire. Réorganisées en 1995, elles donnent une idée plus juste des événements, tel le rôle des puissances alliées lors de la Seconde Guerre mondiale.

La façade néoclassique du musée de la Marine de guerre

Musée de Zoologie ❸

Зоологический музей

Zologuitcheski mouzeï

1/3 Ouniversitetskaïa nab. **Plan** 1 C5. ***Tél.*** *328 0112.* *7, 10, K-47, K-128, K-147, K-187, K-209.* *1, 7, 10.* *mer.-lun 11h-18h.*

Aménagé dans l'ancien entrepôt des douanes bâti par Giovanni Lucchini en 1826, ce musée possède l'une des plus grandes collections d'histoire naturelle du monde. Elle comprend plus d'un million de pièces, parmi lesquelles se trouvent les animaux empaillés du Kounstkamera de Pierre le Grand, comme le cheval que le tsar monta à la bataille de Poltava (*p. 19*).

Les dioramas illustrent les habitats naturels des ours polaires et des baleines bleues. Le musée est célèbre par sa collection de squelettes de mammouths. Le plus précieux, découvert dans les glaces sibériennes en 1902, aurait près de 44000 ans.

Fouine au musée de Zoologie

Kounstkamera ❹

Кунсткамера

Kounstkamera

3 Ouniversitetskaïa nab. **Plan** 1 C5. ***Tél.*** *328 1412.* *7, 10, 47, K-47, K-128, K-147, K-187.* *1, 7, 10.* *mar.-dim. 11h-18h.*

www.kunstkamera.ru

La tour-lanterne vert d'eau qui surmonte cet édifice baroque domine cette partie de l'île Vassilevski. Le bâtiment, construit par Mattarnovy en 1718-1734, abritait le Kounstkamera de Pierre le Grand. Lors de son voyage en Hollande en 1697, le tsar avait assisté aux conférences de Frédéric Ruysch (1638-1731), l'anatomiste le plus célèbre

Façade baroque du Kounstkamera (1718-1734), le premier musée de Saint-Pétersbourg

de l'époque. Impressionné par la collection de Ruysch, il en fit l'acquisition en 1717 et exposa ces 2000 « préparations anatomiques » à Saint-Pétersbourg. Le public, déconcerté par ce spectacle, se voyait réconforté par un verre de vodka. Dans cette collection se trouvaient des êtres difformes ou insolites, dont un hermaphrodite.

Ce premier musée de Russie abritait une bibliothèque, une salle d'anatomie et un observatoire. Aujourd'hui, le Kounstkamera, devenu le musée d'Anthropologie et d'Ethnographie, a conservé une partie de cette étrange collection, exposée dans la rotonde centrale. Elle comprend le cœur et le squelette du « Bourgeois », un géant de 2,27 m qui était le serviteur personnel du tsar. Les dents qui se trouvent aussi dans le musée ont été extraites par le tsar lui-même, dentiste amateur enthousiaste. Les âmes sensibles éviteront les cabinets de monstruosités conservées dans du formol, entre autres des siamois et un mouton à deux têtes.

Les salles qui entourent le Kounstkamera contiennent des objets usuels des peuples du monde entier. Trop souvent négligés par la plupart des visiteurs, les objets exposés (kayak inuit, marionnettes du théâtre d'ombres javanais, etc.), demeurent une très précieuse source d'enseignement.

Douze Collèges ❺

Двенадцать коллегий

Dvenadtsat kolleguii

7 Ouniversitetskaïa nab. **Plan** 1 C5. *7, 47, K-47, K-128, K-147, K-209.* *1, 10.* *au public.*

Ce joli bâtiment baroque en briques rouges et blanches est recouvert de stuc. À l'origine, il accueillait les douze départements ministériels institués par Pierre le Grand. La façade symbolisait l'unification du gouvernement. L'alignement perpendiculaire aux quais devait ouvrir sur une grande place avec vue dégagée sur la Strelka. On pense que le prince Menchikov, craignant que ce projet n'empiète sur son domaine, profita de l'absence du tsar pour en changer les plans.

Mikhaïl Lomonossov (1711-1765)

Domenico Trezzini fut sélectionné sur concours en 1723, mais son projet ne vit le jour que 20 ans plus tard. Après avoir rempli diverses fonctions, l'édifice fut attribué à l'Académie de Saint-Pétersbourg en 1819. Lénine y fit ses études en 1891, ainsi que plusieurs révolutionnaires. D'illustres professeurs russes y ont enseigné, dont Dimitri Mendeleïev (1834-1907) et le physiologiste Ivan Pavlov (1849-1936) *(p. 45)*.

Détail de la façade orientale des Douze Collèges de Trezzini

La statue en bronze de Mikhaïl Lomonossov (dévoilée en 1986), située près des Douze Collèges, domine la Neva. Ce grand savant du XVIIIe siècle, à la fois écrivain et chimiste, issu d'une famille de pêcheurs, fut le premier membre russe de l'Académie des sciences de Saint-Pétersbourg (1741). Considéré comme un génie universel, il a écrit de la poésie, a systématisé la grammaire russe et a été le pionnier de la recherche mathématique et scientifique. C'est grâce à ses découvertes que la production de verre, de porcelaine et de mosaïque se développa en Russie.

Façade sud du palais du prince Menchikov (XVIIIe siècle)

Palais Menchikov 6

Меншиковский дворец
Menchikovski dvorets

15 Ouniversitetskaïa nab. **Plan** 5 B1. ***Tél.*** *323 1112. 7, 47, K-47, K-128, K-147, K-187, K-209. 1, 10. 1, 11. mar.-sam. 10h30-18h, dim. 10h30-17h. obligatoire, possible en français.*

Avec ses pilastres sculptés, le palais Menchikov, de style baroque, est l'un des premiers bâtiments en pierre de Saint-Pétersbourg. Sa construction, réalisée selon les plans de Giovanni Fontana et de Gottfried Schädel pour le prince Menchikov, date de 1720. Le parc du palais s'étendait jusqu'à la Malaïa Neva, au nord.

Le prince Menchikov y recevait ses visiteurs dans un luxe éblouissant, souvent sur le compte du tsar, qui adopta ce palais comme pied-à-terre. Les hôtes traversaient la Neva en bateau avant d'être accueillis avec faste par un orchestre en uniforme.

Aujourd'hui, le palais fait partie de l'Ermitage *(p. 84-93)*. Il abrite une riche collection d'objets du début du XVIIIe siècle évoquant l'esprit de l'époque et l'influence de la mode occidentale à la cour de Pierre le Grand.

Au rez-de-chaussée, à côté des cuisines, se trouvent l'atelier de tournage du tsar, des costumes d'époque, des coffres en chêne et des compas marins. Des statues en marbre, importées d'Italie, ornent le magnifique vestibule au plafond voûté. L'une d'entre elles est un Apollon romain qui date du IIe siècle av. J.-C.

À l'étage, les bureaux du secrétaire sont décorés de gravures hollandaises de Leyde, d'Utrecht et de Cracovie, qui datent du XVIIe siècle. Une suite de pièces sublimes sont revêtues de carreaux de Delft bleu et blanc peints à la main, datant du XVIIIe siècle. Outre leur fonction décorative, ces carreaux permettaient de voir facilement les mouches et la poussière. Dans la chambre de Varvara (belle-sœur et confidente de Menchikov) se trouve un lit à baldaquin fabriqué en Allemagne. Il est recouvert d'un couvre-lit turc en coton et en soie brodée de fils d'argent. La tapisserie flamande date du XVIIe siècle.

Menchikov et le tsar recevaient dans la salle d'apparat lambrissée en noyer persan avec vue sur la Neva. Parmi les tableaux accrochés par des rubans de couleur, selon l'usage au XVIIe siècle, se trouve un portrait de Pierre le Grand par Jan Venichs, un artiste hollandais. Les miroirs étaient une nouveauté à l'époque, et l'Église orthodoxe jetait l'anathème sur un tel étalage de vanité.

Les bals et banquets se tenaient dans le Grand Hall.

LE PRINCE MENCHIKOV

D'origine modeste, Alexandre Menchikov (1673-1729) fut le conseiller, compagnon d'armes et ami de Pierre le Grand, et le premier gouverneur de la ville. Après la mort du tsar en 1725, Menchikov favorisa l'accession au trône de Catherine (la femme de Pierre et ancienne maîtresse de Menchikov). Il put ainsi conserver son pouvoir jusqu'à la mort de la tsarine. Son extravagance et sa vénalité lui porteront préjudice. Accusé de trahison, il mourra en exil en 1729.

Pharmacie Art nouveau près de Bolchoï prospekt

Bolchoï prospekt 7

Большой проспект
Bolchoï prospekt

Plan 1 A5. *Vassileostrovskaïa. 6, 7, 41, 42, 128, 151, 152, K-346, K-350, K-690. 10.*

Cette perspective fut percée au début du XVIIIe siècle pour relier le domaine de Menchikov au golfe de Finlande. Elle offre une diversité de styles allant du néoclassicisme de l'église luthérienne de Sainte-Catherine (1768-1771), située au n° 1, au style baroque du XVIIe siècle de la maison Troïekourov (n° 13, 6-ïa linia).

On remarquera également le marché Saint-André (1789-1790) avec ses arcades et les deux édifices Art nouveau. L'un d'eux abritait une pharmacie *(apteka)* (1907-1910) sur 7-ïa linia, l'autre, au n° 55, l'orphelinat luthérien Adolphe-Gaveman.

L'Académie des beaux-arts (1765-1789) sur les rives de la Neva : un premier exemple du néoclassicisme russe

Cathédrale Saint-André ❽

Андреевский собор
Andreevski sobor

6-ïa linia 11. **Plan** 5 B1. ***Tél.*** *323 3418.* *7, 128, K-209.* *10.*

Érigée en bois, à l'initiative de Catherine Ire *(p. 21)*, qui donna 3000 roubles pour sa construction, l'église fut détruite par un incendie.

L'église baroque surmontée d'un clocher qui la remplace a été construite par Alexandre Vist en 1764-1780. Elle abrite une iconostase du XVIIIe siècle, en bois sculpté, décorée d'icônes provenant de l'ancienne église. À côté, se trouve la petite église des Trois-Saints, bâtie par Giuseppe Trezzini (1740-1760), dédiée à Basile le Grand, Jean Chrysostome et Grégoire de Nazianze.

L'iconostase baroque de Saint-André, joyau de la cathédrale

Académie des beaux- arts ❾

Академия Художеств
Akademia Khoudojestv

17 Ouniversitetskaïa nab. **Plan** 5 B1. ***Tél.*** *323 6496.* *7, 47, K-129, K-209.* *10.* *mer.-dim. 11h-18h.* **www**.nimrah.ru

Fondée en 1757, cette académie devait enseigner aux artistes russes le style et les techniques occidentaux en faveur à l'époque. Le célèbre peintre Ilia Repine *(p. 42)* et les architectes Andreï Zakharov (1761-1811) et Andreï Voronikhin (1759-1814) ont fait partie de ses illustres élèves.

Le conservatisme de l'Académie tendait à décourager toute innovation, si bien qu'en 1863 un groupe d'étudiants refusèrent de passer leur examen final en signe de protestation et fondèrent le groupe des Ambulants, un mouvement d'art réaliste, *(Peredvijniki)* *(p. 106-107)*.

Le bâtiment, édifié entre 1765 et 1789 par Alexandre Kokorinov et Vallin de La Mothe, est un bel exemple architectural de transition entre l'époque baroque et le style néoclassique. L'Académie expose le travail des étudiants d'hier et d'aujourd'hui. On y verra tableaux, moules en plâtre de sculptures, plans et maquettes de célèbres bâtiments de la ville tel le couvent Smolny *(p. 128)*.

Les salles et les galeries ont perdu leur lustre tout en conservant leur grandeur du passé. Visitez la salle de conférences, au premier étage, avec son plafond peint par Vassili Chebouev, et les galeries Raphaël et Titien, ornées de copies de fresques qui se trouvent au Vatican.

Deux sphinx du XIVe siècle av. J.-C. flanquent l'escalier du débarcadère. Découverts dans les ruines de Thèbes, la capitale de l'ancienne Égypte, ils furent installés ici en 1832. Le pharaon Aménophis III aurait servi de modèle pour la tête de ces deux sculptures.

Pont de l'Annonciation ❿

Благовещенский Мост
Blagovechtchenski Most

Plan 5 B2. *6, K-154, K-186, K-350.*

Inauguré en 1842, le premier pont permanent sur la Neva a retrouvé son nom d'origine en 2007. Auparavant il avait été baptisé, en 1855, « pont Nicolas », et, en 1918, « pont Lieutenant-Schmidt » en hommage à l'officier de marine qui mena le soulèvement de la flotte de la mer Noire en 1905. Œuvre d'Alexandre Brioullov, ses parapets décorés d'hippocampes et de tridents datent d'une reconstruction effectuée en 1936-1938.

PETROGRADSKAÏA

La ville a été fondée sur la rive septentrionale de la Neva en 1703, pendant la grande guerre du Nord *(p. 18)*. Le quartier de Petrogradskaïa se développa avec la construction d'une forteresse en bois et devint vite un faubourg marécageux de cabanes, occupées par les ouvriers travaillant à la ville de Pierre le Grand.

Détail du pont vers la forteresse Pierre-et-Paul

Non loin, le quartier de la place de la Trinité était un petit bourg commerçant blotti autour d'une église qui a été démolie et de la première Bourse de Saint-Pétersbourg.

Petrogradskaïa est restée peu peuplée jusqu'à la fin du XIXe siècle, quand la construction du pont de la Trinité rendit ce quartier accessible à partir du centre-ville. Les constructions se multiplièrent au moment où l'Art nouveau était en vogue. La population quadrupla et Petrogradskaïa devint fréquentée par les artistes et les professions libérales.

La forteresse Pierre-et-Paul, avec sa cathédrale, ses musées et sa sombre histoire, reste le principal attrait de ce quartier résidentiel.

LE QUARTIER D'UN COUP D'ŒIL

Musées
Bastion Troubetskoï 6
Croiseur *Aurora* 12
Hôtel particulier de Kchessinskaïa 11
Maison des Commandants 4
Maison des Ingénieurs 2
Maisonnette de Pierre (le Grand) 13
Musée de l'Artillerie 7
Musée Kirov 10

Portes
Porte de la Neva 5
Porte Saint-Pierre 1

Cathédrale
Cathédrale Saint-Pierre-et-Saint-Paul 3

Rue, parc et place
Kamennoostrovski prospekt 9
Parc Alexandrovski 8
Place de la Trinité 14

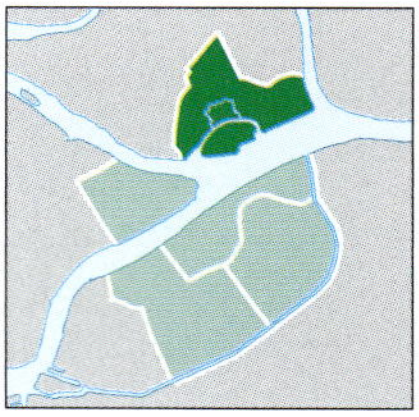

◁ **La cathédrale baroque Saint-Pierre-et-Saint-Paul dans la forteresse Pierre-et-Paul**

La forteresse Pierre-et-Paul pas à pas

La forteresse, construite en 1703 sur décision de Pierre le Grand, constitue l'acte de naissance de Saint-Pétersbourg. La première citadelle en bois fut remplacée, section par section, par de la pierre, selon les plans de Domenico Trezzini. L'histoire de cet édifice est funeste. Des centaines d'ouvriers, contraints de travailler dans d'horribles conditions, périrent sur ce chantier. Dans ses bastions, d'innombrables conjurés furent torturés et emprisonnés à vie. L'un des premiers prisonniers fut le propre fils du tsar, le tsarévitch Alexis. Aujourd'hui, on visite les cellules ainsi que plusieurs musées et la cathédrale qui abrite les tombeaux des Romanov.

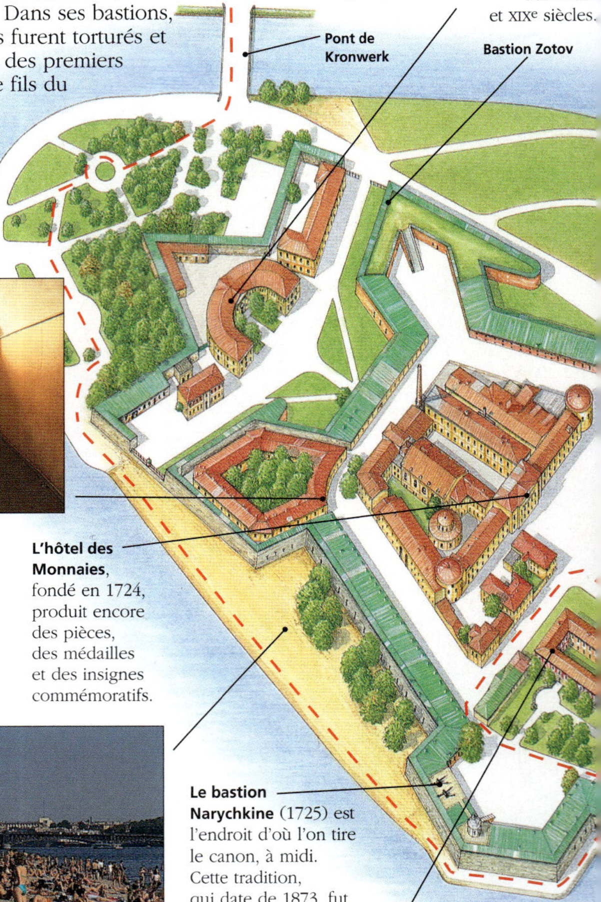

↑ **Musée de l'Artillerie** *(p. 70)*

Les archives du ministère de la Guerre occupent le site de la « maison des Secrets », une prison politique aux XVIIIe et XIXe siècles.

Pont de Kronwerk

Bastion Zotov

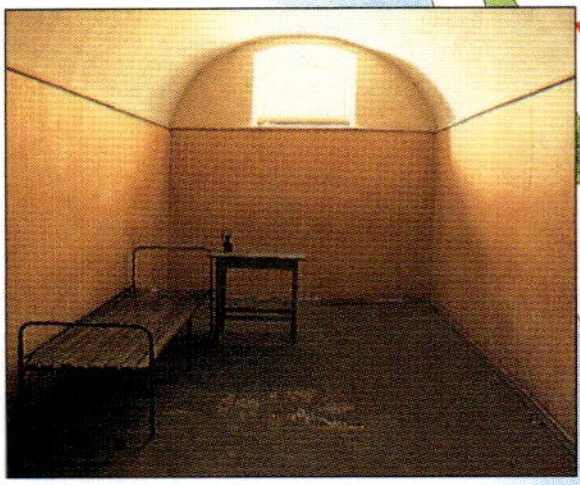

Bastion Troubetskoï
De 1872 à 1921, les ennemis de l'État étaient incarcérés dans ces cellules sombres et humides que l'on peut visiter ❻

L'hôtel des Monnaies, fondé en 1724, produit encore des pièces, des médailles et des insignes commémoratifs.

La plage est fréquentée été comme hiver, lorsque les membres du club de natation, « les Morses », brisent la glace pour un plongeon revigorant.

Le bastion Narychkine (1725) est l'endroit d'où l'on tire le canon, à midi. Cette tradition, qui date de 1873, fut abandonnée après la Révolution et reprise en 1957.

Maison des Commandants
Pendant 150 ans, cette belle maison baroque fut le théâtre d'interrogatoires et de procès de prisonniers politiques. Aujourd'hui, elle abrite un musée ❹

Porte de la Neva
L'entrée située du côté de la rivière porte aussi le nom de « porte de la Mort ». Elle donne accès au débarcadère du Commandant, d'où les prisonniers partaient pour être exécutés ou exilés. Les niveaux des crues de la Neva sont indiqués sous la voûte ❺

★ Cathédrale Saint-Pierre-et-Saint-Paul
Ses colonnes en marbre, ses chandeliers étincelants, ses peintures et son iconostase dorée et sculptée par Ivan Zaroudny offrent un décor magnifique aux tombeaux des Romanov ❸

CARTE DE SITUATION
Voir Atlas des rues, plan 2

Le hangar à bateaux abrite la billetterie et une boutique de souvenirs.

Bastion Golovkine

La sépulture des grands-ducs fut la dernière demeure des grands-ducs assassinés par les bolcheviks en 1919 et du grand-duc Vladimir, mort en exil en 1992.

Porte Saint-Pierre
À l'entrée de la forteresse de Domenico Trezzini, achevée en 1718, figure l'aigle bicéphale des Romanov, avec saint Georges et le dragon ❶

À NE PAS MANQUER

★ Cathédrale Saint-Pierre-et-Saint-Paul

0 100 m

Ioannovski Ravelin abrite une billetterie

La porte d'Ivan, dans le mur d'enceinte, a été construite entre 1731 et 1740.

Pont de Ioannovski

Prospekt Kamennoostrovski, station de métro Gorkovskaïa, et Troïtski most

Statue de Pierre le Grand par Mikhaïl Chemiakine (1991).

Bastion de Pierre Ier

Maison des Ingénieurs
Ce bâtiment date de 1748-1749. Il abrite des expositions temporaires d'objets en usage à Saint-Pétersbourg avant la Révolution ❷

LÉGENDE

– – – Itinéraire conseillé

Porte Saint-Pierre ❶

Петровские ворота

Petrovskie vorota

Petropavlovskaïa krepost. **Plan** 2 E3. Gorkovskaïa. 46, 49, K-46, K-76, K-223.

Deux arches très contrastées précèdent l'entrée principale de la forteresse Pierre-et-Paul. La porte Saint-Jean (1730), d'une sobriété néoclassique, mène à la porte Saint-Pierre. Cette structure baroque (1708-1718) est un arc de triomphe surmonté d'un fronton aux pignons arrondis. Domenico Trezzini modifia l'architecture mais conserva les bas-reliefs de Karl Osner où l'on voit saint Pierre aux prises avec Simon, le magicien ailé. Cette figure allégorique illustre la victoire de Pierre le Grand sur Charles XII de Suède *(p. 18)*.

La porte Saint-Pierre

Maison des Ingénieurs ❷

Инженерный дом

Injenerny dom

Petropavlovskaïa krepost. **Plan** 2 D3. ***Tél.*** *232 9454, 230 6431.* *Gorkovskaïa.* *jeu.-lun. 11h-17h, mar. 11h-16h.* *anglais.* **www**.spbmuseum.ru

Construite en 1748-1749, cette maison abrite des expositions sur la vie à Saint-Pétersbourg avant la Révolution. Peintures historiques et architecturales mettent en valeur une collection alliant vues de façades d'anciennes boutiques et maquettes de bateaux.

Meubles Art nouveau, maison des Ingénieurs

En 1915, Saint-Pétersbourg comptait plus d'une centaine de magasins de musique. Le musée possède une vaste collection de phonographes, gramophones, symphoniums et accordéons de l'époque.

Machines à coudre Singer, machines à écrire, téléphones en Bakélite et anciennes caméras illustrent les technologies passées.

Cathédrale Saint-Pierre-et-Saint-Paul ❸

Петропавловский собор

Petropavlovski sobor

Petropavlovskaïa krepost. **Plan** 2 D4. ***Tél.*** *230 0329.* *Gorkovskaïa.* *jeu.-lun. 10h-18h, mar. 11h-17h.* *anglais.* **www**.spbmuseum.ru

Domenico Trezzini dessina en 1712 les plans de cette imposante église érigée dans la forteresse. Employé par Pierre le Grand qui désirait rompre avec l'architecture traditionnelle russe, Trezzini conçut un édifice baroque élégant. Le clocher, achevé en premier afin d'éprouver les fondations, offrait à Pierre le Grand un excellent poste d'observation pour surveiller la construction de la ville. La cathédrale, terminée en 1733, fut gravement endommagée par un incendie en 1756, lorsque la foudre tomba sur la flèche, qui s'élève à 122 m. Dorée et coiffée d'un ange-girouette, elle a dominé Saint-Pétersbourg jusqu'à la construction d'un émetteur de télévision dans les années 1960. Avec ses chandeliers étincelants, ses colonnes corinthiennes roses et vertes et ses voussures, l'intérieur est très éloigné de l'architecture traditionnelle des églises russes. Même l'iconostase en bois, qui culmine en arc de triomphe, dorée, réalisée en 1720 par des artisans moscovites d'après les plans de Zaroudny, est une fantaisie baroque.

Après la mort de Pierre en 1725, la cathédrale est devenue le lieu où reposent les Romanov. Leurs caveaux sont en marbre de Carrare,

La cathédrale Saint-Pierre-et-Saint-Paul et le pont Dvortsovy au premier plan

à l'exception de ceux d'Alexandre II et de sa femme Maria Alexandrovna, en jaspe vert de l'Altaï et en rhodonite rose de l'Oural. Celui de Pierre le Grand, à droite de l'iconostase, orné d'un buste en bronze du tsar, est toujours fleuri. Seuls Pierre II et Ivan VI n'ont pas été inhumés ici. En 1998, un décret très controversé autorisa que l'on y transporte les dépouilles de Nicolas II, de sa femme et de ses enfants, ainsi que celles des serviteurs morts avec eux.

Une chapelle annexe, située au nord-est de la cathédrale, a été ajoutée à la fin du XIXe siècle pour abriter la sépulture des grands-ducs et autres princes de la dynastie.

La porte de la Neva, entrée de la forteresse Pierre-et-Paul à partir du fleuve

Maison des Commandants ❹

Комендантский дом

Komendantski dom

Petropavlovskaïa krepost. **Plan** 2 D4. ***Tél.*** *230 6431.* Ⓜ *Gorkovskaïa.* *jeu.-lun. 10h-18h, mar. 11h-17h.* *anglais.*

Cet édifice en brique d'un étage, bâti en 1740, servait à la fois de résidence au commandant de la forteresse et de cour de justice. C'est ici que l'on interrogeait et condamnait les prisonniers politiques, dont les décembristes *(p. 23)*.

La maison abrite aujourd'hui un musée. Au rez-de-chaussée, on y expose la vie de la région à l'époque médiévale. Au premier étage se tiennent des expositions temporaires.

Porte de la Neva ❺

Невскине ворота

Nevskie vorota

Petropavlovskaïa krepost. **Plan** 2 E4. Ⓜ *Gorkovskaïa.*

Située près de la rivière, cette porte était aussi surnommée « la porte de la Mort ». Les prisonniers descendaient ses marches de granite avant de prendre le bateau qui les emportait vers la sinistre forteresse de Schlüsselburg (à l'est de Saint-Pétersbourg), où ils étaient exécutés ou emprisonnés à vie. La porte de la Neva (1730-1740), grise et austère, fut reconstruite entre 1784 et 1787. Elle ne porte aucun ornement à l'exception d'une ancre. À l'intérieur de l'arche sont indiqués les niveaux des grandes crues de la Neva. La terrible inondation qui eut lieu en novembre 1824 est évoquée dans *Le Cavalier de bronze* (1833), un célèbre poème de Pouchkine *(p. 78)*.

Bastion Troubetskoï ❻

трубецкой бастион

Troubetskoï bastion

Petropavlovskaïa krepost. **Plan** 2 D4. ***Tél.*** *230 6431.* Ⓜ *Gorkovskaïa.* *jeu.-lun. 10h-18h, mar. 11h-17h.* *anglais.*

Le fils de Pierre le Grand, le tsarévitch Alexis, fut le premier prisonnier politique a y avoir été détenu. Accusé à tort de trahison par son père en 1718, Alexis se sauva à l'étranger mais, endormi par de fausses promesses, il rentra en Russie où il fut torturé à mort, sans doute avec le consentement et la participation de Pierre.

Au XIXe siècle, les prisonniers furent incarcérés dans la sinistre « maison des Secrets », démolie depuis. On bâtit cette nouvelle prison en 1872, qui devint un musée en 1924. Le rez-de-chaussée expose des photographies anciennes, des uniformes de prisonniers et une maquette de corps de garde. À l'étage, 69 cellules ont été restaurées. Les prisonniers récalcitrants étaient enfermés 48 h sans lumière ni chauffage. Ceux qui n'étaient pas mis aux fers et déportés en Sibérie étaient envoyés aux bains tous les quinze jours pour y être épouillés.

PRISONNIERS POLITIQUES

La forteresse Pierre-et-Paul a servi de prison politique bien après la Révolution. Des générations de rebelles et d'anarchistes y ont été interrogés et emprisonnés, parmi lesquels les décembristes en 1825 *(p. 23)*, Dostoïevski en 1849 *(p. 123)*, le prince anarchiste Piotr Kropotkine en 1874-1876, et Léon Trotski au début de la révolution de 1905. En 1917, ce fut le tour des ministres du tsar, puis des membres du gouvernement provisoire. Pendant la guerre civile, les bolcheviks y ont emprisonné les quatre grands-ducs Romanov, avant de se décider à les exécuter en 1919 *(p. 27)*.

Léon Trotski (1879-1940) au bastion Troubetskoï

Lance-roquettes dans la cour du musée de l'Artillerie

Musée de l'Artillerie ❼

Музей Артиллерии

Mouzeï Artillerii

Alexandrovski park 7, Kronverkskaïa nab. **Plan** 2 D3. ***Tél.*** *232 0296.* *Gorkovskaïa.* *mer.-dim. 11h-17h.* *dern. jeu. du mois.*

Ce bâtiment en brique rouge, en forme de fer à cheval, s'élève sur le site du Kronwerk, les fortifications extérieures de la forteresse Pierre-et-Paul *(p. 66-67)*. Construit en 1849-1860 suivant les plans de Piotr Tamanski, c'était à l'origine un arsenal. Le musée possède plus de 600 pièces d'artillerie et véhicules militaires dont la voiture blindée que Lénine conduisit triomphalement de la gare de Finlande *(p. 126)* jusqu'à la demeure de la Kchessinskaïa *(p. 72)*, le 3 avril 1917. Plusieurs salles sont réservées à l'histoire de la Seconde Guerre mondiale.

Parc Alexandrovski ❽

Александровский парк

Alexandrovski park

Kronwerkski prospekt. **Plan** 2 D3. *Gorkovskaïa.*

Ce parc est un centre de loisirs et de culture populaire depuis 1900, lors de l'inauguration de la maison du Peuple par Nicolas II. On y assistait à des spectacles de pantomime et de magie. Dompteurs d'animaux sauvages et magiciens attiraient les foules tandis que les esprits plus sérieux fréquentaient salles de conférences, salles de lecture et salons de thé. L'opéra (1911) surmonté d'un superbe dôme est le bijou architectural du parc. La célèbre basse Fiodor Chaliapine y a donné quelques représentations.

Transformé en music-hall, il propose aujourd'hui des spectacles plus populaires. Parmi les bâtiments adjacents, érigés à la fin des années 1930, on compte le théâtre Baltique et le planétarium.

Le parc attire encore les foules le week-end et les jours fériés d'été, même si certaines attractions, comme le zoo, sont assez médiocres.

Griffon, nos 1-3 Kamennoostrovski

Kamennoostrovski prospekt ❾

Каменнстровский проспект

Kamennoostrovski prospekt

Plan 2 D2. *Gorkovskaïa, Petrogradskaïa.* *46, K-30, K-76, K-223.*

Cette avenue éclatante a connu un essor architectural à la fin du XIXe siècle. Son aspect Art nouveau est remarquable. La première maison, aux nos 1-3 (1899-1904), a été conçue par l'un des premiers créateurs de ce style : Fiodor Lidval. Les multiples matériaux de la façade, les différentes formes des fenêtres, les balcons à la ferronnerie ouvragée et les sculptures pleines de fantaisie sont caractéristiques de l'Art nouveau russe. La maison voisine (n° 5) était jadis occupée par le comte Sergueï Witte, un industriel qui négocia le traité de paix avec le Japon en 1905 *(p. 26)*.

À l'entrée de l'avenue se dresse l'unique mosquée de la ville (1910-1914). Les architectes y ont intégré minarets, carreaux en majolique et surfaces en granite rouge non poli en harmonie avec l'architecture environnante. Ils se sont inspirés du mausolée de Tamerlan, à Samarcande, et des artisans d'Asie centrale ont participé à sa réalisation.

Au n° 10 se trouve le grand portique des studios de cinéma de Leningrad (Lenfilm). Depuis sa fondation en 1918, quelques-uns des réalisateurs soviétiques parmi les plus novateurs, tels Leonid Trauberg et Grigori Kozintsev *(p. 45)*, y ont travaillé. Les frères Lumière ont projeté sur le site le premier film montré en Russie, en mai 1896. À l'intersection de la rue Mira, tourelles, flèches, sculptures et balcons en ferronnerie forment un élégant ensemble. La façade du n° 24 (1896-1912) est en brique rouge, en majolique et en terre cuite. La maison de Sergueï Kirov *(p. 72)*, aux nos 26-28, et la maison aux tourelles au coin de l'avenue Bolchoï font partie des plus intéressantes.

Maison à tourelles (1913-1915) sur Kamennoostrovski prospekt

Art nouveau à Saint-Pétersbourg

Détail d'une balustrade de l'hôtel particulier de Kchessinskaïa

Le style Art nouveau s'impose en Europe entre 1890 et 1900. Il marque une rupture avec le passé. Introduit d'abord dans les arts décoratifs, puis dans l'architecture, l'Art nouveau implique une abondante ornementation. Inspirés par les nouvelles techniques industrielles, les artistes utilisent à profusion la pierre, la brique, le fer forgé, le stuc, le verre de couleur et la céramique. Dominées par les lignes arrondies et sinueuses, avec une prédominance de motifs floraux et végétaux, toutes les formes d'architecture, même les plus traditionnelles comme les fenêtres et les portes, sont brisées ou arrondies de façon surprenante. En cette fin de XIXe siècle, en plein boom de la construction, l'Art nouveau est florissant, notamment dans le quartier de Petrograd. La ville devient la vitrine du talent des plus grands architectes comme Fiodor Lidval et Alexandre von Gogen.

L'hôtel particulier de Kchessinskaïa *est une version relativement sévère du travail de von Gogen. Sa composition asymétrique est animée par le fer forgé et les carreaux de céramique* (p. 72).

L'immeuble du 28 oulitsa Bolchaïa Zelenina *(1904-1905), œuvre de Fiodor von Postel, rappelle les édifices de son contemporain, l'architecte catalan Gaudí. Il est le plus bel exemple d'utilisation des différentes techniques de décoration de surface de motifs d'animaux et de poissons stylisés.*

Le magasin Elisseev *reflète le talent de Gavril Baramovski, qui utilise les nouvelles techniques industrielles pour créer de grandes vitrines. L'architecture élaborée du bâtiment s'harmonise avec élégance à la décoration intérieure* (p. 109).

L'immeuble aux nos 1-3 Kamennoostrovski prospekt *est l'œuvre de Fiodor Lidval, un des maîtres de l'Art nouveau pétersbourgeois. Les motifs en relief de fleurs ou d'animaux se détachent sur un fond d'éléments architecturaux subtilement disproportionnés.*

Le bâtiment Singer *révèle l'éclectisme de Pavel Swizer dans le choix de styles architecturaux. Ses balcons de fer forgé Art nouveau et ses châssis de fenêtres en bois combinent style Renaissance et renouveau baroque.*

Portrait fait de plumes de Sergueï Kirov (1933-1934) au musée Kirov

Musée Kirov ⑩

Музей С.М. Кирова

Mouzeï S.M. Kirova

Kamennoostrovski prospekt 26-28, 4e étage. **Plan** 2 D1. ***Tél.*** *346 1481.* M *Petrogradskaïa.* *jeu.-lun. 11h-18h.* *anglais.* **www**.spbmuseum.ru

Sergueï Kirov, l'un des proches de Staline, a habité cet appartement de 1926 à 1936. Premier secrétaire du Parti communiste de Leningrad, il acquit une stature nationale, si bien que Staline vint à le considérer comme un rival potentiel. Kirov fut assassiné le 1er décembre 1934 par Leonid Nikolaïev, dans son bureau de l'Institut Smolny *(p. 128)*. Staline utilisa ce pretexte pour lancer les grandes purges mais, pour la plupart des historiens, il fut lui-même l'instigateur du meurtre.

Après sa mort, Kirov devint un martyr et d'innombrables édifices portent son nom. Son appartement, devenu un musée, a été conservé tel qu'il était lorsqu'il l'habitait. C'est un véritable temple dédié à la mémoire d'un leader vénéré du Parti, avec des documents et des photos illustrant sa carrière, ses livres préférés et des souvenirs.

Hôtel particulier de Kchessinskaïa ⑪

Особняк М. Кшесинской

Osobniak M. Kchessinskoï

Oulitsa Kouïbycheva 4. **Plan** 2 E3. ***Tél.*** *3136163 7052.* M *Gorkovskaïa.* *ven.-mer. 10h-17h.* *dern. lun. du mois.* **www**.polithistory.ru

Ce superbe exemple d'Art nouveau fut commandé pour la danseuse étoile Mathilde Kchessinskaïa. Al Gogen, architecte de la Cour, en réalisa les plans en 1904. La tour octogonale donne une asymétrie à cette construction, mais le contraste entre les matériaux est ce qui fascine le plus, avec ses bandes de granite rose et gris associées à des briques de couleur crème, ses balustrades en fer forgé et ses carreaux en majolique.

Le salon de musique, avec ses voûtes soutenues par des piliers et ses palmiers, est la pièce la plus remarquable. Une autre, à côté, est dédiée à la danseuse.

En mars 1917, cette demeure devint le quartier général des bolcheviks, et, lorsque Lénine rentra en Russie *(p. 126)*, il s'adressa à la foule massée sur la place du haut de son balcon.

Un temps musée à la gloire de la révolution d'Octobre, cette maison abrite désormais le musée d'Histoire politique de la Russie. Au premier étage, le secrétariat du parti bolchevique et le bureau de Lénine ont été restaurés. On y voit aussi une collection intéressante de souvenirs de l'ère révolutionnaire, des affiches de propagande communiste, des tasses en l'honneur du couronnement de Nicolas II et un fichier de police sur le meurtre de Raspoutine *(p. 121)*.

Le musée accueille des expositions temporaires consacrées à l'histoire politique récente. Elles traitent de sujets comme la théorie et les conséquences de la perestroïka ou les positions défendues par les partis existant aujourd'hui.

Le salon de musique d'Al Gogen, dans l'hôtel de Kchessinskaïa

MATHILDE KCHESSINSKAÏA

Diplômée de l'École impériale de ballet *(p. 118)* en 1890, Mathilde Kchessinskaïa (1872-1971), l'une des plus grandes ballerines de la scène du théâtre Mariinski *(p. 119)*, est également célèbre par sa liaison avec le futur tsar Nicolas II, commencée peu après l'obtention de son diplôme. En 1920, elle émigre à Paris, où elle épouse le grand-duc André Vladimirovitch, autre membre de la famille impériale et le père de son petit garçon alors âgé de 11 ans. Dans ses Mémoires controversés, *Danse à Saint-Pétersbourg*, qu'elle rédigea à Paris, elle relate l'histoire de sa liaison avec le dernier tsar de Russie.

Le croiseur *Aurora* (1900) amarré en face de l'Académie navale Nakhimov, de style néobaroque (1912)

Croiseur Aurora ⓬

Крейсер Аврора
Kreïsser Avrora

Petrogradskaïa nab. 3. **Plan** 2 F3. ***Tél.*** *230 8440.* *14.* *3, 6, 40.* *mar.-jeu, sam.-dim. 10h30-16h.* *anglais ou français. Rés. par tél.*

Selon les annales de la Révolution, l'attaque du palais d'Hiver, le 25 octobre 1917, à 21 h 40 *(p. 28)*, a été annoncée par un coup de canon tiré à blanc à partir du croiseur Aurora.

Achevé en 1900, ce grand croiseur fut mis en service en 1903. Transformé ensuite en bateau-école, il a été coulé volontairement au début du siège de Leningrad *(p. 27)* pour échapper aux forces allemandes. En 1944, il fut remis à flot. Il est devenu un musée en 1956. À bord, vous verrez le célèbre canon, la cloche, les quartiers de l'équipage et une exposition sur son histoire.

Maisonnette de Pierre ⓭

Музей-домик Петра II
Mouzeï-domik Petra 1

Petrovskaïa naberejnaïa 6. **Plan** 2 F3. ***Tél.*** *232 4576, 314 0374.* *Gorkovskaïa.* *mer.-lun. 10h-16h.*

En 1703, les charpentiers-soldats de Pierre le Grand construisirent cette cabane en bois en trois jours. Pierre y vécut six ans, pendant lesquels il surveilla la construction de sa nouvelle capitale *(p. 20-21)*. Catherine II la fit entourer d'un mur de brique. Cette maison comporte deux pièces et une entrée qui pouvait servir de chambre. On y trouve du mobilier d'époque et des effets personnels du tsar, dont une redingote et son canot.

À l'extérieur, deux lions chinois Shih Tze, rapportés de Mandchourie lors de la guerre russo-japonaise (1904-1905), encadrent l'escalier.

Place de la Trinité ⓮

Тройцкая площадь
Troïtskaïa plochtchad

Plan 2 E3. *Gorkovskaïa.* *46.* *6, 40.*

Au début du XVIIIe siècle, tout le quartier de Petrograd était appelé « île de la Trinité », car on y trouvait l'église de la Trinité, édifiée en 1710 et démolie dans les années 1930. Elle se dressait sur la place de la Trinité, au cœur du quartier commerçant de la ville. L'actuelle chapelle date de 2002-2003 et fut bâtie pour le tricentenaire de Saint-Pétersbourg.

Bien que sans accès direct au continent jusqu'au début du XXe siècle, le quartier abritait des boutiques, une imprimerie et la première Bourse de la ville. Pendant la révolution de 1905 *(p. 26)*, les troupes gouvernementales massacrèrent 48 ouvriers sur la place et elle porta le nom de « plochtchad Revolyusii » pendant l'ère communiste.

Long de près de 600 m, le pont de la Trinité *(p. 35)* de style Art nouveau franchit la Neva à son point le plus large. Son achèvement coïncida avec le bicentenaire de la ville en 1903. Il favorisa le développement immobilier de Petrograd *(p. 65)*.

Le pont de la Trinité qui enjambe la Neva depuis la place de la Trinité

QUAI DU PALAIS

Il existe peu de villes maritimes qui possèdent des quais de granite d'une dimension et d'une splendeur comparables à celles des quais de Saint Pétersbourg. Ceux-ci s'étendent sur près de 2 km, du Sénat, à l'ouest, au palais d'Été, à l'est. Leurs palais princiers et leurs ponts ornementés sont à juste titre célèbres dans le monde entier. Toute l'histoire de la ville se reflète ici. La statue de Pierre le Grand, *Le Cavalier de bronze*, réalisée par Étienne Falconet, témoignage des ambitions du tsar, domine la place des Décembristes, du nom des officiers rebelles durement réprimés en 1825. Le palais d'Hiver de Rastrelli, qui abrite l'Ermitage, évoque l'opulence de la Russie impériale, tandis que sur le Champ de Mars brûle la flamme éternelle, triste rappel du sacrifice révolutionnaire.

Colonne Alexandre, place du Palais

Le splendide dôme de la cathédrale de Saint-Isaac et la flèche dorée de l'Amirauté dominent l'ensemble du quartier.

Pour apprécier quelques-unes des plus belles vues de la ville, faites une promenade en bateau sur les canaux *(p. 226-227)* ou promenez-vous dans le jardin d'Été.

LE QUARTIER D'UN COUP D' ŒIL

Jardin et palais
Jardin d'Été 16
Palais d'Été 17
Palais de Marbre 14

Musée
Ermitage p. 84-93 12

Bâtiments historiques et monuments
Amirauté 1
Cavalier de bronze 3
Maison de Fabergé 9
Manège des Chevaliers-Gardes 4

Église
Cathédrale Saint-Isaac p. 80-81 5

Places et rues
Champ de Mars 15
Malaïa Morskaïa oulitsa 8
Place des Décembristes 2
Place du Palais 11
Place Saint-Isaac 6
Rue des Millionnaires 13

Café et hôtel
Café littéraire 10
Hôtel Astoria 7

LÉGENDE

Plan du quartier pas à pas *p. 76-77*

Embarcadère

◁ Le dôme doré de la cathédrale Saint-Isaac surplombe les façades élégantes qui bordent la Neva

Place Saint-Isaac pas à pas

Détail d'une frise de la porte de la tour de l'Amirauté

Au centre de la place Saint-Isaac se dresse l'imposante cathédrale inaugurée en 1858 et quatrième église construite sur ce site. La cathédrale et la place portent le nom de saint Isaac de Dalmatie, car Pierre le Grand est né le jour de sa fête. Sur cette place très animée s'est tenu un marché pendant la première moitié du XIXe siècle. Aujourd'hui, elle est le centre d'intérêt historique et architectural de la ville, avec notamment l'Amirauté, le palais Mariinski et *Le Cavalier de bronze*.

Cavalier de bronze
Cette statue équestre de Falconet, qui représente Pierre le Grand à cheval piétinant le serpent de la trahison, illustre l'esprit volontaire et intransigeant du fondateur de la ville ❸

Place des Décembristes
L'ouest de la place est dominé par l'ancien Sénat et le Synode, construits par Carlo Rossi. Ces deux bâtiments sont reliés par un arc de triomphe ❷

★ Cathédrale Saint-Isaac
Le dôme doré de la cathédrale est visible de toute la ville. Cent kilos de feuilles d'or ont été nécessaires pour le recouvrir ❺

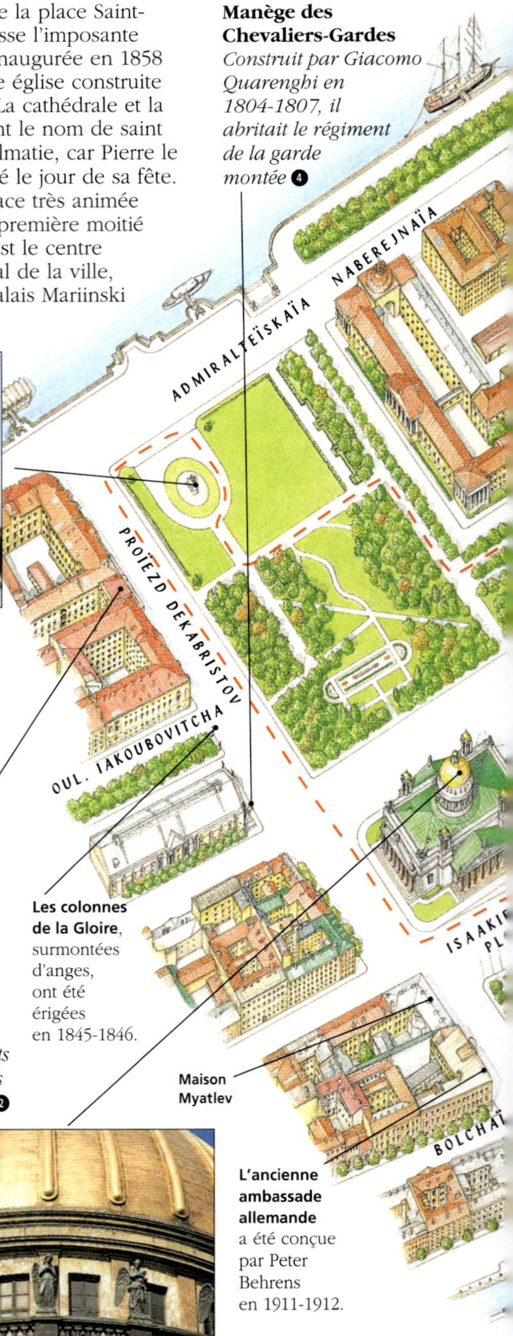

Manège des Chevaliers-Gardes
Construit par Giacomo Quarenghi en 1804-1807, il abritait le régiment de la garde montée ❹

Les colonnes de la Gloire, surmontées d'anges, ont été érigées en 1845-1846.

Maison Myatlev

L'ancienne ambassade allemande a été conçue par Peter Behrens en 1911-1912.

CARTE DE SITUATION

Voir Atlas des rues, plans 2, 5 et 6

Amirauté

Les sculptures et les bas-reliefs allégoriques qui ornent la façade de l'Amirauté symbolisaient la puissance de la marine russe. L'entrée principale voûtée est flanquée de nymphes portant un globe sur leurs épaules ❶

L'ancienne demeure du prince Lobanov-Rostovski abrite un institut de design. Les lions, face à l'arche, sont de Paolo Triscorni.

À NE PAS MANQUER

★ Cathédrale Saint-Isaac

Hôtel Astoria

L'élégant rez-de-chaussée de cet hôtel historique (p. 174) *a été rénové au début des années 1990. L'hôtel, qui a maintenant une nouvelle direction, bénéficie d'un emplacement idéal en plein cœur de la ville* ❼

L'ancien ministère de la Propriété publique, de style néo-Renaissance, a été construit par Nikolaï Iefimov en 1844.

Place Saint-Isaac

La statue du tsar Nicolas Ier, de Piotr Klodt, domine la place. Les bas-reliefs du socle illustrent des épisodes de son règne, dont la répression d'insurrections pour deux d'entre eux ❻

Sini most *(p. 79)*

Le palais Mariinski, baptisé en l'honneur de Marie, la fille de Nicolas Ier, abrite aujourd'hui l'hôtel de ville de Saint-Pétersbourg.

LÉGENDE

– – – Itinéraire conseillé

Amirauté ❶

Адмиралтейство
Admiralteïstvo

Admiralteïskaïa naberejnaïa 2. **Plan** 5 C1. *7, 10, K-187, K-209, K-228.* *7, 10, 17, 22.*

Après avoir fondé sa ville et construit sa forteresse, Pierre le Grand constitua une marine nationale afin de se garantir un accès vers la mer et la prédominance sur la Suède.

Le premier bâtiment de l'Amirauté (1704-1711) était un chantier naval fortifié. Deux ans plus tard, plus de 10 000 ouvriers travaillaient à la construction de la première flotte de guerre russe.

Andreï Zakharov, un des plus grands architectes russes de son temps, entreprit la reconstruction de l'Amirauté en 1806. Sa façade de 407 m de long est ornée de sculptures et de bas-reliefs à la gloire de la flotte russe. Zakharov conserva certains aspects du bâtiment d'origine. Il remodela la porte de la Tour et la flèche dans le style néoclassique en ajoutant des portiques à colonnes et des pavillons. La flèche dorée, surmontée d'une caravelle, et les deux anges sonnant de la trompette sculptés sur le portail face à la Neva sont devenus les symboles de la ville.

Dans les années 1840, le chantier naval fut déplacé en aval du fleuve et l'Amirauté cédée à la marine russe. L'École navale d'ingénieurs y loge depuis 1925.

Tour et flèche de l'Amirauté (1806-1823)

Place des Décembristes ❷

Площадь Декабристов
Plochtchad Dekabristov

Plan 5 C1. *3, 10, 22, 27.* *5, 22.*

Le nom de cette place rappelle un événement qui eut lieu le 14 décembre 1825 *(p. 23)*. Lors de son inauguration par Nicolas Ier, des officiers libéraux, souhaitant une monarchie constitutionnelle, tentèrent un putsch sur la place. Quelques heures plus tard, le tsar faisait mitrailler les insurgés par les troupes loyalistes. Les cinq chefs du mouvement furent exécutés et 121 condamnés furent déportés en Sibérie. La première révolution russe avait échoué.

Les imposants bâtiments néoclassiques (1829-1834) à l'ouest de la place des Décembristes ont été bâtis par Carlo Rossi de façon à former un ensemble architectural équilibré avec l'Amirauté. Ils abritaient deux importantes institutions créées par Pierre le Grand : la Cour suprême – ou Sénat – et le Synode, responsable de l'administration de l'église orthodoxe.

Aujourd'hui, ces deux bâtiments abritent les archives historiques de la ville. Ils sont reliés par un arc de triomphe soutenu par des colonnes corinthiennes et sont décorés d'une frise néoclassique et de nombreuses statues.

***Le Cavalier de bronze* (1766-1778)**

Cavalier de bronze ❸

Медный Всадник
Medny Vsadnik

Plochtchad Dekabristov. **Plan** 5 C1. *3, 10, 22, 27.* *5, 22.*

La splendide statue équestre de Pierre le Grand qui s'élève sur la place des Décembristes a été inaugurée en 1782. Connue sous le nom de *Cavalier de bronze*, elle inspira le célèbre poème de Pouchkine. Elle a été érigée sur l'ordre de Catherine II par le sculpteur français Étienne Falconet, qui passa plus de douze ans sur son ambitieux

LE CAVALIER DE BRONZE DE POUCHKINE

Timbre avec Pouchkine et la statue qui inspira son poème (1956)

Alexandre Pouchkine a donné vie à la statue de Pierre le Grand dans son célèbre poème épique : *Le Cavalier de bronze* (1833). Il décrit la grande inondation de 1824 *(p. 37)* de façon allégorique et met en scène un homme poursuivi par la terrifiante statue à travers les rues de la ville. Pouchkine évoque le caractère impitoyable du tsar en ces mots : *« Terrible, auréolé par l'ombre !* […] *la force qui s'y dissimule ! Et la fougue de ce cheval ! Où bondis-tu, fier étalon ? »*

projet. Le socle de 1625 t a été taillé dans un seul bloc de granite transporté du golfe de Finlande. Il porte la simple inscription : « *À Pierre II, Catherine II* » en latin et en russe. Un serpent, symbole de la trahison, est écrasé par les sabots du cheval.

Les nouveaux mariés posent souvent au pied de la statue, supposée porter bonheur.

Manège des Chevaliers-Gardes ❹

Конногвардейский манеж

Konnogvardeïski manej

Isaakievskaïa plochtchad 1.
Plan 5 C2. ***Tél.*** *312 2243, 571 4157 (billetterie).* *variables.* *3, 22, 27.* *5, 22.*

Le manège du régiment de la garde montée a été conçu en 1804-1807 par Giacomo Quarenghi pour ressembler à une basilique romane. Deux ornements rappellent la fonction initiale du bâtiment : la frise sous le fronton, qui représente une course de chevaux, et les statues de chaque côté du portique. Ce sont les fils jumeaux de Zeus tenant les chevaux sauvages en bride (les statues d'origine se trouvent à Rome, au palais Quirinale). Les membres du Synode, scandalisés par l'étalage de ces nudités à proximité de la cathédrale, ordonnèrent que les statues soient déplacées. Elles retrouvèrent leur place en 1954. Aujourd'hui, le manège sert de salle d'exposition.

Cathédrale Saint-Isaac ❺

Voir p. 80-81.

Place Saint-Isaac ❻

Исаакиевская площадь

Isaakievskaïa plochtchad

Plan 5 C2. *3, 10, 22, 27.* *5, 22.*

Dominée par l'imposante cathédrale Saint-Isaac d'Auguste de Montferrand, cette place date du règne de Nicolas Ier, mais quelques bâtiments sont du XVIIe siècle. Le monument de Nicolas Ier, au centre, a été dessiné par Montferrand et sculpté par Piotr Klodt. Il représente le tsar revêtu de l'uniforme des gardes Kavalergadski, l'un des plus prestigieux régiments de Russie. Ses filles et sa femme ont servi de modèles pour les figures allégoriques qui ornent le socle : la Foi, la Sagesse, la Justice et la Force.

À l'ouest de la place, au n° 9, se trouve la maison Myatlev (1760), d'architecture néoclassique. Elle a appartenu à une grande famille russe. L'encyclopédiste français Denis Diderot y a séjourné entre 1773 et 1774, sur invitation de la Grande Catherine. Dans les années 1920, elle est devenue l'Institut de culture artistique, où de grands artistes d'avant-garde comme Kasimir Malevitch et Vladimir Tatline *(p. 107)* ont travaillé.

À côté se trouve l'ancienne ambassade d'Allemagne, un bâtiment en granite, très austère, conçu par l'architecte allemand Pierre Behrens, en 1911-1912. De l'autre côté du pont Bleu (Sini most), qui mesure 100 m de long, avait lieu le marché aux serfs jusqu'en 1861. Le palais Mariinski domine la limite sud de la place.

Place Saint-Isaac : la cathédrale Saint-Isaac, la statue de Nicolas Ier et l'hôtel Astoria

Hôtel Astoria ❼

Гостиница Астория

Gostinitsa Astoria

39 Bolchaïa Morskaïa oulitsa.
Plan 6 D2. ***Tél.*** *494 5757.* *3, 10, 22, 27, K-169, K-190, K-289.* *5, 22.* Voir **Hébergement**, p. 174.

Ce bâtiment Art nouveau *(p. 71)* de six étages, réalisé par Fiodor Lidval, est le plus grand hôtel de Saint-Pétersbourg. Il date de 1910-1912. L'écrivain américain John Reed, auteur de *Dix Jours qui ébranlèrent le monde*, y séjournait lors de la prise de pouvoir par les bolcheviks.

En 1925, le poète Sergueï Essenine, le mari d'Isadora Duncan, s'est pendu dans l'annexe de l'hôtel. Sur les murs de sa chambre, il avait laissé un poème d'adieu, écrit de son sang : « *Mourir n'est pas inédit / Mais vivre ne l'est pas plus.* »

Certain de conquérir la ville, Hitler avait prévu de célébrer sa victoire dans la salle de banquet de l'hôtel.

Le hall rénové de l'hôtel Astoria de style Art nouveau, à l'est de la place Saint-Isaac

Cathédrale Saint-Isaac ❺

Исаакиевский собор
Isaakievskiy sobor

Saint-Isaac, dessinée par Auguste de Montferrand, est l'une des plus grandes cathédrales du monde. Sa construction exigea une grande ingéniosité technologique. Pour asseoir cet édifice de 300 000 t, il fallut enfoncer des milliers de pilotis en bois dans un terrain marécageux du site avant de mettre en place les 48 énormes colonnes. Inaugurée en 1858, elle devint musée de l'Athéisme pendant l'ère soviétique. Demeurée un musée, elle abrite aujourd'hui des centaines d'œuvres d'art du XIXe siècle.

Dôme
Le dôme doré, orné d'anges sculptés par Joseph Hermann, offre une vue panoramique de la ville, y compris de l'Amirauté (p. 78) *et de l'Ermitage* (p. 84-93).

Les icônes en mosaïque de l'iconostase sont de Brioullov, Neff et Jivago.

Anges aux flambeaux
Des anges portant des flambeaux se dressent aux quatre angles de la toiture. Ils font partie des nombreuses sculptures réalisées par Ivan Vitali.

Cette chapelle rend hommage à Alexandre Nevski, qui vainquit les Suédois en 1240 .

★ Iconostase
Trois rangées d'icônes entourent les portes royales à travers lesquelles apparaît un vitrail (1843). Au-dessus des portes, le Christ en majesté *est une sculpture dorée à la feuille de Piotr Klodt (1859).*

Le fronton nord est orné d'une *Résurrection du Christ*, un bas-relief en bronze (1842-1844) de François Lemaire.

Sortie

Des colonnes en malachite et en lapis encadrent l'iconostase. Environ 16 000 kg de malachite ont servi à la décoration de la cathédrale.

La chapelle Sainte-Catherine possède une iconostase, surmontée d'une sculpture de la *Résurrection du Christ* de Nikolaï Pimenov.

La colombe d'argent (1850) suspendue dans la coupole symbolise le Saint-Esprit.

MODE D'EMPLOI

Plochtchad Isaakievskaïa 1. **Plan** 5 C2. ***Tél.*** *315 9732.* M *Nevski Prospekt, Sadovaïa.* *3, 10, 22, 27, K-169, K-190, K-289.* *5, 22.* **Colonnade** *11h-17h.* **Musée** *11h-18h.* *fêtes religieuses.*

★ Plafond peint

La Vierge en majesté, *de Karl Brioullov* (p. 105-106), *date de 1847. Elle s'étend au plafond sur 816 m² et est entourée de moulages en stuc dorés et de marbre blanc.*

Portes sud

Les trois grandes portes en chêne et en bronze (1841-1846), de 20 t chacune, sont ornées de bas-reliefs sculptés par Ivan Vitali. L'extérieur des portes est décoré de scènes bibliques représentant le Christ et des saints, dont Alexandre Nevski (p. 130).

Portraits des apôtres et des évangélistes

Statue de saint Matthieu

L'entrée se trouve de côté, sur la place Saint-Isaac.

Le bas-relief, représentant la bénédiction de l'empereur Théodose et de sa femme Flacilla par saint Isaac, est d'Ivan Vitali. À gauche se trouve l'effigie de Montferrand.

Les murs sont ornés de marbres de 14 couleurs et de 43 différentes sortes de minéraux et pierres semi-précieuses.

Sa superficie est de 4 000 m².

Les colonnes en granite rouge pèsent chacune 114 t. Elles ont été importées de Finlande sur des bateaux.

À NE PAS MANQUER

★ Iconostase

★ Plafond peint

Malaïa Morskaïa oulitsa. Le n° 13 est situé au milieu de l'avenue

Malaïa Morskaïa oulitsa ❽

Малая Морская улица

Malaïa Morskaïa oulitsa

Plan 6 D1. *3, 10, 22, 27.* *5, 22.*

Cette rue s'appelle aussi « oulitsa Gogolïa », du nom du grand écrivain Nicolas Gogol (1809-1852) qui habita au n° 17 de 1833 à 1836. Il y écrivit *Le Journal d'un fou* et *Le Nez*, satires acerbes des bureaucrates pétersbourgeois, archétypes des petits fonctionnaires « *submergés par des tâches dérisoires auxquelles ils consacrent une vie inutile* ». Les vues pessimistes de Gogol s'expriment à travers son humour grotesque.

Le compositeur Piotr Tchaïkovski *(p. 42)* est mort en novembre 1893 au dernier étage de l'immeuble situé au n° 13, peu après avoir terminé sa *Symphonie pathétique*. Officiellement décédé du choléra, il est toutefois possible qu'il ait été poussé au suicide par ses collègues du Conservatoire. Ceux-ci souhaitaient en effet éviter le scandale que l'homosexualité supposée du compositeur aurait pu provoquer.

La maison du n° 23 fut occupée par le romancier Fiodor Dostoïevski *(p. 43)* de 1838 à 1849. C'est ici qu'il fut arrêté et accusé de conspiration politique en raison de sa participation au cercle socialiste Petrachevski *(p. 123)*. Malgré les nombreux magasins et les bureaux qui la bordent, cette rue a gardé son âme du XIXe siècle.

Maison de Fabergé ❾

Дом Фаберже

Dom Faberje

24 Bolchaïa Morskaïa oulitsa.
Plan 6 D1. *au public.* *3, 22, 27.* *5, 22.*

Gustave Fabergé, un huguenot français, ouvrit une bijouterie sur oulitsa Bolchaïa Morskaïa en 1842. À la fin des années 1880, ses fils Carl et Agathon laissèrent la bijouterie traditionnelle pour fabriquer d'élégants objets d'art aux formes novatrices, dont les plus célèbres sont les œufs de Pâques commandés par les tsars.

En 1900, Carl quitta les nos 16-18 pour emménager dans des locaux au n° 24. Il y resta jusqu'à la Révolution. Le bâtiment, construit par Karl Schmidt, un de ses parents, a de frappants pignons triangulaires et une texture des plus diverses. La salle d'exposition, avec ses piliers épais en granite rose, se trouvait au rez-de-chaussée. Elle est encore occupée par un bijoutier. Dans les ateliers situés au-dessus de la boutique, un maître joaillier enseignait à des apprentis l'émaillage, la gravure, la taille de la pierre et la bijouterie.

Lors du 150e anniversaire de la naissance de Carl Fabergé, en 1996, on inaugura au n° 24 une plaque à sa mémoire et, au coin de Zanevski prospekt et d'Energuetikov prospekt, un monument réalisé par différents sculpteurs, dont Leonid Aristov.

ŒUFS FABERGÉ

La bonbonnière de Kelch

En 1885, Alexandre III commanda au joailler russe d'origine française Carl Fabergé un œuf de Pâques pour la tsarine Marie Fiodorovna. À l'intérieur de la coquille en or et en émail blanc se trouvait une poule en or finement ciselé. La tradition se perpétua et, à la Révolution, l'entreprise Fabergé avaient créé 54 œufs, dont une dizaine ont aujourd'hui disparu. En 1903, le riche industriel Kelch commanda l'œuf-bonbonnière pour sa femme Varvara. Malheureusement, les seules pièces exposées aujourd'hui en Russie se trouvent à Moscou, au palais des Armures du Kremlin.

MORT D'UN POÈTE

Pouchkine, mortellement blessé après son duel, de Naoumov

En novembre 1836, Alexandre Pouchkine reçut une lettre anonyme dans laquelle on lui attribuait le titre de *« Grand Maître de l'Ordre des Cocus »*. Elle venait de Georges d'Anthès, un officier de cavalerie qui avait fait des avances à la belle Natalia Goncharova, l'épouse de l'écrivain. Pouchkine provoqua l'officier en duel et le rencontra dans un champ recouvert de neige, au nord de la ville, l'après-midi du 27 janvier 1837. Mortellement blessé, il mourut deux jours plus tard, à l'âge de 38 ans. D'Anthès fut dégradé et interdit de séjour en Russie.

Enseigne du Café littéraire

Café littéraire ⓾

Литературное сафе
Literatournoïe kafe

18 Nevski prospekt. **Plan** 6 E1.
Tél. *312 6057.* *11h-1h.*
Nevski Prospekt. *Voir* restaurants, cafés et bars *p. 187.*

Ce café littéraire occupe l'ancienne boutique de Wolf et Béranger. C'est ici qu'Alexandre Pouchkine, le père de la littérature russe *(p. 43)*, retrouva son témoin et ami, Constantin Danzas, avant de rejoindre le baron d'Anthès pour le duel qui lui coûta la vie. Ce café était fréquenté par des écrivains comme Fiodor Dostoïevski et le poète Mikhaïl Lermontov (1814-1841).

En dépit de son aura littéraire et de l'élégance du bâtiment construit par Vassili Stassov en 1815, les prix élevés ne sont pas du tout justifiés au regard de la qualité du service.

Place du Palais ⓫

ДворцоваЯ площадЬ
Dvortsovaïa plochtchad

Plan 6 D1. *7, 10, K-169, K-187, K-190, K-209, K-228.* *1, 7, 10.*

Carlo Rossi *(p. 110)* est le brillant architecte à qui l'on doit cette place particulièrement imposante. Au cours de l'histoire de la Russie, la place du Palais a été le théâtre de certains des plus importants événements du pays. Avant la Révolution, les militaires y défilaient en grande pompe, souvent derrière le tsar à cheval. Le 22 janvier 1905, la troupe fit feu sur des milliers de manifestants non armés lors du fameux « Dimanche rouge » *(p. 26)*. Le 17 novembre 1917, c'est de là que Lénine et les bolcheviks attaquèrent le palais d'Hiver *(p. 28-29)*.

La place est encore un lieu privilégié pour les rassemblements politiques et les divertissements populaires et animés, comme les concerts de rock *(p. 51)*.

En face du palais d'Hiver, du côté sud, se trouve le beau bâtiment de l'état-major général de l'armée russe (1819-1829). Rossi démolit une rangée entière de maisons pour lui faire place. Ses deux ailes en hémicycle sont reliées par un arc de triomphe qui s'ouvre sur oulitsa Bolchaïa Morskaïa. Cet arc est surmonté d'une sculpture représentant la Victoire sur son char (1829), réalisée par Stepan Pimenov et Vassili Demout-Malinovski. L'état-major de la garde (1837-1843) d'Alexandre Brioullov occupe l'est de l'ensemble, et l'Amirauté l'ouest *(p. 78)*.

La colonne Alexandre, érigée en 1830-1834 au centre de la place, a été dessinée par l'architecte français Auguste de Montferrand en 1829. Elle commémore la victoire d'Alexandre Ier sur Napoléon *(p. 22)*. Sur le socle sont inscrits les mots : *« À Alexandre Ier, la Russie reconnaissante. »* Ce monolithe de granite rose de 600 t et de 47 m de hauteur a été transporté et taillé par une équipe de 2 400 ouvriers et artisans. C'est la plus grande colonne commémorative du monde. Elle est surmontée d'un ange en bronze qui tient une croix.

La colonne Alexandre et l'état-major de la garde sur la place du Palais

Ermitage ⓬

Эрмитаж

Ermitaj

Les collections de l'Ermitage occupent un grand ensemble de bâtiments. Le plus imposant d'entre eux est le palais d'Hiver *(p. 92-93)*, auquel la Grande Catherine ajouta le Petit Ermitage. De 1771 à 1787, ses collections augmentant, elle fit édifier le Grand Ermitage. Le théâtre a été construit en 1785-1787 et le Nouvel Ermitage en 1839-1851. Nicolas Ier fit du Nouvel et du Grand Ermitage un musée, qui a ouvert au public en 1852. Entre 1918 et 1939, le musée intégra progressivement le palais d'Hiver, puis, à la fin des années 1990, le bâtiment néoclassique de l'état-major général, où sont peu à peu transférées les collections de la fin du XIXe siècle.

Le Nouvel Ermitage (1839-1851) a été conçu par Leo von Klenze pour former un ensemble cohérent avec le Grand Ermitage. C'est le seul bâtiment du site conçu dès l'origine pour être un musée.

Les ministères y étaient installés jusque dans les années 1880.

Des atlantes
en granite, de 5 m de hauteur, soutiennent cette ancienne entrée principale du musée de l'Ermitage de 1852 jusqu'après la Révolution.

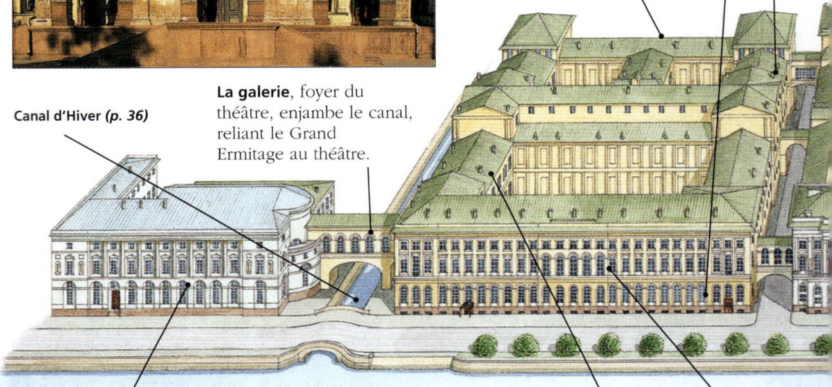

La galerie, foyer du théâtre, enjambe le canal, reliant le Grand Ermitage au théâtre.

Canal d'Hiver ***(p. 36)***

Le Grand Ermitage a été bâti par Iouri Velten pour la collection de peintures de Catherine.

Théâtre
Sous le règne de Catherine, le théâtre de Quarenghi donnait des spectacles. Aujourd'hui, c'est une salle d'exposition et de concert (p. 202).

★ Loges de Raphaël
Catherine avait été si impressionnée par les gravures des fresques de Raphaël au Vatican, que, en 1787, elle en commanda des copies sur toile, avec cependant quelques modifications, dont la substitution du blason du pape pour l'aigle bicéphale des Romanov.

Jardin suspendu
Ce jardin remarquable est orné de statues et de fontaines. Pendant le siège de Leningrad (p. 27), les conservateurs de l'Ermitage y firent pousser des légumes.

MODE D'EMPLOI

Dvortsovaïa plochtchad 2.
Plan 2 D5. ***Tél.*** *710 9079*
7,10, K-141, K-187, K-209, K-228. 1, 7,10. mar-sam. 10h30-18h, dim 10h30-17h. Dern. entr. 1h av. ferm.
www.hermitagemuseum.org

Façade du palais d'Hiver
Rastrelli ajouta 400 colonnes et des fenêtres de 16 formes différentes aux façades du palais.

À NE PAS MANQUER

- ★ Loges de Raphaël
- ★ Salle du Pavillon
- ★ Salles d'apparat du palais d'Hiver

Le Petit Ermitage (1764-1775) fut édifié par Vallin de La Mothe et Iouri Velten. Catherine s'y réfugiait pour échapper à l'agitation de la Cour.

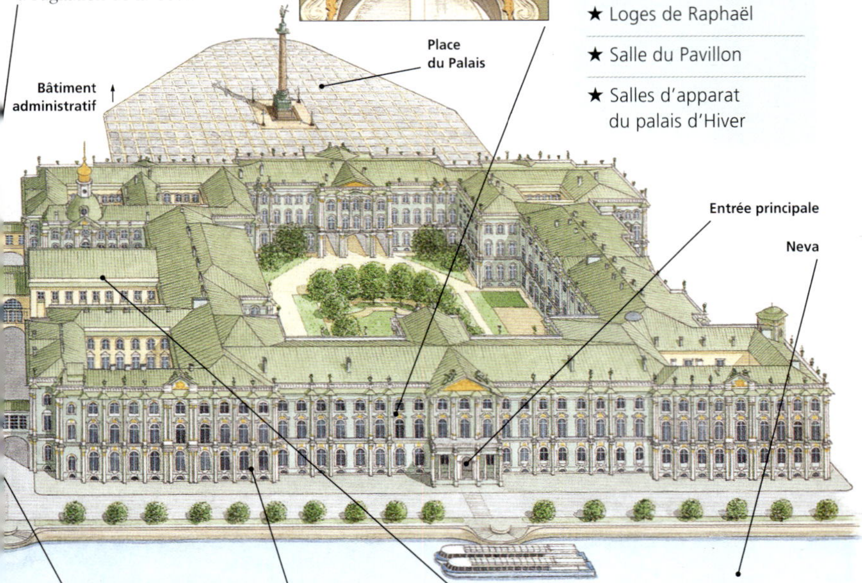

Le palais d'Hiver (1754-1762) était la résidence officielle de la famille impériale jusqu'à la Révolution.

★ Salle du Pavillon (1850-1858)
Andreï Stakenschneider remplaça par des dorures et un extraordinaire marbre blanc la décoration primitive de cette salle. On y verra l'horloge-paon de James Cox (1772) que possédait le prince Grigori Potemkine.

★ Salles d'apparat du palais d'Hiver
Les tsars ne regardaient pas à la dépense pour décorer les salles d'apparat (comme la salle Saint-Georges). Elles étaient réservées aux cérémonies officielles.

Collections de l'Ermitage

Entre 1764 et 1774, la Grande Catherine acheta quelques-unes des plus belles collections d'art de l'Europe de l'Ouest. Elle acquit plus de 2500 tableaux, 10000 pierres précieuses gravées, 10000 dessins, et quantité d'objets d'argent et de porcelaine. Aucun de ses successeurs ne fit d'acquisitions semblables. Après la Révolution, la nationalisation des biens de l'Empire comme ceux des personnes privées amena encore beaucoup d'objets d'art au musée, qui devint l'un des plus grands du monde.

La Madone Litta (v. 1491). *C'est l'un des deux tableaux de Léonard de Vinci du musée. Admiré par ses contemporains, ce chef-d'œuvre a très souvent été copié.*

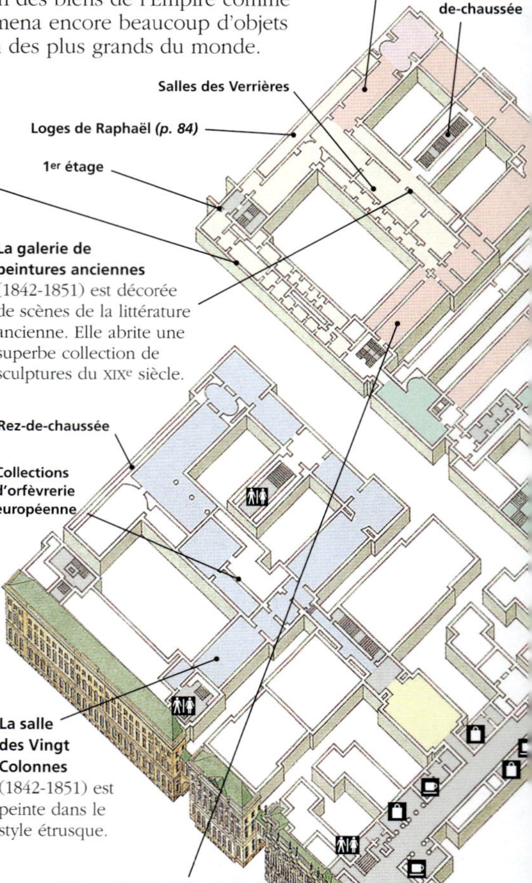

À NE PAS MANQUER

- ★ *La Danse* de Matisse
- ★ *Ea Haere la Oe* de Gauguin
- ★ *La Madone Litta* de Léonard de Vinci
- ★ *Le Sacrifice d'Abraham* de Rembrandt

SUIVEZ LE GUIDE !

Entrez par la place du Palais puis traversez la cour principale (entrée des groupes). Commencez la visite par les salles d'apparat du palais d'Hiver afin d'avoir une vue d'ensemble du musée. Pour l'art européen des XIXe et XXe siècles, le mieux est d'emprunter les escaliers côté place du Palais. Notez que les collections sont susceptibles de changer de place.

★ **Le Sacrifice d'Abraham** (1635) *Dans les années 1630, Rembrandt peignait des scènes religieuses de style baroque, se servant de grands gestes théâtraux plutôt que de détails pour transmettre son message.*

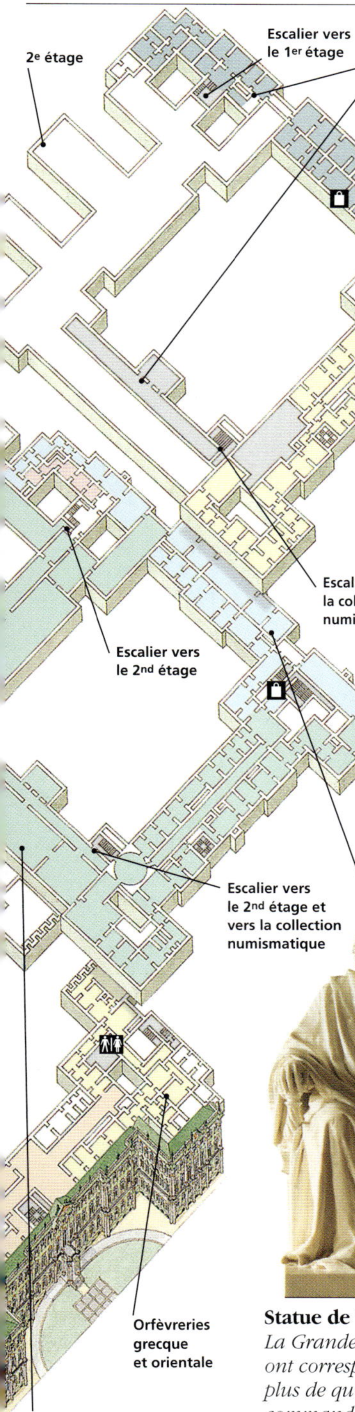

La collection numismatique réunit plus d'un million d'objets. Une partie est présentée dans les expositions temporaires.

Les salles de réception du palais d'Hiver *(p. 92-93)* contiennent des objets d'art russes et européens.

★ Ea Haere Ia Oe (1893)
C'est l'une des premières peintures de Paul Gauguin à Tahiti. Son désir d'échapper à la convention et à l'artifice s'exprime dans la façon innovatrice dont il s'inspira de l'art primitif.

★ La Danse (1910)
Henri Matisse utilise trois couleurs fortes – bleu, vert et rouge – pour intensifier la gestuelle et la concentration des personnages absorbés par leur danse.

Statue de Voltaire (1781)
La Grande Catherine et Voltaire ont correspondu pendant plus de quinze ans. La tsarine commanda à Jean Houdon cette statue en marbre qui représente l'écrivain français habillé en philosophe grec.

PLAN DES ÉTAGES

- **Préhistoire :** salles 11-24, 26, 33
- **Antiquités classiques :** salles 102, 107-117, 121, 127-131
- **Antiquités orientales :** salles 34-47, 55-66, 69, 100, 351-371, 381-397
- **Histoire russe :** salles 147-152, 155-189, 190-198, 204, 260, 269-271, 282, 304-307
- **Arts italien et espagnol :** salles 207-223, 226-242
- **Arts flamand, hollandais et allemand :** salles 243, 245-254, 258, 261-268
- **Arts français et anglais :** salles 272-281, 283-287, 290-302
- **XIXe et XXe siècles européens :** salles 314-325, 328-35S0
- **Expositions temporaires**
- **Espace libre**
- **Entrée interdite**

À la découverte des collections de l'Ermitage

Il est impossible d'absorber l'immense collection de l'Ermitage en une ou deux visites. Que cela soit l'or scythe, les vases et les camées antiques ou les objets en argent d'Iran, dans chaque salle de nombreuses pièces sont dignes d'attention. Mobilier, objets décoratifs, portraits et vêtements somptueux ayant appartenu à la famille impériale forment le département russe, qui comprend aussi les salles d'apparat. Les tableaux européens ont été choisis par la famille impériale. Mais nombre de ceux des XIXe et XXe siècles, en particulier les œuvres des impressionnistes, de Matisse et de Picasso, proviennent de collections privées.

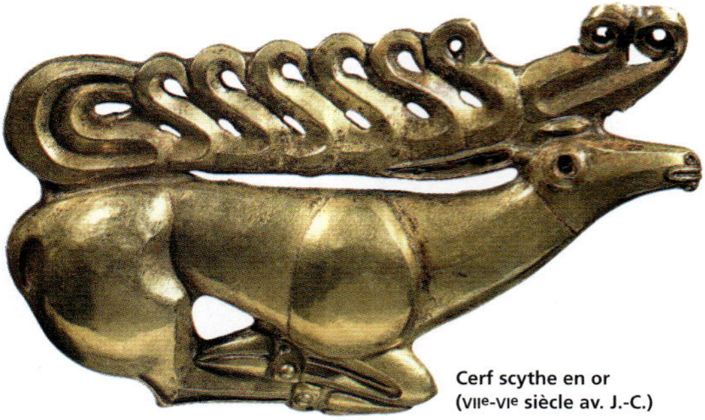

Cerf scythe en or (VIIe-VIe siècle av. J.-C.)

ART PRÉHISTORIQUE

Des fouilles effectuées dans l'ancienne Russie impériale ont mis au jour des pots, des pointes de flèches et des sculptures dans des sites paléontologiques datant de 24000 ans, et des objets en or de l'époque des Scythes nomades du VIIe au IIIe siècle av. J.-C. La collection de Pierre le Grand d'objets en or sibériens inclut des broches scythes (peuple de la Russie du Sud-Ouest) aux motifs animaliers, des poignées d'épées et des boucles. Les fouilles poursuivies en Sibérie au cours des siècles suivants ont permis de découvrir, en 1897, un grand cerf stylisé, ornement de bouclier, à Kostromskaïa. C'est l'un des rares objets européens en or qui ne soit pas exposé avec la collection d'objets précieux. Les grands maîtres grecs travaillaient aussi pour les Scythes. Dans la région du Dniepr, un peigne du Ve siècle av. J.-C., orné de guerriers scythes, et une amphore de Tchertomlyk du IVe, ornée de belles scènes de domptage, ont été découverts ; lors de fouilles pratiquées dans l'Altaï, des sépultures de près de 2500 ans. La terre gelée a gardé intacts des objets périssables, un char funéraire en bois et même une peau d'homme tatouée.

Camée des Gonzague (285-246 av. J.-C.), fait à Alexandrie

ART CLASSIQUE

Les nombreuses sculptures gréco-romaines en marbre vont de la célèbre *Vénus de Tauride* (IIIe siècle av. J.-C.) que Pierre le Grand acquit en 1720, jusqu'à des bustes romains. Mais ce sont les petits objets qui font l'intérêt de ce département.

La collection de vases attiques à figures rouges du VIe et du IVe siècle av. J.-C. est unique au monde. D'un lustre brillant et harmonieusement proportionnés, ils sont ornés de scènes de libations pendant la guerre de Troie. Le vase à l'Hirondelle date du début du VIe siècle av. J.-C.

Les petites et élégantes statuettes en terre cuite de Tanagra (IVe et IIIe siècles av. J.-C.), découvertes au XIXe siècle, eurent un tel succès que l'on en fit de très nombreuses copies. L'ambassadeur de Russie à Athènes, Piotr Sabourov, rassembla sa collection vers 1880, avant que des faux n'apparaissent – ce qui lui confère sa valeur inestimable.

La Grande Catherine avait une véritable passion des pierres gravées qu'elle achetait en quantité. Elle fit l'acquisition d'environ 10000 pièces en dix ans. La plus grosse et la plus étonnante d'entre elles est le camée des Gonzague, que Joséphine de Beauharnais offrit à Alexandre Ier en 1814.

La collection d'orfèvreries grecque et orientale renferme des bijoux en or d'artisans athéniens du Ve siècle av. J.-C. si finement travaillés qu'il faut une loupe pour en distinguer les détails si minutieux.

ART ORIENTAL

Les pièces viennent d'Égypte, d'Assyrie, de Byzance, d'Iran, d'Inde, de Chine, du Japon, d'Ouzbékistan et du Tadjiskistan. Les départements les plus complets rassemblent des objets découverts dans les fouilles qui ont été conduites par l'Ermitage en Chine et en Mongolie avant la Révolution, et en Asie centrale pendant l'ère soviétique.

La statue monumentale d'Amenemhat III, en granite noir, date du XIXe siècle av. J.-C (Moyen-Empire).

Le Guerrier blessé, **fresque du Tadjikistan, VIIIe siècle**

La vedette de la collection égyptienne est une petite statuette en bois du XVe siècle av. J.-C. représentant un homme debout.

Une multitude d'objets (sculptures bouddhistes, tissus et netsukes, ou boutons en ivoire) proviennent d'Extrême-Orient, du Japon, d'Inde, d'Indonésie, de Chine et de Mongolie. De la grotte des Mille Bouddhas, près de Dunhuang, en Chine occidentale, on a rapporté des icônes des VIe et Xe siècles, des peintures murales et des sculptures en plâtre comme les lions qui gardaient la grotte. Après sa destruction au XIIIe siècle par l'armée mongole, Hara-Hoto fut envahie par le désert. Des objets périssables, notamment des soieries et des gravures sur bois du XIIe siècle, furent ainsi conservés par le sable.

De Byzance, on rapporta des icônes, des objets de culte et un diptyque en ivoire du Ve siècle, avec des scènes de cirque romain.

Beaucoup de vases iraniens en argent et en bronze, qui avaient été transportés au Moyen Âge par des marchands vers la Sibérie et l'Oural, ont été redécouverts par des spécialistes au XIXe siècle. On trouve également une importante collection de miniatures persanes traditionnelles et de portraits de la Cour du XIXe siècle. Ces derniers combinent des éléments traditionnels avec les techniques de peinture à l'huile occidentales, comme celui du shah Fatkh-Ali (1813-1814).

Des tapis, des bronzes et de superbes céramiques ont été découverts en Asie centrale. De Varakcha, d'Adjina-Tepe et de Pendjikent en Ouzbékistan et au Tadjikistan, on a rapporté de belles fresques, comme celle du *Guerrier blessé*.

ART RUSSE

La majeure partie des œuvres d'art russe fut transférée au Musée russe *(p. 104-107)* en 1898. Les autres possessions de la famille impériale ont été nationalisées après la Révolution, des trônes aux portraits officiels jusqu'aux miroirs et aux jupons. Plus de 300 effets du seul Pierre le Grand ont été conservés. À cela se sont ajoutées par la suite des œuvres d'art de la Russie médiévale (icônes et objets de culte). À partir de Pierre le Grand, tous les tsars ont invité des artisans et des artistes étrangers à former les leurs. Pierre étudiait avec eux et réunit une belle collection d'instruments : cadrans solaires (tel celui de John Rowley), tours à bois, etc. Le buste de Pierre sculpté par Bartolomeo Carlo Rastrelli (1723-1730) évoque plus l'empereur puissant et cruel que le rude ouvrier.

Accessoires pour coiffeuse de Toula (1801)

Cadran solaire (1714-1719), collection de Pierre le Grand

Les artistes russes ont très vite adapté les techniques européennes à l'art traditionnel. Le vase à jours en ivoire de morse de Nikolaï Verechtchaguine (1798), le grand sarcophage et le mémorial d'Alexandre Nevski en argent massif (1747-1752) en sont de beaux exemples.

Les armuriers de Toula (sud de Moscou) ont fabriqué des meubles exceptionnels en métal incrusté de bronze doré, comme des accessoires pour coiffeuse de style Empire (1801).

La décoration intérieure des salles d'apparat *(p. 92-93)*, orgueil de la section russe, montre le travail des artisans russes et étrangers du XVIIIe siècle au début du XXe siècle. Les pierres de couleur découvertes dans l'Oural ont permis aux artistes russes d'utiliser la malachite et de remplir tous les recoins du palais d'Hiver de vases en marbre. C'est dans ces salles que, lors des cérémonies officielles, les membres de la famille impériale recevaient les courtisans et les ambassadeurs avant de se rendre dans la salle des Feld-maréchaux.

ARTS ITALIEN ET ESPAGNOL

La sublime collection italienne commence avec des œuvres des XIVe et XVe siècles. L'austère *Madone* de Simone Martini (1340-1344) tranche avec la *Vierge à l'Enfant,* fresque plus humaine de Fra Angelico (1424-1430).

À la fin du XVe et au début du XVIe siècle, la peinture prend deux orientations : l'école florentine met l'accent sur le trait, tandis que les Vénitiens font prévaloir la couleur. L'art florentin est représenté par *La Madone Litta* (v. 1491) et *La Madone Benois* (1478) de Léonard de Vinci, le *Tireur d'épine*, un marbre de Michel-Ange (v. 1530), et deux portraits de la Vierge par Raphaël (1502 et 1506). L'école vénitienne s'illustre avec la *Judith* de Giorgione (1477-1510) et par une belle collection des œuvres de Titien (vers 1488-1576). La galerie à loggias regorge d'immenses toiles baroques, parmi lesquelles figurent les œuvres de Luca Giordano (1634-1704), Guido Reni (1575-1642) et de grands tableaux de Tiepolo. La galerie de peinture ancienne expose *L'Amour et Psyché* et *Les Trois Grâces* du sculpteur Antonio Canova (1757-1822).

Bien que plus modeste, la collection espagnole présente les grands peintres : *Les Apôtres Pierre et Paul* (1587-1592) du Greco, des toiles de Ribera, de Murillo et le *Saint Laurent* (1636) de Zurbarán. *Le Portrait du comte Olivares* de Vélasquez (v. 1640) contraste avec ses premières toiles tel *Le Déjeuner du paysan* (1617-1618).

***La Vénus et l'Amour* (1509) de Lucas Cranach l'Ancien**

ARTS HOLLANDAIS, FLAMAND ET ALLEMAND

Le musée possède une section hollandaise riche en Rembrandt. En peu de temps il peignit le théâtral *Sacrifice d'Abraham* (1636), la douce *Saskia en Flore* (1634) et *La Descente de Croix* (1634). L'un de ses derniers tableaux, *Le Retour de l'enfant prodigue* (1668-1669), exprime pour la première fois une émotion profonde.

Les sujets des petites peintures de genre du milieu du XVIIe siècle, comme *Le Verre de limonade* de Gérard Terborch, sont l'expression d'une tension psychologique et d'un lourd symbolisme.

La petite collection de peintures anciennes néerlandaises est constituée, entre autres, de *La Madone à l'Enfant* (1430) par le maître de Flémalle, supposé avoir eu pour élève Rogier van der Weyden qui figure avec *Saint Luc peignant la Vierge* (1435).

La quarantaine de tableaux de Rubens comprend des peintures religieuses, comme *La Descente de Croix* (1617-1618), des scènes mythologiques *(Persée et Andromède*, 1620-1621), son *Bacchus obèse* (1636-1640) et des paysages. Certains portraits, notamment celui de *La Camériste d'Isabelle d'Espagne* (1625), illustrent le lien qu'il a avec son élève Van Dyck, dont on peut voir des portraits en pied et un autoportrait romantique des années 1620.

De Lucas Cranach l'Ancien, dans la collection allemande, *La Vénus et l'Amour* (1509), *Le Portrait de la dame au chapeau* (1526) et *La Vierge à l'Enfant* montrent la richesse de son talent.

***Jeune Homme au luth* du Caravage (1571-1610)**

ARTS FRANÇAIS ET ANGLAIS

L'art français, très en vogue au XVIIIe siècle, est représenté par Louis Le Nain, Claude Lorrain et Nicolas Poussin. *La Proposition embarrassante* (v. 1716) d'Antoine Watteau, *Le Baiser à la dérobée* (années 1780) de Jean Honoré Fragonard et les modèles bien en chair de François Boucher comptent parmi les œuvres coquines du XVIIIe siècle, mais Catherine II préférait les tableaux plus moralisateurs.

***Les Attributs des Arts* (1766) de Jean-Baptiste Chardin**

Elle acheta *Les Attributs des Arts* (1766) de Chardin et, sur les conseils de Denis Diderot, les moralisateurs *Fruits d'une bonne éducation* de J.-B. Greuze (1763). La tsarine protégeait aussi les sculpteurs et fit l'acquisition de *L'Hiver* (1771) d'Étienne-Maurice Falconet et du *Voltaire* (1781) de Jean-Antoine Houdon.

Catherine acheta quelques peintures anglaises, dont le portrait du philosophe John Locke (1697) par Sir Godfrey Kneller, qui a peint aussi le portrait de Piotr Potemkine (1682) en habit de cour du XVIIe siècle. *Hercule enfant étranglant les serpents* (1788) est une commande de Catherine à Sir Joshua Reynolds. Son acquisition la plus audacieuse fut celle d'un peintre inconnu, Joseph Wright de Derby, avec *La Forge* (1773), chef-d'œuvre de lumière artificielle, et *Feux d'artifice au château de Saint-Angelo* (1774-1775), ouvrage réellement plein de feu et de romantisme. Elle donna beaucoup à faire aux ébénistes anglais et aux graveurs de camées, et fut la cliente la plus prestigieuse de Josiah Wedgwood auquel elle commanda le célèbre service *À la grenouille verte* (1773-1774) pour son palais de Tchesma *(p. 130)*.

Le service *À la grenouille verte*, de Wedgwood

ART EUROPÉEN DU XIXe ET DU XXe SIÈCLE

Les mouvements artistiques du XIXe siècle cessèrent d'intéresser la famille impériale, mais les tableaux de collectionneurs privés clairvoyants furent nationalisés et entrèrent à l'Ermitage après la Révolution de 1917. Grâce à eux, l'école de Barbizon est présente avec des œuvres de Camille Corot, notamment *Le Paysage au lac*, le romantisme français avec deux scènes marocaines hautes en couleur peintes par Delacroix en 1850, et le romantisme allemand avec *La Proue du bateau* (1818-1820) de Caspard David Friedrich.

Les collections d'Ivan Morozov et de Sergueï Chtchoukine ont fourni au musée leurs superbes toiles impressionnistes et postimpressionnistes. On admirera *La Femme au jardin* (1860), l'un des premiers tableaux de Monet, et, plus tardifs, *Le Pont de Waterloo* et *Effet de brume* (1903). *Le Portrait de l'actrice Jeanne Samary* (1878) de Renoir et des Degas avec des femmes à leur toilette (1880 et 1890) illustrent leur intérêt commun pour les sujets féminins. Alors que Pissarro peint des paysages urbains dont *Le Boulevard Montmartre à Paris* (1897), Alfred Sisley étudie les effets de lumière sur la campagne française. L'évolution dans le travail de la couleur et de la technique se sent sur les toiles de Van Gogh, qui use de tons plus intenses dans *Les Dames d'Arles* (1888) et de forts coups de brosse dans *Les Chaumières* (1890). L'énigmatique *Ea Haere Ia Oe* (1893) illustre la période tahitienne de Gauguin. Avec *Le Fumeur* (v. 1890-1892) et *La Montagne Sainte-Victoire* (1896-1898), Cézanne a introduit un nouveau traitement des plans qui a influencé la génération suivante. Matisse joue sur la surface et la couleur dans *La Chambre rouge* (1908-1909) et sur les aplats dans *La Danse* et *la Musique* (1909-1910). Son voyage au Maroc va lui inspirer des effets de lumière dans *Le Café arabe* (1913). Mais c'est Picasso qui a le plus approfondi les recherches de Cézanne. Dans *La Visite* (1902), de la période bleue, il se concentre sur l'esprit. Sa période cubiste (1907-1912), avec *L'Homme aux bras croisés,* remplit toute une salle de ce département.

***L'Homme aux bras croisés* (1909) de Pablo Picasso**

Palais d'Hiver

Trois palais ont été successivement construits sur le même site. Le palais d'Hiver (1754-1762) actuel est un suberbe exemple du baroque russe. Construite pour la tsarine Élisabeth, cette résidence est l'une des plus belles réalisations de Bartolomeo Rastrelli. Si l'extérieur a peu changé, l'intérieur a été transformé par plusieurs architectes, puis restauré après l'incendie de 1837. Après le meurtre d'Alexandre II en 1881, la famille impériale vint rarement l'habiter. Lors de la Première Guerre mondiale, la salle Nicolas et d'autres salles d'apparat servirent de salles d'hôpital. Siège du gouvernement provisoire en juillet 1917, le palais fut pris d'assaut par des bolcheviks *(p. 28-29)*.

La galerie de 1812 (1826) abrite des portraits des héros militaires russes de la guerre napoléonienne, dus pour la plupart au peintre anglais George Dawe.

La salle des Blasons (1839), avec ses grandes colonnes dorées, couvre plus de 800 m². Elle a abrité un hôpital pendant la Première Guerre mondiale.

★ Petite salle du Trône
Dédiée à la mémoire de Pierre le Grand en 1833, on y trouve un trône argenté anglais (1731).

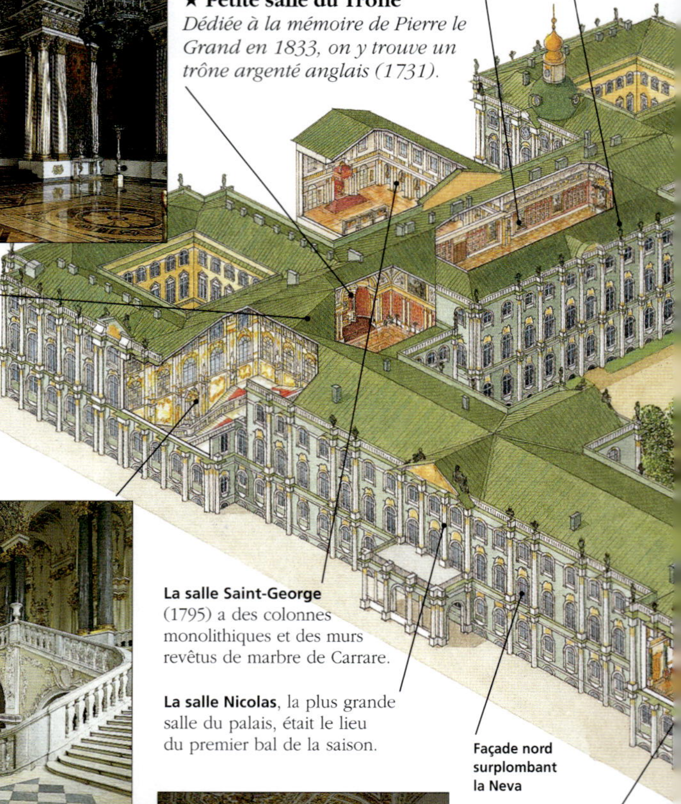

La salle des Feld-maréchaux (1833) est la salle de réception où éclata l'incendie qui dévasta le palais en 1837.

La salle Saint-George (1795) a des colonnes monolithiques et des murs revêtus de marbre de Carrare.

La salle Nicolas, la plus grande salle du palais, était le lieu du premier bal de la saison.

Façade nord surplombant la Neva

★ Escalier principal
Depuis ce vaste escalier circulaire (1762) de Rastrelli, la famille impériale assistait, le jour de l'Épiphanie, à la cérémonie du baptême dans la Neva, qui symbolisait celui du Christ dans le Jourdain.

★ Salle de Malachite
(1839) Plus de 2 t de pierres de couleur ont servi à la décoration faite de colonnes, de vases en malachite, de portes et plafond dorés à la feuille, et d'un parquet marqueté.

Salle Alexandre (1837)
Alexandre Brioullov réalisa des voûtes néogothiques et des bas-reliefs en stuc qui évoquent des thèmes militaires.

BARTOLOMEO RASTRELLI

En 1716, l'architecte italien Rastrelli (1700-1771) suivit son père qui allait se mettre au service de Pierre le Grand. Il introduisit le style baroque flamboyant qui devint très en vogue. Nommé architecte en chef de la Cour en 1738, il réalisa les plans du palais d'Hiver, du palais de Tsarskoïe Selo *(p. 152-157)*, du couvent Smolny *(p. 128)* et de nombreux autres bâtiments, pendant le règne d'Élisabeth. La Grande Catherine préférait la simplicité classique au baroque de Rastrelli, qui se retira en 1763.

Les salles françaises, réalisées par Brioullov en 1839, abritent une collection de peintures françaises du XVIIIe siècle.

Le grand vestibule d'Honneur a été décoré pour le mariage du futur tsar Alexandre II, en 1841.

Corridor obscur
Il est tendu de tapisseries françaises et flamandes, dont Le Mariage de l'empereur Constantin, *à Paris, d'après des dessins de Rubens réalisés au XVIIe siècle.*

Façade sud, sur la place du Palais

La Rotonde (1830) relie les appartements privés de l'aile occidentale et les salles d'apparat au nord.

Aile occidentale

La bibliothèque néogothique et les autres salles au nord-ouest du palais ont été adaptées au style de vie bourgeois de Nicolas II. La bibliothèque lambrissée de bois a été réalisée par Meltzer en 1894.

Salon doré
Créé dans les années 1850, ses murs et son plafond ont été recouverts de dorures dans les années 1870. Il s'y trouve une collection de pierres précieuses gravées provenant d'Europe occidentale.

À NE PAS MANQUER

- ★ Escalier principal
- ★ Petite salle du Trône
- ★ Salle de Malachite

Rue des Millionnaires ⓭

Миллионная улица
Millionnaïa oulitsa

Plan 2 E5.

Cette rue tient son nom des aristocrates et membres de la famille impériale qui habitaient autrefois les luxueuses résidences de ce quartier. Certaines maisons sont numérotées du côté du quai, car les façades et entrées principales donnent sur la rivière.

À la veille de la Révolution, le grand-duc Vladimir Alexandrovitch, qui habitait au n° 26 (côté quai), fit ouvrir le feu sur les ouvriers lors du « Dimanche rouge » *(p. 26)*. Sa femme, Maria Pavlovna, donnait des bals somptueux qui éclipsaient ceux de la Cour impériale.

Ce bâtiment (1876-1872), de style Renaissance florentine, construit par Alexandre Rezanov, est aujourd'hui la maison des Savants.

La maison Poutiatine, au n° 12, fut témoin de la fin des Romanov. C'est ici que le grand-duc Mikhaïl Alexandrovitch, le frère de Nicolas II, signa le décret d'abdication en mars 1917. Balzac, qui courtisait sa future femme, la comtesse Eveline Hanska, fit un séjour en 1843 dans la maison voisine, au n° 10. Andreï Stakenschneider en avait dessiné les plans pour son propre usage, au milieu du XIXe siècle.

La façade sculptée du n° 10 de la rue des Millionnaires

Le grand escalier du palais de Marbre

Palais de Marbre ⓮

Мраморный дворец
Mramorny dvorets

Millionnaïa oulitsa 5 (entrée par le Champ de Mars). **Plan** 2 E4. ***Tél.*** *312 9054.* *46, 49, K-76.* *mer.-dim. 10h-16h, lun. 10h-15h.* *anglais.* **www.**rusmuseum.ru

Le palais de Marbre est un cadeau de la Grande Catherine à Grigori Orlov, son amant, qui l'avait aidée à prendre le pouvoir en 1762 *(p. 22)*. Considéré comme le chef-d'œuvre d'Antonio Rinaldi (1768-1785), c'est l'un des premiers exemples d'architecture néoclassique.

Le palais doit son nom aux divers marbres utilisés pour sa construction. Alexandre Brioullov en refit presque tout l'intérieur dans les années 1840, mais le grand escalier et la salle de Marbre de Rinaldi ont été conservés. Les murs de cette salle sont en marbre gris, vert, blanc, jaune, rose et lapis, et, au plafond, *Le Triomphe de Vénus* (années 1780) est de Stefano Torelli.

Le palais, musée Lénine pendant 55 ans, fait partie maintenant du Musée russe *(p. 104-107)*. On y expose des artistes étrangers qui ont travaillé en Russie et des peintures contemporaines réunies par les collectionneurs allemands Peter et Irene Ludwig, dont un Picasso, *Grandes Têtes* (1969), et des artistes tels qu'Andy Warhol, Ilia Kabakov, Roy Lichtenstein et Jean-Michel Basquiat.

L'étrange statue équestre d'Alexandre III, du prince Pavel Troubetskoï, se dresse devant le palais. Inaugurée en 1911 sur plochtchad Vosstanïa, cette sculpture ridicule a été installée sur ce nouveau site en 1937.

Champ de Mars ⓯

Марсово Поле
Marsovo Pole

Plan 2 F5. *46, 49, K-76.*

Asséché au XIXe siècle, ce vaste marécage, qui porte le nom du dieu romain de la Guerre, était réservé aux manœuvres militaires, aux défilés, aux foires et autres festivités. Entre 1917 et 1923, ce vaste terrain sablonneux fut appelé « le Sahara pétersbourgeois ». Le Monument aux Combattants de la Révolution (1917-1919), en granite, de Led Roudnev, et la Flamme éternelle (1957), qui commémorent les victimes de la Révolution de 1917 et de la guerre civile *(p. 26-27)*, en ont fait un mémorial de guerre.

La Flamme éternelle du Champ de Mars

À l'ouest de la place se dresse un gros bâtiment néoclassique construit par Vassili Stassov en 1817-1819. Ces casernes, qui abritaient le régiment Pavlovski, ont été fondées par Paul Ier en 1796. On dit que le tsar, obsédé par l'armée, ne recrutait que des gardes au nez camus, comme le sien. Les officiers de ce régiment furent les premiers à rallier les insurgés pendant la Révolution de 1917 *(p. 28-29)*.

Aujourd'hui, cette place gigantesque est un agréable endroit de promenade pour les Pétersbourgeois, lorsque les lilas en fleur embaument les soirées printanières.

Jardin d'Été ⓰

Летний сад
Letni sad

Letni sad. **Plan** 2 F4. 46, 49. 3. mai-sept. : t.l.j. 10h-22h ; oct.-mars : t.l.j. 10h-18h.

Pierre le Grand fit appel à un paysagiste français pour créer ce premier jardin de la ville, en 1704. Comme à Versailles, celui-ci dessina des allées bordées d'ormes et de chênes importés, y ajouta des fontaines, des pavillons et quelque 250 statues italiennes des XVIIe et XVIIIe siècles. Inondé en 1777, le jardin actuel, de style anglais, est le résultat des goûts plus sobres de la Grande Catherine. Le long de la Neva, la splendide grille en fer forgé (1771-1784) est l'œuvre de Iouri Velten et Piotr Egorov.

Durant un siècle, ce jardin d'Été a été exclusivement réservé à la noblesse. Lorsque Nicolas Ier le fit ouvrir aux « membres correctement vêtus » du public, on y ajouta deux pavillons néoclassiques, la maison du Thé et la maison du Café, donnant sur la Fontanka. On y organise aujourd'hui des expositions temporaires d'artistes contemporains pétersbourgeois.

Non loin de là, la statue en bronze d'Ivan Krylov, le plus célèbre fabuliste russe, adoré des enfants, a été sculptée en 1854 par Piotr Klodt. Elle porte des bas-reliefs où figurent les animaux de ses fables.

La statue d'Ivan Krylov et les couleurs automnales du jardin d'Été

Palais d'Été ⓱

Летний дворец
Letni dvorets

Naberejnaïa Koutouzova. **Plan** 2 F4. ***Tél.*** *314 0374.* *mai-nov. : mer.-lun. 11h-17h30.* *dern. lun. du mois.* *46, 49.*

Destiné à Pierre le Grand, le palais d'Été (1714) est la plus ancienne construction en pierre de la ville. Il a été édifié sur les plans de Domenico Trezzini. Le célèbre sculpteur prussien Andreas Schlüter lui ajouta un bas-relief (1713) à la gloire des victoires navales russes remportées par le tsar.

Si cette demeure est plus grande que sa maisonnette en bois *(p. 73)*, cette deuxième résidence du monarque à Saint-Pétersbourg n'est cependant pas comparable aux somptueux palais construits par ses successeurs.

Au rez-de-chaussée, la salle de réception est ornée de portraits du tsar et de ses ministres. Elle contient le fauteuil en chêne de l'Amirauté. Dans la chambre à coucher, le lit à baldaquin recouvert d'une courtepointe en soie de Chine est d'origine, ainsi que le plafond peint représentant Morphée. À côté se trouve l'atelier du tsar, où l'on verra d'authentiques tours russes ainsi qu'un instrument météorologique en bois très ouvragé, fabriqué à Dresde en 1714.

Le palais est équipé du premier système de plomberie de la ville, où l'eau était amenée directement dans la cuisine. On voit encore son évier en marbre noir, son magnifique fourneau carrelé et ses ustensiles de cuisine du XVIIIe siècle. La salle à manger a été arrangée de façon à évoquer l'atmosphère de l'époque. Elle ne servait qu'aux petites réunions familiales, les grands banquets étant tenus au palais Menchikov *(p. 62)*.

L'escalier d'origine conduit au premier étage et aux appartements plus luxueux de Catherine, deuxième femme de Pierre. Dans la salle du Trône se trouve un trône ornementé de néréides et autres divinités de la mer. Les vitrines de la chambre Verte contenaient la fascinante collection de curiosités de Pierre, maintenant transférée au Kounstkamera *(p. 60-61)*.

Le remarquable fourneau du palais d'Été

GOSTINY DVOR

Toujours bourdonnant d'activité, le Grand Bazar construit au début du XVIIIe siècle s'imposa comme un des principaux pôles commerciaux de Saint-Pétersbourg. De nombreux magasins ouvrirent à proximité de la galerie marchande, sur et autour de Nevski prospekt, et le quartier devint un lieu de résidence apprécié des négociants et hommes d'affaires étrangers. Jusqu'au milieu du XIXe siècle, ses boutiques se cantonnèrent presque exclusivement au luxe pour répondre à l'insatiable appétit des familles aristocratiques pour les bijoux, l'orfèvrerie, l'argenterie et la haute couture. Ce dynamisme économique permit l'émergence d'une classe moyenne d'entrepreneurs et des banques s'établirent dans d'imposants bâtiments dont les styles éclectiques apportèrent de la diversité à un environnement où dominait le néoclassique. La Révolution mit un terme à cet essor. Depuis que les rouages du capitalisme se sont remis en branle, une clientèle aisée arpente de nouveau Nevski prospekt. Bordée d'institutions culturelles, dont le Musée russe, la place des Arts apparaît en contraste comme une oasis de calme.

Statues de la façade du Musée russe

LE QUARTIER D'UN COUP D'ŒIL

Bâtiments historiques
Académie Capella 18
Écuries impériales 20

Églises
Cathédrale Notre-Dame-de-Kazan 15
Église arménienne 7
Église du Sauveur-sur-le-Sang p. 100 1
Église luthérienne 17

Hôtel
Grand Hôtel Europe 5

Boutiques et marché
Gostiny Dvor 8
Magasin Elisseïev 9
Marché Apraksine 14

Musées
Château des Ingénieurs 2
Maison-musée Pouchkine 19
Musée russe p. 104-107 3

Palais
Palais Anitchkov 10
Palais Stroganov 16
Palais Vorontsov 13

Places et rues
Nevski Prospekt 6
Oulitsa Zodtchego Rossi 12
Place des Arts 4
Place Ostrovski 11

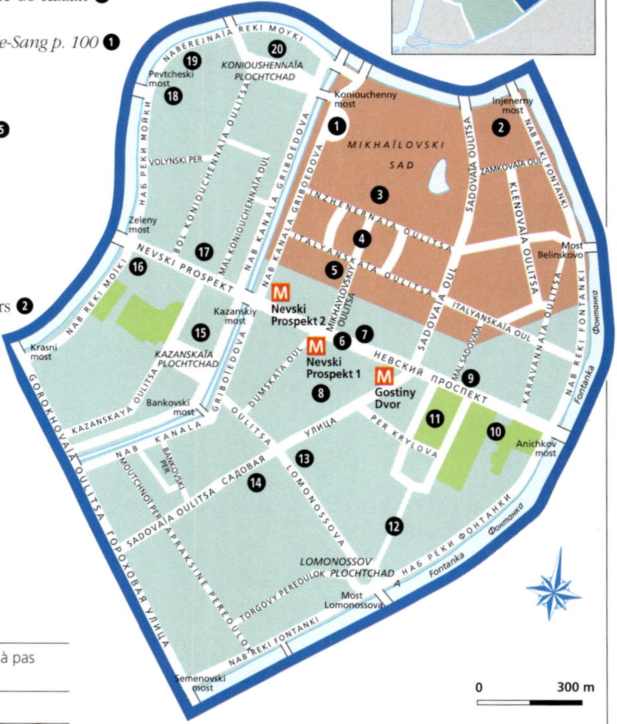

LÉGENDE

Plan du quartier pas à pas *p. 98-99*

M Station de métro

Vue de côté de l'imposant château des Ingénieurs *(p. 101)* qui fait aujourd'hui partie du Musée russe

Place des Arts pas à pas

Statue de Pierre le Grand

La place des Arts, une des plus belles réalisations de Carlo Rossi, est entourée de bâtiments qui témoignent du patrimoine culturel de la ville. Près du palais Mikhaïlovski, qui abrite le Musée russe, se trouvent des théâtres et la salle de la Philharmonie Chostakovitch. Derrière celle-ci, le jardin Mikhaïlovski, fréquenté par les intellectuels, s'étend jusqu'aux berges de la Moïka qui, avec le canal Griboïedov et la Fontanka, forment un cadre miroitant à ce quartier pittoresque.

★ Église du Sauveur-sur-le-Sang
L'extérieur de cette église avec ses mosaïques colorées et sa pierre ciselée imite l'architecture russe traditionnelle du XVIIe siècle ❶

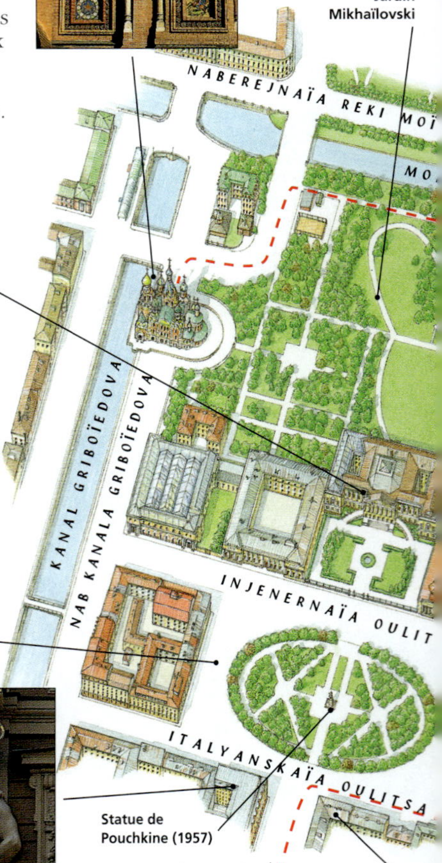

Jardin Mikhaïlovski

★ Musée russe
Situé dans le palais Mikhaïlovski, construit par Rossi, ce musée abrite une fabuleuse collection de tableaux, sculptures et objets d'arts décoratifs russes. Le grand escalier et la salle de réception sont d'origine ❸

Place des Arts
Les nombreuses institutions culturelles qui la bordent lui ont valu son nom. À l'ouest, le théâtre Mikhaïlovski ou Maly, inauguré en 1833, accueille opéras et ballets ❹

Statue de Pouchkine (1957)

Nevski prospekt

La Grande Salle de la Philharmonie est l'une des plus importantes salles de concert de Saint-Pétersbourg *(p. 202).*

Grand Hôtel Europe
Ce célèbre hôtel de Saint-Pétersbourg a été construit par Ludwig Fontana en 1873-1875. De puissants atlantes ornent sa façade qui s'étire jusqu'à Nevski prospekt ❺

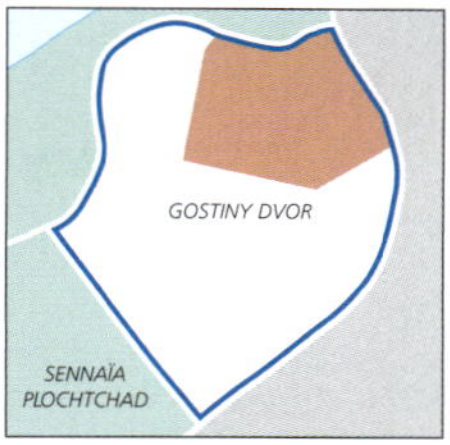

CARTE DE SITUATION

Voir Atlas des rues, plan 6

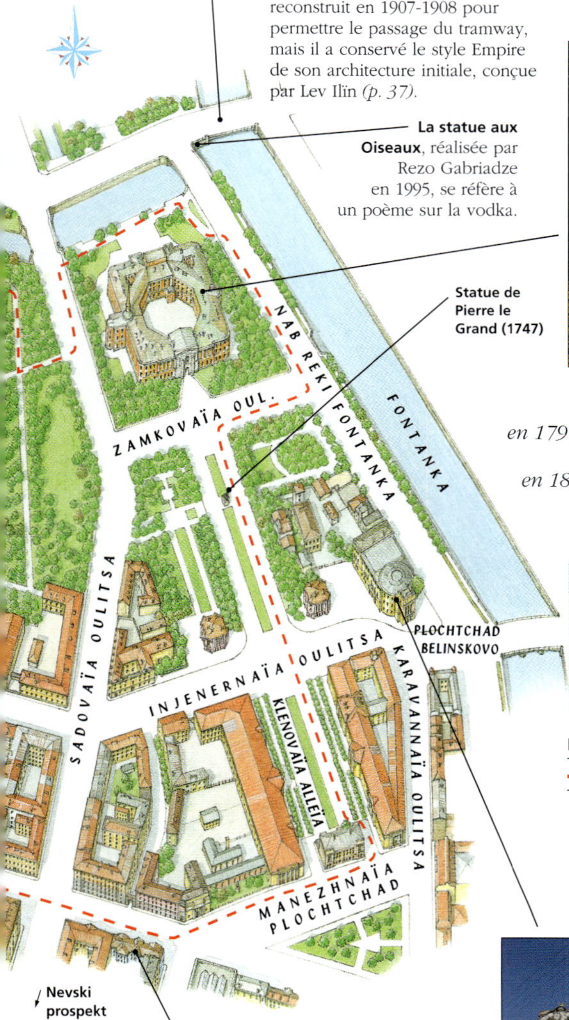

Le pont Saint-Panteleïmon a été reconstruit en 1907-1908 pour permettre le passage du tramway, mais il a conservé le style Empire de son architecture initiale, conçue par Lev Iliïn *(p. 37)*.

La statue aux Oiseaux, réalisée par Rezo Gabriadze en 1995, se réfère à un poème sur la vodka.

Statue de Pierre le Grand (1747)

Château des Ingénieurs

Construit pour Paul Ier en 1797-1801, l'Académie du génie militaire en fit l'acquisition en 1823. Il fait partie aujourd'hui du Musée russe et expose des portraits historiques ❷

À NE PAS MANQUER

★ Église du Sauveur-sur-le Sang

★ Musée russe

LÉGENDE

Itinéraire conseillé

0 100 m

Le musée de l'Hygiène, avec sa macabre exposition d'organes humains, a été créé en 1919 pour enseigner au public les règles d'hygiène.

Le Cirque ouvrit ses portes au XIXe siècle sous le nom de « cirque Ciniselli ». Il présente encore des spectacles traditionnels *(p. 201)* dans sa salle historique, près de la Fontanka. Sa façade originelle a été replacée en 2003.

Église du Sauveur-sur-le-Sang ❶

Храм Спаса-на-Крови

Khram Spas-na-Krovi

L'église du Sauveur-sur-le-Sang, aussi appelée « église de la Résurrection », a été construite sur le lieu où le tsar Alexandre II fut assassiné, le 1er mars 1881 *(p. 26)*. Son successeur, Alexandre III, organisa un concours en 1883 en vue de la construction d'un mémorial. Le dessin vainqueur, dans le style du Renouveau russe, d'Alfred Parland et Ignace Malichev fut celui que le tsar affectionnait. La première pierre fut posée en octobre 1883, mais il fallut un quart de siècle pour l'achever.

L'intérieur est une débauche de couleurs et de matériaux. Plus d'une vingtaine de pierres différentes – porphyre, jaspe et marbre italien entre autres – ont été utilisées pour les mosaïques de l'iconostase, le cadre des icônes, les marquises et le sol. L'église a été entièrement restaurée.

MODE D'EMPLOI

Kanala Griboedova 2a. **Plan** 2 E5. ***Tél.*** *315 1636.* *Nevski Prospekt, Gostiny Dvor.* *12, 53.* *mai-sept. : jeu.-mar. 10h-18h (oct.-avr. 11h-18h).*

Tympan en mosaïque
L'extérieur est orné de mosaïques réalisées d'après les dessins de Victor Vasnetsov et de Mikhaïl Nesterov. Elles illustrent des scènes du Nouveau Testament.

Blason
Les 144 blasons en mosaïque du clocher représentent les régions, les villes et les provinces de l'Empire russe. Ils sont censés refléter la douleur du peuple russe à l'annonce de l'assassinat d'Alexandre.

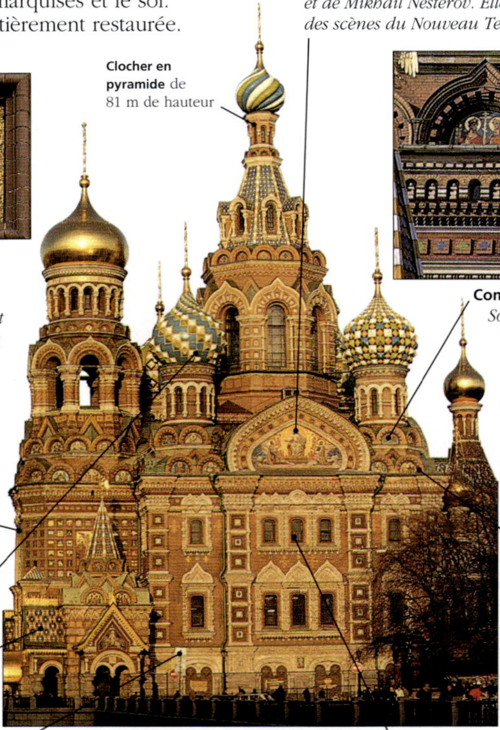

Clocher en pyramide de 81 m de hauteur

De l'émail de bijoutier recouvre les 1 000 m² des cinq dômes.

Des carreaux de céramique animent la façade.

Sur les 20 plaques de granite brun importé de Norvège, sont gravés en lettres d'or les hauts faits du règne d'Alexandre II (1855-1881), dont l'émancipation des serfs en 1861 et la conquête de l'Asie centrale (1860-1881).

Complexité des détails
Son style Renouveau russe flamboyant contraste radicalement avec l'architecture néoclassique et baroque qui domine le centre de Saint-Pétersbourg.

Des portraits de saints en mosaïque sont encastrés dans des superpositions de *kokochniki*. Près de 7 000 m² de mosaïques recouvrent la façade exubérante.

Cadres des vitraux
Des colonnes de marbre estonien encadrent les vitraux. Les chambranles sont en forme de doubles ou triples kokochniki *(arcs décoratifs superposés).*

Façade sud du château des Ingénieurs et statue de Pierre le Grand

Château des Ingénieurs ❷

Инженерный замок

Injenerny zamok

Sadovaïa oulitsa 2. **Plan** 2 F5. ***Tél.*** *570 5112.* *46, K-46, K-76.* *mer.-dim. 10h-18h (lun. 17h).* *rés. par tél.*

L'imposant château en brique rouge qui surplombe la Moïka et la Fontanka s'appelait « le château Mikhaïlovski ». Il fut érigé en 1797-1801 par Vassili Bajenov et Vicenzo Brenna pour le tsar Paul Ier. Obsédé par la crainte d'être assassiné, celui-ci fit construire des douves, des ponts-levis et un passage secret menant du château au Champ de Mars *(p. 94)*. Toutes ces précautions furent vaines. Paul ne vécut que 40 jours dans ce château et fut victime d'une conspiration militaire qui conduisit à son assassinat *(p. 22)*. En 1823, ce château fort fut acheté par l'Académie du génie militaire. Dostoïevski fut son plus célèbre élève.

Le château fait aujourd'hui partie du Musée russe ; des expositions temporaires y sont organisées très régulièrement.

La galerie expose des portraits de personnages qui ont joué un rôle important dans l'histoire de la ville et retrace le passé militaire du château. De la salle d'exposition, on accède à l'église de l'Archange-Michel – un bel exemple de style néoclassique de Brenna.

En face du château se dresse une statue équestre en bronze de Pierre le Grand, conçue par Bartolomeo Carlo Rastrelli et fondue en 1747.

Musée russe ❸

Voir p. 104-107.

Place des Arts ❹

Площадь Искусств

Plochtchad Iskousstv

Plan 6 F1. *Nevski Prospekt, Gostiny Dvor.*

Plusieurs des principales institutions culturelles de la ville sont situées sur cette impressionnante place néoclassique – d'où son nom. Elle a été conçue par l'architecte Carlo Rossi, au début du XIXe siècle, pour s'harmoniser avec le magnifique palais Mikhaïlovski (le Musée russe), au nord. De l'autre côté de la place se trouve la salle de l'orchestre philharmonique de Saint-Pétersbourg, connue aussi sous le nom de « salle Chostakovitch » *(p. 43)*. Construite par Paul Jacot en 1834-1839, c'était à l'origine un club de la noblesse où avaient lieu des concerts. Parmi les premières œuvres jouées ici, citons la *Messe solennelle* de Beethoven en 1824 et la *Symphonie pathétique* de Tchaïkovski *(p. 44)* en 1893.

À l'ouest se trouve le théâtre Mikhaïlovski ou Maly *(p. 202)*, reconstruit par Albert Kavos au milieu du XIXe siècle. Au centre de la place se dresse la statue d'Alexandre Pouchkine *(p. 44)* réalisée par Mikhaïl Anikouchine, sculpteur important de l'après-guerre.

L'élégant restaurant Art nouveau du Grand Hôtel Europe *(p. 188)*

Grand Hôtel Europe ❺

Гранд Отель Европа

Grand Otel Evropa

Mikhaïlovskaïa oulitsa 17. **Plan** 6 F1. ***Tél.*** *329 6000.* *Nevski Prospekt, Gostiny Dvor.* ***Voir*** *Hébergement p. 175.*

Le Grand Hôtel Europe (1873-1875), dessiné par Ludwig Fontana, est l'un des plus célèbres de Russie. Son caractère Art nouveau est l'œuvre de l'architecte Fiodor Lidval qui le restaura vers 1910. Avant la Révolution, les membres du corps diplomatique et de la police secrète se retrouvaient dans son magnifique restaurant. Dans les années 1970, le café de l'hôtel est devenu le lieu de rendez-vous des jeunes intellectuels et des artistes.

La statue de Pouchkine en face du Musée russe, sur la place des Arts

L'église du Sauveur-sur-le-Sang, un rappel magique de la vieille Russie ▷

Musée russe ❸

Русский Музей

Rousski Mouzeï

Le musée se trouve dans le palais Mikhaïlovski (1819-1825), réussite néoclassique de l'architecte Carlo Rossi pour le grand-duc Mikhaïl Pavlovitch. Nicolas II y créa un musée public en 1898, suivant le projet de son père, Alexandre III. Aujourd'hui, ce musée possède l'une des plus importantes collections d'art russe du monde.

L'aile Benois, du nom de l'architecte Leonty Benois, a été ajoutée en 1913-1919.

Escalier vers le rez-de-chaussée

★ Princesse Olga Konstantinovna Orlova (1911)
Le peintre Valentin Serov était, au début du XXe siècle, le portraitiste le plus talentueux de Russie.

Entrée

Des expositions temporaires d'art du XXe siècle sont fréquentes.

Un repas au monastère (1865-1876)
Les toiles de Vassili Perov mettent en exergue l'hypocrisie du clergé orthodoxe en confrontant bien et mal, opulence et pauvreté, fausse dévotion et vraie foi.

Escalier vers le 1er étage de l'aile Benois

À NE PAS MANQUER

- ★ *Les Derniers Jours de Pompéi* de Brioullov
- ★ *Les Haleurs de la Volga* de Repine
- ★ *Princesse Olga Konstantinovna Orlova* de Serov

SUIVEZ LE GUIDE !

L'entrée principale, place des Arts, conduit à la caisse du sous-sol. La visite commence au premier étage. Les tableaux sont accrochés par ordre chronologique, en commençant salle 1 par les icônes. La visite continue au rez-de-chaussée du bâtiment principal, puis par l'aile Rossi pour terminer avec l'art moderne au 1er étage de l'aile Benois.

Arts populaires (v. 1930)
Ce jouet en terre fait partie de la collection des objets d'art populaire, qui comprend des boîtes en bois laquées, des céramiques peintes et des tissus.

★ **Les Derniers Jours de Pompéi** (1833)
Les sujets classiques de Karl Brioullov illustrent les principes esthétiques de l'Académie des arts. Cette peinture frappante de l'éruption du Vésuve lui valut le Grand Prix au Salon de Paris.

MODE D'EMPLOI

Injenernaïa oulitsa 4. **Plan** 6 F1. ***Tél.*** *595 4248. Ⓜ Nevski Prospekt, Gostiny Dvor. 🚌 3, 7, 22, K-187, K- 228. 🚎 1, 5, 7, 10, 22. ◯ lun. 10h-17h, mer.-dim. 10h-18h (dern. entr. 1h av. ferm.). anglais. anglais.*
www.rusmuseum.ru

★ **Les Haleurs de la Volga** (1870-1873)
Ilia Repine est le membre le plus célèbre du groupe des Ambulants, artistes dont les sujets sont en prise avec la réalité sociale russe. Sa violente mise en accusation du travail forcé confère à ces opprimés une sombre dignité.

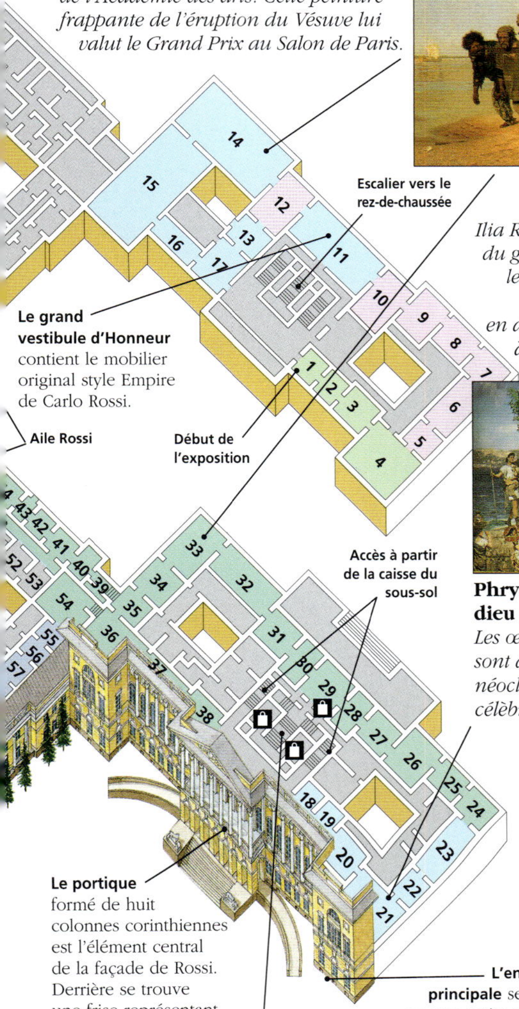

Le grand vestibule d'Honneur contient le mobilier original style Empire de Carlo Rossi.

Le portique formé de huit colonnes corinthiennes est l'élément central de la façade de Rossi. Derrière se trouve une frise représentant des figures classiques dessinées par Rossi et réalisées par Demout-Malinovski.

L'entrée principale se fait par une petite porte qui mène au sous-sol, où se trouvent la caisse, le vestiaire, les toilettes et un café.

Phryné à Éleusis célébrant Poséidon, dieu de la Mer (1889)
Les œuvres de Genrikh Semiradski sont de superbes exemples de la fin du néoclassicisme européen. Le peintre est célèbre pour ses scènes de la vie antique.

LÉGENDE

- Art ancien russe
- Art du XVIIIe siècle
- Art du début du XIXe siècle
- Art de la fin du XIXe siècle
- Art des fin XIXe-début XXe siècles
- Art du XXe siècle
- Sculpture du XVIIIe au XXe siècle
- Art populaire
- Expositions temporaires
- Circulations et services

À la découverte du Musée russe

Il abrite une des plus importantes collections d'art russe au monde. Lors de sa fondation, seules les œuvres approuvées par l'Académie des arts *(p. 63)* y étaient exposées. Après la Révolution, le musée fut nationalisé et les œuvres des palais, églises, musées et collections privées y furent réunies. À partir de 1933, le réalisme socialiste devint l'art officiel et les œuvres d'avant-garde furent remisées pour ne réapparaître que vers 1980.

L'Ange aux cheveux d'or, **icône du début du XIIe siècle**

ART ANCIEN RUSSE

La visite commence par les icônes russes, du XIIe au XVIIe siècle, nées de la tradition orthodoxe. Comme les icônes byzantines, elles se caractérisent par des couleurs sombres et une représentation statique mystique et distante des saints. L'une des plus anciennes, *L'Ange aux cheveux d'or*, représentant l'archange Gabriel auquel ses grands yeux expressifs et le modelé délicat du visage donnent une grâce éthérée, en est un suberbe exemple. L'école de Novgorod *(p. 165)* encouragea un style plus vif, plus brillant, et une science du mouvement plus théâtrale. L'œuvre d'Andreï Roublev (v. 1340-1430), poétique et d'une technique raffinée, est considérée comme l'expression la plus accomplie de la peinture d'icônes russes.

ART DES XVIIIe ET XIXe SIÈCLES

Les premiers portraits profanes, qui doivent aux icônes leur aspect statique, apparurent dans la seconde moitié du XVIIe siècle. Toutefois, pendant le règne de Pierre le Grand, la peinture russe se libéra de ses attaches byzantines. Le tsar fut le premier mécène qui permit à de jeunes artistes, souvent des serfs, de partir étudier à l'étranger. L'Académie des beaux-arts *(p. 63)*, fondée en 1757, engagea les artistes à se tourner vers des sujets mythologiques et classiques.

La peinture européenne influença les premiers portraitistes russes, notamment Ivan Nikitine (1688-1741) et Andreï Matveïev (1701-1739). L'art du portrait se développa avec Dimitri Levitski (1735-1822), dont les peintures de jeunes filles nobles de l'Institut Smolny sont les plus connues.

Les paysagistes russes furent stimulés par le romantisme, notamment ceux qui, comme Silvestre Chtchedrine (1791-1830), Fiodor Matveïev (1758-1826) ou Ivan Aïvazovski (1817-1900), puisèrent leur inspiration à l'étranger. Mais les grandes marines sont purement russes par leur climat et leur échelle. Le romantisme influença les peintres d'histoire tels que Karl Brioullov (1799-1852), dans *Les Derniers Jours de Pompéi*.

En 1863, un groupe d'étudiants menés par Ivan Kramskoï (1835-1887) se rebellèrent contre le conservatisme de l'Académie des beaux-arts. Sept ans plus tard, ils s'organisèrent en Société d'expositions ambulantes, plus connue sous le nom d'Ambulants *(Peredvijniki)* ou d'Itinérants. Ils exigeaient que l'art ait un caractère plus social et qu'il se consacre à des thèmes russes. Ilia Repine *(p. 42)* fut le plus éclectique du groupe des Ambulants. Dans *Les Haleurs de la Volga*,

Portrait de E. I. Nelidova **(1773), de Dimitri Levitski**

Le Preux à la croisée des chemins **(1882), de Victor Vasnetsov**

***Le Séraphin aux six ailes* (1904), de Mikhaïl Vroubel**

il mèle la dénonciation du travail forcé à une vue romantique du peuple russe. *Un repas au monastère*, de Vassili Perov (1833-1882), est aussi une charge contre l'injustice sociale.

Des peintres nationalistes comme Nikolaï Gay (1831-1894) et Vassili Sourikov (1848-1916) allèrent chercher leur inspiration dans l'histoire de la Russie, traitant leurs sujets avec une nouvelle acuité psychologique, comme dans le tableau de Gay, *Pierre Ier interrogeant son fils à Peterhof* (1871-1872), où l'on voit le tsar et son fils, obstinément dressé contre lui.

La renaissance slave donna aussi une nouvelle vie à la peinture de paysages qui se concentra sur les beautés de la campagne russe. *Village d'automne* (1889) d'Isaac Levitan (1860-1900), le maître du genre, tableau presque impressionniste, annonce peut-être déjà le déclin des Ambulants.

Victor Vasnetsov (1848-1926) s'intéressa au passé héroïque, voire légendaire, de la Russie préeuropéenne, dans des peintures réalistes telles que *Le Preux à la croisée des chemins*. Métaphore de l'avenir de la Russie, ce tableau est empreint de la mélancolie fin de siècle et du mysticisme que la génération suivante, en particulier les symbolistes, allait exprimer avec force.

ART DU XXe SIÈCLE

Les œuvres du symboliste Mikhaïl Vroubel (1856-1910) associent thèmes russes et religieux, dans une vision plus internationale. Il utilise formes et couleurs pour décrire des émotions, et, dans *Le Séraphin aux six ailes*, il emploie une surface brisée et vibrante pour exprimer la tension du sujet.

Fondé par Alexandre Benois et Serge Diaghilev dans les années 1890 *(p. 26)*, Le Monde de l'art a aussi beaucoup influencé l'art du XXe siècle. Il rejetait la notion d'« art utile à la société » en faveur de l'« art pur et sans entraves » et ouvrit la peinture russe aux influences et aux derniers courants artistiques

***Portrait du directeur Vsevolod Meyerhold* (1916), de Boris Grigorev**

occidentaux. Benois, Léon Bakst, entre autres membres du groupe, dessinèrent les costumes et les décors des Ballets russes de Diaghilev *(p. 119)*. L'avant-garde russe est née de ces influences locales, sans oublier celles de Cézanne, Picasso et Matisse. Mikhaïl Larionov (1881-1964) et Natalia Gontcharova (1881-1962) utilisèrent le folklore russe dans des œuvres d'inspiration primitiviste comme *Le Tableau décoloré* (1908) de Gontcharova. Ils adhérèrent au culte futuriste de la machine, comme dans *Le Cycliste* (1913) *(p. 40)*, de Gontcharova.

Le lien entre l'innovation en peinture et les arts de l'époque s'exprime de façon frappante dans le portrait anguleux que fit Boris Grigorev de Meyerhold, lui-même célèbre pour son approche révolutionnaire du théâtre. La fascination de Kazimir Malevitch (1878-1935) pour la juxtaposition de formes géométriques inspira les suprématistes. Vassili Kandinsky (1866-1944), chef de file du Blaue Reiter (« Cavalier bleu ») de Munich, fut aussi la figure de proue de l'art abstrait russe.

Marc Chagall (1887-1985), El Lissitsky (1890-1941) et Alexandre Rodtchenko (1891-1956) figurent aussi parmi les peintres exposés.

ART POPULAIRE

L'art populaire eut une grande influence sur l'art moderne russe dans les années 1860. Quand le riche industriel et mécène Savva Mamontov établit une colonie d'artistes à Abramtsevo, près de Moscou, Vassili Polenov (1844-1927), Ilia Repine et Victor Vasnetsov vinrent travailler avec des artisans serfs qui vivaient sur le domaine et en tirèrent des leçons. La collection d'art populaire du musée renferme de superbes tapisseries brodées, des coiffes traditionnelles, des carreaux peints, des jouets en porcelaine, des cuillères et des plats en bois laqués.

Nevski prospekt ❻

Невский проспект

Nevski prospekt

Plan 6 D1-8 D3. Ⓜ *Nevski Prospekt, Gostiny Dvor. Voir aussi p. 46-49.*

Nevski prospekt, l'avenue la plus célèbre de Russie, est l'artère principale de Saint-Pétersbourg. Vers 1830, l'écrivain Nicolas Gogol *(p. 42)* déclarait fièrement : « Il n'y a rien de plus beau que l'avenue Nevski… C'est tout Saint-Pétersbourg… Existe-t-il quelque chose de plus gai, de plus brillant, de plus resplendissant que cette rue de notre capitale ? ».

Depuis, peu de choses ont changé, car la perspective Nevski n'a rien perdu de sa superbe. Tracée dès la fondation de la ville, elle porta d'abord le nom de « route de la Grande Perspective » et s'étendait sur 4,5 km, de l'Amirauté *(p. 78)* au monastère Alexandre-Nevski *(p. 130-131)*. Malgré les loups errants et les inondations de la Neva *(p. 37)*, qui rendirent l'avenue navigable en 1721, de belles demeures, dont le palais Stroganov *(p. 112)*, ne tardèrent pas à apparaître. Restaurants pour les nobles, magasins, marchés et auberges pour les voyageurs suivirent, et, au milieu du XVIIIe siècle, attirant riches et pauvres, la perspective était devenue l'endroit où voir et être vu, le rendez-vous des affaires et des plaisirs.

Aujourd'hui, cette artère reste animée tard dans la nuit, toute l'année. La plupart des sites à visiter sont à proximité, entre l'Amirauté et le pont Anitchkov *(p. 46-47)*. On trouve quelques-uns des meilleurs magasins *(p. 194-195)* autour de Gostiny Dvor et du Passage.

Nevski prospekt est riche de lieux culturels : la Petite Philharmonie *(p. 202)*, la Bibliothèque nationale, le palais Belosselski-Belozerski *(p. 49)*, ainsi que des musées, des théâtres, des cinémas et des églises comme Sainte-Catherine.

Nevski prospekt, le cœur de Saint-Pétersbourg

Portique de l'église arménienne (1771-1779)

Église arménienne ❼

Армянская церковь

Armianskaïa tserkov

Nevski prospekt 40-42. **Plan** 6 F1. ***Tél.*** *570 4108.* Ⓜ *Gostiny Dvor.* ◯ *9h-21h.*

Iouri Velten fit les plans de Sainte-Catherine, la belle église arménienne bleu et blanc, au portique néo-classique et surmontée d'un seul dôme. Ouverte en 1780, sa construction fut financée par Joachim Lazarev, riche homme d'affaires arménien, avec la vente d'un diamant perse que le comte Grigori Orlov *(p. 24)* avait acheté pour la Grande Catherine.

Fermée en 1930, l'église a été rendue à la communauté arménienne, et les visiteurs peuvent assister à un service.

Gostiny Dvor ❽

Гостиный Двор

Gostiny Dvor

Nevski pr. 35. **Plan** 6 F2. ***Tél.*** *110 5408.* Ⓜ *Gostiny Dvor.* ◯ *t.l.j. 10h-22h.*

Gostiny dvor signifiait jadis « relais de diligence », mais, lorsque des marchands itinérants y installèrent leurs étals autour des auberges, il devint « la cour des Marchands ». Sa structure originale fut détruite par un incendie en 1736. Vingt ans plus tard, Bartolomeo Rastrelli dessina un nouveau bâtiment, mais le projet s'avéra trop ambitieux. On reprit sa construction en 1761 et elle se poursuivit jusqu'en 1785. Vallin de La Mothe lui ajouta ses impressionnantes colonnes et ses portiques massifs. Ce bâtiment jaune en forme de trapèze est bordé sur un côté par la perspective Nevski. Ses façades font près de 1 km de longueur.

Au XIXe siècle, c'était un lieu à la mode où travaillaient plus de 5000 personnes. Sévèrement endommagé pendant le siège de Leningrad *(p. 27)*, le Gostiny Dvor a été reconstruit en grand magasin plus moderne, mais il a conservé ses rangées de stands individuels. On y trouve aussi aujourd'hui des boutiques étrangères et un vaste choix de marchandises, qui en ont fait le plus grand centre commercial de toute la ville *(p. 195)*.

Arcades et colonnes, Gostiny Dvor

Vitraux Art nouveau du magasin Elisseïev

Elisseïev ❾

Елисеевский гастроном

Elisseevski gastronom

Nevski prospekt 56. **Plan** 6 F1.
M *Gostiny Dvor.*

En 1813, un paysan ambitieux du nom de Piotr Elisseïev s'établit comme marchand de vin sur Nevski prospekt. À la fin du XIXe siècle, ses petits-fils possédaient une chocolaterie, plusieurs maisons, des auberges et un prestigieux magasin d'alimentation installé dans le plus somptueux bâtiment Art nouveau de la ville. Gavriil Baranovski l'édifia en 1901-1903. Des sculptures allégoriques en bronze encadrent ses hautes verrières et ses vitraux. Une plaque, près de la porte principale, rend hommage à ses commanditaires. Un théâtre aujourd'hui baptisé « théâtre de la Comédie Akimov » en occupe le premier étage depuis 1926. L'épicerie fine du rez-de-chaussée a fermé et il reste actuellement vacant.

Palais Anitchkov ❿

Аничков дворец

Anitchkov dvorets

Nevski prospekt 39. **Plan** 7 A2.
Tél. *Gostiny Dvor.* *3, 7, 22, 24, 27.* *1, 5, 7, 10, 11, 22.* *au public, sf manifestations spéciales.*

Le palais Anitchkov (1741-1750) fait partie des nombreux palais qui bordaient la Fontanka et qui n'étaient accessibles qu'en bateau. Élisabeth II l'avait offert à son favori, Alexis Razoumovski, qui le fit remanier dans le style baroque en 1754. Il porte le nom du lieutenant colonel Mikhaïl Anitchkov, qui installa son campement sur ce site au moment de la fondation de la ville. Cet édifice a été reconstruit et modifié plusieurs fois, selon le goût des propriétaires successifs. À la mort de Razoumovski, la Grande Catherine l'offrit à son amant, le prince Potemkine *(p. 25)*. Au début du XIXe siècle, Carlo Rossi y ajouta des motifs décoratifs néoclassiques. Le palais devint ensuite la résidence d'Hiver de l'héritier impérial. Après son accession au trône en 1881, Alexandre III préféra ce palais au palais d'Hiver, résidence habituelle du tsar. Après sa mort, sa veuve Maria Fiodorovna y resta jusqu'à la Révolution.

À l'ouest du palais, le grand parc fut tronqué en 1816, lors de la construction de la place Ostrovski *(p. 110)* et de deux pavillons néoclassiques. L'élégant bâtiment à colonnes qui surplombe la Fontanka, à l'est, a été ajouté en 1803-1805 par Giacomo Quarenghi. Les produits des fabriques impériales y étaient entreposés, avant d'être distribués dans les différents palais. Plus tard, il fut converti en bureaux administratifs. Il abrite aussi le Centre de la création enfantine.

Le bâtiment de Quarenghi, annexé au palais Anitchkov, sur Nevski prospekt

Le théâtre Alexandra (1828-1832), orné d'un portique, place Ostrovski

Place Ostrovski ⓫

Площадь Островского

Plochtchad Ostrovskogo

Plan 6 F2. Ⓜ *Gostiny Dvor.* *3, 7, 22, 27.* *1, 5, 7, 10, 22.* **Bibliothèque nationale** ***Tél.*** *310 2856.* *lun.-ven. 9h-21h, sam.-dim. 11h-21h.* **Musée du Théâtre** ***Tél.*** *571 2195.* *jeu.-lun. 11h-18h, mer. 13h-19h.* *dern. ven. du mois, j.f.* **www**.theatremuseum.ru

Carlo Rossi, l'un des plus brillants architectes de Russie de son époque, créa cette place au début du XIXe siècle. Elle porte le nom du grand dramaturge Alexandre Ostrovski (1823-1886).

L'élégant théâtre Alexandrinski *(p. 203)* est un édifice néoclassique, style cher à Rossi. Le portique de six colonnes corinthiennes est coiffé du char d'Apollon sculpté par Stepan Pimenov.

Ce bâtiment fut le siège de la plus ancienne compagnie théâtrale russe, fondée en 1756. On y donna la première de la pièce de Nicolas Gogol *Le Revizor* (1836) et *La Mouette* (1901) de Tchekhov. À l'époque soviétique, il fut rebaptisé « théâtre Pouchkine ».

Devant le théâtre se trouve une statue de la Grande Catherine, la seule de la ville. Créée pour partie par Mikhaïl Mikechine, elle fut inaugurée en 1873. La tsarine est entourée d'hommes d'État et de célébrités, comme la présidente (1783-1796) de l'Académie des sciences, la princesse Ekaterina Dachkova.

À l'ouest de la place, en face du palais Anitchkov *(p. 109)*, se dresse le prolongement de la Bibliothèque nationale de Russie, avec sa colonnade (1828-1834) ornée de sculptures néoclassiques. Fondée en 1795, cette bibliothèque contient plus de 28 millions d'ouvrages. Parmi les plus précieux, les livres de la bibliothèque personnelle de Voltaire, dont la Grande Catherine fit l'acquisition en souvenir de son illustre correspondant et ami.

Au sud-est de la place, au n° 6, se trouve le musée du Théâtre, qui retrace l'évolution de la scène russe, de ses origines au milieu du XVIIIe siècle. On y trouve des collections d'affiches, de photos, de décors et de costumes, parmi lesquels le costume porté par Fiodor Chaliapine dans *Boris Godounov*, ainsi que des décors dessinés par Meyerhold, grand réformateur du théâtre (1874-1940).

Oulitsa Zodtchego Rossi ⓬

Улица Зодчего Росси

Oulitsa Zodtchego Rossi

Plan 6 F2. Ⓜ *Gostiny Dvor.*

Ces colonnades et ces arcades identiques qui forment la « rue de l'Architecte-Rossi » sont le mémorial idéal des créations de Carlo Rossi. Ces bâtiments de 22 m de haut et de 220 m de long sont situés à exactement 22 m l'un de l'autre. De la place Lomonossov, l'œil est attiré par la perspective qui s'ouvre sur le théâtre Alexandrinski.

Au n° 2 se trouve l'ancienne École impériale de ballet, rebaptisée École Agrippina-Vaganova (1879-1951), une des rares danseuses à ne pas avoir émigré après la Révolution. L'école fut fondée en 1738 par Jean-Baptiste Landé, qui faisait répéter des orphelins et des enfants de domestiques des palais pour qu'ils participent aux spectacles données à la Cour. Elle a été transférée dans les locaux qu'elle occupe en 1836 *(p. 118)* et a formé depuis beaucoup de célèbres danseurs, dont Anna Pavlova et Rudolf Noureïev.

Photo d'oulitsa Zodtchego Rossi (1828-1834) au XIXe siècle

L'ARCHITECTE CARLO ROSSI

Carlo Rossi (1775-1849) est l'un des derniers grands représentants du néoclassicisme à Saint-Pétersbourg. Alexandre Ier fut pour lui un client idéal, convaincu comme lui que l'architecture devait exprimer la puissance de l'autocratie au pouvoir. À sa mort, Rossi avait créé pas moins d'une douzaine de rues imposantes et treize places, notamment la place du Palais *(p. 83)*. La rumeur avait couru à l'époque qu'il était le fruit d'une liaison que le tsar Paul Ier aurait eue avec sa mère, une ballerine italienne.

Bâtiment central du palais Vorontsov

Palais Vorontsov ⓭

Воронцовский дворец

Vorontsovski dvorets

Sadovaïa oulitsa 26. **Plan** 6 F2. *au public.* Ⓜ *Gostiny Dvor, Sennaïa Plochtchad.*

Le corps des Pages, l'école militaire la plus prestigieuse de l'empire de Russie, occupa le palais Vorontsov de 1810 à 1918. De nombreux décembristes *(p. 23)* ainsi que le prince Félix Ioussoupov *(p. 121)* firent partie de ses élèves. Aujourd'hui, ce palais est le siège de l'académie militaire Souvorov.

Situé à l'origine au milieu d'un grand parc, ce beau palais dessiné par Bartolomeo Rastrelli *(p. 93)* a été construit en 1749-1757 pour le prince Mikhaïl Vorontsov, ministre de la tsarine Élisabeth. Les gracieuses balustrades en fer forgé de Rastrelli sont parmi les plus anciennes de ce genre en Russie.

Marché Apraksine ⓮

Апраксин двор

Apraksine dvor

Sadovaïa oulitsa. **Plan** 6 E2. Ⓜ *Gostiny Dvor, Plochtchad Sennaïa.*

Après qu'un incendie eut ravagé les éventaires en bois installés depuis le XVIIIe siècle sur un terrain de la famille Apraksine, une galerie marchande à arcades les remplaça en 1862. Le marché déborda à l'extérieur et, en 1900, quelque 600 vendeurs y proposaient des produits allant de l'alimentaire aux fourrures et aux meubles.

Les stands en plein air ont déménagé rue Rustavelli, loin du centre. Une restauration du bâtiment historique est en projet, mais des boutiques continuent encore d'y ouvrir.

Notre-Dame-de-Kazan ⓯

Казанской собор Богоматери

Kazanski sobor Bogomateri

Kazanskaïa plochtchad 2. **Plan** 6 E1. ***Tél.*** *314 5856.* Ⓜ *Nevski Prospekt.* *3, 7, 22, 27.* *1, 5, 7, 10, 22.* *t.l.j. 9h-19h30.* **www.**kazansky-spb.ru

Notre-Dame-de-Kazan est l'une des plus imposantes églises de la ville. Décidée par Paul Ier, sa construction dura plus de dix ans (1801-1811). L'architecte serf Andreï Voronikhine s'inspira de Saint-Pierre-de-Rome. Sa colonnade en hémicycle de 111 m de long masque l'orientation de l'édifice, parallèle à Nevski prospekt, suivant ainsi les prescriptions religieuses qui exigent que l'autel principal soit orienté vers l'est. Le projet initial prévoyait une colonnade symétrique côté sud.

La cathédrale doit son nom à l'icône miraculeuse de Kazan, *Mère de Dieu*, qu'elle abritait et qui a été transférée dans la cathédrale du prince Vladimir à Petrograd. L'icône est censée avoir délivré Moscou des Polonais en 1612.

La décoration intérieure est épurée. Son dôme haut de 80 m et ses colonnes en granite rose de Finlande couronnées de chapiteaux en bronze sont ses traits les plus marquants. Dans la nef, une exposition sur le christianisme a désormais remplacé le musée de l'Athéisme installé autrefois par les communistes.

L'édification de la cathédrale s'acheva lors de la guerre contre Napoléon *(p. 22)*. Le maréchal Mikhaïl Koutouzov (1745-1813), qui organisa la retraite de Moscou, est enterré dans la chapelle nord. Ce célèbre maréchal a été immortalisé par Tolstoï dans son roman *Guerre et Paix* (1865-1869). Sa statue et celle de son compagnon d'armes, Mikhaïl Barclay de Tolly (1761-1818), sont de Boris Orlovski et se trouvent devant la cathédrale depuis 1837.

La nef principale de Notre-Dame-de-Kazan

Palais Stroganov ⓰

Строгановский дворец

Stroganovski dvorets

Nevski prospekt 17. **Plan** 6 E1. ***Tél.*** *571 8238.* Ⓜ *Nevski Prospekt.* *3, 7, 22, 24, 27.* *1, 5, 7, 10, 17.* *mer.-dim. 10h-18h, lun. 10h-17h.*

Ce chef-d'œuvre baroque a été dessiné en 1752-1754 par Bartolomeo Rastrelli *(p. 93)*. Commandé par le richissime comte Sergueï Stroganov, le palais a été occupé par ses descendants jusqu'à la Révolution. Cette famille fit fortune grâce à son monopole sur le sel des mines de ses vastes domaines du Nord.

Le palais rose et blanc, qui domine Nevski prospekt et la Moïka, est l'une des plus grandes résidences privées de la ville. Sa façade, qui longe la rivière, est ornée de colonnes doriques, corniches, frontons et fenêtres baroques.

La famille collectionnaient toutes sortes d'objets d'art : antiquités égyptiennes et romaines, icônes, tableaux de maîtres et monnaies anciennes. Nationalisé après la Révolution, ce palais fut préservé pendant dix ans comme un témoin de la vie de l'aristocratie décadente. Lorsque le musée ferma ses portes, une partie de sa collection fut vendue aux enchères en Occident et le reste transféré à l'Ermitage *(p. 84-93)*. Le bâtiment appartient aujourd'hui au Musée russe *(p. 104-107)*. Il présente des expositions temporaires et une collection de personnages en cire.

Portail néoroman de l'église luthérienne (1832-1838)

Église luthérienne ⓱

Лютеранская церковь

Liouteranskaïa tserkov

Nevski prospekt 22-24. **Plan** 6 E1. Ⓜ *Nevski Prospekt.*

En retrait de Nevski prospekt, le temple Saint-Pierre est une église luthérienne surmontée de deux tours identiques. Construit dans les années 1830, ce temple accueillit la communauté germanique de Saint-Pétersbourg *(p. 57)*. Le projet d'Alexandre Brioullov qui fut retenu est d'un style néoroman inhabituel.

De 1936 aux années 1950, l'église servit d'entrepôt à légumes, puis fut convertie en piscine. Le bassin fut creusé dans le sol de la nef ; on installa des bancs dans la galerie et un plongeoir sous l'abside. Le temple a maintenant été rendu à la communauté luthérienne allemande de Russie. L'église a été restaurée et le culte est à nouveau célébré.

Salle de concert, Académie Capella

Académie Capella ⓲

Академическая Капелла

Academitcheskaïa Kapella

Naberejnaia reki Moïki 20. **Plan** 2 E5. ***Tél.*** *314 1058.* *12, 53.* *concerts seul.* ***Voir*** Se distraire, *p. 202.*

Cette grande salle de concert, à la façade jaune d'ocre néoclassique, se trouve dans une cour près de la Moïka. Réalisée par Leonty Benois en 1887-1889, elle abritait la chorale de la Cour impériale, qui, fondée pendant le règne de Pierre le Grand, a été dirigée par d'illustres musiciens, notamment les compositeurs Mikhaïl Glinka (1804-1857) et Nikolaï Rimski-Korsakov (1844-1908).

L'Académie Capella, dotée d'une excellente acoustique, est l'une des meilleures salles de concert du monde. Elle est située face au pont des Chantres (Pevtcheski most), le bien nommé, qui fut conçu entre 1837 et 1840 par l'architecte Egor Adam.

La façade occidentale du palais Stroganov

Effets personnels de Pouchkine, dans son bureau

Maison-musée Pouchkine ⓳

Музей-квартира А. С. Пушкина
Mouzeï-kvartira A.S. Pouchkina

Naberejnaia reki Moïki 12.
Plan 2 E5. ***Tél.*** *571 3531.*
12, 53. *mer.-lun. 10h30-18h.*
dern. ven. du mois, j.f.

Le 29 janvier, jour anniversaire de sa mort, les admirateurs de Pouchkine viennent déposer des fleurs devant son appartement. Ce grand poète est né à Moscou en 1799, mais il passa de nombreuses années à Saint-Pétersbourg.

De 1836 à sa mort, il vécut dans ce luxueux appartement surplombant la Moïka, avec sa femme Natalia, leurs quatre enfants et les deux sœurs de Natalia. Ce fut là, sur le canapé du bureau, qu'il se vida de son sang, au retour de son duel fatal avec d'Anthès *(p. 83)*.

Six pièces au premier étage ont été réaménagées dans le style Empire. Le bureau de Pouchkine est resté tel qu'il était lors de sa mort. Sur sa table de travail sont posés le coupe-papier en ivoire offert par sa sœur, une petite cloche en bronze et un encrier, orné d'un jeune Éthiopien, auquel l'écrivain attachait beaucoup de prix *(p. 39)*, car il lui venait de son arrière-grand-père, Abram Hannibal. Esclave acheté par l'ambassadeur de Russie à Constantinople en 1706, Hannibal servit comme général sous les ordres de Pierre le Grand. Au moment de sa mort, Pouchkine travaillait à un roman inspiré de sa vie : *Le Nègre de Pierre le Grand.*

Le sabre turc accroché au mur en face du bureau a été offert à Pouchkine lors de son séjour dans le Caucase, où il fut exilé en 1820 en raison de ses positions radicales. Paradoxalement, c'est là-bas qu'il passa quelques-unes des plus heureuses années de sa vie. C'est là aussi qu'il commença la rédaction d'*Eugène Onéguine* (1825-1833).

Dans la maison, la pièce la plus impressionnante est la bibliothèque du poète, qui contient plus de 4 500 volumes en 14 langues européennes et orientales. Parmi ceux-ci, les œuvres des écrivains que Pouchkine admirait le plus : Dante, Shakespeare, Byron, Heine et Voltaire.

Écuries impériales ⓴

Конюшенное Ведомство
Koniouchennoïe Vedomstvo

Koniouchennaïa plochtchad 1.
Plan 2 E5. **Église** *t.l.j. 10h-19h.*

Ce long bâtiment rose saumon parallèle à la Moïka abritait les Écuries impériales. Bâti au cours de la première moitié du XVIIIe siècle, il fut reconstruit par Vassili Stassov en 1817-1823.

Coiffée d'un dôme en argent et d'une croix, l'église, rendue au culte, est la seule partie ouverte au public. L'intérieur néoclassique, orné de piliers en marbre jaune, rappelle celui d'une basilique. C'est là que furent célébrées les funérailles de Pouchkine en 1837. L'iconostase en bois blanc doré date du début du XIXe siècle.

Les Écuries impériales (à gauche) et le pont des Petites-Écuries

SENNAÏA PLOCHTCHAD

L'ouest de Saint-Pétersbourg est un quartier très contrasté où les riches palais du quai des Anglais côtoient les maisons délabrées de la place Sennaïa (Sennaïa plochtchad), encore relativement conformes aux descriptions de Dostoïevski *(p. 123)*. Entre ces deux mondes se trouve l'ancien quartier maritime où habitaient les constructeurs de navires, anglais pour la plupart, à l'époque de Pierre le Grand. Il s'étend des entrepôts de la Nouvelle Hollande jusqu'à la cathédrale Saint-Nicolas d'où l'on voyait défiler la flotte impériale. Le prestigieux théâtre Mariinski et le conservatoire Rimski-Korsakov, d'où sont sortis tant de grands artistes russes, dominent la place des Théâtres, centre de la vie culturelle de la ville depuis le milieu du XVIIIe siècle. Avant 1917, metteurs en scène, acteurs, ballerines, artistes et musiciens habitaient les rues adjacentes à la place des Théâtres. Aujourd'hui, les gens du spectacle, attirés par le calme des canaux ombragés, sont revenus vivre dans ce quartier tranquille.

Blason du palais Ioussoupov

LE QUARTIER D'UN COUP D'ŒIL

Cathédrale
Saint-Nicolas 2

Bâtiments historiques
Conservatoire Rimski-Korsakov 3
Nouvelle Hollande 6
Poste centrale 8
Synagogue 5

Musée
Musée des Transports ferroviaires 11

Palais
Palais Ioussoupov 4

Place et rues
Bolchaïa Morskaïa oulitsa 9
Quai des Anglais 7
Sennaïa plochtchad 10

Théâtre
Théâtre Mariinski 1

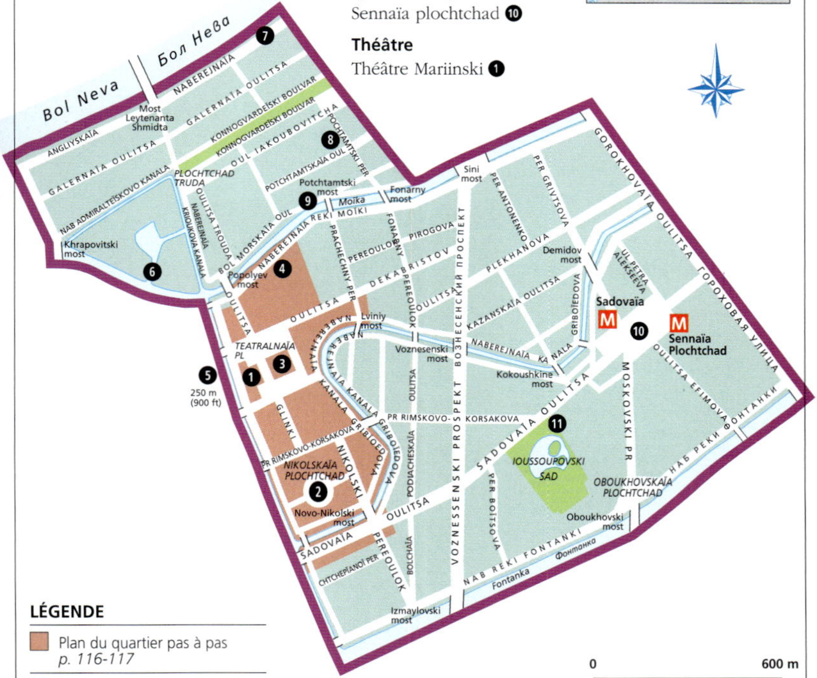

LÉGENDE

Plan du quartier pas à pas *p. 116-117*

M Station de métro

◁ **Intérieur baroque de la haute église Saint-Nicolas**

Place des Théâtres pas à pas

Atlas sur Rimskovo-Korsakova prospekt

Sur la place des Théâtres, anciennement place du Carrousel, avaient lieu des fêtes et des festivals. Le théâtre Mariinski et le conservatoire Rimski-Korsakov furent construits au XIXe siècle, lorsque Saint-Pétersbourg devint la capitale culturelle du pays, et de nombreux artistes vinrent s'installer dans les environs. Cette place est toujours le cœur de la vie musicale et théâtrale de la ville *(p. 202-203)*. À proximité, les quais du canal bordé d'arbres et les jardins qui entourent la cathédrale Saint-Nicolas sont d'agréables lieux de promenades.

Palais Ioussoupov
C'est ici que Raspoutine fut assassiné (p. 121) *Ce grand palais appartenait à la riche famille Ioussoupov. L'intérieur, somptueux, comprend un escalier en marbre italien et un petit théâtre rococo* ❹

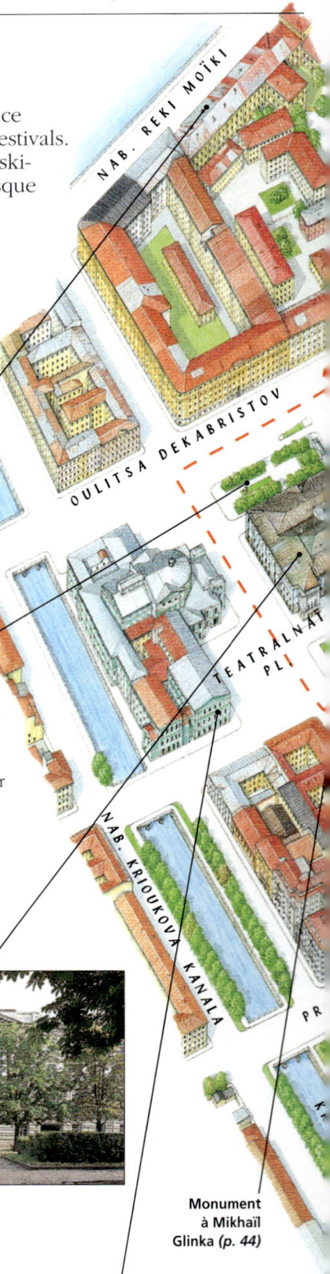

Le monument à Rimski-Korsakov (1952) érigé par Venjamin Bogolioubov et Vladimir Ingal, à la mémoire du célèbre compositeur qui enseigna au Conservatoire pendant 37 ans.

Conservatoire Rimski-Korsakov
Fondé par le pianiste et compositeur Anton Rubinstein, c'est le premier conservatoire de Russie. Il compta de prestigieux élèves, notamment Tchaïkovski, Prokofiev et Chostakovitch (p. 43) ❸

Monument à Mikhaïl Glinka ***(p. 44)***

★ Théâtre Mariinski
Il abrite la Compagnie de ballet et d'opéra du Mariinski (Kirov) depuis 1860. Derrière son imposante façade se trouve le magnifique auditorium où les plus grands danseurs russes ont donné des représentations ❶

Le pont aux Lions *(Lviny most)* est l'un des nombreux ponts suspendus qui enjambent l'étroit canal Griboïedov *(p. 34)*, bordé d'arbres. Ces ponts étranges et très gracieux sont des lieux de rendez-vous, en particulier pour les amoureux.

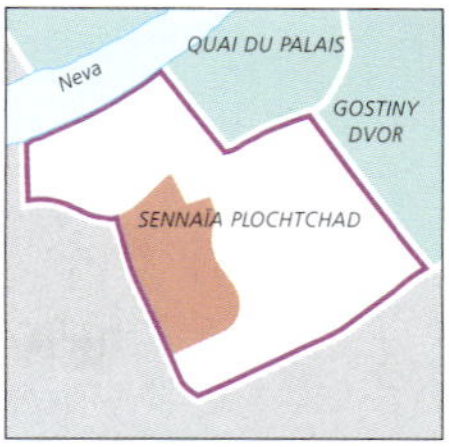

CARTE DE SITUATION
Voir l'Atlas des rues, plan 5

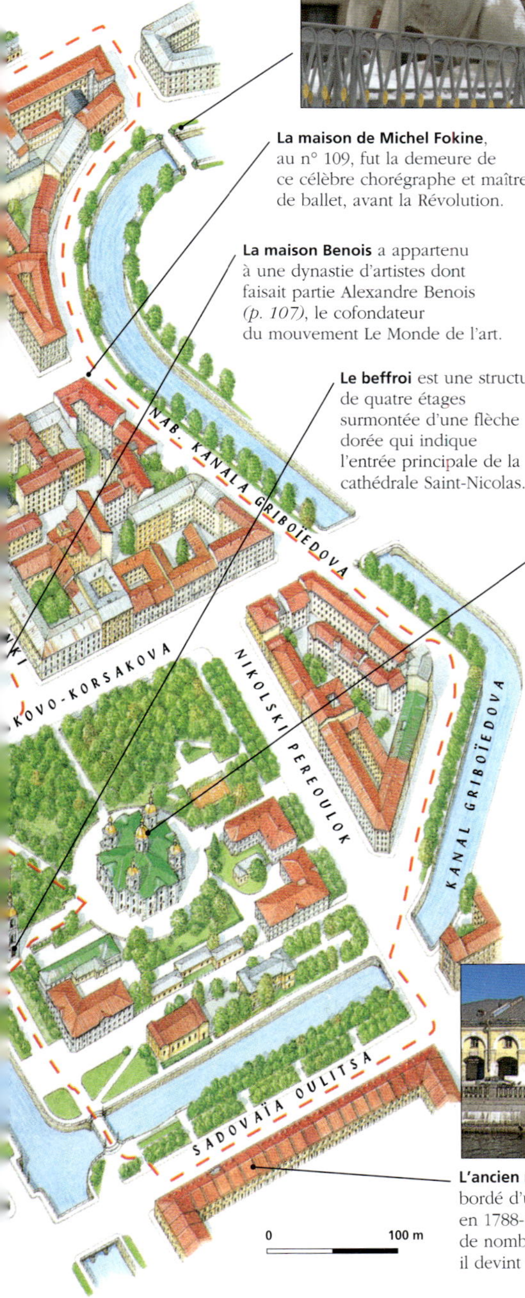

La maison de Michel Fokine, au n° 109, fut la demeure de ce célèbre chorégraphe et maître de ballet, avant la Révolution.

La maison Benois a appartenu à une dynastie d'artistes dont faisait partie Alexandre Benois *(p. 107)*, le cofondateur du mouvement Le Monde de l'art.

Le beffroi est une structure de quatre étages surmontée d'une flèche dorée qui indique l'entrée principale de la cathédrale Saint-Nicolas.

À NE PAS MANQUER

★ Théâtre Mariinski

Cathédrale Saint-Nicolas
C'est un bel exemple du baroque russe du XVIIIe siècle. L'église haute est superbement décorée d'icônes, de dorures et d'une iconostase sculptée. L'église basse, illuminée par des cierges, est ouverte aux fidèles ❷

LÉGENDE

– – – Itinéraire conseillé

L'ancien marché Nicolas, au toit très incliné, bordé d'une longue arcade, a été construit en 1788-1789. Au XIXe siècle, comme de nombreux chômeurs s'y rassemblaient, il devint une bourse de l'emploi non officielle.

Les ballets à Saint-Pétersbourg

La création des célèbres Ballets russes remonte à 1738, lorsque Jean-Baptiste Landé, un maître de ballet français, fonda une école de danse pour les enfants des serviteurs du palais. Très vite connue, cette École impériale de ballet s'épanouit sous la houlette de maîtres de danse étrangers, tels que le Marseillais Marius Petipa (1818-1910). Arrivé en 1847 comme premier danseur, il composa ensuite la chorégraphie de plus de 60 ballets, inspirant de prestigieux danseurs dont Mathilde Kchessinskaïa *(p. 72)*.

Les chaussons de Mathilde Kchessinskaïa

La révolution de 1905 entraîna un rejet du classicisme, et le public délaissa les théâtres impériaux pour s'intéresser aux nouvelles troupes privées, comme les Ballets russes de Diaghilev. L'arrivée au pouvoir des bolcheviks en 1917 accentua ce rejet et contraignit de nombreux artistes à l'exil. Heureusement pour la Russie soviétique, la première ballerine Agrippina Vaganova resta pour former une nouvelle génération de danseurs. L'Académie des ballets russes porte aujourd'hui son nom *(p. 110)*.

Anna Pavlova *(1881-1931). La chorégraphie de* La Mort du cygne *fut créée par Michel Fokine spécialement pour elle. En 1912, Pavlova quitta la Russie pour fonder sa propre compagnie, communiquant son enthousiasme à toute l'Europe.*

Vaslav Nijinski *(1889-1950) souleva une tempête à Paris en 1910 lorsqu'il interpréta l'esclave doré dans* Shéhérazade. *Premier danseur des Ballets russes avant la Première Guerre mondiale, il révolutionna les emplois masculins. Sa technique et son talent incomparables ont influencé des générations de danseurs.*

Rudolf Noureïev *(1938-1993) dans* La Belle au bois dormant, *au Mariinski. Il émigra en Occident en 1961. Chorégraphe et danseur, Noureïev ne cessa d'ensorceler son public pendant plus de 30 ans.*

Les ballets Mariinski, *connus aussi sous le nom de Kirov, ressuscitent quelques-unes des productions des Ballets russes, notamment leur version de* Giselle, *jamais représentée en Russie.*

LES BALLETS RUSSES

Serge Diaghilev *(p. 43)* est le fondateur de cette compagnie légendaire qui révolutionna la danse entre 1909 et 1929. Imprésario et critique d'art, il partageait avec le chorégraphe Michel Fokine sa conception d'un spectacle qui associait la danse, la musique et les décors dans un tout homogène.

Diaghilev choisit les meilleurs danseurs du Mariinski et emmena sa troupe à Paris en 1909. Les Ballets russes allèrent de succès en succès dans le monde entier.

Cette compagnie eut une influence considérable sur l'art moderne. Les chorégraphies de Fokine annonçaient de grandes innovations. Léon Bakst et Alexandre Benois, qui contribuèrent aux costumes et aux décors, le compositeur Igor Stravinski, les danseurs Vaslav Nijinski, Anna Pavlova et Tamara Karsavina firent reculer les frontières artistiques. Après la mort de Diaghilev en 1929, la troupe se dissocia, mais l'esprit des Ballets russes se perpétue à travers la plupart des grandes compagnies contemporaines.

Programme des Ballets russes datant du début du XXe siècle

Le théâtre Mariinski, institution culturelle de premier plan

Théâtre Mariinski ❶

Мариинский театр
Mariinski teatr

Teatralnaïa plochtchad 1 et Dekabristov oulitsa 37. **Plan** 5 B3. ***Tél.*** *346 4141.* *3, 22, 27.* *5, 22.* *informations et représentations p. 202.* **www**.mariinsky.ru

Connu à l'étranger sous son nom soviétique de Kirov, le théâtre a retrouvé le nom initial qui lui avait été attribué en l'honneur de la tsarine Maria Alexandrovna, l'épouse d'Alexandre II.

Ce bâtiment a été construit en 1860 sur le site d'un ancien théâtre détruit par un incendie. Albert Kavos, l'architecte du Bolchoï de Moscou, en dressa les plans. De 1883 à 1896, la façade fut remodelée par Victor Schröter, qui lui ajouta la plupart des détails ornementaux.

La salle de concert bleu pâle et dorée, où tant de danseurs célèbres ont débutés, est luxueuse. L'architecture intérieure, faite de colonnes, d'atlantes, de chérubins et de camées, a été conservée, et les aigles impériales ont retrouvé leurs niches royales.

Le plafond, peint par Enrico Franchioli (1856), représente des jeunes filles et des chérubins. Le rideau de scène a été ajouté pendant l'âge d'or des Ballets russes, en 1914. Le foyer se distingue par ses pilastres cannelés, ses bas-reliefs représentant des compositeurs russes et ses portes-miroirs.

À l'étranger, le Mariinski est réputé pour ses spectacles de danse, mais c'est aussi l'une des plus grandes scènes d'opéra du pays. Beaucoup d'œuvres du répertoire russe du XIXe siècle y ont été créées, dont *Boris Godounov* (1874) de Moussorgski, *La Dame de pique* (1890) de Tchaïkovski et *Lady Macbeth de Mtsensk* (1934), l'opéra très controversé de Chostakovitch.

Aigle impériale dans sa niche

Une autre salle de concert a ouvert ses portes en 2007, et une scène de théâtre est également en cours de construction.

Le luxuriant rideau de scène du théâtre Mariinski, dessiné par Alexandre Golovine en 1914

Cathédrale Saint-Nicolas ❷

Никольский собор

Nikolski sobor

Nikolskaïa plochtchad 1-3.
Plan 5 C4. ***Tél.*** *714 0862.*
3, 22. *t.l.j. 7h-19h.*

Cette superbe cathédrale baroque a été construite en 1752-1762 par Savva Tchevakinski, l'un des grands architectes russes du XVIIIe siècle. Fondée pour les marins et les employés de l'Amirauté, elle porte le nom du saint patron des marins, mais elle a été surnommée « l'église des Marins ».

Elle est ornementée de pilastres corinthiens blancs et couronnée de cinq dômes dorés. L'élégant campanile à quatre niveaux surmonté d'une flèche se dresse à l'écart, dans le jardin arboré de la cathédrale, et surplombe l'intersection des canaux Krioukov et Griboïedov.

Selon la tradition russe, deux églises cohabitent dans la cathédrale. L'église basse, pour les services quotidiens, est éclairée par des veilleuses, des cierges et des lustres du plus magique effet. Les icônes (1755-1767) sont l'œuvre des frères Fiodor et Menas Kolokoknikov. L'église haute, en service surtout les dimanches et pour les mariages, est plus lumineuse, aérée et foisonne de dorures, de stucs et de peintures italiennes baroques. L'iconostase en bois doré (1755-1760) en est l'élément le plus remarquable.

La façade baroque bleu et blanc de Saint-Nicolas-des-Marins

Arcades et plafond à caissons de la salle mauresque du palais Ioussoupov

Conservatoire Rimski-Korsakov ❸

Консерватория имени Римского-Корсакова

Konservatoria imeni Rimskogo-Korsakova

Teatralnaïa plochtchad 3. **Plan** 5 B3.
Tél. *571 8574.* *3, 22, 27.*
5, 22. *représentations seul.*
sur r.-v. (tél. 312 2519).

La plus ancienne école de musique de Russie a été fondée en 1862 par le pianiste virtuose Anton Rubinstein (1829-1894). Le bâtiment actuel a été dessiné en 1896 par Vladimir Nicolas.

Tchaïkovski *(p. 42)* et Prokofiev firent partie de ses lauréats. Sous le régime soviétique, l'école a continué de prospérer, et Chostakovitch (1906-1975) *(p. 43)* est le compositeur le plus célèbre à en être issu à cette époque.

Devant le Conservatoire, à gauche, se dresse un mémorial à la gloire de Rimski-Korsakov (1952), éminent professeur de l'école qui porte son nom. À droite, la statue de Mikhaïl Glinka, œuvre sculptée par Robert Bach (1906), rappelle que le premier opéra russe, *Une vie pour le tsar*, de Glinka, créé en 1836 au Vieux Théâtre, a été joué ici.

Palais Ioussoupov ❹

Юсуповский дворец

Ioussoupovski dvorets

Naberejnaia reki Moïki 94.
Plan 5 B3. ***Tél.*** *314 9883.* *3, 22.*
1, 11, 31. *t.l.j. 11h-17h.*
anglais (audioguide seul.).
www.yusupov-palace.ru

Conçu par l'architecte Vallin de La Mothe dans les années 1760, ce bâtiment à colonnes surplombe la Moïka. L'aristocratique et richissime famille Ioussoupov l'acquit en 1830 pour abriter sa superbe collection de peintures. Le palais fut réaménagé par Andreï Mikhaïlov et Ippolito Monighetti. Les Ioussoupov y vécurent jusqu'à la Révolution.

L'intérieur, avec son exotique Salle mauresque, ses fontaines, ses mosaïques multicolores et ses arcs outrepassés, ne se visite qu'avec un guide. La découverte des caves nécessite un billet séparé. Elles abritent une exposition.

L'élégant petit théâtre familial de style rococo contient 180 places. Y assister à un concert sera un souvenir inoubliable.

LA MORT VIOLENTE DE RASPOUTINE

Paysan mystique, Grigori Raspoutine (v. 1865-1916) exerça une extraordinaire influence sur la cour et le gouvernement de la Russie *(p. 26)*. Les mystérieuses circonstances de sa mort, le 17 décembre 1916, sont légendaires. Invité par Félix Ioussoupov sous prétexte d'une fête, il fut empoisonné, puis tué à coups de pistolet par le prince qui le laissa pour mort. En revenant sur les lieux, il trouva Raspoutine toujours en vie. S'ensuivit une lutte, puis Raspoutine s'enfuit par le jardin, poursuivi par les conjurés. On tira sur lui encore à trois reprises avant de le jeter dans le canal. Lorsque l'on découvrit son cadavre, trois jours plus tard, l'eau qu'il avait dans ses poumons indiqua qu'il était mort noyé.

Synagogue ❺

Хоральная Сингога

Khoralnaïa Sinagoga

Lermontovski prospekt 2. **Plan** 5 B3. 🚌 *3, 6, 22, 27, K-27.*

En 1826, Nicolas Ier décréta l'exil de tous les juifs de Saint-Pétersbourg, hormis ceux qui étaient au service de la Cour. D'autres exils eurent lieu après 1830. Mais, à la mort du tsar en 1855, la population juive augmenta rapidement et fut autorisée en 1879 à avoir un lieu de prière permanent. Dessinée par Ivan Chapochnikov et Viktor Shreter dans le style mauresque, la synagogue fut inaugurée en 1893. Cette année-là, les juifs étaient au nombre de 16 500, soit près de 2 % de la population de la ville. Pouvant accueillir au moins 1 200 fidèles, la synagogue fut la seule à échapper à la répression des années 1930. Elle resta en service même pendant le siège de Leningrad en 1941, la communauté juive ayant été en grande partie épargnée, contrairement aux autres communautés d'Europe de l'Est. Elle est toujours très active.

L'arc imposant de Vallin de La Mothe, sur la Moïka, s'ouvre sur le bassin de la Nouvelle Hollande

Nouvelle Hollande ❻

Новая Голландия

Novaïa Gollandia

Naberejnaïa reki Moïki. **Plan** 5 B3. 🚌 *3, 22.* ● *pour restauration.*

Cette île triangulaire, formée lorsque fut creusé en 1719 le canal Krioukov qui relie la Moïka à la Neva, doit son nom aux armateurs hollandais qui insufflèrent à Pierre le Grand l'idée de développer sa puissance maritime.

En 1765, les entrepôts d'origine, en bois, furent reconstruits en brique rouge par Savva Tchevakinski. Vallin de La Mothe dessina en même temps l'arche d'un romantisme austère située à l'entrée de la Moïka. Les péniches passaient dessous pour atteindre le bassin d'où, chargées de leur cargaison de bois, elles retournaient par les canaux vers le chantier naval de l'Amirauté. Un complexe culturel est en cours de construction sur cette île.

Quai des Anglais ❼

Английская набережная

Angliïskaïa naberejnaïa

Plan 5 A2. 🚌 *11, K-124, K-350.*

Les premiers Anglais qui s'installèrent ici dans les années 1730 étaient des marchands, suivis par des artisans, des architectes, des peintres et des industriels. Vers 1800, le quai devint un endroit à la mode.

Aujourd'hui, il a conservé ses admirables bâtisses. Au n° 10, l'hôtel particulier néoclassique inspira à Tolstoï le décor du premier bal de Natacha Rostova dans *Guerre et Paix*. Au n° 28 habitait l'amant de la ballerine Mathilde Kchessinskaïa *(p. 72)*.

Sur Trouda plochtchad, le palais de Nikolaï Nikolaïevitch, fils de Nicolas Ier, fut attribué aux syndicats en 1917. Le n° 44, le palais Roumiantsev, fait partie du Musée national de l'histoire de Saint-Pétersbourg.

La façade de Quarenghi, ornée d'un portique, au n° 32 du quai des Anglais

Poste centrale ❽

Главпочтамт

Glavpochtamt

Potchtamtskaïa oulitsa 9. **Plan** 5 C2. ***Tél.*** *315 8022.* *3, 22.*

C'est l'architecte Albert Kavos qui a ajouté à l'édifice principal, en 1859, la superbe arcade qui longe Potchtamtskaïa oulitsa.

Sous l'enseigne *Potchtamt* (« Poste »), située en haut de l'arche, une horloge indique l'heure dans la plupart des grandes villes du monde.

À l'intérieur de l'édifice, derrière le portique néoclassique de la façade construit par Lvov en 1782-1789, se trouve une grande salle de style Art nouveau, caractérisée par ses ornements en fer forgé, sa verrière et son sol carrelé. Cette salle a été recouverte d'un toit au début du XXe siècle. Auparavant il s'agissait de la cour des anciennes écuries.

Façade à portique, Poste centrale

Bolchaïa Morskaïa oulitsa ❾

Большая Морская улица

Bolchaïa Morskaïa oulitsa

Plan 5 C2. *3, 22, 27.*

Cette rue ombragée attire depuis toujours l'élite artistique pétersbourgeoise. De superbes demeures du XIXe siècle se cachent entre la place Saint-Isaac *(p. 79)* et Potchtamtski most. La maison située au n° 61 a été bâtie par Albert Kavos, dans les années

Atlas en pierre (1840), 43 Bolchaïa Morskaïa oulitsa

1840, pour la compagnie de diligences de Saint-Pétersbourg. Celle du n° 52 a été achetée par l'Union des architectes russes en 1932. Construite par Alexandre Pel en 1835-1836, elle appartenait au célèbre mécène Alexandre Polovtsov, qui développa l'importante collection du musée Stieglitz *(p. 127)*. L'aménagement intérieur date du XIXe siècle. Les panneaux d'acajou, les tapisseries et les plafonds sculptés ont été dessinés par Maximilien Mesmacher et Nikolaï Brioullov. On peut les voir depuis le restaurant Osobnyak Polovtseva, situé à l'intérieur.

De l'autre côté de la rue, au n° 47, se trouve un très bel exemple d'architecture Art nouveau, œuvre de Mikhaïl Geisler et de Boris Gouslisty (1901-1902), avec des rosettes sculptées dans la pierre, de la dentelle de fer forgé et une belle frise en mosaïque de fleurs roses. C'est dans cette maison qu'a grandi Vladimir Nabokov (1899-1977) jusqu'à son émigration. Il est prévu d'y aménager un musée en son honneur. Admiré pour son écriture bilingue anglaise et russe, Nabokov a obtenu en 1959 un succès controversé dans le monde entier avec son roman *Lolita*.

Au n° 45 se trouve l'Union des compositeurs, où habita la princesse Gagarina dans les années 1870. Auguste-Ricard de Montferrand travailla à sa reconstruction dans les années 1840 en conservant quelques éléments du bâtiment du XVIIIe siècle. L'architecte construisit aussi l'ancienne résidence d'un riche industriel, Piotr Demidov, au n° 43. Cet ensemble d'éléments baroques, décoré d'atlantes, de vases, d'anges et de saints, porte aussi le blason des Demidov sur sa façade.

Sennaïa plochtchad ❿

Сенная площадь

Sennaïa plochtchad

Plan 6 D3. M *Sennaïa Plochtchad, Sadovaïa.*

Le nom de cette place, l'une des plus anciennes de la ville, signifie « marché aux Foins », car un marché au bétail et au fourrage s'y tenait dans les années 1730. Bien que proche du centre, le quartier l'entourant était habité par une population pauvre, et ce marché peu cher et animé était alors

Frise en mosaïque Art nouveau, 47 Bolchaïa Morskaïa oulitsa

FIODOR DOSTOÏEVSKI

Fiodor Dostoïevski *(p. 43-44)*, l'un des plus grands auteurs russes, est né à Moscou en 1821 mais a passé sa vie d'adulte à Saint-Pétersbourg, où il a situé la plupart de ses romans et de ses nouvelles. Arrêté en 1848 et accusé de conspiration, il passa huit mois dans la sinistre forteresse Pierre-et-Paul *(p. 66-67)*. Dostoïevski et 21 autres « conjurés » du groupe libéral de Petrachevski furent soumis à un simulacre d'exécution, puis graciés et déportés en Sibérie. L'écrivain y resta jusqu'en 1859. Dans *L'Idiot* (1868), l'un de ses chefs-d'œuvre, il rappelle cette horrible aventure. Il est mort à Saint-Pétersbourg en 1881.

considéré comme le « ventre de Saint-Pétersbourg ».

Au centre de la place se trouve l'ancien corps de garde, un petit bâtiment néoclassique de 1818-1820 orné d'un portique à colonnes. Les gardes étaient chargés de surveiller les commerçants de la halle, ainsi que de fouetter les serfs pour des délits mineurs. Les environs étaient devenus synonyme de « crasse », de « misère noire », de « crime » et de « vice ».

Au n° 3 se trouvait le « monastère Viazemski », surnom d'un célèbre lieu plein de tavernes, de maisons de jeu et de lupanars dans les années 1850 et 1860. Ce monde est décrit de façon très vivante par Fiodor Dostoïevski dans *Crime et Châtiment*. Le héros du roman, Raskolnikov, erre sur le marché, et la *« chaleur de la rue... le manque d'air, l'agitation, le plâtre, les échafaudages, les briques et la poussière... cette puanteur propre à Saint-Pétersbourg... et ces nombreux ivrognes... »* complètent le tableau, peignant une misère révoltante. Dostoïevski termina son roman en 1866 dans la maison Alonkine (oulitsa Prjevalskovo, n° 7), à l'ouest de la place.

Les petits commerces étant interdits à l'ère soviétique, on planta des arbres sur la place, rebaptisée « place de la Paix » *(plochtchad Mira)*. La façade jaune et blanc de l'immeuble de cinq étages, de style néoclassique stalinien, a été construite à cette époque. L'église baroque de l'Assomption (1767), le plus beau bâtiment du site, fut démolie en 1961 pour faire place à l'une des premières stations de métro de la ville.

Corps de garde sur la place Sennaïa

Musée des Transports ferroviaires ⓫

Музей железнодорожного транспорта

Mouzeï jeleznodorojnovo transporta

Sadovaïa oulitsa 50. **Plan** 6 D4. ***Tél.*** *315 1476.* Ⓜ *Sennaïa Plochtchad, Sadovaïa.* ◯ *dim.-jeu. 11h-17h.* ● *dern. dim. du mois.* *anglais.*

Plus de 6 000 pièces illustrent l'histoire des transports ferroviaires russes depuis 1813. Les sections les plus intéressantes du musée concernent les plus anciens chemins de fer – dont le premier, ouvert en 1837, reliait Tsarskoïe Selo à Saint-Pétersbourg – et la ligne de Moscou à Saint-Pétersbourg (650 km), ouverte en 1851.

On y verra aussi des maquettes de la première locomotive à vapeur russe, construite par les Tcherepanov en 1834, et le train blindé utilisé par Trotski lors de la guerre civile *(p. 27)*. Pour avoir une idée du luxe des transports pendant le règne du dernier tsar, vous visiterez le compartiment à couchettes de première classe Art nouveau, tendu de velours.

Maquette de locomotive (1830) du chemin de fer de Tsarskoïe Selo

34

EN DEHORS DU CENTRE

Si la plupart des sites touristiques de Saint-Pétersbourg sont localisés au centre, les environs recèlent aussi des richesses architecturales, culturelles et historiques.

À l'est, le quartier de Smolny tient son nom *(smola* : « goudron ») du dépôt de goudron qui approvisionnait, au XVIIIe siècle, l'embryonnaire industrie navale. Le couvent baroque de Rastrelli en est le fleuron. À proximité se trouve l'Institut Smolny, quartier général des bolcheviks pendant la révolution d'Octobre *(p. 28-29)*.

Carreau de céramique d'un poêle des années 1770

Au sud-est du centre-ville, artistes, architectes et compositeurs célèbres reposent dans le monastère Alexandre-Nevski. Dans les faubourgs du sud, les rangées de maisons des années 1930-1950, qui contrastent avec le reste de la ville, rappellent que Staline projetait de détruire le cœur historique de la ville et d'en déplacer le centre vers la place Moskovskaïa. Au sud se trouvent l'église de Tchesma et le monument à la Victoire (1970), mémorial aux souffrances des Pétersbourgeois lors du siège de Leningrad.

À NE PAS MANQUER

Bâtiments historiques et monuments

Cimetière-mémorial de Piskarevskoïe ❷
Gare de Finlande ❸
Institut Smolny ❽
Monument à la Victoire ⓭

Églises

Cathédrale de la Transfiguration ❺
Couvent Smolny ❼
Église de Tchesma ⓬
Monastère Alexandre-Nevski ⓫

Musées

Maison-musée Dostoïevski ❿
Musée Stieglitz ❹

Palais

Palais Cheremetev ❾
Palais Élaguine ❶
Palais de Tauride ❻

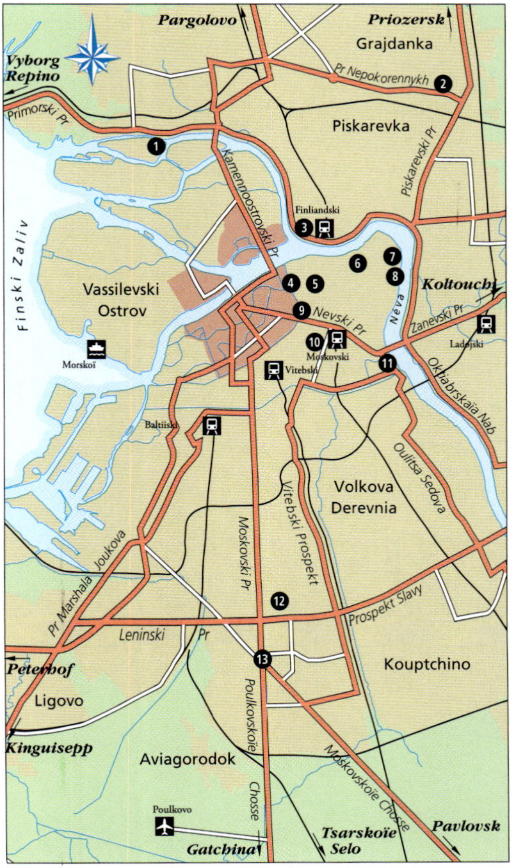

LÉGENDE

- Centre de Saint-Pétersbourg
- Agglomération pétersbourgeoise
- Aéroport
- Gare ferroviaire
- Embarcadère de ferry
- Route principale
- Route secondaire

0 3 km

◁ **Le palais Cheremetev sur la rive orientale de la Fontanka**

Palais Élaguine, au bord de la Srednaïa Nevka

Palais Élaguine ❶

Елагин дворец

Elaguine dvorets

Elaguine ostrov 4b. ***Tél.*** *430 1131.* *Krestovski Ostrov.* *mar.-dim. 10h-18h.* *r.-d.-c. seul.*

L'île Élaguine, la plus septentrionale, doit son nom à un dignitaire de la Cour qui y fit bâtir son palais, à la fin du XVIIIe siècle. En 1817, Alexandre Ier acheta l'île pour sa mère, Maria Fiodorovna, et demanda à Carlo Rossi de reconstruire le palais. Ce magnifique bâtiment néoclassique (1818-1822), paré d'un hémicycle flanqué de portiques corinthiens sur sa façade orientale, fait partie d'un ensemble qui comprend une orangerie, une écurie en forme de fer à cheval et des cuisines à portiques.

L'intérieur du palais a été détruit par un incendie lors de la Seconde Guerre mondiale. La salle d'apparat ovale, resplendissante, est décorée de statues et de peintures en trompe l'œil. Les autres pièces sont délicieusement ornées de stucs, de faux marbre et de frises. À l'époque soviétique, l'île boisée devint un parc de Culture et de Repos *(p. 136-137)*. Festivals et spectacles sont donnés régulièrement, et une exposition d'arts décoratifs se tient dans les anciennes écuries du palais.

Statue de la Mère Patrie (1956-1960), au cimetière de Piskarevskoïe

Cimetière-mémorial de Piskarevskoïe ❷

Пискаревское мемориальное кладбище

Piskarevskoïe memorialnoïe kladbichtche

Prospekt Nepokorennykh 72-74. ***Tél.*** *297 5716.* *Akademitcheskaïa.* *123, 178.* *t.l.j. 24h/24.* **Salles du mémorial** *t.l.j. 10h-19h.* **www.** pmemorial.ru

Cet impressionnant cimetière est un mémorial aux 670 000 Pétersbourgeois morts pendant le siège de la ville de 1941 à 1944 *(p. 27)*. La population fut décimée par la famine, le manque d'eau, le froid et la maladie. Des traîneaux emportaient des milliers de cadavres à l'extérieur de la ville, vers des fosses communes, comme celle de Piskarevskoïe, où sont enterrées 490 000 personnes.

Aujourd'hui, ce cimetière est un lieu de pèlerinage pour ceux qui ont perdu des amis ou de la famille durant cette terrible période. Le complexe, dessiné par Evgueni Levinson et Alexandre Vassilev, a été inauguré en 1960, quinze ans après la fin de la guerre. Deux salles, avec dans l'une d'elles une exposition sur le blocus, encadrent un escalier qui descend vers une avenue de 300 m de long. Celle-ci aboutit à une très grande statue en bronze de Vera Issaïeva et Robert Taurit représentant la Mère Patrie. Sur le mur arrière sont inscrits des vers d'Olga Bergolz, elle-même survivante du siège. La musique diffusée dans le cimetière ajoute à sa funèbre atmosphère.

De chaque côté de l'avenue, 186 monticules recouverts de gazon portent chacun une plaque de granite avec l'année et indiquant, par une étoile rouge ou une faucille et un marteau, si le défunt était un soldat ou un civil.

La locomotive 293, gare de Finlande

Gare de Finlande ❸

Финляндский вокзал

Finliandski vokzal

Plochtchad Lenina 6. **Plan** 3 B3. *Plochtchad Lenina.* *Voir aussi p. 219.*

Le 3 avril 1917, Lénine et ses compagnons bolcheviques quittèrent secrètement leur exil suisse et arrivèrent en gare de Finlande, dans un wagon plombé. Une réception triomphale les attendait et, en quittant la gare, Lénine s'adressa aux soldats, marins et ouvriers qui l'acclamaient. Une statue érigée en 1926 devant la gare le représente haranguant la foule.

Une autre gare a été inaugurée dans les années 1960. Sur le quai n° 5, une gigantesque vitrine en verre contient la locomotive 293 qui emporta Lénine vers l'exil pour la seconde fois, en juillet 1917. Après avoir passé l'été en Finlande, Lénine rentra par le même train pour lancer la révolution d'Octobre *(p. 28-29)*.

Musée Stieglitz ❹

Музей Штиглицаца

Mouzeï Chtiglitsa

Solianoï pereoulok 13-15. **Plan** 3 A5. ***Tél.*** *273 3258.* *46, K-100, K-217.* *sept.-juil. : mar.-sam. 11h-17h.* *dern. ven. du mois.*

Le baron Alexandre Stieglitz, un riche industriel, fonda en 1876 l'École centrale du dessin industriel, afin d'offrir aux étudiants les plus beaux ouvrages d'arts appliqués pour modèles.

Grâce à ses libéralités et au bon goût de son gendre Alexandre Polovtsov *(p. 122)*, la collection, qui couvrait tant l'art occidental que l'art oriental, déborda de l'école, et, en 1896, on inaugura le musée adjacent, un magnifique édifice de Maximilien Mesmacher inspiré des palais de la Renaissance italienne.

À l'intérieur, salles et galeries étaient ornées dans des styles nationaux et d'époque, rappelant les baroques français et allemand et surtout la Renaissance italienne, comme la bibliothèque Saint-Marc de Venise, les Chambres de Raphaël au Vatican, et la villa Madame de Rome.

À la Révolution, l'école fut fermée et le musée annexé à l'Ermitage *(p. 84-93)*. Le bâtiment subit de graves détériorations pendant le siège de Leningrad *(p. 27)* et continue d'être restauré. À la fin de la guerre, l'école reprit ses activités afin de former des doreurs et des sculpteurs pour les vastes travaux de restauration de la ville. Une grande collection d'objets en verre, en céramique et majolique, ainsi que des porcelaines provenant des plus grandes manufactures européennes sont exposées au rez-de-chaussée. Une des salles, dont la décoration évoque le style médiéval du palais des Terems, au Kremlin, offre une superbe toile de fond à une série de vêtements brodés et de coiffes paysannes russes.

Vase en cristal (XIXe siècle), musée Stieglitz

Certains objets en métal (serrures, clefs et outils) remontent au Moyen Âge. Le travail d'ébénisterie est à couper le souffle, notamment celui du placard néogothique, dont les portes marquetées représentant des nefs d'églises en perpective s'ouvrent sur des scènes bibliques en bois sculpté.

La visite s'achève par l'étonnante grande salle d'exposition, avec son escalier tournant en marbre italien et sa superbe verrière.

Cathédrale de la Transfiguration ❺

Спасо-Преображенский собор

Spasso-Preobrajenski sobor

Preobrajenskaïa plochtchad 1. **Plan** 3 B5. ***Tél.*** *579 6010.* Ⓜ *Tchernychevskaïa.* *46.* *3, 8, 15.* *t.l.j. 8h-20h.* **www.**preobragensky.ru

L'église de Vassili Stassov, blottie au sein d'une petite place arborée, paraît très intime malgré son style monumental néoclassique et les canons de la guerre russo-turque *(p. 22)* qui l'entourent. L'église originale avait été construite en l'honneur des *Preobrajenski* (un corps de garde) par la tsarine Élisabeth, mais reconstruite après l'incendie de 1825. L'église actuelle possède un excellent chœur, le deuxième après celui du monastère Alexandre-Nevski *(p. 130-131)*.

Poupées en costumes traditionnels (XVIIe-XIXe siècle) devant la salle des Terems, au musée Stieglitz

Palais de Tauride ❻

Таврический дворец

Tavritcheski dvorets

Chpalernaïa oul. 47. **Plan** 4 D4. *Tchernychevskaïa.* *46, 136.* *au public.*

Ce palais d'Ivan Starov (1783-1789), aux proportions harmonieuses, fut commandé par la Grande Catherine pour son favori, le prince Grigori Potemkine *(p. 25)*, qui venait d'annexer la Crimée (Tauride) – ce qui lui valut le titre de « prince de Tauride ».

Sans ornementation extérieure, ce long bâtiment jaune, avec son portique de six colonnes, est un des premiers édifices néoclassiques de Russie. Malheureusement, l'intérieur somptueux a été gravement endommagé par Paul Ier, le fils de Catherine, qui le transforma en caserne, et par diverses reconstructions.

Au cours du XXe siècle, le palais a joué un rôle important dans la vie politique et culturelle. En 1905, Serge Diaghilev *(p. 43)* y organisa la première exposition de portraits russes du XVIIIe siècle. En 1906, la Douma, premier parlement de Russie, s'y installa, puis, en février 1917, le gouvernement provisoire et, enfin, le Soviet des députés des ouvriers et des soldats de Petrograd. Aujourd'hui, il appartient toujours au gouvernement.

Les charmants jardins qui l'entourent, avec des petits ruisseaux qui serpentent sous des ponts et son lac artificiel, sont parmi les plus fréquentés de la ville.

La cathédrale de Smolny et les bâtiments du couvent

Couvent Smolny ❼

Смольный монастырь

Smolny monastyr

Plochtchad Rastrelli 3-1. **Plan** 4 F4. ***Tél.*** *577 1421.* *46, 136.* *mar.-jeu. 11h-17h.* *anglais.*

Avec ses dômes et ses quatre coupoles à bulbe dorées, la cathédrale de Smolny est le couronnement de ce bel ensemble architectural.

Fondé par la tsarine Élisabeth, le couvent était destiné à l'éducation des jeunes filles nobles. L'architecte Bartolomeo Rastrelli en dessina les plans en 1748 *(p. 93)*, mêlant baroques occidental et russe. Les travaux furent longs et complexes car, le terrain étant marécageux, 50 000 piliers en bois furent utilisés pour soutenir les fondations. Il ne fallut pas moins de sept ans à l'architecte pour en réaliser la maquette qui se trouve aujourd'hui à l'Académie des beaux-arts *(p. 63)*.

La Grande Catherine, qui n'aimait pas le travail de Rastrelli et avait peu de sympathie pour Élisabeth, fit arrêter les travaux dès son accession au trône en 1762. Ce n'est squ'en 1835 que Nicolas Ier fit appel à Vassili Stassov pour terminer la construction de la cathédrale. Son intérieur austère contraste avec l'exubérance de son architecture extérieure. Expositions, offices religieux et concerts *(p. 202)* ont lieu dans la cathédrale. Du haut de la tour, la vue sur la ville est spectaculaire.

Le palais et les jardins de Tauride

Institut Smolny ❽

Смольный Институт

Smolny institout

Smolny Proïezd **Plan** 4 F4. ***Tél.*** *701 3159, 710 3143.* *54, 74, 136, K-15, K-76, K-136.* *5, 7, 15, 16.* **Musée Smolny** *lun.-ven. 11h-16h sur r.-v. seul.* *anglais.*

Conçu en 1806-1808 pour recevoir les jeunes filles de la noblesse, cet édifice néoclassique – que Giacomo Quarenghi considérait comme son chef-d'œuvre – est resté célèbre par le rôle qu'il a joué dans la révolution d'Octobre *(p. 28-29)*. C'est de là que Lénine dirigea le coup d'État bolchevique du 25 octobre 1917, au moment où le IIe Congrès panrusse des soviets était réuni. Le Congrès confirma Lénine dans ses fonctions, et l'Institut devint le siège du gouvernement jusqu'en 1918.

Lors de l'avancée des Allemands et de l'éclatement de la guerre civile *(p. 27)*, le gouvernement partit pour Moscou et l'Institut devint le siège du Parti communiste de Leningrad. Le 1er décembre 1934, le Premier secrétaire du

***Portrait de Lénine*, par Isaak Brodski (1927), à l'Institut Smolny**

Parti, Sergueï Kirov *(p. 72)*, y fut assassiné. Cet événement fut l'amorce des premières purges staliniennes des années 1930 *(p. 27)*.

L'Institut est occupé aujourd'hui par le maire. À l'extérieur du bâtiment, l'aigle impériale a remplacé la faucille et le marteau, mais la statue de Lénine installée depuis 1927 se maintient sur son socle.

Palais Cheremetev ❾

Шереметевский дворец
Cheremetevski dvorets

Naberejnaïa reki Fontanki 34. **Plan** 7 A1. **Musée Anna-Akhmatova** ***Tél.*** *571 7239.* M *Maïakovskaïa, Gostiny Dvor.* *15, 22, 27, K-15, K-90, K-187, K-258.* *3, 8, 15.* *mar.-dim. 10h30-18h30.* *anglais.* **Musée de la musique** ***Tél.*** *272 4441.* *mer.-dim. 12h-18h.* *dern. mer. du mois.*

La famille Cheremetev habita ce palais de 1712 à la Révolution. Dès sa construction, il fut surnommé aussi la « maison des Fontaines » *(Fontanny dom la)* en raison des nombreuses fontaines qui ornaient le parc à une époque. En 1750, il fut remplacé par le palais baroque de Savva Tchevalinski et de Fiodor Argounov. Depuis, le palais a subi encore de nombreuses transformations.

Immensément riches (ils ont possédé jusqu'à 200 000 serfs), les Cheremetev ont été d'importants mécènes et le musée de la Musique *(Mouzeï Muzikalnoï jijni)*, qui occupe le palais, est là pour rappeler leur contribution à la vie musicale de la ville. Aux XVIIIe et XIXe siècles, compositeurs, musiciens et acteurs serfs ont donné au palais de nombreux concerts et pièces de théâtre. Franz Liszt compte parmi ceux qui ont apprécié le chœur Cheremetev. L'exposition comprend une grande variété d'instruments anciens et des partitions de musique, dont certaines écrites par les Cheremetev.

De 1933 à 1941, puis de 1944 à 1954, Anna Akhmatova, célèbre poétesse russe du XXe siècle, a habité le bâtiment de service du palais, divisé en lugubres appartements communautaires. On accède au musée *(Mouzeï Anny Akhmatovoï)*, aménagé dans les pièces qu'elle occupait et où elle travaillait, par la cour située 53 Liteïny prospekt. Une collection de ses affaires personnelles retrace sa vie étonnante. On peut également entendre des enregistrements de ses poèmes lus par elle-même.

Le palais Cheremetev, sur le quai de la Fontanka

ANNA AKHMATOVA

En 1914, Anna Akhmatova (1889-1966) est « l'âme de l'Âge d'argent » de la poésie russe *(p. 44)*. Le tour tragique que prend sa vie – exécution de son mari par les bolcheviks, arrestation de son fils, Anna placée sous surveillance policière et réduite au silence pendant plus de quinze ans – va conférer à son œuvre une dimension nouvelle. Son plus célèbre poème, *Requiem* (1935-1961), inspiré par le sort de son fils, fut écrit par fragments et distribué à ses amis pour qu'ils se souviennent. Anna fut partiellement réhabilitée à la fin de sa vie et reçut des titres honorifiques à l'étranger.

Maison-musée Dostoïevski ⑩

Музей достоевского
Mouzeï Dostoïevskovo

Kouznetchny pereoulok 5/2. **Plan** 7 B3. ***Tél.*** *571 4031.* *Vladimirskaïa.* *3, 8, 15.* *49.* *mar-dim. 11h-18h.* *anglais.*

Fiodor Dostoïevski *(p. 44)* habita cet appartement de cinq pièces, de 1878 jusqu'à sa mort en 1881. Le romancier y écrivit sa dernière œuvre : *Les Frères Karamazov* (1880).

Alors au faîte de sa gloire, le jeu et les dettes qu'il contractait le contraignaient cependant à avoir un train de vie assez modeste. Et si Dostoïevski affichait en public une mine austère, il savait être un mari et un père affectueux et dévoué. La nursery est adorable et l'on y voit toujours le cheval à bascule, les silhouettes de ses enfants et les livres de contes qu'il leur lisait. Dans le bureau de l'écrivain se trouvent sa table d'écriture et une reproduction de son tableau préféré : la *Madone Sixtine* de Raphaël.

L'église de Tchesma (1770-1780), une des premières églises néogothiques de Russie

Église de Tchesma ⑫

Чесменская церковь
Tchesmenskaïa tserkov

Oulitsa Lensoveta 12. *Moskovskaïa.* *16.* *29, 45.* *t.l.j. 10h-19h.*

Construite par Iouri Velten en 1777-1780, cette église en croix grecque présente peu d'influences russes. Sa façade rose est ornée de fins pilastres blancs reliés par de petites arcatures et s'achève par des dômes néogothiques. Son nom commémore la grande victoire navale que la Russie remporta sur les Turcs à Tchesma, en mer Égée, en 1770. À l'ère soviétique, l'église abrita le musée de la Bataille de Tchesma. Aujourd'hui, elle sert à nouveau de lieu de culte.

De l'autre côté d'oulitsa Lensoveta se dresse le palais néogothique de Tchesma (1774-1777), appelé jadis *Kekerekeksinen* ou « palais de la Grenouille des Marais ». Également dessiné par Velten, il servait de relais de diligences lorsque la Grande Catherine se rendait à Tsarskoïe Selo *(p. 152-155)*. Le célèbre service en Wedgwood *À la grenouille verte,* qui se trouve aujourd'hui à l'Ermitage *(p. 91),* fut spécialement fabriqué pour ce palais. Celui-ci devint célèbre lorsque le corps de Raspoutine y fut déposé, peu après son assassinat en 1916 *(p. 121).* Aujourd'hui très endommagé, il sert de maison de retraite.

Monastère Alexandre-Nevski ⑪

Александро-Невская лавра
Alexandro-Nevskaïa lavra

Plochtchad Alexandra Nevskovo. **Plan** 8 E4. ***Tél.*** *274 2635.* *Plochtchad Alexandra Nevskovo.* *8, 27, 46.* *1, 14, 16, 22.* *7, 65.* **Cathédrale de la Sainte-Trinité** *t.l.j. 6h-20h.* **Église de l'Annonciation** ***Tél.*** *274 2635.* *t.l.j. 9h30-17h (18h en été).* *lun. et jeu.* *cimetières et église de l'Annonciation.*

Fondé par Pierre le Grand en 1710, ce monastère a été édifié en l'honneur d'Alexandre Nevski, prince de Novgorod, qui vainquit les Suédois sur la Neva en 1240. Pierre le Grand avait lui-même remporté sur eux une victoire en 1709 *(p. 18-19).*

Pierre tombale de Dostoïevski

L'allée, qui part de l'entrée, passe par deux grands cimetières entourés de murs et traverse un ruisseau avant d'atteindre l'ensemble monastique. À gauche de la porte, l'église de l'Annonciation (1717-1722) de Domenico Trezzini est le bâtiment le plus ancien. C'est là que les membres non régnants de la famille impériale étaient inhumés. Plusieurs bâtiments ecclésiastiques rouge et blanc, du milieu du XVIIIe siècle, dont la résidence du métropolite (1755-1758), entourent la cour. Parmi les arbres sont disséminées les tombes d'intellectuels soviétiques et de dirigeants communistes. L'ensemble baroque est dominé par la cathédrale de la Sainte-Trinité néoclassique (1776-1790), à dôme unique flanqué de deux tours, due à Ivan Starov. La large nef est bordée de colonnes corinthiennes et de statues de Fedot Choubine. Elle mène à une imposante iconostase en agate rouge et en marbre blanc, où l'on peut voir des copies de tableaux

Le reliquaire des restes d'Alexandre Nevski, cathédrale de la Sainte-Trinité

Monument à la Victoire ⓭

Монумент Защитникам Ленинграда

Monoument Zachtchitnikam Leningrada

Plochtchad Pobedy. ***Tél.*** *371 2951, 373 6563.* M *Moskovskaïa.* *3, 11, 39, 55.* *27, 29, 45.* **Mémorial** *jeu., sam.-lun. 10h-18h ; mar., ven. 10h-17h.* *dern. mar. du mois.* *rés. par tél.*

Ce mémorial, édifié en 1975 pour le 30e anniversaire de la fin de la Seconde Guerre mondiale, se trouve sur le site d'un ancien arc de triomphe élevé pour saluer le retour des troupes. Commémorant les 670 000 victimes du siège *(p. 27)* mais aussi les survivants, il a été sculpté par Mikhaïl Anikouchine d'après les plans de Sergueï Speranski et de Valentin Kamenski. Un obélisque en granite rouge (48 m) se dresse près d'un hémicycle qui symbolise la ville assiégée. Des statues de soldats, de marins et de mères affligées entourent le monument.

Un passage souterrain, qui part de Moskovski prospekt, mène à un mémorial au sous-sol. Une musique solennelle retentit, ponctuée des battements d'un métronome, signal radio utilisé en temps de guerre et symbolisant les battements de cœur de la cité pendant le siège. L'éclairage tamisé est diffusé par 900 lampes orange, une pour chaque jour du blocus. Au mur sont inscrits les noms de 650 héros soviétiques récompensés après la guerre. Sur le mur opposé, une mosaïque dépeint les femmes accueillant les soldats à la fin du conflit. On peut voir aussi le violon de Chostakovitch *(p. 43)* et des objets rappelant la contribution des communautés à l'effort de guerre. Plus troublant, le minuscule morceau de pain qui était la ration quotidienne de bon nombre de personnes.

Les héros du siège de Leningrad font face à l'ennemi, détail du monument à la Victoire

de Van Dyck et de Rubens. À droite de l'iconostase, un reliquaire en argent renferme les restes d'Alexandre Nevski, transférés ici en 1724. Un tableau le représentant est accroché à droite du reliquaire.

D'illustres personnages sont enterrés dans les cimetières du monastère près de l'entrée. À gauche, le cimetière Saint-Lazare, le plus ancien de la ville, contient les tombes de Mikhaïl Lomonossov *(p. 45)* et celles d'architectes, dont Andreï Zakharov, Thomas de Thomon, Giacomo Quarenghi, Carlo Rossi *(p. 110)* et Andreï Voronikhine. À droite, dans le cimetière de Tikhvine, on trouve les tombes de quelques-uns des plus célèbres compositeurs russes. Beaucoup de stèles sont ornées de motifs évoquant la musique. La tombe de Dostoïevski *(p. 44)* se trouve à droite de l'entrée.

PERSONNAGES CÉLÈBRES ENTERRÉS À TIKHVINE

1 Mikhaïl Glinka (compositeur, 1804-1857)
2 Ivan Krylov (poète, 1769-1844)
3 Marius Petipa (chorégraphe, 1818-1910)
4 Piotr Klodt (sculpteur, 1805-1867)
5 Ivan Kramskoï (peintre, 1837-1887)
6 Piotr Tchaïkovski (compositeur, 1840-1893)
7 Modest Moussorgski (compositeur, 1839-1881)
8 Nikolaï Rimski-Korsakov (compositeur, 1844-1908)
9 Fiodor Dostoïevski (écrivain, 1821-1881)

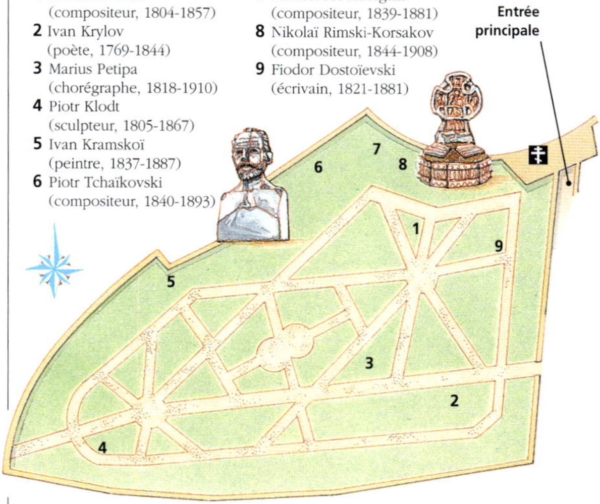

LÉGENDE

Église-porche

0 50 m

TROIS PROMENADES À PIED

Beaucoup de sites de Saint-Pétersbourg se visitent à pied. Les trois promenades sélectionnées ici montrent différents aspects de la ville, même si l'eau joue un rôle essentiel. Le premier itinéraire suit la rivière Moïka et le canal Griboïedov qui sillonnent le cœur de la cité, dévoilant la splendeur des édifices des XVIIIe et XIXe siècles. Il montre aussi le contraste entre les riches palais et les immeubles d'habitation surpeuplés, entre les ponts aux belles dorures et les maisons délabrées autour de Sennaïa plochtchad. Une promenade en bateau *(p. 226-227)* permettra de découvrir les splendides bâtisses historiques le long des canaux.

Urne du XIXe siècle, palais Élaguine

Le deuxième itinéraire explore les îles Kamenny et Élaguine où les Pétersbourgeois passent une grande partie de leurs moments de loisirs. Situées au nord du centre-ville, ces îles étaient jadis réservées aux riches familles qui venaient passer l'été dans leurs datchas, loin de la chaleur de la ville. Aujourd'hui on vient s'y promener et canoter en été, skier et patiner en hiver ou simplement se promener au printemps. Le dernier itinéraire suit la Neva, du côté de Petrogradskaïa, avec de sublimes vues sur les quais sud et le fleuve lui-même, en passant par des lieux historiques importants tels la place de la Trinité, la maisonnette de Pierre et le croiseur *Aurora*.

La façade sud du palais Élaguine

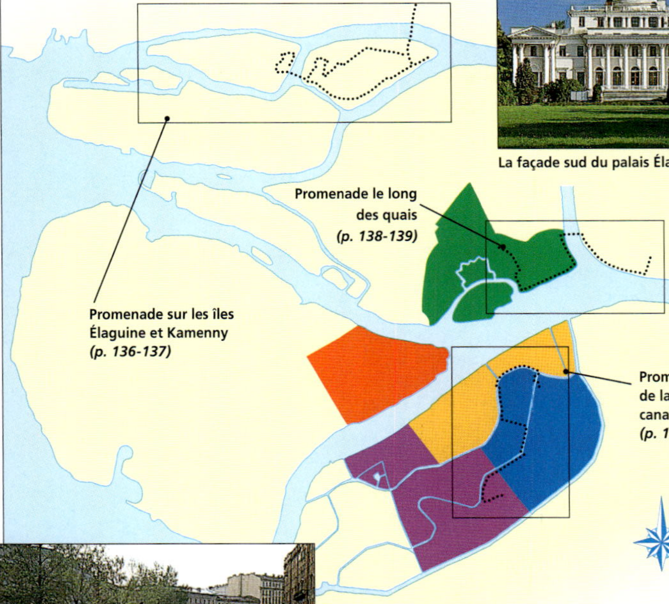

Un pont piéton sur le canal Griboïedov, près de Sennaïa plochtchad

◁ Moments paisibles sur un lac de l'île Élaguine

Deux heures le long des voies d'eau

Longer la Moïka et le canal Griboïedov permet de découvrir la splendide architecture de Saint-Pétersbourg. Les quais offrent d'intéressants contrastes. La Moïka passe devant les palais d'Été et d'Hiver et les somptueuses demeures aristocratiques, tandis que le canal Griboïedov, bordé d'immeubles du XIXe siècle, jadis habités par des commerçants et des fonctionnaires, s'en va vers Sennaïa plochtchad *(p. 122-123)*, quartier de la classe ouvrière. Cette promenade inclut également une petite partie de Nevski prospekt.

CARNET DE ROUTE

Départ : *église du Sauveur-sur-le-Sang.*
Itinéraire : *5,8 km.*
Comment y aller : *en métro, jusqu'à la station Nevski Prospekt* (p. 223).
Halte : *Bistro Laïma, nab. kanala Griboïedova 16.*

L'église du Sauveur-sur-le-Sang et le canal Griboïedov

La Moïka

Cet itinéraire commence à l'église du Sauveur-sur-le-Sang ① *(p. 100)*, bâtie à l'endroit où Alexandre II fut assassiné, en 1881 *(p. 26)*. Contournez l'église, du côté du jardin, traversez le pont sur le canal et dirigez-vous vers Koniouchennaïa plochtchad. La place est entourée par la longue façade des Écuries impériales ② *(p. 113)*. Deux ponts ingénieusement reliés entre eux enjambent le canal Griboïedov et la Moïka : le Malo-Koniouchenny most (pont des Petites Écuries) et le Teatralny most (pont du Théâtre) *(p. 37)*. Traversez-les pour atteindre la rive nord de la Moïka et la façade de la maison Adamini ③, conçue par Domenico Adamini en 1823-1827. Entre 1916 et 1919, le « Bivouac des comédiens », un club d'artistes et d'écrivains, s'installa au sous-sol. Le metteur en scène d'avant-garde Vsevolod Meyerhold et les poètes Alexandre Blok et Anna Akhmatova *(p. 44)* firent partie des habitués.

Tournez à gauche vers le quai de la Moïka et passez devant le marché circulaire et ses galeries marchandes (1790) ④, construit par Giacomo Quarenghi. Continuez le long du quai, traversez le Bolchoï Koniouchenny most (pont des Grandes Écuries) pour atteindre l'ancienne maison du prince Abamelek-Lazarev ⑤, bâtie en 1913-1915. Sa façade, ornée de pilastres corinthiens et de bas-reliefs représentant des personnages dansants, est d'Ivan Fomine. Sur la rive opposée se trouve l'immeuble du XVIIe siècle où Pouchkine habita les derniers mois de sa vie. Son appartement abrite un musée ⑥ *(p. 113)*.

À l'intersection de Millionaïa oulitsa et du magnifique canal d'Hiver (Zimnaïa Kanala) se dressent les anciennes casernes du 1er régiment des gardes Preobrajenski, corps d'armes prestigieux

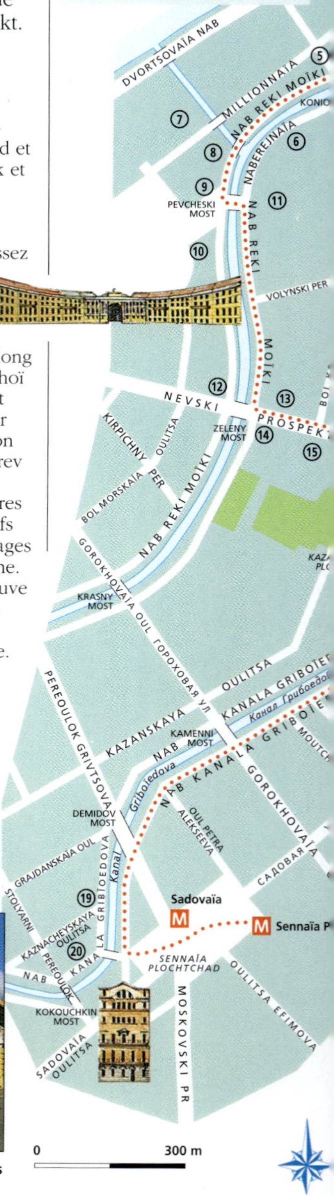

Le marché circulaire (1790), avec ses galeries marchandes, sur les quais de la Moïka

LÉGENDE

••• Itinéraire

M Station de métro

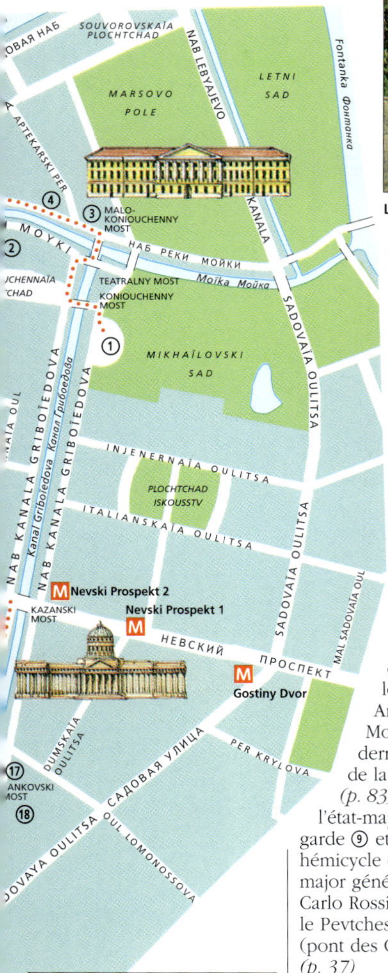

Le canal Griboïedov, bordé d'arbres

formé par Pierre le Grand vers 1690. De l'autre côté du canal d'Hiver, on trouve le Nouvel Ermitage ⑦ *(p. 84)*. Dix atlantes en granite soutiennent son porche ouvragé. Retournez vers la Moïka et passez devant l'immeuble vert de trois étages ⑧, bâti par F. Demertsov pour le conseiller militaire et Premier ministre d'Alexandre Ier, le comte Alexeï Araktcheïev. La Moïka fait un coude derrière le bel édifice de la place du Palais *(p. 83)* qui comprend l'état-major de la garde ⑨ et le grand hémicycle de l'état-major général ⑩ de Carlo Rossi. Traversez le Pevtcheski most ⑪ (pont des Chantres) *(p. 37)* et descendez vers le Zeleny most (pont Vert). L'édifice jaune qui se dresse sur la rive opposée de la Moïka est le Café littéraire ⑫, célèbre rendez-vous des écrivains au temps de Pouchkine *(p. 83)*.

Nevski prospekt

Tournez à gauche et prenez l'artère principale de Saint-Pétersbourg où vous découvrirez toute une variété de styles architecturaux.

À gauche, la gracieuse façade de l'église hollandaise de Paul Jacot ⑬ *(p. 47)* cache des boutiques. De l'autre côté de la rue, la façade baroque du palais Stroganov ⑭ *(p. 112)* contraste avec le style Art nouveau de la maison de la Mode ⑮ *(p. 47)* et sa devanture en verre. Pus loin, on verra la belle colonnade du parvis de Notre-Dame-de-Kazan ⑯ *(p. 111)*.

Le canal Griboïedov

Traversez Nevski prospekt près du bâtiment Singer *(p. 47)* et suivez le canal vers le sud. Traversez le pont Bankovski orné de griffons, construit par Georg von Traitteur *(p. 35)* ⑰, et passez devant les grilles qui se trouvent derrière l'ancienne Banque nationale ⑱ (aujourd'hui l'Institut des finances et de l'économie). Allez vers le sud, jusqu'à Kamenny most (le pont de Pierre) (1776), en dos d'âne, qu'un groupe de révolutionnaires, La Volonté du peuple, avait tenté de faire sauter. De l'autre côté de Demidov most, au coin de Kaznatcheïskaïa oulitsa ⑲ (n° 1), se trouve l'appartement où Dostoïevski écrivit *Souvenirs de la maison des morts* (1861). Autre lieu littéraire : Nicolas Gogol *(p. 44)* a habité la maison Zverkov ⑳, vers 1830. La promenade se termine à Sennaïa plochtchad *(p. 122-123)* où vous trouverez deux stations de métro.

Griffons du pont de la Banque (1826), canal Griboïedov

Immeuble où habita Dostoïevski ⑲, canal Griboïedov

Deux heures sur les îles Kamenny et Élaguine

Les îles septentrionales du delta de la Neva sont le refuge idéal du citadin, avec leurs parcs vallonnés et arborés et leurs belles rivières. À la fin du XVIIIe siècle, la famille impériale et les riches familles aristocratiques bâtirent des palais sur les îles Kamenny et Élaguine. Avant la Révolution, bien des ministres, magnats de l'industrie et célébrités y possédaient une datcha. Une nouvelle catégorie d'hommes d'affaires est en train de redonner leur splendeur passée à ces demeures néogothiques, néoclassiques ou Art nouveau, intimes ou seigneuriales, longtemps laissées à l'abandon.

La résidence en bois des Dolgoroukov ③

Le sud de l'île Kamenny

À la station de métro Tchernaïa Retchka, dirigez-vous vers le sud jusqu'à la Bolchaïa Nevka. Traversez Ouchakovski most pour atteindre l'île Kamenny, un endroit de détente. De l'autre côté de la rue principale se trouve l'église en brique rouge néogothique Saint-Jean-Baptiste ①, conçue par Iouri Velten en 1776-1778. À côté, une porte jaune mène aux jardins du palais Kamennoostrovski ② (aujourd'hui une maison de retraite), d'où Alexandre Ier mena sa campagne contre Napoléon, en 1812.

Suivez Kamennoostrovski prospekt vers la Malaïa Nevka, puis tournez à droite jusqu'à naberejnaïa Maloï Nevki, où, au n° 11, se trouve une grande maison en bois ③ avec un portique à colonnes blanches. Construite en 1831-1832 par Smaragd Choustov, elle appartenait aux Dolgoroukov, l'une des plus anciennes familles nobles de Russie. De là, vous apercevrez l'île Aptekarski ou « île de l'Apothicaire », qui doit son nom aux jardins d'herbes médicinales créés par Pierre le Grand – aujourd'hui les jardins botaniques de Saint-Pétersbourg. Continuez le long de l'allée qui tourne vers naberejnaïa reki Krestovki. La maison située à gauche, vers Malo-krestovski most, est l'ancienne demeure de Sergueï Tchaïev ④, ingénieur en chef du Transsibérien. Vladimir Apychkov, architecte en vogue, conçut cette splendide résidence Art nouveau en 1913-1914. Continuez vers l'ouest et traversez le pont du canal pour atteindre le théâtre Kamennoostrovski ⑤, théâtre en bois qui fut construit en 40 jours, en 1827. Son portique néoclassique, reconstruit par Albert Kavos en 1844, est très imposant. Les rives de la Krestovka, d'où l'on a une vue sur le chantier naval de l'île Krestovski, sont idéales pour pique-niquer (payant le week-end).

Reprenez l'allée et traversez 1-y Élaguine most pour atteindre l'île Élaguine.

L'île Élaguine

Cette île est un havre de paix où aiment se réfugier les Pétersbourgeois. Une barrière de péage indique l'entrée des jardins de l'élégant palais Élaguine construit par Carlo Rossi ⑥ *(p. 126)*.

La tour de l'église Saint-Jean-Baptiste (1776-1778) ①

Le théâtre Kamennoostrovski ⑤

De la pointe occidentale de l'île, on assiste à des couchers de soleil souvent spectaculaires sur le golfe de Finlande, en particulier pendant les nuits blanches *(p. 51)*. Au sud de l'île, où 2-y Élaguine most relie l'île Krestovski, se trouvent le stade Kirov, le parc Primorski Pobedy et le parc de la Victoire maritime. Au nord, 3-y Élaguine most mène à Primorski prospekt et au temple bouddhique construit par Gavril Baranovski en 1909-1915.

Le nord de l'île Kamenny

Traversez 1-y Élaguine most pour revenir vers l'île Kamenny ; au carrefour, prenez à gauche jusqu'à Teatralnaïa alleïa, où vous verrez l'ancienne maison d'Alexandre Polovtsov ⑦, ministre des Affaires étrangères de Nicolas II. Cette superbe demeure néoclassique, avec quelques touches Art nouveau, a été construite par Ivan Fomine en 1911-1913. Quittez cette allée et coupez par le parc, entre les étangs et le canal. Au croisement avec Bolchaïa alleïa se trouvent deux villas du début du XXe siècle.

Maison Polovtsov (déb. du XXe siècle) ⑦

À gauche, la maison Follenveider ⑧ – le consulat du Danemark –, avec sa tour en poivrière, est l'œuvre de Roman Meltser (1904). La datcha d'Evguenïa Gaousvald (1898) ⑨ est l'un des premiers édifices Art nouveau de la ville, bâti d'après les plans de Vassili Schöne et Vladimir Tchagine.

La promenade s'achève en retournant par la 2-ïa Berezovaïa alleïa, au point de départ, à Ouchakovski most.

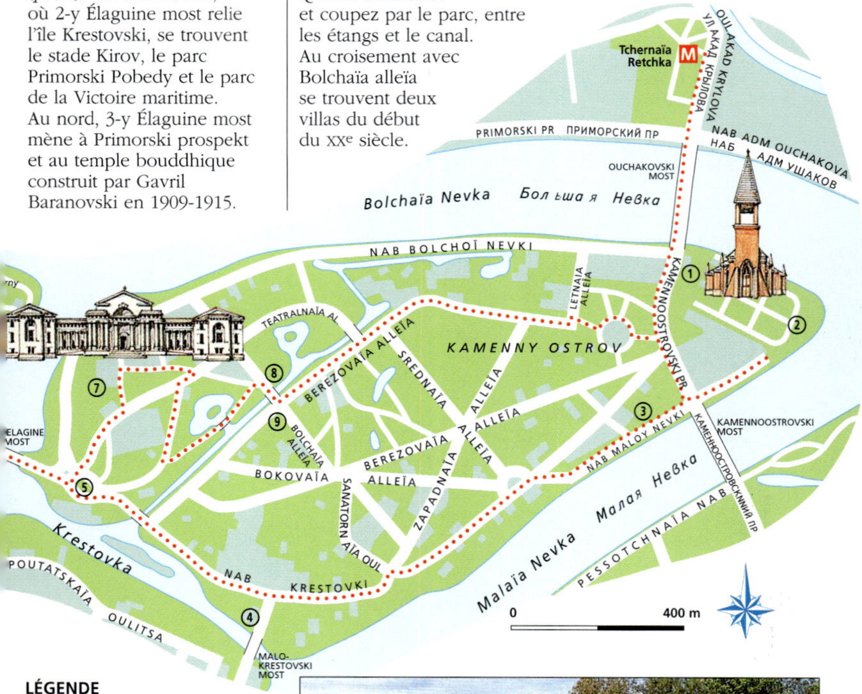

LÉGENDE

Itinéraire

Station de métro

CARNET DE ROUTE

Départ : *station de métro Tchernaïa Retchka* (p. 223).

Itinéraire : 6 km.

Comment y aller : *en métro jusqu'à la station Tchernaïa Retchka.*

Halte : *le café des anciennes écuries du palais Élaguine (en été).*

Les rives arborées de la Krestovka

Une heure trente le long des quais

Les Moscovites envient aux Pétersbourgeois les admirables perspectives de leur ville. Cette promenade sur la rive nord de la Neva vous fera découvrir les quais sud et Petrogradskaïa depuis le pont de la Trinité, point le plus large du fleuve. En hiver, la Neva gelée déroule son infini ruban blanc. Après la saison froide, le cœur de la cité se met à battre au rythme de l'eau. En chemin, vous verrez les plus belles constructions Art nouveau, la maisonnette de Pierre, le croiseur *Aurora* qui donna le signal de la révolution d'Octobre et le train qui ramena Lénine de son exil.

Lion de Mandchourie ⑦

Kamennoostrovski prospekt

Du métro Gorkovskaïa, prenez le passage souterrain et descendez Kronverkski prospekt, connue pour ses bâtiments Art nouveau. Plus loin, vous apercevrez les minarets de l'unique mosquée (1910-1914) de la ville : la Sobornaïa ① *(p. 70)*. À l'angle de Kouïbycheva

La forteresse et la cathédrale Saint-Pierre-et-Saint-Paul ⑤

oulitsa se trouve l'hôtel Kchessinskaïa ② *(p. 72)* avec sa façade asymétrique Art nouveau. Commandé en 1906 pour la ballerine Mathilde Kchessinskaïa, qui fut la maîtresse de Nicolas II, le bâtiment deviendra ensuite le quartier général des bolcheviks. C'est du balcon que Lénine s'adressa à la foule. Il abrite aujourd'hui le musée d'Histoire politique de la Russie, où sont présentées des expositions sur l'époque révolutionnaire. Reprenez Kouïbycheva oulitsa par la droite, puis tournez à gauche sur Kamennoostrovski prospekt *(p. 70)* jusqu'à la place de la Trinité ③ *(p. 73)*, jadis le cœur du quartier commerçant et le théâtre du massacre du « Dimanche rouge » en 1905.

Place de la Trinité

Jusqu'à la chute de l'URSS, cette place porta le nom de « place de la Révolution » en souvenir des 48 ouvriers fusillés par les troupes gouvernementales. Engagez-vous sur le pont Art nouveau de la Trinité ④ *(p. 35)*, qui enjambe la Neva en son point le plus large et offre de belles vues du fleuve et de la forteresse Pierre-et-Paul *(p. 66-67)*. Repérez la flèche de la cathédrale baroque Saint-Pierre-et-Saint-Paul ⑤. Le pont construit par la Société française des Batignolles, qui a aussi construit la tour Eiffel, fut achevé pour le bicentenaire de la ville en 1903.

Revenez sur les berges et longez le quai Petrovskaïa en passant devant la maisonnette de Pierre ⑥ *(p. 73)*. Le tsar a habité

Intérieur de la maisonnette de Pierre ⑥

Le croiseur *Aurora* (1900) ancré devant l'Académie navale Nakhimov ⑨

La Neva gelée et, plus loin, la coupole dorée de la cathédrale Saint-Isaac sur la rive sud

six ans – pendant la construction de la ville – cette cabane en rondins construite en trois jours (mai 1703). Catherine la Grande y ajouta un mur en brique. L'escalier extérieur est flanqué de deux statues de lion ⑦ rapportées de Mandchourie pendant la désastreuse guerre contre le Japon (1904-1905).

LÉGENDE

- Itinéraire
- Station de métro
- Arrêt de tramway
- Gare ferroviaire

Le croiseur Aurora

Longez Petrogradskaïa nab jusqu'au croiseur *Aurora* ⑧ *(p. 73)*. C'est de ce célèbre bateau que fut tiré un coup de canon à blanc donnant le signal de l'assaut du palais d'Hiver. Cela allait conduire les bolcheviks au pouvoir en 1917. Ouvert partiellement au public, il abrite un musée.

Plus loin sur la gauche se trouve l'Académie navale Nakhimov ⑨, construite sous Paul Ier dans un style très classique. Remontez jusqu'au pont Sampsonievski, traversez-le pour rejoindre Pirogovskaïa nab où vous prendrez le tramway n° 6 pour rentrer.

En continuant à pied, vous arriverez sur Arsenalnaïa nab où se trouve l'Académie militaire de médecine ⑩ construite sous Paul Ier. Sur la gauche, vous verrez plochtchad Lenina ⑪, avec au centre l'une des rares statues de Lénine qui restent à Saint-Pétersbourg.

CARNET DE ROUTE

Départ : *mosquée Sobornaïa.*
Itinéraire : *3,5 km.*
Comment y aller : *en métro jusqu'à la station Gorkovskaïa (p. 223).*
Halte : *le long de la rive nord, il y a des cafés pour acheter un sandwich, notamment aux alentours du croiseur Aurora et de la maisonnette de Pierre.*

Plochtchad Lenina

La majorité des statues de Lénine ont été enlevées après la chute de l'URSS. Celle-ci fut érigée en 1926. Notez l'attitude de Lénine hélant un taxi, si souvent reprise par les architectes qui ont construit les monuments dédiés au « Grand-Père Lénine », comme les enfants soviétiques avaient appris à l'appeler. Sur l'autre rive, dans l'axe de la place se dresse le « Dom Bolchoï », siège de l'ancien KGB où 47 000 peines de mort ont été prononcées contre des citoyens pétersbourgeois qui ont été ensuite fusillés. Il abrite aujourd'hui le siège du FSB et une prison. Remontez jusqu'à la gare de Finlande ⑫ *(p. 126)*, où est exposée la locomotive du train qui ramena Lénine en Russie pour prendre la tête de la révolution d'Octobre et changer la destinée du plus vaste pays au monde. La station de métro Plochtchad Lenina est à côté.

Statue de Lénine, plochtchad Lenina ⑪

ENVIRONS DE SAINT-PÉTERSBOURG

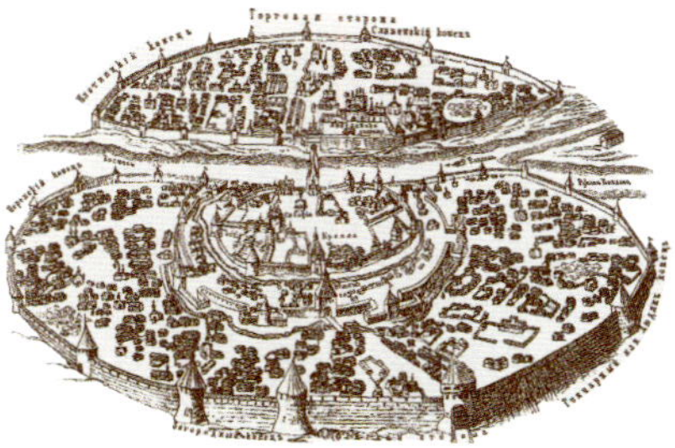

ENVIRONS DE SAINT-PÉTERSBOURG

Les paysages des environs de Saint-Pétersbourg sont typiques du Nord-Ouest de la Russie. Parmi les vastes plaines, les pinèdes et les lacs se nichent des sites culturels de grand intérêt comme les palais impériaux et Novgorod, une magnifique cité médiévale. Les excursions décrites ici permettent d'approcher cette splendide région.

Avant 1703, date de la fondation de Saint-Pétersbourg, cette région n'était que marécages insalubres peuplés de loups. Toutefois, ce territoire stratégique situé entre le golfe de Finlande et le lac Ladoga était la proie d'incessants conflits entre la Suède et la Russie. À cette époque, Novgorod *(p. 17)*, principauté autonome très prospère, était la seule cité d'importance. La ville conserve aujourd'hui une atmosphère médiévale.

Muse de la Poésie passionnée, Pavlosk

Le contraste est frappant avec le luxe des palais impériaux du sud de Saint-Pétersbourg. Ceux-ci reflètent les goûts de leurs illustres occupants. Près du golfe de Finlande, Peterhof, le palais de Pierre le Grand, témoigne de la passion du tsar pour la mer. Le palais de Tsarskoïe Selo offrait un exubérant décor baroque aux bals d'Élisabeth. La Grande Catherine, préférant plus d'intimité, y ajouta des appartements privés et, à Oranienbaum, l'élégant Palais chinois. Paul Ier transforma Gatchina en château fort. Sa femme, Maria Fiodorovna, fit de Pavlovsk une villa raffinée. Hormis le palais d'Orianenbaum, la plupart de ces résidences ont été très endommagées pendant la Seconde Guerre mondiale *(p. 27)*. Mais, depuis 50 ans, on s'efforce de les restaurer.

Alors que l'aristocratie donnait libre cours à son extravagance, les classes moyennes construisaient des maisons de campagne plus modestes. Au nord-ouest de la ville, la confortable datcha du peintre Ilia Repine donne au visiteur un aperçu de la vie de bohème de l'artiste.

Le kremlin de Novgorod, avec la cathédrale Sainte-Sophie et son beffroi

◁ L'escalier d'honneur du Grand Palais de Peterhof

À la découverte des environs de Saint-Pétersbourg

Si la plupart des Pétersbourgeois possèdent une datcha – une petite maison de campagne – où ils passent le week-end et les jours fériés, il y a d'autres façons de découvrir les environs. Plusieurs palais impériaux magnifiques sont disséminés, telles les perles d'un collier, au sud de la ville. Tous sont somptueusement décorés et entourés de parcs agrémentés de lacs. Au nord-ouest, les alentours de l'atelier du peintre Ilia Repine, à Repino, sont caractéristiques des bords de la Baltique, avec des forêts de conifères qui s'étendent jusqu'aux plages de galets.

Au sud, la cité médiévale de Novgorod est un passionnant témoignage de l'ancienne Russie, avec son kremlin fortifié et ses nombreuses églises à bulbes.

Le Palais chinois, à Oranienbaum

COMMENT Y ALLER

On rejoint aisément tous les palais impériaux et Repino en prenant un train de banlieue ou en s'inscrivant à une visite guidée *(p. 208)*. Le trajet est plus hasardeux et plus long en voiture. En été, on peut se rendre à Peterhof en hydroglisseur *(p. 229)*. La visite de ces sites se fait aisément en une journée. En revanche, Novgorod est plus éloignée, et il faudra y consacrer plus de temps. Pour s'y rendre, il faut prendre un train de grande ligne à la gare de Moscou *(p. 229)*.

Paysage côtier du golfe de Finlande

LA RÉGION D'UN COUP D'ŒIL

Gatchina ❹
Novgorod ❼
Oranienbaum ❷
Pavlovsk ❻
Peterhof ❸
Repino ❶
Tsarskoïe Selo ❺

CARTE DE SITUATION

Carte principale

LÉGENDE

- Route principale
- Route secondaire
- Parcours pittoresque
- Voie ferrée principale
- Voie ferrée secondaire

Dômes dorés de la chapelle du palais Catherine, à Tsarskoïe Selo

Repino ❶

Репино

Repino

47 km au NO de Saint-Pétersbourg. *de la gare de Finlande.* *411 du métro Tchernaïa Retchka.* **Penaty** Primorskoïe chosse 411. ***Tél.*** *432 0834.* *mer.-lun. 10h30-16h.* *anglais.* *r.-d.-c.*

En empruntant Primorskoïe chosse, la route côtière nord, on découvre une région de lacs, de forêts de pins et des plages de sable. Parmi les datchas vertes et les sanatoriums se trouve Repino, une ville qui porte le nom du grand peintre russe Ilia Repine *(p. 43)*, qui habita ici plus de 30 ans, jusqu'à sa mort en 1930.

Sa fabuleuse datcha au toit de verre très pentu et aux fenêtres en coin, baptisée *Les Pénates* en l'honneur des dieux domestiques romains, fut très endommagée pendant la Seconde Guerre mondiale et a été restaurée et aménagée en musée. Repine en redessina les plans pour l'adapter à ses besoins, avec, au rez-de-chaussée, une véranda aux larges baies vitrées qui servait d'atelier en hiver. À l'étage sont exposés ses pinceaux et plusieurs œuvres, dont un portrait inachevé de Pouchkine *(p. 44)* et le dernier autoportrait de Repine. La salle à manger est décorée de portraits de Fiodor Chaliapine et de Maxime Gorki, souvent invités par Repine. Une table à plateau tournant permettait de se servir et de débarrasser les plats utilisés, Repine n'ayant pas de domestiques. Les convives qui ne se pliaient pas à cette règle devaient faire un discours improvisé, devant le lutrin posé dans la pièce.

L'atelier du peintre Ilia Repine, dans sa maison de Repino

Dans le jardin, deux folies en bois sont cachées derrière les arbres et une simple croix dressée au sommet d'une petite butte marque la tombe de Repine.

Oranienbaum ❷

Ораниенбаум

Oranienbaum

40 km à l'O de Saint-Pétersbourg. ***Tél.*** *422 3753 ou 423 1627.* *de la gare de la Baltique.* **Parc** *t.l.j. 9h-17h.* **Palais chinois** *temporairement.* **Palais de Saint-Pierre III** *t.l.j. 10h30-17h (oct.-avr.le w.-e. seul.).* **Pavillon de la Montagne aux cascades** *temporairement.*

L'architecture d'Oranienbaum est plus ambitieuse que celle de Peterhof *(p. 148-151)*, situé 12 km plus à l'ouest. Ce palais extravagant fut commandé par Alexandre Menchikov *(p. 62)*, meilleur ami et conseiller principal de Pierre le Grand. Projet grandiose, il causa la ruine de Menchikov, et, lorsqu'il fut disgrâcié en 1727, le domaine fut requisitionné.

L'aspect baroque du Grand Palais a peu changé depuis sa construction par Gottfried Schädel et Giovanni-Maria Fontana, en 1710-1725. Le bâtiment central, situé sur une colline, est relié à deux remarquables pavillons symétriques.

De 1743 à 1761, le domaine fut la résidence du futur Pierre III, qui y bâtit une forteresse miniature et un petit lac pour accueillir sa minuscule flotte, ainsi qu'un terrain de manœuvre où il pouvait jouer à la guerre avec des soldats de plomb. Pierre III fit aussi appel à Antonio Rinaldi pour édifier un modeste palais. Après l'assassinat du tsar *(p. 22)*, la Grande Catherine s'y fit élever une datcha. Appelée « le Palais chinois », celle-ci fut conçue dans les années 1760 par Rinaldi, et l'édifice est célèbre pour sa superbe décoration intérieure rococo et sa multitude de chinoiseries, en vogue à l'époque.

Le bâtiment le plus inhabituel d'Oranienbaum est le pavillon de la Montagne aux cascades, construit par Rinaldi, en 1762, à la demande de Catherine. Les invités de la tsarine montaient jusqu'au pavillon bleu et blanc avant de se laisser glisser sur un toboggan ou dans de petites voitures, sur une pente de 500 m, dotée à l'origine d'une colonnade. À l'époque, ces « montagnes russes »

Le Grand Palais de Menchikov (1710-1725), à Oranienbaum

étaient un divertissement répandu chez les nobles. Elles se sont effondrées en 1813, mais on peut en voir une maquette dans le pavillon.

Oranienbaum fut le seul palais à ne pas subir de dommages durant la Seconde Guerre mondiale, car il était assez loin de la ligne de front. En 1948, le domaine a été rebaptisé Lomonossov, en l'honneur du célèbre savant du XVIIIe siècle *(p. 45)*, qui fonda non loin une usine de verre et de mosaïque. Le domaine a recouvré son nom d'origine, qui vient des orangers plantés par Menchikov.

Les chinoiseries du Palais chinois de Catherine, à Oranienbaum

Peterhof ❸

Voir p. 148-151.

Gatchina ❹

Гатчина

Gatchina

45 km au SO de Saint-Pétersbourg. *de la gare de la Baltique.* *K-18, K-100 depuis la station de métro, Moskovkaïa 431 de pl. Pobedy.* ***Tél.** 8 81371 93492.* *mar.-dim. 10h-18h.* *anglais (tél. av. pour rés.).* **www**.museum.navy.ru

En 1765, la Grande Catherine donna le village de Gatchina à son amant, le prince Grigori Orlov. Celui-ci commanda un palais néoclassique à Antonio Rinaldi, qui l'acheva en 1781.

L'austère bâtiment principal du palais de Gatchina

À la mort d'Orlov, deux ans plus tard, Catherine attribua ce domaine à son fils et héritier, le futur tsar Paul Ier. Ce dernier, passionné par l'art militaire, demanda à son architecte de prédilection, Vincenzo Brenna, d'adapter le palais à son goût. Brenna y ajouta un étage, creusa des douves et bâtit un pont-levis. Un autre Romanov, Alexandre III, fit de ce palais sa résidence principale et celle de sa famille à la fin du XIXe siècle. Cette propriété était une retraite sûre et éloignée des troubles sociaux qui menaçaient sporadiquement la capitale *(p. 26)*. La famille impériale y menait une vie simple et retirée. À l'instar des goûts de plus en plus bourgeois de la noblesse européenne de l'époque, ils préféraient l'intimité des logements de service à la grandeur des salles d'apparat.

En 1917, lorsque les bolcheviks prirent le pouvoir, Alexandre Kerenski, chef du gouvernement provisoire, alla à Gatchina où il tenta encore de rallier ses partisans. Une semaine plus tard, il déserta ses troupes et dut s'exiler *(p. 27)*.

Très endommagé lors de la Seconde Guerre mondiale, Gatchina servit ensuite d'Académie militaire pendant plusieurs années et connut une restauration longue et minutieuse. Trois salles se distinguent : la salle à manger en marbre, la sinistre chambre de Paul Ier, située en haut d'une des tours de Brenna, et la magnifique salle de bal blanche. Au rez-de-chaussée se trouve une collection d'armes.

Les splendides parcs sont les plus vastes de tous les domaines impériaux. On y verra le temple de Vénus (1792-1793), sur la discrète île de l'Amour, et la maison des Bouleaux, construite dans les années 1790. Cette bâtisse, ressemblant à un tas de bûches, abrite de belles pièces. On peut louer des bateaux et, l'été, l'eau limpide du lac est idéale pour se baigner.

Tsarskoïe Selo ❺

Voir p. 152-155.

La salle de bal blanche de Gatchina, avec ses copies de statues égyptiennes

Peterhof ❸

Петергоф
Petergof

Peterhof se dresse au centre d'un parc paysagé, composé de jardins à la française et à l'anglaise. Le palais, avec ses vues sur la Baltique, est l'image du triomphalisme impérial. Le premier Grand Palais (1714-1721), dû à Jean-Baptiste Le Blond, a été remanié pendant le règne d'Élisabeth, quand Bartolomeo Rastrelli ajouta un troisième étage et deux ailes se terminant chacune par un pavillon. Rastrelli conserva la façade baroque de Le Blond, mais redessina l'intérieur, laissant libre cours à son goût pour les dorures baroques.

Un canal relie la Grande Cascade au golfe de Finlande

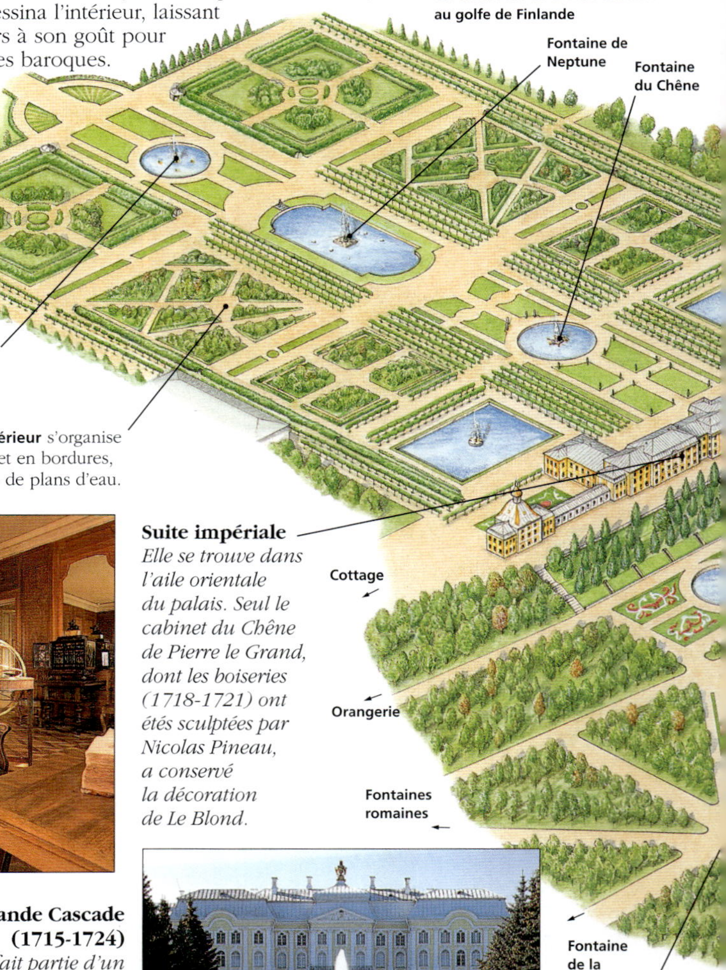

Le parc supérieur s'organise en massifs et en bordures, agrémentés de plans d'eau.

Suite impériale
Elle se trouve dans l'aile orientale du palais. Seul le cabinet du Chêne de Pierre le Grand, dont les boiseries (1718-1721) ont étés sculptées par Nicolas Pineau, a conservé la décoration de Le Blond.

★ Grande Cascade (1715-1724)
Elle fait partie d'un ensemble de 37 sculptures en bronze doré, 64 fontaines et 142 jets d'eau (p. 151) *qui descendent des terrasses du Grand Palais jusqu'au canal relié à la mer.*

PALAIS DE PIERRE LE GRAND

Après sa victoire sur les Suédois en 1709, à Poltava, Pierre le Grand décida de construire un palais « à la hauteur du plus grand des monarques ». Sa visite de Versailles, en 1717, renforça ses ambitions. Plus de 5 000 ouvriers, serfs et soldats menés par des architectes, des hydrauliciens, des paysagistes et des sculpteurs travaillèrent sur ce chantier. Commencé en 1714, Peterhof fut inauguré en 1723. Le Grand Palais de Le Blond, achevé en 1721, fut remanié au fil des ans. Vers 1770, la Grande Catherine chargea Iouri Velten de redécorer une partie de l'intérieur, notamment la salle du Trône et la salle de Tchesma.

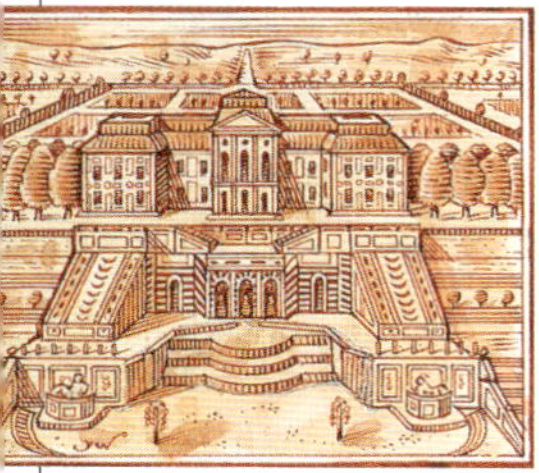

Les plans originels du Grand Palais de Jean-Baptiste Le Blond

MODE D'EMPLOI

Petrodvorets, 30 km à l'O de Saint-Pétersbourg. ***Tél.*** *450 5287.*
de la gare de la Baltique (p. 228) *jusqu'à Novy Petergof.*
Ermitage (mai-oct.) (p. 229).
Grand Palais *mar.-dim. 10h30-17h.* **Pavillons** *mai-sept. : mar-dim. 11h-17h ; oct.-avr. : sam.-dim. 11h-17h.*
Fontaines *mai/déb.-oct. : 10h30-17h.*

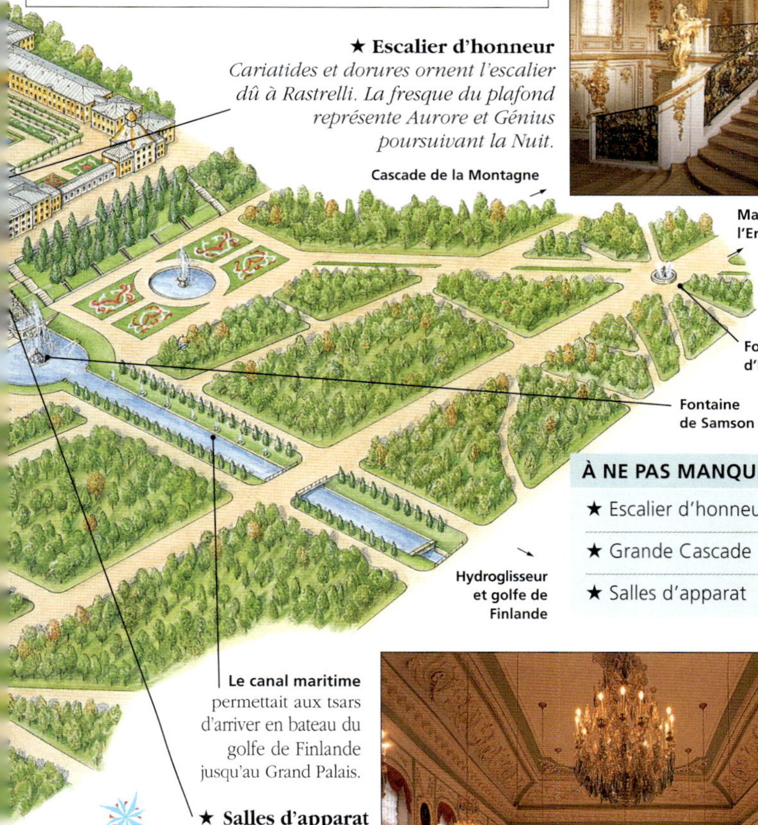

★ Escalier d'honneur
Cariatides et dorures ornent l'escalier dû à Rastrelli. La fresque du plafond représente Aurore et Génius poursuivant la Nuit.

Cascade de la Montagne

Marly et l'Ermitage

Fontaine d'Ève

Fontaine de Samson

Hydroglisseur et golfe de Finlande

Le canal maritime permettait aux tsars d'arriver en bateau du golfe de Finlande jusqu'au Grand Palais.

★ Salles d'apparat
Parmi celles-ci, la somptueuse salle du Trône a été redessinée par Iouri Velten en 1770. La relative sobriété des ornements en stuc, les tentures en velours rouge et les parquets mettent en valeur les portraits de la famille impériale de Russie.

À NE PAS MANQUER

★ Escalier d'honneur

★ Grande Cascade

★ Salles d'apparat

À la découverte du domaine de Peterhof

Le parc supérieur, le parc inférieur et le parc Alexandria forment un domaine d'environ 607 ha, bordant la Baltique. Il comprend de nombreux palais et fontaines, des avenues bordées d'arbres et des sentiers boisés. Le Blond dessina le parc à la française situé près du Grand Palais, avec ses massifs de fleurs géométriques, ses sculptures, ses pergolas et ses pavillons d'été. Les végétaux (tilleuls, ormes, érables et rosiers) ont été importés de toute la Russie et de l'étranger.

Le cottage, dans le parc Alexandria

Le palais de Monplaisir (1714-1722) domine le golfe de Finlande

Le palais de Monplaisir
Ce charmant palais (1714) fut conçu par Johann Braunstein. Même après la construction du Grand Palais, Pierre le Grand continua à habiter et à se distraire à Monplaisir, où ses invités étaient contraints de se livrer à des beuveries. Dès le matin, les tasses à café débordaient de cognac, et, le soir, les invités erraient ivres dans le parc.

L'intérieur est plus simple que celui du Grand Palais. La salle des Cérémonies est superbe avec ses murs lambrissés de boiseries. La fresque du plafond représente Apollon entouré de personnages costumés. Le cabinet des Laques est paré d'icônes de style chinois, dues à des maîtres russes. Sur les murs est accrochée la collection de tableaux de toiles hollandaises et flamandes de Pierre le Grand. Les fenêtres du bureau d'études navales du tsar offrent de très belles vues du golfe de Finlande.

L'aile Catherine a été ajoutée à Monplaisir par Rastrelli pour Élisabeth, en 1747-1754. En 1762, Catherine la Grande se trouvait à Monplaisir lorsqu'elle apprit par le comte Orlov la nouvelle du coup d'État qui lui permit d'accéder au trône *(p. 24)*.

Le palais de Marly
Cette résidence rurale aux dimensions harmonieuses, bâtie pour les hôtes du tsar, doit son nom à Marly-le-Roi, le pavillon de chasse du roi de France que Pierre-le-Grand avait visité lors de son voyage en Europe en 1717. Les cabinets du Chêne et du Platane, la chambre de Pierre et la salle à manger se visitent. Le palais de Marly est entouré d'un parc avec sculptures, fontaines, grande pièce d'eau et la cascade de la Montagne d'or (1731-1737) de Niccolo Michetti.

Fourneau orné de carreaux de céramique, au palais de Marly

L'Ermitage
Retiré au bord du golfe de Finlande, cet élégant pavillon (1721-1725) créé par Braunstein était la salle de réception privée du tsar. Pour l'isoler encore plus, l'édifice a été surélevé et entouré de douves qu'enjambait un pont-levis. La façade est ornée de stucs, de pilastres corinthiens, de balcons en fer forgé et de larges baies vitrées. Les domestiques étaient confinés au rez-de-chaussée et un monte-plats mécanique reliait la cuisine à la salle à manger.

Le cottage
Le parc Alexandria, qui porte le nom de la femme de Nicolas Ier, est l'écrin idéal pour cette demeure néogothique, qui est plus imposante que ne le laisse penser son nom. L'architecte écossais Adam Menelaws en dessina les plans en 1826-1829 pour Nicolas Ier et sa femme, qui désiraient un cocon familial répondant à leurs goûts « bourgeois ».

Le style gothique s'y retrouve notamment dans le Grand Salon, avec le motif en rosace du tapis et le plafond orné d'une dentelle de stuc. Le service de table de 5 200 pièces, en cristal et en porcelaine, a été fabriqué pour le tsar et la tsarine à la Fabrique impériale de porcelaine.

Les fontaines de Peterhof

Lorsque Jean-Baptiste Le Blond soumit son projet de jeux d'eau à Pierre le Grand en 1717, le tsar en avait déjà tracé quelques plans. La pièce centrale de cet ensemble est la Grande Cascade, alimentée par la source souterraine des monts Ropcha, située à 22 km. Au centre de celle-ci, le groupe sculpté symbolise la victoire de la Russie sur la Suède *(p. 18-19)*.

Détail de la fontaine de Mejeumny

Surtout situés dans le parc inférieur, les jeux d'eau imaginatifs comprennent les fontaines du Triton, du Lion et du Dragon, et des fontaines moins imposantes où des petits garçons à queue de poisson vaporisent de l'eau en soufflant dans des conques. Parmi les « fontaines-surprises », celle de l'Ombrelle, arrosant ceux qui s'approchent trop près d'elle, est une des plus amusantes.

Les fontaines romaines *furent dessinées par Blank et Davidov en 1738-1739. Ces deux fontaines sont inspirées d'une construction semblable de la place Saint-Pierre à Rome.*

La fontaine d'Adam, *sculptée par Bonazza, a été commandée par Pierre le Grand en 1718, comme la fontaine d'Ève. Elles symbolisent le paradis terrestre que le tsar a voulu recréer à Peterhof.*

La fontaine de Neptune *fut construite 50 ans avant Peterhof. Cette sculpture baroque avait en effet été érigée à Nuremberg en 1658, pour commémorer la fin de la guerre de Trente Ans. Le manque d'eau l'empêchant de fonctionner, elle fut vendue à Paul Ier en 1782.*

La Grande Cascade *était à l'origine décorée de statues en plomb. Elles ont été refondues en bronze et dorées à partir de 1799. Choubine et Martos font partie des talentueux sculpteurs qui ont créé cette splendide cascade.*

La fontaine de la Pyramide *(1720) possède plus de 500 jets d'eau aux formes particulières, qui jaillissent en sept niveaux pour créer un « obélisque » commémorant la victoire de la Russie sur la Suède.*

Tsarskoïe Selo ❺

Царское Село

Tsarskoïe Selo

Le palais Catherine, à Tsarskoïe Selo, fut commandé à Rastrelli *(p. 93)* par la tsarine Élisabeth en 1752. Elle le baptisa du nom de sa mère, Catherine Ire, propriétaire du domaine. À son tour, la Grande Catherine marqua le palais de son empreinte et demanda à l'architecte écossais Charles Cameron de recréer l'intérieur baroque pour l'adapter à son goût plus néoclassique. Celui-ci construisit les bains traditionnels russes, chauds et froids, le pavillon d'Agate et la galerie qui porte son nom. La restauration, commencée après la guerre, se poursuit toujours. Une vingtaine de salles d'apparat sont déjà ouvertes, ainsi que le parc.

★ Grande salle de bal

*La salle de Rastrelli, où de petits flots de lumière illuminent les miroirs, les sculptures dorées et le plafond peint (*le Triomphe de la Russie, *v. 1755) dû à Giuseppe Valeriani, est resplendissante.*

Atlantes

L'étonnante façade baroque de 300 m de long est ornée d'une profusion d'atlantes, de colonnes, de pilastres et d'encadrements de fenêtres ouvragés.

L'escalier d'honneur (1860) d'Ippolito Monighetti donne accès aux salles d'apparat du premier étage.

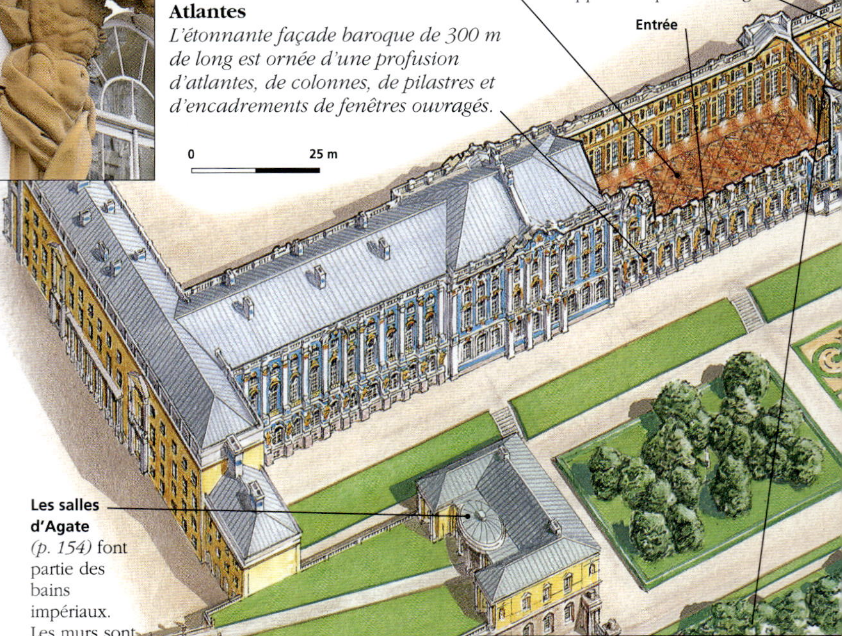

Les salles d'Agate *(p. 154)* font partie des bains impériaux. Les murs sont incrustés de pierres semi-précieuses de l'Oural.

Galerie Cameron *(p. 154)*

Salle à manger des Chevaliers

La table est dressée pour accueillir les gentilshommes au service de la tsarine Élisabeth, dans l'élégante salle blanc et or créée par Rastrelli.

★ Cabinet d'Ambre
À l'origine, les panneaux d'ambre d'Andreas Schlüter (1709), qui recouvraient les murs de ce cabinet (1709), ont été offerts par Frédéric-Guillaume Ier à Pierre le Grand. Cette salle est peu à peu reconstituée à partir de photos et complétée par des panneaux sculptés et des mosaïques florentines.

La chapelle royale, richement décorée dans les tons bleu foncé et or, est de Tchevakinski (1740). Une iconostase sur six rangées s'y trouve.

Le Salon bleu se caractérise par des motifs floraux bleus peints sur soie. Des portraits royaux décorent cette pièce, dont celui de Pierre le Grand par Ivan Nikitine (v. 1720).

Vers le lycée et l'église du Signe *(p. 155)*

La galerie de peintures abrite des œuvres de maîtres français, hollandais et flamands des XVIIe et XVIIIe siècles.

Le côté formel et symétrique des jardins à la française (v. 1740) contraste avec le paysage naturaliste à l'anglaise *(p. 152)* du parc, créé en 1768.

★ Salle à manger verte
La sobriété néoclassique chère à Cameron contraste avec le caractère flamboyant de la décoration baroque de Rastrelli. Les motifs des bas-reliefs en stuc d'Ivan Martos sont inspirés des fresques de Pompéi.

Petite enfilade
Ces pièces non restaurées contiennent un mobilier et des objets d'art très variés. Parmi les trésors du XIXe siècle, on peut y voir des meubles chinois laqués et des tapis d'Orient.

MODE D'EMPLOI

25 km S de Saint-Pétersbourg. *gare de Vitebsk pour Detskoïe Selo, puis bus 371 ou 382.* **Palais** ***Tél.*** *465 2024.* *mai-sept. : 12h-14h, 16h-17h ; oct.-avr. : sam.-jeu. 10h-17h.* *ven., dern. lun. du mois.* **Salles d'Agate** *pour rénov.* **Galerie Cameron** *mer.-lun. 10h-17h.* **Parc** *mai-oct : 9h-18h.* *gratuit 18h-21h.* **www.tzar.ru**

À NE PAS MANQUER

- ★ Cabinet d'Ambre
- ★ Grande salle de bal
- ★ Salle à manger verte

À la découverte de Tsarskoïe Selo

Un millier de soldats et d'ouvriers défrichèrent une forêt très dense pour créer les magnifiques parcs et jardins de Tsarskoïe Selo (« le Village du tsar »). Les travaux commencèrent en 1744, mais, en 1768, la Grande Catherine commanda le premier parc paysager de Russie. D'une superficie de 567 ha, il fut doté de gracieux pavillons disposés autour du lac central. Ne manquez pas de visiter aussi le parc et la ville de Tsarskoïe Selo situés au nord-est du palais.

Les jardins à la française, parc Catherine

Parc Catherine
Les jardins à la française au sud-est du palais sont traversés d'allées, de parterres, de terrasses, de ponts ornementés, de haies, d'élégants pavillons et de statues néoclassiques. Près du palais se trouve le **pavillon d'Agate** (1780-1787), fermé. Le rez-de-chaussée, lourd et rustique, contraste avec l'étage supérieur, conçu sur le modèle d'une villa Renaissance. L'édifice doit son nom à l'agate, au jaspe, à la malachite qui ornent ses murs intérieurs.

L'impressionnante **galerie Cameron** (1783-1787) a un sol en pierres rustiques, surmonté d'un péristyle néoclassique de 44 colonnes ioniques. Alignés le long de cette colonnade se trouvent des bustes de philosophes, poètes et dirigeants. En 1792-1794, Cameron ajouta une longue rampe en pierre pour permettre à la Grande Catherine vieillissante d'accéder aux jardins. Les **bains inférieurs** et **supérieurs** (1777-1780) de style néoclassique sont d'Ilia Neïelov. Les bains inférieurs, surmontés d'un dôme, étaient ceux des courtisans, tandis que les bains supérieurs étaient réservés à la famille impériale.

Fille avec la cruche par Pavel Sokolov (1816)

La construction de la **grotte**, œuvre de Rastrelli, commença en 1749, mais la décoration intérieure, avec plus de 250 000 coquillages, se poursuivit jusque dans les années 1770.

L'allée principale des jardins mène à l'**ermitage** (1756), pavillon baroque construit par Rastrelli, où Élisabeth recevait des amis à dîner.

La partie romantique du parc inférieur a débuté en 1768, avec des maîtres jardiniers tels que John Bush, qui travailla sous les ordres de l'architecte Vassili Neïelov. On creusa un canal de 16 km pour alimenter les autres canaux, cascades et lacs artificiels, y compris le **grand étang**. Du pavillon de Giacomo Quarenghi (1786), situé sur l'île du lac, Catherine et sa Cour écoutaient les musiciens installés dans des gondoles dorées.

Le thème maritime lie l'**Amirauté** (1773-1777), un bâtiment néogothique hollandais de Vassili Neïelov, à la **colonne rostrale de la Tchesma**, de 25 m de haut. Dessinée par Antonio Rinaldi en 1771, elle commémore la victoire navale russe sur les Turcs, en mer Égée.

Sur les eaux calmes du lac se reflètent le dôme rosé et le minaret des **bains turcs**, ainsi que le **pont de marbre** (1770-1776) et ses colonnes. Dominant le lac, la statue de la **Laitière à la cruche cassée** de Sokolov a inspiré à Pouchkine son célèbre poème *La Fontaine de Tsarskoïe Selo*, où une jeune fille qui a cassé son pot au lait est « *assise éternellement triste près d'un éternel ruisseau* ».

On trouvera des chinoiseries, en vogue au XVIIIe siècle, en bordure du parc Alexandre où Cameron a bâti son **Village chinois** (1782-1796). Le **Pavillon grinçant** – il grince dès que quelqu'un franchit l'entrée –, de Iouri Velten, et le **Grand Caprice** (v. 1770), de Neïelov, un pont en dos d'âne surmonté d'une structure en forme de pagode, en sont d'autres exemples.

Les bains turcs (1852) de Monighetti, de style mauresque

Pavillon grinçant (1778–1786)

Ville de Tsarskoïe Selo

La ville devint un lieu de villégiature pour la noblesse au XIXe siècle. En 1937, elle fut rebaptisée Pouchkine, en l'honneur du poète qui fréquenta le **lycée** local de 1811 à 1817. Cette école fut fondée par Alexandre Ier en 1811 pour l'aristocratie. En 1998, la ville a repris son nom d'origine.

La gracieuse **église du Signe** (1734) est l'un des édifices les plus anciens de la ville. Dans un jardin voisin, une statue de Roman Bach représente Pouchkine en uniforme du lycée. Pouchkine et sa jeune épouse Natalia ont passé l'été 1831 dans cette merveilleuse maison en bois que l'on appelle « la **datcha de Pouchkine** ». L'écrivain Nicolas Gogol faisait partie des amis qu'ils recevaient.

À l'ouest de la ville se trouve le **palais Alexandre** (1792), commandé par Catherine pour son petit-fils, le futur Alexandre Ier. Giacomo Quarenghi dressa les plans de ce sévère édifice néoclassique avec deux ailes en saillie et une façade à colonnes. Le dernier tsar de Russie, Nicolas II, et sa famille habitèrent ce palais de 1904 à leur assignation à résidence en 1917 *(p. 28)*. Une exposition est proposée à l'intérieur.

Lycée
Sadovaïa 2. ***Tél.*** *476 6411.*
mer.-lun. 10h30-17h30.
dern. ven. du mois.

Datcha de Pouchkine
Pouchkinskaïa 2. ***Tél.*** *476 6990.*
mer.-dim. 10h30-17h30.
dern. ven. du mois.

Palais Alexandre
Dvortsovaïa 2. ***Tél.*** *466 6669.*
mer.-lun. 10h-18h. *dern. lun. du mois.* **www**.tzar.ru

La statue d'Alexandre Pouchkine (1900) de Roman Bach

Légende des symboles *voir rabat arrière de couverture*

Le drapeau des Romanov flottant sur le palais Catherine ▷

Pavlovsk 6

Павловск
Pavlovsk

Pour célébrer la naissance de son petit-fils, futur tsar, la Grande Catherine offrit ces terres à son fils, le grand-duc Paul, en 1777. Elle lui « donna » aussi son architecte favori, Charles Cameron, qui dessina à la fois le palais et le parc. Les travaux de Pavlovsk (de « Pavel » ou « Paul ») débutèrent en 1780 et furent poursuivis par la veuve de Paul Ier, Maria Fiodorovna, bien après la mort de celui-ci. Les jardins anglais, à la mode à cette époque, inspirèrent à Cameron un paysage prétendu sauvage, doté de pavillons pour les réceptions non officielles, de ruines romantiques et de jolies vues tout autour de la Slavianka.

Bains froids
Ce pavillon austère, construit par Cameron en 1799 comme piscine pour l'été, possède un élégant vestibule, des peintures, des meubles et de riches tapisseries murales.

Colonnade d'Apollon
(1782-1783) *de Cameron*
*Elle entoure une reproduction de l'*Apollon du Belvédère*, au-dessus des ruines d'une cascade romantique.*

Le pavillon des Trois Grâces

Le pont aux Centaures de Voronikhine (1805), niché dans un méandre de la Slavianka.

Volière

Le pavillon du Lait (1782) est occupé à la fois par une laiterie et un très élégant salon.

★ Palais de Pavlovsk
Cette résidence palladienne (1782-1786) est le corps central du palais actuel (p. 160-161). *Les ailes ont été ajoutées en 1789 par Vincenzo Brenna, l'architecte favori de Paul.*

★ Temple de l'Amitié
Ce temple dorique (1780) est le premier monument russe de style grec.

Pont Visconti
Créé en 1807 par Andreï Voronikhine, ce pont est l'un des plus célèbres de la Slavianka, une rivière sinueuse.

MODE D'EMPLOI

Pavlovsk. ***Tél.*** *452 1536.* *gares de Vitebsk ou de Kouptchino puis bus 370, 383, 493, K-286, K-299, K-513* (p. 228). **Parc** *t.l.j.* *mai-nov : 10h-17h.* **Palais** *sam.-jeu. 10h-17h.* *hiver : 1er lun. du mois.* *anglais.* **www**.museum.ru

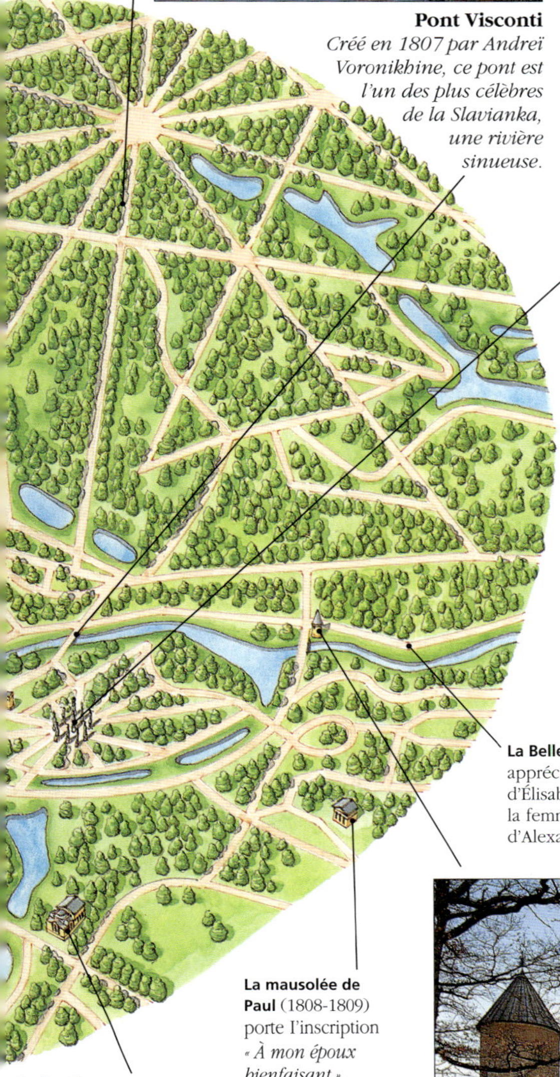

Allée de la Femme verte

Gare de Pavlovsk

L'Étoile
L'Étoile est le premier jardin paysager du parc réalisé par Cameron en 1780. Le cercle de statues représente les neuf Muses, protectrices des arts et des sciences.

La Belle Vallée appréciée d'Élisabeth, la femme d'Alexandre Ier.

0 200 m

La mausolée de Paul (1808-1809) porte l'inscription *« À mon époux bienfaisant ».*

Le Pavillon rose était le lieu préféré de Maria Fiodorovna, depuis 1812. Elle y organisa des concerts et des soirées littéraires.

À NE PAS MANQUER

★ Palais de Pavlovsk

★ Temple de l'Amitié

Tour Pil et pont
L'intérieur de la tour de Brenna (1795-1797) est occupé par un escalier en spirale, un salon et une bibliothèque. Le pont a été ajouté en 1808.

À la découverte du palais de Pavlovsk

Horloge du XVIIIe siècle, Salle grecque

Catherine la Grande chargea Cameron de l'édification du Grand Palais (1782-1786), alors que Paul et sa femme voyageaient incognito en Europe sous les noms du comte et de la comtesse du Nord. Ces derniers achetèrent pour leur demeure des horloges françaises, de la porcelaine de Sèvres, des tapisseries et des meubles. De retour en Russie, ils firent appel à Brenna pour ajouter des ailes plus élaborées qui donnèrent au bâtiment la dimension d'un vrai palais.

Façade ouest du palais néoclassique

PLAN DU PALAIS DE PAVLOVSK, 1er ÉTAGE

LÉGENDE

- Salles d'apparat
- Aile sud

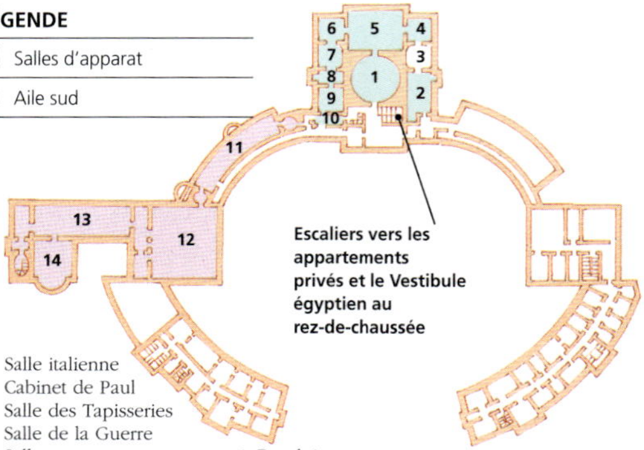

1 Salle italienne
2 Cabinet de Paul
3 Salle des Tapisseries
4 Salle de la Guerre
5 Salle grecque
6 Salle de la Paix
7 Bibliothèque de Maria Fiodorovna
8 Boudoir
9 Chambre d'apparat
10 Garde-robe
11 Galerie de tableaux
12 Salle du Trône
13 Salle des Chevaliers
14 Chapelle

SALLES D'APPARAT

La Salle italienne de Cameron et Brenna, 1789

La plupart des appartements de Pavlovsk sont de tailles plutôt modestes. Maria Fiodorovna, la femme de Paul, leur a donné une élégance féminine. Après l'incendie de 1803, Andreï Voronikhine remania l'intérieur du palais. Le Vestibule égyptien (hall d'entrée) a ainsi été réaménagé avec des bronzes peints et des médaillons représentant les signes du zodiaque. En haut de l'escalier se trouve le vestibule d'Honneur de Brenna, décoré de bas-reliefs qui témoignent de la passion de Paul pour le génie militaire. Dans la Salle italienne, située sous une coupole centrale à lanternons, les lourdes portes sont en bois de rose et en acajou.

À cet étage, Paul habitait les pièces situées au nord, tandis que les appartements du sud étaient ceux de Maria. Dans le cabinet de Paul se trouve le gracieux portrait de Maria, peint par Johann Lampi en 1794. À l'origine, le bureau en acajou avait été fabriqué pour le nouveau château des Ingénieurs *(p. 101)*, mais, après l'assassinat de Paul en 1801 *(p. 22)*, Maria fit transférer la plupart des meubles du château au palais de Pavlovsk.

La salle de la Guerre appartenait à Paul ; en face, celle de la Paix fut aménagée pour Maria. Ne différant que par leurs emblèmes, toutes deux sont ornées de bas-reliefs et de massives dorures. La Salle grecque, au milieu, est un chef-d'œuvre néoclassique dû à Cameron.

Les appartements de Maria Fiodorovna commencent par une petite bibliothèque. La chaise du bureau, créée par Voronikhine, porte des pots prévus pour y mettre des fleurs. Le boudoir a des pilastres peints de motifs inspirés de Raphaël et une cheminée en marbre de Carrare parée de porphyre. La chambre à coucher d'apparat ne servait qu'aux cérémonies officielles. La toilette en porcelaine

Le boudoir de Maria Fiodorovna, de Brenna, 1789

La galerie de tableaux (1789), avec les lustres de Johann Zeck

de Sèvres de 64 pièces, qui comprend aussi une tasse à café et une œillère pour bains d'yeux, a été offerte à la tsarine par Marie-Antoinette.

Dans la garde-robe, meubles et objets en métal (coiffeuse, chaise, vases et encrier), offerts à Maria par la Grande Catherine, ont été fabriqués par la manufacture de canons de Toula en 1789.

AILE SUD

La galerie de tableaux (1798) offre de très belles vues sur le parc. Quelques tableaux, pour la plupart achetés par le jeune couple impérial lors de son séjour en France, offrent un intérêt. Paul et Maria s'intéressaient plus aux arts décoratifs.

Brenna dessina les plans de la salle du Trône en 1797, lorsque Paul accéda au pouvoir. Malgré son nom, elle servait aux bals et aux dîners d'apparat. Sur les tables dressées, on peut voir une partie du service de 606 pièces dorées. Les grands vases ont été rapportés de la manufacture de Sèvres. Le plafond a été peint lors de la restauration du palais après la Seconde Guerre mondiale *(p. 27)*, d'après des dessins originaux qui n'avaient jamais été utilisés. Paul fut élu « grand maître des Chevaliers de Saint-Jean » au moment où ceux-ci durent s'enfuir de Malte, lors de l'invasion des troupes de Napoléon en 1798. Il commanda l'agencement de la salle des Chevaliers où se déroulaient les cérémonies de l'Ordre. Cette salle vert pâle est ornée de statues classiques qui furent enterrées dans les jardins du palais, pour les protéger lors de l'occupation allemande.

La chapelle impériale Saint-Pierre-et-Saint-Paul fut construite par Brenna (1797-1798) et décorée de copies de peintures européennes.

APPARTEMENTS PRIVÉS

Les appartements privés se situent au rez-de-chaussée. La salle des Pilastres (1800) est meublée d'acajou. Le salon de la Lanterne, plus tardif, est de Voronikhine et doit son nom à sa fenêtre en saillie.

La garde-robe de Maria Fiodorovna s'ouvre sur sa chambre à coucher (1805). Des soieries d'origine ont pu être sauvées pendant la guerre et ont été utilisées pour border les nouveaux rideaux.

La petite salle de bal rose et bleu était réservée aux fêtes privées. Sur les murs sont accrochés des tableaux d'Hubert Robert, très en vogue à l'époque. Le Bureau général, qui servait de salon privé, est orné de portraits de la famille impériale. Les vues du palais de Gatchina, qui décorent les murs du Salon framboise, le bureau privé de Paul, avaient été destinées au château des Ingénieurs.

Le salon de la Lanterne, un des chefs-d'œuvre de Voronikhine, 1804

MARIA FIODOROVNA (1759-1828)

Maria Fiodorovna donna naissance à dix enfants et considérait Pavlovsk comme le onzième. Paul préférait Gatchina *(p. 147)*, et, en 1788, Pavlosk fut attribué à sa femme. Elle s'employa à le décorer, donnant des directives précises aux architectes et aux décorateurs qui déploraient leur manque de liberté. Maria, née Sophie de Württemberg-Stuttgart, avait reçu une éducation germanique très pragmatique, qui lui donna une grande habileté manuelle. Elle dessina des meubles et peignit des portraits dont elle orna le palais.

Encrier (1795) réalisé d'après un dessin de Maria Fiodorovna

Novgorod ❼

Великий Новгород
Veliki Novgorod

Détail d'une porte, cathédrale Sainte-Sophie

Étui à icône incrusté de pierres précieuses, chambre des Facettes

Même si son nom signifie « Nouvelle Ville », cette vieille cité a été fondée en 859 par le prince varègue (viking) Riourik *(p. 17)*. Fière d'avoir son propre gouvernement depuis le XIe siècle, elle dut se soumettre à Ivan III, en 1478. Située à un endroit stratégique sur le Volkhov, une rivière qui relie la Scandinavie à la mer Égée, Novgorod devint un centre commercial très important. En 1570, Ivan le Terrible mit la ville à feu et à sang pour punir une conspiration contre lui. Finalement, ce fut l'essor de Saint-Pétersbourg qui entraîna le déclin de la cité. La majeure partie du splendide patrimoine culturel de la vieille ville, avec ses églises médiévales et ses rues pittoresques, fut très abîmé par la Seconde Guerre mondiale et reste en cours de restauration.

Kremlin

Sur la rive gauche du Volkhov, ou Sofiskaïa Storona (« le côté de Sophie »), se dressent les imposants murs en brique et les tours coiffées de dômes du Detinets (kremlin), datant du XIe au XVIIe siècle. D'après la coutume de l'époque, la première pierre aurait été posée sur un enfant vivant.

La Koukoui (XVIIe siècle) est la plus remarquable et la plus haute des tours (32 m). Les étages inférieurs servaient de cave à vins et de salle du Trésor, tandis que, selon la chronique de l'époque, la pièce octogonale située sous la coupole permettait de « surveiller toute la ville ».

Au cœur de la forteresse se trouve une église byzantine, la **cathédrale Sainte-Sophie** (1045-1062), la plus ancienne et la plus grande de la cité. Elle porte le même nom que la cathédrale de Kiev, dont elle est une copie. Toutefois, les tendances de l'école de Novgorod apparaissent déjà dans l'absence d'ornements et la rareté des fenêtres, à cause du froid. Sur le mur nord, de la chaux a disparu, découvrant les effets primitifs de mosaïque entre la pierre gris-jaune et la brique.

Les murs du kremlin, avec le dôme du beffroi de Sainte-Sophie (XVe siècle)

À l'ouest du bâtiment, les portes en bronze font partie du butin saisi lors du pillage de la ville suédoise de Sigtouna. Dans le coin en bas à gauche, se trouvent les portraits et les noms en lettres latines de Riquin et Weissmut, les artisans dont elles sont l'œuvre. L'intérieur est divisé par des piliers en cinq ailes, dont trois aboutissent à des absides. Des fragments des fresques d'origine subsistent encore et l'iconostase est l'une des plus anciennes de Russie, certaines icônes datant du XIe au XVIIe siècle.

À l'est de la cathédrale se trouve le **beffroi de Sainte-Sophie**, très modifié depuis son édification en 1439. Les cloches, exposées aujourd'hui en bas, ont été fondues entre la fin du XVIe et le début du XVIIe siècle.

Au nord-ouest du kremlin, s'élève la **cour de l'Archevêque**. Celui-ci gérait jadis ses propres finances, ses forces de police et sa garde militaire. Sous le clocher du XVe siècle, un bel escalier mène à la **bibliothèque** qui contient des manuscrits religieux du Moyen Âge. Derrière la cathédrale, la **chambre des Facettes** est l'endroit le plus célèbre de cet ensemble. Une salle d'apparat avec une voûte en forme d'étoile (1433) abrite le trésor

La cathédrale Sainte-Sophie (XIe siècle), symbole de Novgorod

de la cathédrale : gobelets, mitres ornées de pierres précieuses, étuis à icône en métaux précieux, etc.

Le kremlin abrite le **musée d'Histoire, d'Architecture et d'Art**, qui présente des icônes des XIIe et XVIIe siècles de l'école de Novgorod. L'une des plus belles est celle de la *Vierge du Signe*, censée avoir sauvé la ville des armées du prince Andreï Bogolioubski de Souzdal, en 1169. Une autre du XVe siècle illustre des scènes de cette bataille *(p. 165)*. Sont aussi exposées des œuvres d'artistes des XVIIIe et XIXe siècles, notamment de Dimitri Levitski, de Karl Brioullov et de Vassili Serov *(p. 106)*. Le musée possède aussi des documents officiels ou privés écrits sur de l'écorce de bouleau. Certains, datant du XIe siècle, peignent la vie quotidienne et témoignent du degré d'instruction des habitants de l'époque.

Sur la place centrale du kremlin, l'énorme **monument du millénaire** en forme de cloche est l'œuvre de Mikhaïl Mikechine. Il fut inauguré en 1862, 1 000 ans après l'arrivée de Riourik. Le personnage agenouillé devant la croix orthodoxe personnifie la Mère Russie et, en dessous, la frise décorative représente Riourik, Ivan III, Mikhaïl (le premier Romanov), Pierre le Grand et beaucoup d'autres. Sur la frise du socle, plus de 100 personnages historiques sont sculptés.

Cathédrale Sainte-Sophie
Tél. *(8162) 77 37 38.* *t.l.j. 10h-18h.*

Chambre des Facettes
Tél. *(8162) 77 37 38.* *jeu.-mar. 10h-18h.* *anglais sur r.-v.*

Musée d'Histoire, d'Architecture et d'Art
Tél. *(8162) 773 770.* *mer.-lun. 10h-18h.* *anglais sur r.-v.*
www.novgorodmuseum.ru

Portes sculptées d'une iconostase, au musée d'Histoire, d'Architecture et d'Art

Cour de Iaroslav

Sur la rive opposée du Volkhov se situait la cour de Iaroslav, siège officiel des princes. Le palais de Iaroslav le Sage (1019-1054) a disparu, mais des églises ont survécu. À proximité de la cour, le centre commercial de la ville occupe la place de l'ancien marché du Moyen Âge, dont le mur subsiste encore.

La cathédrale Saint-Nicolas (1113-1136), la plus ancienne église de ce côté de la rivière, a été bâtie par le prince Mstislav. Elle domine le quartier et symbolisait jadis la puissance du prince.

Pour remercier Dieu de leur prospérité, les marchands de Novgorod firent élever de nombreuses églises. **Saint-Paraskeva-Piatnitsa**, érigée en 1207 et reconstruite en 1345, a été dédiée au saint patron du commerce. L'**église des Saintes-Femmes** et l'**église de Saint-Procope**, toutes deux du XVIe siècle, ont été financées par de riches marchands de Moscou. Le goût des Moscovites pour la fantaisie rompt avec le style austère de Novgorod.

MODE D'EMPLOI

190 km de Saint-Pétersbourg.
240 000.
de la gare de Moscou.
de la gare routière (p. 229).
Intourist Hôtel, Velikaïa oulista 16, (8162) 77 42 36.

Le monument du Millénaire célébrant l'histoire de Novgorod

Monastère de Iouriev et son beffroi. Au fond, les dômes argentés de la cathédrale Saint-Georges

En dehors de la cour de Iaroslav

Au XIIe siècle, Novgorod possédait plus de 200 églises ; il n'en reste que 30. Beaucoup d'entre elles sont situées dans de petites rues tranquilles du XIXe siècle, à l'est de la cour de Iaroslav. Sur Ilïna oulitsa, la disposition des fenêtres, des niches et des croix inscrustées de l'**église du Sauveur-de-la-Transfiguration** (1374) est assez étrange. Théophane le Grec (1335-v. 1410) a peint certaines de ses fresques. Originaire de Constantinople, cet artiste décora 40 églises russes. Andreï Roublev (v. 1360-v. 1430), le plus célèbre peintre d'icônes de Russie, fut son élève.

Dans la même rue, la **cathédrale Znamenski**, ou « cathédrale du Signe », possède cinq dômes, un très beau portail et des murs extérieurs couverts de fresques un peu passées. L'intérieur a été superbement décoré par Ivan Bakhmatov en 1702.

Au nord, dans Mstinskaïa oulitsa, l'**église de Théodore-Stralitates** fut construite en 1360-1361 par la veuve d'un riche marchand. Les délicats pourpres et roses de ses fresques contrastent avec les couleurs plus criardes de celles du XIVe siècle, que l'on trouve à Novgorod. L'*Annonciation*, par exemple, associe charme, sensibilité et intensité religieuse.

Fresque de la cathédrale Znamenski

Environs : à 3 km au sud, en longeant la rivière, on arrive au **monastère de Iouriev**, le plus important de la région. Fondé en 1030 sur les ordres du prince Vsevolod, sa vaste cathédrale Saint-Georges a été bâtie en 1119-1130, par « maître Pierre », le premier architecte russe cité dans les chroniques. De dimensions harmonieuses, avec ses trois coupoles asymétriques, elle a été restaurée au XIXe siècle et les peintures murales ont presque disparu. L'ensemble comptait 20 bâtiments monastiques, presque tous du XIXe siècle.

Dans la forêt, de l'autre côté de la route, se trouve le **musée d'Architecture en bois**, qui expose des églises et des isbas, provenant de villages environnants. Parmi les plus intéressantes, l'église Kouritsko-de-la-Dormition, à deux étages (XVIIe siècle), et la petite église Saint-Nicolas, en bois, du village de Toukhel.

Monastère de Iouriev
Iourievskaïa nab. ***Tél.*** *(8162) 773020*
t.l.j. 10h-18h.

Musée de l'Architecture en bois *(Vitoslavlitsi)*
Iourievo. ***Tél.*** *(8162) 773770.*
t.l.j. 10h-18h (mi-oct./mi-avr. : 10h-16h).

Maison en bois (isba) reconstruite au XIXe siècle, musée de l'Architecture en bois

Icônes russes

Dans l'Église orthodoxe russe, les icônes sont vouées au culte et à l'enseignement, jamais à la décoration pure, et chaque image doit se conformer à des règles strictes. Les icônes sont censées être imprégnées de la force du saint qu'elles représentent et, en temps de guerre, on implore leur protection. Le contenu étant plus important que la manière, les vieilles icônes vénérées étaient peintes et repeintes. En Russie, les premières icônes furent importées de Byzance, puis les artistes grecs vinrent initier les peintres russes. Moins limitées par les canons byzantins, les écoles du Nord, qui se sont développées aux XIIIe et XVe siècles, avaient un style terre à terre, lié à la vie des paysans. Novgorod, ville prospère ayant échappé au joug mongol, a été la source des plus belles icônes des monastères du Nord.

Icône en pierre de Novgorod

Vierge de Vladimir
Cette icône du XIIe siècle, la plus vénérée de Russie, vient de Constantinople. Son influence a été considérable sur la peinture d'icônes russes.

Bataille de Novgorod et de Souzdal
Cette icône de l'école de Novgorod (milieu du XVe siècle) est considérée comme la plus ancienne peinture historique de Russie. Les icônes pouvaient avoir un but politique – ici, l'indépendance de Novgorod vis-à-vis de Moscou. Remarquez, les multiples touches de rouge, couleur essentielle de la vie quotidienne et typique des icônes de Novgorod.

Trinité de l'Ancien Testament
Andreï Roublev, l'un des plus grands artistes de l'école de Moscou, fut profondément influencé par l'évolution de la peinture byzantine rapportée en Russie par les grands maîtres grecs à la fin du XIVe siècle. Son icône de la Trinité *date du début du XVe siècle.*

ICONOSTASE

L'iconostase sépare le sanctuaire de la nef, comme une frontière entre le paradis et la Terre. Selon la tradition russe, elle est recouverte d'icônes strictement disposées en rangées, six au maximum, chacune d'elles ayant son propre sens théologique.

La rangée des Fêtes montre les douze commémorations principales de l'Église, dont l'Entrée du Christ à Jérusalem et la Crucifixion. Cette représentation imagée encourageait la foi des analphabètes.

Les Portes royales représentent l'entrée du monde temporel vers le monde spirituel, par lequel passent les prêtres pendant le service.

Le Christ en majesté

La Déisis est la rangée située au-dessus des Portes royales. Elle contient le Christ en majesté, encadré par la Vierge et saint Jean-Baptiste, intercédant auprès de lui en faveur des pécheurs.

La rangée des Saints locaux est dédiée à tous les patrons et aux donateurs principaux.

SUMMER BAR
WATER TAXI
14 14
JEVER
JEVER
PILSENER

LES BONNES ADRESSES

HÉBERGEMENT

Les célébrations en 2003 du tricentenaire de Saint-Pétersbourg ont favorisé l'expansion du parc hôtelier. La ville a vu s'ouvrir un grand nombre de mini-hôtels (établissements privés de 4 à 15 chambres situés dans le centre ou à proximité) et, sous l'impulsion des investisseurs, de luxueux hôtels remarquablement situés. La qualité du service s'est aussi améliorée de façon spectaculaire. En été, beaucoup de touristes en voyage organisé trouvent un hébergement en dehors du centre-ville, dans de gigantesques hôtels modernes un peu anonymes, mais offrant un service correct, le confort et toutes les prestations (restaurants, bars et salles de remise en forme). En dehors de la période des Nuits blanches, les prix baissent et les hôtels centraux deviennent davantage accessibles. Les réservations peuvent se faire individuellement ou par l'intermédiaire d'une agence. Pendant les mois d'été, en particulier pour les Nuits blanches, il faut réserver très à l'avance, quelle que soit la catégorie souhaitée. Vous trouverez une sélection d'hôtels aux pages 174-177.

Portier du Grand Hôtel Europe

Le Park Inn accueille de nombreux visiteurs en voyage organisé *(p. 176)*

CHERCHER UN HÔTEL

Les hôtels bon marché avec une grande capacité sont rares dans le centre. Ceux répertoriés dans ce chapitre sont dispersés dans la ville. Les visiteurs en voyage organisé vont dans les anciens hôtels d'Intourist comme le Park Inn et le Poulkovskaïa situés dans des quartiers de tours d'habitation à la périphérie. Les mini-hôtels et les *bed and breakfast* se trouvent souvent dans des rues tranquilles proches du centre. Si vous voyagez seul, décidez de votre priorité : la situation de l'hôtel, son prix ou ses services.

COMMENT RÉSERVER

Si vous visitez la ville pendant les Nuits blanches *(p. 51)*, faites vos réservations longtemps à l'avance et le plus tôt possible si l'adresse est courue. La plupart des hôtels acceptent les réservations par e-mail ou par fax. Les plus grands vous demanderont un numéro de carte bancaire, laquelle est débitée en cas d'annulation à moins de 72 h de la date d'arrivée. Dans certains hôtels plus petits, on peut réserver auprès d'une agence *(p. 171)*. Les hôtels et les agences que nous conseillons peuvent, sauf indication contraire, fournir une « invitation » pour la demande de visa *(p. 210)*.

SERVICES

Les chambres des hôtels sélectionnés ont au moins une douche, un téléviseur, un téléphone et pour la plupart la climatisation. Les grands hôtels ont une consigne pour y déposer les bagages une fois que vous avez libéré la chambre, un bar en général ouvert la nuit, une salle de remise en forme et un sauna.

PRIX DES HÔTELS

À Saint-Pétersbourg, les prix des grands hôtels font plus que doubler durant les six semaines des Nuits blanches et lors du Forum économique début juin. Les prix que nous indiquons *(p. 174-177)* sont les tarifs pratiqués durant cette période. Pendant la saison intermédiaire, qui va d'avril à mai et de fin juillet à fin septembre, les tarifs redeviennent normaux. En dehors de ces périodes, pendant les « Jours blancs » en hiver, il peut y avoir des promotions intéressantes.

Notez aussi que les grands hôtels du centre sont presque tous des établissements de luxe où la suite impériale coûte plusieurs milliers de dollars la nuit. En optant pour un hôtel de plus petite dimension ou un *bed and*

Centre de remise en forme du Grand Hôtel Europe

◁ **Bateaux-terrasses sur la Moïka**

breakfast, vous pouvez trouver une adresse tout aussi centrale et bien meilleur marché. Dans beaucoup de ces petits hôtels, la douche remplace la baignoire.

Les prix ne sont jamais affichés, et rares sont les petits hôtels et les auberges qui acceptent les cartes de paiement. Pour éviter toute déconvenue, mieux vaut prévoir de régler en espèces.

Entrée du luxueux et moderne Corinthia Nevski Palace *(p. 176)*

SUPPLÉMENTS-SURPRISES

Dans les hôtels, qui s'occupent gracieusement des « invitations » pour la demande et l'enregistrement du visa *(p. 210)*, les taxes locales et le petit déjeuner sont rarement inclus dans les prix indiqués et peuvent alourdir la note – ils sont compris dans les prix indiqués pages 174-177. Dans les petits hôtels, le petit déjeuner est souvent compris, mais prévoyez un supplément pour la question du visa.

Par ailleurs, le tarif des appels internationaux et même locaux depuis les chambres peut être prohibitif. Le réseau local étant assez bon marché, vous aurez intérêt à acheter une carte téléphonique pour appeler l'étranger depuis une cabine publique ou un poste fixe relié à ce réseau *(p. 216)*. Les appels locaux dans les petits hôtels et les auberges peuvent être très bon marché, voire gratuits s'ils passent par le réseau local. Pour l'étranger, utilisez une carte téléphonique.

SÉCURITÉ

Certains établissements haut de gamme sont équipés de détecteurs de métaux et contrôlent les sacs à l'entrée. Dans les hôtels de catégorie inférieure, le portier peut demander à voir vos papiers d'identité – une simple mesure de précaution contre laquelle il n'y a aucune raison de protester. La plupart des hôtels mettent des coffres-forts à votre disposition dans les chambres et/ou à la réception.

VOYAGEURS HANDICAPÉS

À Saint-Pétersbourg, les entrées d'immeubles sont souvent précédées d'un escalier à cause de la neige – ce qui rend leur accès difficile en fauteuil roulant. Seuls quelques hôtels de prestige ont une rampe et un personnel apte à prêter assistance. Les autres hôtels s'efforcent de répondre aux besoins des personnes handicapées. Les visiteurs

Chambre du Grand Hôtel Europe *(p. 175)*

ayant des demandes particulières doivent se renseigner avant de réserver.

VOYAGER AVEC DES ENFANTS

Saint-Pétersbourg n'est pas la destination idéale pour les enfants et peu d'hôtels offrent des services adaptés aux familles. Les grands hôtels peuvent mettre à votre disposition une baby-sitter – ce que font de plus en plus de petits hôtels. Mieux vaut vérifier avant de réserver.

L'élégant restaurant Le Jardin d'hiver de l'Astoria *(p. 174)*

MINI-HÔTELS

Saint-Pétersbourg possède un large éventail de mini-hôtels. Leur nombre étant trop important pour en dresser la liste complète, nous avons sélectionné les meilleures adresses *(p. 174-177)*. S'ils ne sont pas tous bon marché – certains sont très luxueux –, ces établissements de 4 à environ 20 chambres sont des endroits agréables et confortables, et le service personnalisé qu'ils offrent est difficile à égaler. Pour beaucoup de mini-hôtels, les réservations peuvent se faire par l'intermédiaire d'une agence, comme **Russie Tourisme** ou **Russie Autrement**, qui proposent une sélection sur leur site.

Intérieur rénové du Petro Palace *(p. 174)*

HÉBERGEMENT BON MARCHÉ

Les chambres vraiment bon marché sont difficiles à trouver à Saint-Pétersbourg. Si les auberges de jeunesse ne vous conviennent pas, la solution sera de choisir les *bed and breakfast*. Il s'agit, en général, d'un appartement banal proposant quelques chambres (les toilettes peuvent être communes) et un service de petit déjeuner.

Des agences comme **Venere** proposent aussi des locations d'appartements sur une courte durée. Cette formule est très bon marché pour les groupes d'amis. Les appartements, de 1 à 5 pièces, sont souvent rénovés et situés dans le centre. Il se peut que la cage d'escalier de l'immeuble soit délabrée, mais vous aurez ainsi l'impression vraiment de vivre la ville.

Sindbad, l'agence de voyages de l'Auberge internationale de la jeunesse de Saint-Pétersbourg

La solution la moins chère reste celle de venir hors saison, car les prix des mini-hôtels et des appartements en location de courte durée baissent significativement en dehors des Nuits blanches. Les grands hôtels font des promotions intéressantes. En avril, le temps est souvent sec et ensoleillé, bien qu'encore froid, et le mois d'octobre peut être beau. En venant en février, vous avez l'assurance de voir la neige.

AUBERGES DE JEUNESSE

Les voyageurs à petit budget trouveront des chambres confortables dans des auberges de jeunesse du centre-ville. Toutes sont sympathiques et s'occupent gracieusement des « invitations » pour l'enregistrement du visa. La plus connue, l'**Auberge internationale de la jeunesse de Saint-Pétersbourg**, qui a aussi une agence de voyages bon marché, **Sindbad**, est souvent complète longtemps à l'avance. Bon marché et confortable, la **Nord Hostel** est on ne peut plus centrale.

Le **CubaHostel Backpakers** propose un large éventail d'hébergements. Sachez qu'il n'y a pas de limite d'âge dans ces auberges de jeunesse, même si, en été, les jeunes sont majoritaires. Hors saison, 50 % de la clientèle dépasse la quarantaine.

SÉJOUR CHEZ L'HABITANT

Loger chez l'habitant est une formule qui permet d'avoir un aperçu de la vie quotidienne en Russie. Comme dans les chambres d'hôte en Europe occidentale, seul le petit déjeuner est compris, mais vous pourrez prendre les autres repas pour un prix modique.

HOFA (Host Families Association) et **Ost-West** jouissent d'une excellente réputation et proposent un grand choix de familles, qui appartiennent souvent au milieu enseignant. Ces hôtes ont une bonne culture et parlent plusieurs langues. Vous aurez toutes les chances d'être accueillis par des personnes très hospitalières. En règle générale, elles seront ravies de vous parler de la Russie et de la façon dont les Occidentaux perçoivent leur pays.

Les entrées et les cours intérieures des immeubles russes sont souvent sales, mais cela ne veut pas dire que les appartements sont dans le même état.

L'imposante façade de l'Oktiabrskaïa construit en 1847 *(p. 176)*

CAMPINGS ET LOCATIONS EN DEHORS DE LA VILLE

Les Russes adorent s'échapper des centres urbains pour marcher, nager ou cueillir des champignons. Si les excursions d'une journée ne posent pas de problème, les choses se compliquent pour ceux qui veulent se loger en dehors de Saint-Pétersbourg.

Les températures hivernales ne sont pas idéales pour le camping, mais, en d'autres saisons, les forêts de la rive septentrionale du golfe de Finlande sont superbes.

Si vous envisagez de louer une petite maison à la campagne, sachez que les propriétaires de datchas ne louent qu'à des connaissances. Aucune des agences spécialisées dans les locations pour étrangers n'a de datcha à proposer et, pour une location à moins de 100 km de Saint-Pétersbourg, l'offre est nettement inférieure à la demande – ce qui explique les tarifs souvent exorbitants (environ 3700 € / sem.). Pour trouver une location, il faut s'y prendre dès le mois de février. Le meilleur choix de datchas (environ 370 € / sem.) se trouve à l'agence **Alexander**, mais il faut parler russe pour réserver. La meilleure formule et la moins chère reste alors la location d'un chalet (avec tout le confort moderne) attenant à un motel. **Retur Camping** propose des chalets et un terrain de camping avec piscine, sauna, court de tennis et centre d'équitation.

Datcha dans une forêt de pins près de Repino, golfe de Finlande (p. 146)

SÉJOURS DE LONGUE DURÉE

Les auberges de jeunesse n'accordent pas de réduction pour les séjours d'un mois ou plus. Une solution nettement plus avantageuse consiste donc à louer un appartement. Les agences **Oksana's** et **City Realty** proposent de nombreux appartements à des tarifs moins élevés que pour les locations de courte durée. Sachez toutefois que les visas touristiques ne sont enregistrés que pour trois mois *(p. 210)* et que, pour un séjour plus long, il faut un visa d'un autre type. Vous pourrez l'obtenir par l'intermédiaire d'une agence autorisée qui l'enregistrera pour la durée de votre séjour.

ADRESSES

AGENCES DE LOCATION

Alexander
Potemkinskaïa oul 13.
Plan 3 C4.
Tél. *327 1616.*
www.anspb.ru

City Realty
Moutchnoï per. 2.
Plan 6 E2.
Tél. *570 6342.*
Fax *315 9151.*
www.cityrealtyrussia.com

Evaneos
Tél. *09 70 40 89 28 (de France).*
www.evaneos.com

HOFA (Host Families Association)
Tavritcheskaïa oul. 5, appartement 25.
Plan 4 D5.
Tél. *7911 7665464.*
Fax *275 1992.*
www.hofa.ru

Oksana's
Nevski pr. 69, suite 10.
Tél. *7812 970 6802.*
Fax *7812 571 0413.*
www.oksanas.net

Ost-West
Nevski pr. 105. ***Tél.*** *327 3416.* ***Fax*** *327 3417.*
www.ostwest.com

Russie Autrement
Business Center, Slavyansky 8-12, Bolchaïa Moskovskaïa
Tél. *09 77 19 83 27 (de France).* **www**. russieautrement.com

Russie Tourisme
Moutchnoi per. 2. **Plan** 6 E2. ***Tél.*** *570 4709.* ***Fax*** *7812 3159151.* **www**. russie-tourisme.com

Sindbad
2-ia Sovetskaïa oul. 12.
Plan 7 C2. ***Tél.*** *244 1000.*
www.sindbad.ru

Venere
Tél. *01 57 32 34 60 (de France).*
www.venere.com

MINI-HÔTELS

Anabel
Tél. *717 0800.*
Fax *717 0255.*
www.mini-hotel.com

Filippov Hotels
Tél. *274 5363.*
Fax *274 9084.*
www.filippovhotel.ru

Hôtels sur Nevski
Tél. *703 3860.*
Fax *703 3861.*
www.hon.ru

Rinaldi Bed & Breakfast
Tél. *325 4148.*
Fax *325 4189.*
www.rinaldi.ru

AUBERGES DE JEUNESSE

Auberge internationale de la jeunesse de Saint-Pétersbourg
3-ia Sovetskaïa oul. 28.
Plan 7 C2. ***Tél.*** *717 0569.*
Fax *329 8018.*
www.ryh.ru

CubaHostel Backpakers
Kazanskaïa oul. 5.
Plan 6 E2.
Tél. *921 7115.*
www.cubahostel.ru

Hostel All Seasons
Iakovlevski per. 11.
Tél. *327 1070.*
Fax *327 1033.*
www.hostel.ru

Na Muchnom
Sadovaïa oul. 25.
Plan 6 E2.
Tél./Fax *310 0412.*
www.namuchnom.ru

Nord Hostel
Bolchaïa Morskaïa oul. 10. **Plan** 6 D1.
Tél./Fax *571 0342.*
www.nordhostel.com

Prima Sport Hotel
Nevski Pr. 5.
Plan 6 D1.
Tél./Fax *349 5049.*
www.prima-nomerov.net

CAMPING

Retur Camping
Bolchaïa Koupalnaïa oul. 28, Sestroretsk (à 26 km au NO de Saint-Pétersbourg).
Tél. *434 5022.*
Fax *437 7533.*
www.retur-motel.ru

Les hôtels les plus réputés de Saint-Pétersbourg

Si les conditions d'hébergement se sont améliorées ces dernières années à Saint-Pétersbourg, les hôtels restent peu nombreux et sont rarement centraux. Le style, le prix, la situation ou la qualité des services guideront votre choix. Ci-dessous, une sélection des établissements les plus appréciés.

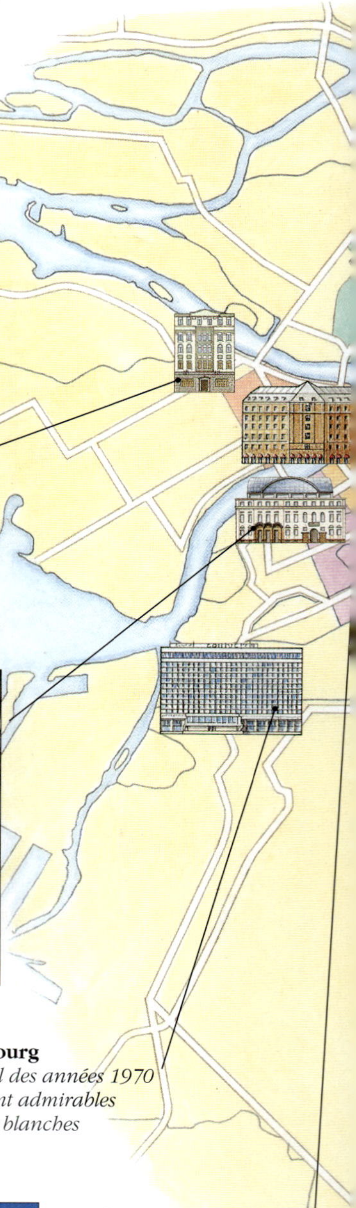

Prestige Hôtel
Cet hôtel se trouve un peu à l'écart dans une rue résidentielle. Vous aurez l'impression d'être un habitant du quartier, avec tout le confort moderne en plus (p. 174).

Renaissance Saint-Pétersbourg Baltique
Hôtel de prestige central et néanmoins à l'écart de l'effervescence de Nevski prospekt. L'atmosphère d'un petit hôtel avec les services d'un « grand » (p. 174).

Azimut Hôtel Saint-Pétersbourg
Du bar en rotonde de cet hôtel des années 1970 (p. 176), *les vues de la ville sont admirables et magiques pendant les Nuits blanches ou au coucher du soleil.*

Astoria
Un des hôtels les plus luxueux du centre-ville qui donne sur la place et la cathédrale Saint-Isaac. Il offre, en outre, l'avantage de pouvoir découvrir la ville à pied (p. 174).

Saint-Pétersbourg
Cet hôtel travaille essentiellement avec les voyagistes. Le « bel étage » offre une vue grandiose sur la Neva dans sa partie la plus large jusqu'au quai du Palais (p. 177).

Grand Hôtel Europe
Au cœur de la ville, cet établissement historique est un des hôtels les plus chic de Saint-Pétersbourg (p. 175). *Le personnel est stylé et il offre de nombreux services.*

Hôtel Dostoïevski
Situé à deux pas du centre touristique de la ville, cet hôtel (p. 176) *allie l'ancien et le moderne, dans l'architecture intérieure comme dans le service.*

Park Inn Poulkovskaïa
Non loin de l'aéroport, ce vaste établissement confortable dispose d'un centre d'affaires bien équipé, notamment un auditorium (p. 176).

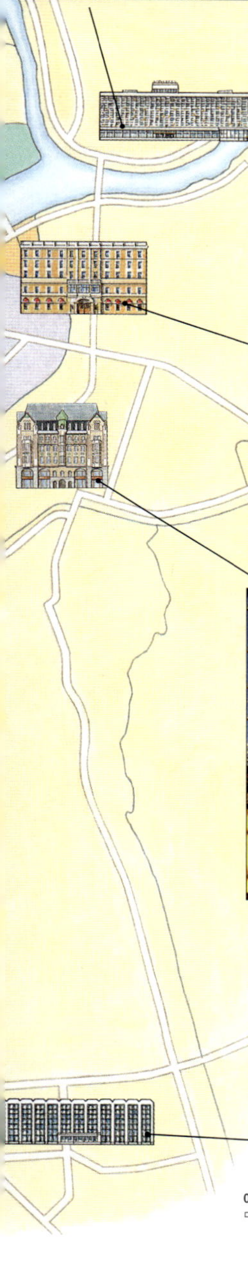

Choisir un hôtel

Les hôtels proposés ci-dessous ont été sélectionnés dans un vaste éventail de prix pour leurs équipements, leur rapport qualité/prix et leur situation. Toutes les chambres ont une douche, la TV et le téléphone. Ils sont classés par quartier et par ordre alphabétique pour chaque catégorie de prix. Le plan se trouve aux pages 238-245.

CATÉGORIES DE PRIX

Pour une nuit en chambre double et en haute saison, petit déjeuner et services compris. Les prix peuvent baisser de moitié en basse saison.

€ moins de 75 €
€€ de 75 à 130 €
€€€ de 130 à 190 €
€€€€ de 190 à 250 €
€€€€€ plus de 250 €

CENTRE-VILLE

ÎLE VASSILEVSKI Prestige Hotel Престиж Отель — €€

Maly pr. 27/2, Vassilevski ostrov ***Tél.*** *328 5338* ***Fax*** *328 4228* ***Chambres*** *12* — ***Plan*** *1 A4*

Situé dans un bâtiment restauré du XIXe siècle, cet hôtel moderne se trouve dans une rue résidentielle, à quelques pas de la Strelka et sur le quartier animé de la station de métro Vassileostrovskaïa. Le Prestige ne possède pas d'ascenseur, mais il est peu élevé. L'enregistrement à l'OVIR est inclus dans le prix. **www.hotel-vasil.ru**

ÎLE VASSILEVSKI Shelfort Шелфорт — €€

3-ia liniïa 26, Vassilevski ostrov ***Tél.*** *328 0555* ***Fax*** *323 5154* ***Chambres*** *15* — ***Plan*** *1 A5*

Situé dans une rue calme à proximité de la Strelka, le Shelfort offre un intérieur simple et agréable avec des poêles en faïence bien restaurés. L'hôtel dispose de 2 suites de luxe avec cheminée ; il n'a pas d'ascenseur, mais seulement 2 niveaux (1 chambre au rez-de-chaussée pour les personnes en fauteuil roulant). **www.shelfort.ru**

QUAI DU PALAIS Comfort Комфорт — €€

Bolchaïa Morskaïa oulitsa 25 ***Tél.*** *570 6700* ***Fax*** *570 6700* ***Chambres*** *18* — ***Plan*** *6 D2*

Malgré des équipements réduits, cet hôtel offre un excellent rapport qualité/prix. Le personnel est aimable et la situation idéale au cœur du centre historique qui compte de nombreux restaurants. Les chambres simples sont claires et spacieuses. Lit d'enfant disponible et 1 suite avec bureau pour la clientèle d'affaires. **www.comfort-hotel.org**

QUAI DU PALAIS Prestige Hotel Centre Престиж Отель Центр — €€

Gorokhovaïa oulitsa 5 ***Tél.*** *312 0405* ***Fax*** *315 9357* ***Chambres*** *12* — ***Plan*** *6 D1*

Ce modeste établissement est situé à côté des jardins de l'Amirauté. Les chambres sont décorées d'un mobilier sobre et dotées, pour la plupart, d'une douche. L'aimable concierge peut réserver des voitures de location et organiser les visites guidées. **www.c-hotel.ru**

QUAI DU PALAIS Casa Leto — €€€€

Bolchaïa Morskaïa oulitsa 34 ***Tél.*** *600 1096* ***Fax*** *3146639* ***Chambres*** *5* — ***Plan*** *6 D2*

Ce mini-hôtel tenu par un couple italo-russe est sans doute le meilleur de la ville : situation très centrale, chambres lumineuses et petits à-côtés offerts. Il dispose d'un service d'assistance pour les clients d'affaires et peut réserver excursions et billets. La suite Trezzini n'a qu'une douche, les autres ont une baignoire en plus. **www.casaleto.com**

QUAI DU PALAIS Angleterre Отель Англетер — €€€€€

Place Saint-Isaac, Bolchaïa Morskaïa oulitsa 24 ***Tél.*** *494 5666* ***Fax*** *494 5125* ***Chambres*** *193* — ***Plan*** *6 D2*

Cet hôtel, géré par des Occidentaux, est jumelé à l'Astoria de catégorie supérieure, juste à côté, dont il partage certains équipements. Il possède également une boîte de nuit, un casino et une bonne brasserie pour le déjeuner. Situé place Saint-Isaac, il permet de découvrir à pied l'Ermitage et Nevski prospekt. **www.angleterrehotel.com**

QUAI DU PALAIS Astoria Отель Астория — €€€€€

Isaakievskaïa plochtchad, Bolshaïa Morskaïa oulitsa 39 ***Tél.*** *494 5757* ***Fax*** *494 5059* ***Chambres*** *211* — ***Plan*** *6 D2*

Rénové en 2002, l'Astoria possède l'atmosphère tranquille et la grâce d'un hôtel qui a une histoire. Les chambres en façade offrent une belle vue sur la cathédrale, la place Saint-Isaac et les berges de la Moïka. Il est tout à fait possible de profiter de l'agréable salon de thé sans loger dans l'hôtel. **www.thehotelastoria.com**

QUAI DU PALAIS Petro Palace Отель Петро Палас — €€€€€

Malaïa Morskaïa oulitsa 14 ***Tél.*** *571 2880* ***Fax*** *571 2704* ***Chambres*** *193* — ***Plan*** *6 D1*

La clientèle de cet élégant hôtel est composée de nombreux Russes fortunés et de touristes étrangers. C'est le seul hôtel de sa catégorie et du centre-ville à être doté de si nombreux équipements, dont un espace de remise en forme, une piscine et un salon de massages. Le bâtiment date XIXe siècle. **www.petropalacehotel.com**

QUAI DU PALAIS Renaissance St Petersburg Baltic Hotel — €€€€€

Potchtamtskaïa oulitsa 4a ***Tél.*** *380 4000* ***Fax*** *380 4001* ***Chambres*** *102* — ***Plan*** *5 C2*

Cét élégant établissement, dont la décoration dans l'esprit du Saint-Pétersbourg historique allie matériaux à l'ancienne et design moderne, se trouve dans un quartier très paisible. Quelques chambres donnent sur la place Saint-Isaac et il dispose de l'un des meilleurs espaces de remise en forme de la ville. **www.marriot.com/ledbr**

Légende des symboles, *voir le rabat arrière de couverture*

QUAI DU PALAIS Taleon Imperial Hotel Тапион Империал отель €€€€€
Nevski prospekt 15 ***Tél.*** *324 9911* ***Fax*** *324 9957* ***Chambres*** *29* ***Plan*** *6 D1*

Appartenant au Taleon Club, cet hôtel luxueux est doté d'un restaurant et d'un casino auxquels ont accès les membres du club. Il offre un large éventail de services, dont une bibliothèque et du personnel pour chaque client. Des animations sont organisées pour les enfants. Les chambres donnent sur la Moïka. **www.eliseevpalacehotel.com**

GOSTINY DVOR Polikoff €€
Karavannaïa 11/64, apt 24-26 ***Tél.*** *995 3488* ***Fax*** *995 3488* ***Chambres*** *15* ***Plan*** *7 A2*

Le Polikoff offre un joli cadre sobre de bois blond et de métal. Bien que donnant en majorité sur une cour, les chambres sont très claires. Quelques-unes sont climatisées, mais toutes se trouvent aux 3ᵉ et 4ᵉ étages – principal défaut de cet hôtel. Le service est efficace et courtois. **www.polikoff.ru**

GOSTINY DVOR Pouchka Inn €€€€
Naberejnaïa reki Moïki 14 ***Tél.*** *312 0913* ***Fax*** *314 1055* ***Chambres*** *31* ***Plan*** *2 E5*

Confortable et moderne, cet établissement est installé dans un bâtiment historique des quais de la Moïka, tout près du musée Pouchkine. On ne saurait être plus près de l'Ermitage ! Son cadre et son mobilier ont une simplicité chic. Le Pouchka est également doté de 4 « appartements » ou suites familiales. **www.pushkainn.ru**

GOSTINY DVOR Grand Hôtel Europe Гранд Отель Европа €€€€€
Mikhaïlovskaïa oulitsa 1/7 ***Tél.*** *329 6000* ***Fax*** *329 6002* ***Chambres*** *301* ***Plan*** *6 F1*

Il n'est peut-être plus le seul hôtel de Saint-Pétersbourg offrant tout le confort européen, mais il conserve sa situation intéressante, à proximité des principales curiosités touristiques et de l'animation de la ville. Cadre historique et café en mezzanine baignée de lumière pour faire une pause après les visites. **www.grandhoteleurope.com**

GOSTINY DVOR Kempinski Hotel Moika 22 €€€€€
Naberejnaïa reki Moïki 22 ***Tél.*** *335 9111* ***Fax*** *3359190* ***Chambres*** *197* ***Plan*** *2 E5*

Pour vous faire plaisir, vous prendrez une chambre donnant sur l'Ermitage, le déjeuner au restaurant avec vue panoramique sur la ville et peut-être un bain turc après les visites, avant d'aller écouter un concert au Capella, juste à côté. Ouvert depuis 2005, cet hôtel s'améliore chaque jour. **www.kempinski.com**

SENNAÏA PLOCHTCHAD Alexander House Club €€€€
Naberejnaïa Krïoukova kanala 27 ***Tél.*** *575 3877* ***Fax*** *575 3879* ***Chambres*** *19* ***Plan*** *5 C4*

Cette maison d'hôte style boutique-hôtel propose des chambres qui empruntent le nom et le style d'une capitale. Chacune d'elles dispose d'une cheminée et de jolies vues. Le petit déjeuner peut être servi dans la chambre. Attention ! Seul le rez-de-chaussée est accessible aux fauteuils roulants. **www.a-house.ru**

SENNAÏA PLOCHTCHAD Ambassador Hotel €€€€€
Rimskovo-Korsakova prospekt 5–7 ***Tél.*** *331 8844* ***Fax*** *331 9300* ***Chambres*** *255* ***Plan*** *6 D3*

Décorées dans d'apaisants tons pastel, les chambres somptueuses de l'Ambassador offrent toutes une belle vue de la ville. Certaines sont accessibles en fauteuil roulant. Les monuments historiques proches comprennent la cathédrale Saint-Nicolas, le théâtre Mariinski et le palais Ioussoupov. **www.ambassador-hotel.ru**

EN DEHORS DU CENTRE

À L'EST DE LA FONTANKA Arbat Nord Арбат Норд €€€
Artilleriskaïa oulitsa 4 ***Tél.*** *703 1899* ***Fax*** *703 1898* ***Chambres*** *33* ***Plan*** *3 B5*

Proche du jardin d'Été et du Champ de Mars, dans un quartier résidentiel et d'affaires, l'hôtel s'adresse autant à une clientèle d'affaires qu'aux voyageurs individuels et aux groupes. Ses chambres modernes sont ornées de mobilier en bois sombre et de murs clairs ; certaines sont « non-fumeurs ». Parking gratuit. **www.arbat-nord.ru**

À L'EST DE LA FONTANKA Brothers Karamazov Братья Карамазовы €€€
Sotsialisticheskaïa oulitsa 11a ***Tél.*** *335 1185* ***Fax*** *335 1186* ***Chambres*** *28* ***Plan*** *7 A4*

Cet hôtel se trouve près de l'appartement, aujourd'hui transformé en musée, où Dostoïevski écrivit *Les Frères Karamazov (p. 130)*. Chaque chambre porte le nom de l'une des héroïnes des romans de l'auteur. mais vous ne trouverez rien d'autre du tragique dostoïevskien ici, car l'hôtel est clair et spacieux ! **www.karamazovhotel.ru**

À L'EST DE LA FONTANKA Fifth Corner Business Hotel Пятый Угол €€€
Zagorodny pr. 13 ***Tél.*** *380 8181* ***Fax*** *380 8181* ***Chambres*** *34* ***Plan*** *7 A3*

Cet hôtel pour clientèle d'affaires (en majorité russe) offre tous les services appropriés. Il se charge aussi de l'enregistrement à l'OVIR et des excursions. Les chambres meublées sobrement donnent toutes sur la rue ; certaines n'ont qu'une simple douche (et non une salle de bains). **www.5ugol.ru**

À L'EST DE LA FONTANKA Moskva Москва €€€
Alexandra Nevskogo plochtchad 2 ***Tél.*** *333 2444* ***Fax*** *274 2130* ***Chambres*** *825* ***Plan*** *8 E3*

Autrefois affilié à l'Intourist, cet hôtel propose le même style de service qu'à la période soviétique (parfois un peu lent), et il a l'avantage d'être proche du métro et des bus. L'établissement accueille surtout des groupes et dispose de plusieurs bars et restaurants. Le monastère Alexandre-Nevski se trouve juste en face. **www.hotel-moscow.ru**

À L'EST DE LA FONTANKA Oktiabrskaïa Октябрьская €€€

Ligovski prospekt 10 ***Tél.*** *578 1144* ***Fax*** *3157501* ***Chambres*** *484* ***Plan*** *7 C2*

Les tarifs sont élevés pour les prestations offertes, mais son emplacement est idéal. L'annexe située face à la gare de Moscou a été rénovée et propose aujourd'hui des chambres correctes. Le bâtiment principal (véritable dédale de couloirs) donne une impression de splendeur fanée. **www.oktober-hotel.spb.ru**

À L'EST DE LA FONTANKA Hôtel Dostoïevski Отель Достоевский €€€€

Vladimirski prospekt 19 ***Tél.*** *331 3203* ***Fax*** *331 3203* ***Chambres*** *207* ***Plan*** *7 A3*

Cet hôtel de prestige très moderne est ouvert 24 h/24. Il est situé dans le centre commercial Vladimirski Passa, proche de Nevski prospekt pour les visites et du marché Kouznetchny pour les achats. La plupart des chambres ont vue sur des cours intérieures, mais certaines donnent sur la cathédrale Vladimir. **www.dostoevsky-hotel.ru**

À L'EST DE LA FONTANKA Novotel Новотель €€€€

Maïakovskovo oulitsa 3a ***Tél.*** *335 1188* ***Fax*** *335 1180* ***Chambres*** *233* ***Plan*** *7 B2*

Cet immeuble contemporain se trouve un peu à l'écart, à deux pas de Nevski prospekt. Les suites de luxe au 9e étage offrent de superbes vues. Le restaurant côté jardin propose une cuisine russe d'inspiration méditerranéenne. Excellents équipements pour la clientèle d'affaires et 3 chambres pour personnes handicapées. **www.novotel.spb.ru**

À L'EST DE LA FONTANKA Radisson SAS Royal Hotel €€€€

Nevski prospekt 49/2 ***Tél.*** *322 5000* ***Fax*** *322 5001* ***Chambres*** *164* ***Plan*** *7 A2*

Cet hôtel est installé dans un bâtiment historique de Nevski prospekt, à quelque distance du centre touristique. Les chambres ainsi que le bar et café Cannelle du rez-de-chaussée donnent sur la grande avenue avec ses nombreux magasins et sa foule de piétons. **www.radissonsas.com**

À L'EST DE LA FONTANKA Corinthia Nevski Palace €€€€€

Nevski prospekt 57 ***Tél.*** *380 2001* ***Fax*** *380 1937* ***Chambres*** *285* ***Plan*** *7 B2*

C'est l'un des premiers hôtels construits après l'ère soviétique, au début des années 1990. Dans son cadre coloré se trouvent cinq bars et restaurants, dont le prestigieux Landskrona, le Beerstube, le Café viennois pour le thé et les pâtisseries, et l'Impérial pour le brunch dominical. Nombreuses chambres « non-fumeurs ». **www.corinthia.ru**

À L'EST DE LA FONTANKA Grand Hôtel Emerald €€€€€

Souvorovski prospekt 18 ***Tél.*** *740 5000* ***Fax*** *740 5001* ***Chambres*** *90* ***Plan*** *8 D2*

Cet hôtel n'est pas vraiment central, mais les liaisons avec les transports publics sont faciles. Son décor rétro avec ambiance piano se cache derrière une façade postmoderne. Il est doté d'un centre de remise en forme, d'un sauna et d'un bain turc. Café dans l'atrium pour le thé l'après-midi. **www.grandhotelemerald.com**

AU SUD DU CENTRE-VILLE German Club Немецкий Клуб €

Gastello oulitsa 20 ***Tél.*** *371 5104* ***Fax*** *371 5690* ***Chambres*** *16*

Le German Club, l'un des premiers mini-hôtels de la ville, offre une atmosphère intime dans un quartier paisible, à quelques minutes à pied du métro Moskovskaïa. Le personnel sympathique propose des services personnalisés, de la réservation de visites guidées et de billets aux simples conseils sur les visites touristiques. **www.hotelgermanclub.com**

AU SUD DU CENTRE-VILLE Mir Мир €

Gastello oulitsa 17 ***Tél.*** *708 5166* ***Fax*** *708 5165* ***Chambres*** *200*

Cet hôtel sans prétention est fréquenté par de nombreux Russes et des voyageurs à petit budget. Il est situé en face de l'église de Tchesma et à deux pas du métro Moskovskaïa (ligne directe pour le centre). Les chambres avec sanitaires communs commencent à 40 €, celles avec douche et téléphone à 62 €. Pas de support visa. **www.hotelmir.spb.ru**

AU SUD DU CENTRE-VILLE Azimut Hotel St Petersburg €€

Lermontovski prospekt 43/1 ***Tél.*** *740 2640* ***Fax*** *251 8890* ***Chambres*** *897* ***Plan*** *5 B5*

Apprécié des visiteurs prêts à se satisfaire d'un hébergement standard à prix modéré, l'ancien hôtel Sovetskaïa a pour atouts un large éventail de prestations et des vues superbes sur la rivière. Malgré le changement de nom, le service reste très « soviétique» et laisse à désirer. **www.azimuthotels.com**

AU SUD DU CENTRE-VILLE Rossia Россия €€

Tchernychevskovo plochtchad 11 ***Tél.*** *329 3932* ***Fax*** *329 3902* ***Chambres*** *413*

Cet hôtel rénové selon les normes européennes se trouve un peu à l'écart au milieu des immeubles staliniens de Moskovski prospekt. Les chambres sur 10 étages offrent de larges vues sur la partie sud de la ville ; la clientèle se compose de Russes et d'étrangers. Dans le restaurant règne une atmosphère animée. **www.rossiya-hotel.ru**

AU SUD DU CENTRE-VILLE Neptune Нептун €€€

Naberejnaïa Obvodnovo kanala 93a ***Tél.*** *324 4610* ***Fax*** *324 4611* ***Chambres*** *150* ***Plan*** *7 A5*

Situé à 15 min à pied du métro le plus proche, cet hôtel d'une enseigne sérieuse est attenant au premier centre d'affaires de la ville. Les chambres sont élégantes, mais sans prétention, et le service efficace. Le Neptune dispose d'un superbe complexe de sport et de loisirs. **www.neptun.spb.ru**

AU SUD DU CENTRE-VILLE Park Inn Poulkovskaïa Пулковская €€€

Pobedy plochtchad 1 ***Tél.*** *740 3900* ***Fax*** *740 3913* ***Chambres*** *840*

Cet ancien hôtel soviétique a été complètement transformé en 2004 en un établissement moderne très bien tenu. Proche de l'aéroport et sur la route des palais de Tsarskoïe Selo, Pavlosk et Gatchina, il accueille une clientèle de voyages organisés et d'affaires. **www.parkinn.com**

Catégories de prix, *p. 174.* **Légende des symboles,** *voir le rabat arrière de couverture*

À L'OUEST DU CENTRE-VILLE Park Inn Pribaltiyskaya Прибалтийская €€€

Korablestroitelеї oulitsa 14 ***Tél.*** *329 2626* ***Fax*** *356 6094* ***Chambres*** *1200*

Ce gigantesque hôtel des années 1980 a été rénové et il est doté aujourd'hui d'un parc aquatique, d'une piscine et d'installations sportives. Situé sur le bord du golfe de Finlande, il offre des vues magnifiques. Le métro est loin – et le vent peut souffler très fort en hiver –, mais il y a des bus et des taxis. **www.parkinn.com**

AU NORD DE LA NEVA St Petersburg Санкт-Петербург €

Pirogovskaïa naberejnaïa 5/2 ***Tél.*** *380 1919* ***Fax*** *380 1920* ***Chambres*** *410* ***Plan*** *3 A2*

Cet hôtel moderne travaille avec les voyagistes. Situé au centre, il est toutefois un peu loin des transports publics. Son atout principal est la vue saisissante depuis les chambres sur la rive sud de la Neva et la salle du petit déjeuner au 1er étage. En été, cette dernière est particulièrement lumineuse. **www.hotel-spb.ru**

AU NORD DE LA NEVA Andersen Hotel €€

Chapygina oulitsa 4A ***Tél.*** *740 5140* ***Chambres*** *140*

Situé à Petrogradskaïa, cet établissement ouvert en 2004 permet un accès aisé à tous les sites de Saint-Pétersbourg et organise des visites guidées du centre-ville et de sa périphérie. Il loue des chambres à l'aménagement agréable et aux tarifs avantageux. **www.andersenhotel.ru**

AU NORD DE LA NEVA Kronverk Кронверк €€

Blokhina oulitsa 9 ***Tél.*** *703 3663* ***Fax*** *449 6701* ***Chambres*** *26* ***Plan*** *1 C3*

Le Kronverk est situé dans un endroit insolite et agréable de Petrogradskaïa, juste à côté de la forteresse Pierre-et-Paul. Installé dans un centre d'affaires *high tech*, l'hôtel accueille une clientèle d'affaires, mais également des touristes. Il dispose d'appartements pour les séjours plus longs. Pas d'aide pour le visa. **www.kronverk.com**

AU NORD DE LA NEVA Stony Island Hotel €€

Kamennoostrovski prospekt 45 ***Tél.*** *337 2434* ***Fax*** *346 1920* ***Chambres*** *50* ***Plan*** *2 D1*

Installé dans un bâtiment historique, cet hôtel a été refait en 2005 dans une architecture minimaliste aux tons neutres. Situé sur l'élégante artère principale de Petrogradskaïa, près du métro du même nom, il s'adresse à une clientèle d'habitués et à ceux qui n'aiment pas l'agitation du centre-ville. **www.stonyisland.ru**

À L'EST DE LA NEVA Okhtinskaya Охтинская €€

Bolsheokhtinski prospekt 4 ***Tél.*** *318 0038* ***Fax*** *227 2514* ***Chambres*** *294* ***Plan*** *4 F3*

Les chambres donnent sur la Neva à la hauteur de la cathédrale de Smolny – ce qui compense la situation en périphérie. L'hôtel est bien desservi par les transports publics, mais en été les ponts sont levés à 2 h du matin – ce qui allonge considérablement le trajet du retour si on souhaite sortir tard le soir. **www.okhtinskaya.com**

EN DEHORS DE SAINT-PÉTERSBOURG

NOVGOROD Volkhov Волхов €

Predtechenskaïa oulitsa 24 ***Tél.*** *(8162) 225551* ***Fax*** *(8162) 339067* ***Chambres*** *127*

Cet hôtel est de loin le mieux situé de tous ceux de Novgorod, dans le centre historique à côté du Detinets (kremlin). Le bâtiment de 4 étages a des équipements modestes, mais un sauna. Les chambres ne sont pourvues que d'une simple douche et la décoration privilégie le nylon. **www.novtour.ru**

NOVGOROD Veliki Novgorod Hotel Отель Великий Новгород €€

Studencheskaïa oulitsa 2a ***Tél.*** *(8162) 940910* ***Fax*** *(8162) 940925* ***Chambres*** *226*

Dans son grand complexe moderne avec salles de conférences, courts de tennis et belle piscine, l'établissement offre les meilleures prestations de Novgorod. Beaucoup de chambres donnent sur la Volkhov. Même le prix des appartements demi-luxe n'est pas très élevé. **www.parkinn.com**

PUSHKIN Natali Натали €

Malaïa oulitsa 56a ***Tél.*** *466 2768* ***Fax*** *466 0277* ***Chambres*** *24*

Cet hôtel est situé dans une rue résidentielle paisible de la verdoyante Pouchkine, pas très loin du palais de Tsarskoïe Selo. Le bâtiment, moderne, se compose de 3 étages sans ascenseur, avec quelques chambres au rez-de-chaussée et des chambres romantiques situées sous les toits. Enregistrement des visas. **www.hotelnatali.ru**

STRELNA Baltic Star Hotel Отель Балтийская Звезда €€€

Berezovaïa alleïa 3 ***Tél.*** *438 5702* ***Fax*** *438 5888* ***Chambres*** *106 et 20 cottages*

Situé dans la campagne entre Saint-Pétersbourg et Peterhof, à côté du palais Constantin utilisé aujourd'hui pour les réceptions et les événements officiels, le Baltic Star accueille les délégations officielles. L'établissement est moderne avec un intérieur de style ancien et 20 cottages pour ceux qui souhaitent plus d'intimité. **www.balticstar-hotel.ru**

ZELENOGORSK Gelios Гелиос Отель €

Primorskoïe chosse 593 ***Tél.*** *702 2626* ***Fax*** *702 2622* ***Chambres*** *195 et 3 cottages*

À environ 50 km au nord de Saint-Pétersbourg, sur le bord du golfe de Finlande, le Gelios offre parcours de santé, Spa avec traitements à base de boue et d'eau minérale, hydromassages et salle de gym. Les cottages se réservent longtemps à l'avance. L'enregistrement à l'OVIR peut être fourni. **www.gelios-otel.ru**

RESTAURANTS, CAFÉS ET BARS

Dans la restauration, beaucoup de changements ont eu lieu à Saint-Pétersbourg. Les grands établissements ont été rejoints par divers restaurants de toutes tailles. De plus, le concept de *business lunch* avec un menu à prix fixe et modique s'est imposé – une aubaine pour les voyageurs à budget réduit. La cuisine des républiques ex-soviétiques et autres pays propose aujourd'hui un grand choix de plats végétariens. Les petits cafés permettent d'éviter les pièges à touristes situés aux alentours de certains sites. S'il est parfois difficile de se faire servir une simple salade verte, la majorité des restaurants et les bons cafés servent des salades composées. Les établissements que nous recommandons sont répertoriés aux pages 184-191.

Enseigne du Noble Nest

Le restaurant Podvorié, reconstitution d'une maison en bois du XVIIe siècle

OÙ MANGER

Les restaurants de l'animée Nevski prospekt sont souvent plus chers que ceux des autres rues. En s'écartant un peu de l'avenue, on trouve des établissements pour toutes les bourses et tous les goûts le long de Bolchaïa Koniouchennaïa, Karavannaïa, Vostania oulitsa et de Vladimirski prospekt. Un peu plus loin, la Belinskovo oulitsa, par exemple, compte quelques adresses recommandées dans ce guide.

DIVERSITÉ

Tous les grands hôtels ont un bon restaurant. Nous indiquons seulement les adresses exceptionnelles ou les établissements situés dans des quartiers peu achalandés.

La mode prévalant dans certains endroits, il arrive souvent que la cuisine en pâtisse. D'autres pourtant réussissent à allier bonne cuisine, cadre et service.

La tendance est à la cuisine de la « Russie impériale » dans un cadre historique, comme chez Ruskaïa Charka *(p. 187)* ou Bufet *(p. 189)*. On trouve aussi beaucoup de restaurants à thèmes comme le Kuartika *(p. 187)* ou le Baky *(p. 188)*. Les restaurants gastronomiques proposent quant à eux des plats aussi bien européens, russes qu'asiatiques.

Terrasse de café sous les arcades de Gostiny Dvor *(p. 108)*

Pour un repas géorgien, essayez le Salkhino *(p. 185)* ou le Lagudzé *(p. 189)* et, pour un menu arménien, l'Erivan *(p. 187)*.

Les restaurants orientaux sont nombreux, à défaut d'être bons, excepté l'indonésien Suliko *(p. 187)*.

LIRE LE MENU

Les grands restaurants et certains cafés ont une carte en anglais. Partout, les cartes de paiement sont acceptées et les serveurs parlent anglais – et si tel n'est pas le cas, ils s'efforceront de faire tomber les barrières de la langue.

ADDITION ET POURBOIRE

Bien qu'ils ne soient pas autorisés à accepter les devises étrangères *(p. 210)*, bon nombre de grands restaurants facturent en dollars ou en euros.

Dans ce cas, vérifiez le taux de change exact qui peut être indiqué sur la carte ou à la caisse. La plupart des établissements acceptent les cartes de paiement, mais il est conseillé de s'en assurer au préalable. Dans la liste des restaurants *(p. 184-191)* figure une indication de prix en euros. Les additions doivent être réglées soit avec une carte de paiement, soit en roubles.

Si le service n'est pas inclus, comptez 10 à 15 % de pourboire. Pour être sûr qu'il revienne au serveur, mieux vaut le lui laisser en espèces plutôt que de l'inclure dans le montant réglé par carte.

HORAIRES D'OUVERTURE

Les restaurants sont ouverts de 12 h à 23 h ou minuit. Les plus chers, et surtout ceux attenant à un casino ou une boîte de nuit *(p. 204-205)*, restent ouverts de plus en plus souvent jusqu'au petit matin. Les cafés, eux, ferment tôt, vers 22 h.

Pour ceux qui veulent manger après le spectacle, le café Magrib *(p. 193)* est ouvert toute la nuit et propose un grand choix de plats. Beaucoup de bars servent jusqu'au petit matin. Et si vous ne trouvez toujours pas, sachez que beaucoup de fast-foods tels que le Layma *(p. 193)* ou les grandes chaînes internationales restent souvent ouverts après minuit.

La Salle russe du Demidoff *(p. 190)*, magnifiquement décorée

Enseigne du Pirosmani *(p. 191)*

RÉSERVER

Il vaut mieux réserver, surtout pendant les Nuits blanches *(p. 51)* où les tables des restaurants de luxe sont parfois retenues des semaines à l'avance. Le concierge de votre hôtel pourra sans doute vous aider.

Dans les petits restaurants et les cafés, inutile de prendre cette précaution, mais ils peuvent être fermés pour un banquet de mariage ou d'anniversaire.

ENFANTS

Les Russes prennent peu à peu l'habitude d'aller au restaurant avec leurs enfants. Les enfants étant très choyés en Russie, rares sont les lieux où ils ne sont pas acceptés et souvent même les plats seront adaptés à leurs goûts. Le week-end, le Gosti *(p. 186)*, le Jean-Jacques Rousseau *(p. 189)* ou le Tres Amigos *(p. 190)* organisent des fêtes encadrées par des nounous. Les bars à la mode comme le Che *(p. 205)* proposent des animations le dimanche matin. Certains endroits faisant leur publicité auprès des étrangers proposent des « attractions » qui ne sont pas pour les enfants – aucun ne figure dans ce guide.

MUSIQUE LIVE

Restaurants et cafés proposent souvent de la musique les vendredis et samedis soir. La liste des pages 184-191 indique ceux qui ont aussi de la musique les autres jours.

VÉGÉTARIENS

La viande est un ingrédient de base de la cuisine russe, mais, parmi les restaurants qui s'adressent à une clientèle plus occidentalisée, tel le Crocodile *(p. 186)*, des plats végétariens figurent au menu, ainsi que dans les restaurants géorgiens ou arméniens. Il existe aussi désormais quelques bars et restaurants strictement végétariens. Le choix est plus large pour les amateurs de poisson.

TABAC

Dans la plupart des restaurants il est autorisé de fumer, mais de plus en plus d'endroits ont un espace « non-fumeurs » ou, plus rarement, interdisent les cigarettes. Quelques établissements ont une salle « non-fumeurs » séparée où il est possible de réserver. L'atmosphère y est néanmoins différente de celle de la salle principale.

CODE VESTIMENTAIRE

Les tenues formelles sont de rigueur dans les restaurants huppés ou à la mode, mais une tenue soignée est toujours conseillée. Baskets et vêtements de sport sont acceptés dans les cafés moins cossus.

ACCÈS POUR HANDICAPÉS

Quelques restaurants sont équipés d'une rampe ou sont de plain-pied, mais les portiers et les serveurs, plus habitués à voir des personnes en fauteuil roulant, se montrent très obligeants. Les cafés et les bars posent davantage de problèmes à cause des marches, des portes étroites et de l'absence de toilettes aménagées. Les voyageurs handicapés seront sans doute obligés de se cantonner au restaurant de leur hôtel ou aux grands établissements.

SITES INTERNET

La majorité des sites Internet de restaurants sont en russe ou ne sont pas mis à jour. Beaucoup d'établissements n'ayant pas de site figurent sur : **www.**restoran.ru (dont il existe une version en anglais, mais pas en français). Pour les russophones, il existe aujourd'hui un grand nombre de sélections et de critiques en ligne. Ils essaieront d'aller sur : **www.**allcafe.info, qui donne plusieurs adresses ; **www.**menu.ru ou l'excellent **www.**spb.timeout.ru qui archive les critiques de *Time Out*.

Saveurs de Saint-Pétersbourg

La cuisine russe est réputée pour ses plats mijotés à base de légumes comme le chou, la betterave et la pomme de terre. Mais Saint-Pétersbourg, qui fut au centre d'un vaste empire s'étendant de la Pologne à la côte pacifique, propose une grande variété de spécialités. Les aubergines et les tomates importées du Caucase, au sud, apportent une note méditerranéenne, et les épices d'Asie centrale une touche exotique. Sur le marché Kouznetchny, le miel de Sibérie, les melons et pêches de Géorgie se trouvent côte à côte avec les écrevisses et le caviar.

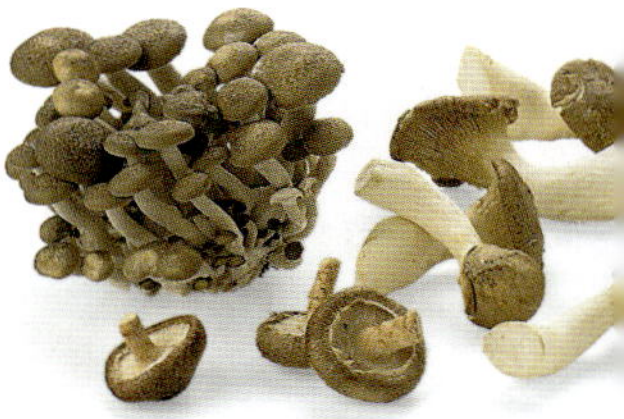

Champignons sauvages

Caviar noir : œufs d'esturgeons pêchés dans le Sud de la Russie

RUSSIE PASTORALE

Beaucoup de Pétersbourgeois possèdent une datcha, maison de campagne à proximité de la ville. Dès le printemps, ils passent leurs week-ends à s'occuper de leurs potagers ou à cueillir baies et champignons sauvages. Avec ces produits, ils font conserves et condiments. Les concombres au vinaigre donnent à la *solianka* (soupe) une saveur acidulée. Les champignons au vinaigre agrémentés de crème aigre figurent à la carte des restaurants ainsi que les jus frais de baies.

Dans un pays où les pénuries alimentaires ne sont pas des souvenirs lointains, rien ne se perd. Le *kvas* est une boisson courante peu alcoolisée que les gens fabriquent en faisant fermenter du pain rassis avec du sucre et quelques fruits. En été, il faut goûter l'*okrochka*, une délicieuse soupe froide au *kvas*. Avec ses centaines de rivières et de lacs, la Russie a une longue tradition de cuisine à base de poissons. On en trouve dans une simple soupe comme l'*oukra*, ainsi que dans des plats plus sophistiqués à base de caviar, esturgeon et saumon.

Exemple typique de zakouski

SPÉCIALITÉS RUSSES

Betteraves

La cuisine russe fait appel à tout ce qui est de saison ou bien qui remplit l'estomac et qui réchauffe. Le borchtch et les blinis au caviar sont les deux spécialités russes les plus connues – la première est une soupe paysanne de betterave qui varie au fil des saisons, la seconde le plat de base d'avant le carême, une recette riche en prévision du jeûne à venir. Autre plat très apprécié, la *koulebiaka* est un feuilleté garni d'un mélange de poisson, d'œufs durs, de riz, d'oignon et d'aneth. Également réputé, le bœuf Stroganoff, avec sa sauce aux champignons et à la crème, a été inventé au XVIIIe siècle par le chef du même nom qui travaillait chez une riche famille de Saint-Pétersbourg.

Borchtch *Cette soupe de betterave préparée avec du bouillon est servie avec de l'aneth et de la crème aigre.*

Étal de légumes d'un marché du centre de Saint-Pétersbourg

CAUCASE

Les anciens États soviétiques du Caucase – Géorgie, Azerbaïdjan et Arménie – sont réputés pour leurs banquets où les tables croulent sous l'abondance des plats et des boissons. Ces régions continuent à approvisionner les villes russes en produits subtropicaux. Citrons verts et jaunes, oranges, noix, figues, grenades, pêches, haricots, fromages salés et herbes aromatiques sont expédiés au fil des saisons à destination des marchés et des restaurants géorgiens de Saint-Pétersbourg. La cuisine géorgienne, à base de viandes grillées, légumes secs, légumes frais, yaourt, herbes aromatiques et sauces aux noix – dont la fameuse *satsivi* –, est réputée pour être saine et faire des centenaires.

ASIE CENTRALE

Les républiques d'Asie centrale de l'ancienne Union soviétique – Ouzbékistan, Turkménistan, Kirghizistan et Tadjikistan – ont apporté des traditions culinaires fondées sur le style de vie nomade des Mongols et des Tatares, anciens suzerains de la Russie. La viande des moutons élevés dans les régions désertiques sert à la préparation du *plov*, un plat que l'on partage entre convives et qui se mange avec les mains. Le *plov* figure à la carte des restaurants ouzbeks à côté de galettes de pain, de soupes aux nouilles et aux épices, de *manti* (savoureuses boulettes), de melons et de raisins en provenance des oasis ainsi que d'abricots et de noix de montagne.

Les airelles fraîches se cueillent en automne

ZAKOUSKI

Un repas russe traditionnel commence en principe par les zakouski. Il s'agit d'un assortiment de hors-d'œuvre : champignons au vinaigre *(gribi)*, cornichons *(ogourtsi)*, harengs salés *(seliodka)*, poissons fumés, blinis garnis de caviar, terrines de légumes (appelées souvent « caviars de légumes »), œufs durs farcis *(iaïtsa farchirovannié)*, feta aux épices *(brinza)*, salade de betteraves *(salat iz svyokly)* et petits chaussons farcis à la viande *(pirojki)*. Les zakouski s'accompagnent de pain de seigle et se dégustent arrosés de vodka. Suit souvent une soupe fumante avant l'arrivée du plat principal.

Koulebiaka *Feuilleté garni d'un mélange de poisson, d'œufs durs, de riz, d'oignon et d'aneth haché.*

Pelmeni *Raviolis à la viande servis soit dans un bouillon clair, soit avec de la sauce tomate ou de la crème aigre.*

Kissel *Gelée préparée avec un mélange de baies rouges et servie avec une volute de crème fraîche.*

Que boire à Saint-Pétersbourg

Vodka aromatisée

Réputée dans le monde entier, la vodka est apparue pour la première fois en Russie au XIVe ou au XVe siècle. La distillerie Liviz à Saint-Pétersbourg est la plus importante du pays après celle de Moscou. Pierre le Grand *(p. 18)* aimait particulièrement les vodkas au poivre et à l'anis, et il mit au point un procédé de distillation qui en améliora considérablement la qualité. L'autre boisson nationale du pays est le thé. Préparé traditionnellement avec un samovar et servi nature, il est devenu populaire en Russie à la fin du XVIIIe siècle, lorsqu'on commença à en importer de Chine.

Une famille de paysans russes du XIXe siècle buvant de la vodka et du thé dans leur datcha

VODKA NATURE

Diplomat

Russian Standard

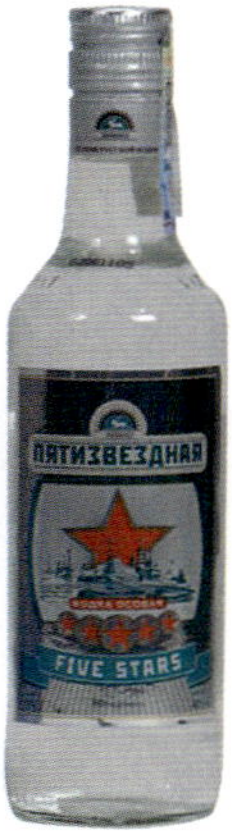

Five Star

La vodka russe est une eau-de-vie de grain, généralement de blé, parfois de seigle. À Saint-Pétersbourg, la plus courante est la Liviz avec également la Diplomat, la Five Star et la Russian Standard. Les vodkas Kristall et Gjelka de la distillerie moscovite Kristall remportent un succès grandissant. La marque Flagman se targue d'être le fournisseur officiel du Kremlin. Il y a aujourd'hui un choix impressionnant de vodkas, la règle d'or étant de ne jamais en acheter à moins de 3 ou 4 € le demi-litre. La vodka est toujours servie en accompagnement d'un plat, notamment les zakouski *(p. 181)* tels que pain noir, concombres au vinaigre et harengs. Elle ne se sert pas forcément glacée, mais elle doit toujours être réfrigérée.

Koubanskaïa

VODKA AROMATISÉE

Au Moyen Âge, quand on commença à fabriquer cette eau-de-vie, les techniques et les équipements étaient si primitifs que, pour en dissimuler le goût peu agréable, on y ajoutait du miel, des huiles aromatiques et des épices. Plus tard, les vodkas aromatisées sont devenues des spécialités à part entière. La Limonnaïa, dont le goût vient du zeste de citron, est une des plus traditionnelles, de même que la Pertsovka, parfumée aux piments rouges. Celle à la canneberge, la Kloukvennaïa, et celle à l'argousier – arbuste à baies orange de Sibérie –, l'Oblepikha, sont aussi prisées. Quelques-unes des meilleures vodkas parfumées sont faites maison avec des noyaux de pêches ou des baies macérées dans de l'alcool pendant plusieurs mois.

Pertsovka

Limonnaïa

Kloukvennaïa

Oblepikha

LES RÉGIONS VITICOLES

- Région viticole
- Moldavie
- Ukraine
- Russie
- Géorgie
- Arménie
- Azerbaïdjan
- Frontière internationale

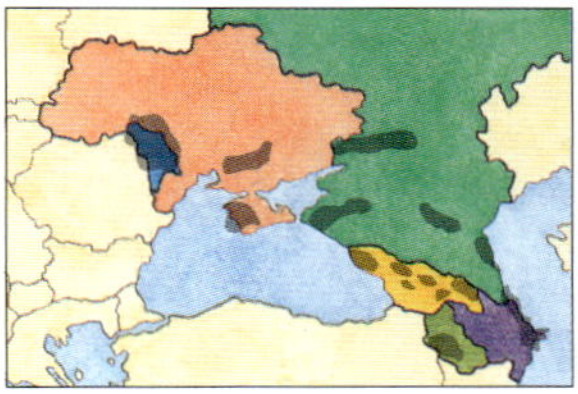

Vins géorgiens *Champanskoïe*

VINS

L'ex-Union soviétique était l'un des plus grands producteurs de vins *(vino)* du monde. Beaucoup de grandes régions viticoles font désormais partie de républiques indépendantes, mais leurs crus sont toujours populaires en Russie. Plusieurs variétés de raisin sont cultivées dans les différents États, à côté d'espèces originaires d'autres pays. La Géorgie et la Crimée produisent traditionnellement les meilleurs vins. Parmi les vins géorgiens se trouvent des crus élaborés avec du raisins *rkatsiteli*, caractérisés par un arôme de fleur et subtilement fruité.
La Moldavie produit des vins rouges et des vins blancs pétillants, dans le Centre et le Sud, et, depuis 1799, elle est aussi un grand producteur de *champanskoïe*, un vin doux pétillant.

Bière Baltika
Cognac arménien

AUTRES BOISSONS ALCOOLISÉES

À l'origine dérivé du vin, le cognac *(koniak)* n'a commencé à être produit à grande échelle en Russie qu'au XIXe siècle. Le cognac arménien passe pour être le meilleur, obtenu par un vieillissement dans des fûts de chêne vieux de 70 à 100 ans. La Géorgie et le Daghestan produisent aussi de bons cognacs. La bière *(pivo)* de Saint-Pétersbourg fait partie des meilleures de Russie. Baltika, Vena et Stepan Razine sont proposées en bouteilles ou à la pression, et leurs goûts ne sont altérés par aucun conservateur.

Eau minérale *Kvas* *Mors*

AUTRES BOISSONS

Consommé par les adultes comme par les enfants, le *kvas* est une boisson légèrement fermentée, à base d'orge et de seigle. La Russie possède une multitude d'eaux minérales, dont beaucoup sont très minéralisées. Celles du Caucase, de Sibérie et de Géorgie sont recherchées. On boit également des jus de fruits *(sok)* et des boissons sucrées obtenues en faisant bouillir des fruits dans de l'eau avec du sucre *(kompot* et *mors)*.

THÉ

Le thé russe se prend nature avec une rondelle de citron, dans une tasse ou un grand verre. On le sucre souvent avec de la confiture *(varenie)*. On fait bouillir l'eau dans un samovar et on prépare du thé dans une théière. L'eau gardée au chaud dans le samovar sert ensuite à diluer le thé concentré que l'on aura versé dans les verres.

Un verre de thé et de la confiture *(varenie)*

LE SAMOVAR

Le samovar traditionnel, en laiton ou en cuivre, servait à faire bouillir de l'eau pour divers usages domestiques. Aujourd'hui, il est souvent électrique et sert à la préparation du thé. On faisait aussi parfois cuire des œufs dans l'eau bouillante de la partie supérieure. Le mot *samovar* vient de *samo*, qui veut dire « soi-même », et *varit*, qui signifie « bouillir ».

Choisir un restaurant

Les restaurants proposés ici ont été sélectionnés pour leur rapport qualité/prix et leur bonne cuisine. Ils sont classés par quartier, puis dans l'ordre alphabétique pour chaque catégorie de prix. Pour les repas légers et en-cas, reportez-vous aux pages 192-193, et pour le plan aux pages 238-245.

CATÉGORIES DE PRIX
Par personne pour un repas avec entrée, plat et dessert, avec un verre de vin de la maison, taxes et service compris.
€ moins de 20 €
€€ de 20 à 35 €
€€€ de 35 à 50 €
€€€€ de 50 à 65 €
€€€€€ plus de 65 €

ÎLE VASSILEVSKI

Troïtski Most Троицкий Мост €
6-ia liniïa 27, Vassilevski ostrov ***Tél.*** *327 4622* ***Plan*** *1 A5*

Café-restaurant végétarien et non-fumeurs qui ne sert pas de café. Cet endroit unique met l'accent sur les légumes frais et sert des asperges et des épinards en sachant parfaitement les cuisiner. Essayez la salade d'épinards au fromage ou les tagliatelles en sauce aux champignons.

Imperator Император €
Tamojenny pereoulok 2 ***Tél.*** *323 3031* ***Plan*** *1 C5*

Il y a beaucoup de restaurants à la Strelka, mais celui-ci est imbattable pour les prix. Situé au sous-sol de l'Académie des sciences, à côté du Kounskamera, il propose l'habituelle cuisine euro-caucasienne et, chose un peu étrange, des plats mexicains. Réservation recommandée pour la salle « non-fumeurs » qui n'est pas grande.

Casa del Marco €€
Birzhevoï proiezd 6 ***Tél.*** *320 9746* ***Plan*** *1 C5*

Très bien situé à courte distance à pied des Colonnes rostrales et de la Strelka dans le quartier historique, ce restaurant se distingue par le large éventail de plats de viande mis à la carte. Le musée de la Marine, le Kounstkamera et le musée de Zoologie se trouvent également à proximité.

Ketino Кетино €€€
8-ia liniïa 23, Vassilevski ostrov ***Tél.*** *326 0196* ***Plan*** *1 A5*

Ce restaurant géorgien est un peu moins intime, mais tout aussi sympathique que le Salkhino, son jumeau de Petrogradskaïa. Demandez conseil pour commander, mais modérez vos élans car, une fois que vous aurez goûté à un plat (le *lobio* vert, par exemple, avec haricots verts et épices), vous aurez envie de commander toute la carte.

Kitsch russe Русский китч €€€
Ouniversitetskaïa naberejnaïa 25 ***Tél.*** *325 1122* ***Plan*** *5 B1*

Cadre grandiose avec une touche humoristique et décoration impressionnante, mais pas toujours de bon goût, de la perestroïka (plafonds peints, marbre vert et dorures). Du côté de la carte, une cuisine *fusion* et des sushis, mais la piste de danse, elle, est très russe. Belle vue jusqu'à l'autre rive de la Neva. **www.concord-catering.ru**

New Island €€€€€
Roumiantsevski spousk, Ouniversitetskaïa naberejnaïa ***Tél.*** *320 2100* ***Plan*** *5 B1*

Ce restaurant flottant, très apprécié des puissants, a accueilli Bush, Poutine et Chirac. En hiver, le bateau est réservé aux banquets, mais, de la fin du printemps à l'automne, il propose 4 croisières par jour (14h, 16h, 20h et 22h30) jusqu'à l'Institut Smolny où il fait demi-tour. Vous pourrez déguster caviar et blinis en passant devant le palais d'Hiver.

La Vieille Douane Старая Таможня €€€€€
Tamojenny pereoulok 1 ***Tél.*** *327 8980* ***Plan*** *1 C5*

Idéalement situé derrière le Kounstkamera à la pointe de la Strelka, cet établissement sérieux et de qualité, aux manières simples, propose une carte et des vins à forte tonalité française avec de nombreuses viandes. Voûtes en briques apparentes et cuisine ouverte sur la salle. Terrasse et salle à manger privée.

PETROGRADSKAÏA

Demianova Oukha Демьянова Уха €
Kronverkski prospekt 53 ***Tél.*** *232 8090* ***Plan*** *1 C3*

Le premier restaurant de poissons de Saint-Pétersbourg a su conserver sa position face à ses concurrents grâce à un travail assidu et une cuisine traditionnelle généreuse et sans prétention. Il emprunte son nom (qui signifie « la soupe de poissons de Demianov ») à un conte russe dont le héros trop zélé force ses hôtes à manger toujours plus.

Légende des symboles *voir le rabat arrière de couverture*

Salkhino Салхино €€
Kronverkski prospekt 25 ***Tél.*** *232 7891* ***Plan*** *2 D2*

Ce frère jumeau du Ketino est tenu par deux Géorgiennes habiles à attiser les appétits. Leur généreuse cuisine familiale compte le meilleur *khatchapouri* (pain au fromage) de la ville. Essayez aussi les aubergines farcies aux noix. Ne laissez pas le personnel commander à votre place : vous risqueriez de ne pas pouvoir tout manger.

Tbilisso Тбилисо €€
Sytninskaïa oulitsa 10 ***Tél.*** *232 9391* ***Plan*** *2 D2*

Ce restaurant géorgien, avec serveurs aux moustaches impressionnantes et en costume du pays, propose une cuisine authentique. La *mamalyga* (purée de maïs au fromage) fera trembler de joie les gourmands. Un « vrai » Géorgien dînant toujours seul avec sa bien-aimée et ses amis proches, les tables sont installées dans des box pour l'intimité.

Volna Волна €€
Petrovskaïa naberejnaïa 4 ***Tél.*** *322 5383* ***Plan*** *2 F3*

Ce restaurant *fusion*, l'un des moins chers de la ville, propose une carte à tonalité asiatique que vient compléter un cadre japonisant minimaliste. Essayez la laitue italienne et sa *tempura* de saumon ou le saumon blanc grillé en sauce à la menthe et aux crevettes. Juste derrière la maisonnette de Pierre.

Yakitoriya €€
Petrovskaïa nab. 4, Petrogradskaïa ***Tél.*** *327 7700* ***Plan*** *2 F3*

Il est difficile de trouver de bons sushis à Saint-Pétersbourg et le Yakitoriya en propose non seulement d'excellents, mais il pratique aussi des prix attractifs. Proche de la maisonnette de Pierre le Grand, 5 min de promenade le séparent de la forteresse Pierre-et-Paul.

Zver Зверь €€
Alexandrovski park 5 ***Tél.*** *232 2062* ***Plan*** *2 E3*

Le mot *zver* signifie « animal sauvage », et ici on propose toutes les sortes imaginables de gibiers, du lièvre au sanglier. L'endroit ressemble à un immense grill-room avec de longues tables en bois et des portions généreuses. Pour le trouver, dépassez les pavillons tape-à-l'œil en face de la forteresse et pénétrez plus avant dans le parc. Bon menu « enfants ».

Austeria Аустерия €€€
Forteresse Pierre-et-Paul ***Tél.*** *230 0369* ***Plan*** *2 E3*

Ce restaurant a l'avantage de se trouver juste à côté de la forteresse Pierre-et-Paul. Les visiteurs curieux auront forcément envie de venir se désaltérer sur la terrasse. Intérieur hollandais, style favori de Pierre le Grand, comme dans la cathédrale Saint-Pierre-et-Saint-Paul. La carte propose des plats russes traditionnels.

Magnolia Магнилия €€€
Petrovskaïa naberejnaïa 4 ***Tél.*** *922 2577* ***Plan*** *2 F3*

Bordant le quai en face de l'Ermitage, cet établissement géorgien installé sur deux niveaux propose des classiques comme la dinde rôtie et ses pommes au four au fromage blanc. Il permet de découvrir des fromages de Géorgie et le chef a pour spécialité le *matsoni*, du yaourt aux fines herbes. Le tout à savourer en contemplant la Neva.

Na zdorovié ! На здоровье! €€€
Bolchoï prospekt 13 ***Tél.*** *232 4039* ***Plan*** *1 B3*

Ceux qui ont aimé les tableaux des beautés russes aux formes généreuses de Boris Koustodiev exposés au Musée russe aimeront le décor tape-à-l'œil du Na zdorovié ! Ce nom signifie « À votre santé ! » et ici on trinque au son des chants tsiganes dans une ambiance hospitalière typiquement russe.

Okean Океан €€€€
Dobrolioubova prospekt 14a ***Tél.*** *986 8600* ***Plan*** *1 C4*

L'élite branchée de Saint-Pétersbourg se retrouve sur la péniche *Okean* pour siroter un cocktail en terrasse ou bavarder au-dessus d'assiettes garnies de plats traditionnels de fruits de mer réinterprétés. Des parois vitrées du sol au plafond rendent la salle très lumineuse. L'atmosphère est tout aussi agréable le soir.

Terrasse Терраса €€€€€
Flying Dutchman, Mytninskaïa naberejnaïa, Birjevoï most ***Tél.*** *336 3737* ***Plan*** *1 C4*

Installé à bord de la frégate *Flying Dutchman,* ce restaurant moderne doté d'une cheminée offre de superbes vues jusqu'au palais d'Hiver. Carte proposant des plats européens et sud-américains. Également des bars à sushis et à salades ainsi qu'un grand choix de pâtisseries. Baby-sitter à la disposition des parents. Le Zebra Bar est deux fois moins cher.

QUAI DU PALAIS

1913 €€
Voznessenski prospekt 13 ***Tél.*** *315 5148* ***Plan*** *5 C2*

L'année 1913 sonne le glas de l'Empire russe. Spécialités régionales telles que *draniki* (crêpes de pommes de terre) au bacon et soupe à l'oseille, mais aussi des plats « fins » à base de homard. Portions généreuses. L'ambiance chaleureuse et l'excellent service compensent l'aspect terne du décor. Chants russes à la guitare à partir de 20 h.

Da Albertone €

Millionnaïa oulitsa 23 ***Tél.*** *315 8673* **Plan** 2 E5

Situé derrière l'Ermitage, ce restaurant italien est un endroit formidable pour les familles. Le menu « enfants » propose des pizzas en forme d'animaux et une salle très bien équipée leur est réservée, avec une baby-sitter tous les jours à partir de midi. Pour les adultes, il y a 40 sortes de pizzas et divers plats de pâtes. Non-fumeurs avant 23 h.

Gastronome Гастроном €€

Marsovo pole 7 ***Tél.*** *314 3849* **Plan** 2 F5

Avec son mélange modene de cuisines italienne et japonaise – plus une note russe avec les viandes en gelée au raifort et à la moutarde –, la carte s'adresse à une clientèle jeune. Grâce à son emplacement et à la terrasse en été, le Gastronome a aussi beaucoup de succès auprès des touristes de tous âges.

Crocodile Крокодил €€

Galernaïa oulitsa 18 ***Tél.*** *314 9437* **Plan** 5 B2

Offrant de loin le meilleur rapport qualité/prix du quartier de la cathédrale Saint-Isaac, ce petit restaurant à l'éclairage intime a été le premier à servir des salades fraîches ainsi que des plats végétariens copieux et à avoir une salle « non-fumeurs ». Une annexe à Kazanskaïa oulitsa 24, mais celui-ci est indéniablement le meilleur.

Parc Giuseppe Парк Джузеппе €€

Naberejnaïa Griboïedova kanala 2v ***Tél.*** *571 7309* **Plan** 2 F5

Situé à l'angle du jardin Mikhaïlovski, avec vue sur le Champ de Mars, de l'autre côté de la Moïka, ce restaurant est idéal à la période des Nuits blanches pour venir admirer, en dégustant un vin italien, le spectacle du soleil qui décline. La carte italienne propose des pizzas à la napolitaine cuites au feu de bois. Terrasse en été.

Baltika Brew €€€

Bolchaïa Morskaïa oul. 315 ***Tél.*** *611 0481* **Plan** 6 D1

Sous un impressionnant passage en arcades en face du musée de l'Ermitage, ce restaurant-brasserie propose une sélection de plats internationaux. Elle inclut des mets indiens du Cachemire, de Goa et de Delhi. Le choix de bières pour les accompagner en comprend près d'une douzaine maison, en complément de marques locales et importées.

Canvas €€€

Hôtel Renaissance, Potchtamtskaïa oulitsa 4 ***Tél.*** *380 4000* **Plan** 5 C2

La salle du petit déjeuner de cet hôtel moderne situé près de la cathédrale Saint-Isaac se transforme dans la journée en restaurant. Dans ce quartier tranquille où la plupart des restaurants mettent l'accent sur le cadre historique au détriment de la cuisine, le Canvas, lui, offre une cuisine européenne traditionnelle raffinée et un bon service.

Gosti Гости €€€

Malaïa Morskaïa oul. 13 ***Tél.*** *312 5820* **Plan** 6 D1

Détendu et chaleureux, le Gosti sert des classiques italiens à côté de spécialités serbes, dont de nombreuses tourtes aux garnitures sucrées et salées. Il s'étale sur plusieurs étages et les enfants y disposent d'une aire de jeu séparée qui leur permet, ainsi que leurs parents, de profiter pleinement du moment.

T-Lounge €€€

Hôtel Renaissance, Pochtamskaïa oulitsa 4 ***Tél.*** *380 4000* **Plan** 5 C2

Voisin du restaurant Canvas à l'intérieur de l'hôtel Renaissance St Petersburg Baltic *(p. 174)*, le T-Lounge sert toute la journée des sandwichs, des salades et des pâtisseries. Il accueille des musiciens le soir. À proximité de tous les principaux sites touristiques, il compte de nombreux habitants de la ville parmi ses fidèles.

Borsalino Борсалино €€€€

Bolchaïa Morskaïa oulitsa 39 ***Tél.*** *494 5115* **Plan** 6 D2

Le cadre historique de la salle à manger de l'hôtel Angleterre *(p. 174)* et des spécialités authentiques d'une très grande qualité justifient la popularité de cette table italienne auprès des Pétersbourgeois comme des hôtes ou des visiteurs extérieurs. Des musiciens de jazz se produisent dans le bar presque tous les soirs.

Russkaïa Rioumochtnaïa No1 Русскя Рюмочная N°1 €€€€

Konnogvardeïski Boulvar 4 ***Tél.*** *570 6420* **Plan** 5 B2

Une salle à manger à l'ancienne sert de cadre à la dégustation de recettes traditionnelles russes réinterprétées. Plus de 100 vodkas différentes, souvent parfumées, figurent à la carte. Une interdiction de fumer s'applique jusqu'à 21 h. Une galerie accueille des expositions constamment renouvelées.

Beau Rivage Эрмитажный €€€€€

Kempinski Hotel Moïka 22, naberejnaïa reki Moïki 22 ***Tél.*** *335 9111* **Plan** 2 E5

Le restaurant Beau Rivage sert une cuisine gastronomique française et internationale et présente également une excellente carte des vins et d'alcools. L'établissement est particulièrement sophistiqué et offre une atmosphère unique. Le matin, il propose un vaste buffet pour le petit déjeuner. Folle dépense mais inoubliable !

Bellevue Brasserie €€€€€

Kempinski Hotel Moïka 22, naberejnaïa reki Moïki 22 ***Tél.*** *335 9111* **Plan** 2 E5

Les vues depuis le 9e étage sur le centre-ville, la place du Palais et le palais d'Hiver sont si belles qu'on pourrait en oublier de manger. Pourtant la carte à dominante française est bonne, à défaut d'être bon marché. Ici, on paie la qualité de la cuisine et pas simplement le cadre élégant comme dans beaucoup d'autres endroits à Saint-Pétersbourg.

Catégories de prix *voir p. 184* **Légende des symboles** *voir le rabat arrière de couverture*

GOSTINY DVOR

Fasol Фасоль €
Gorokhovaïa oul. 17 ***Tél.*** *571 0907* ***Plan*** *6 D2*

Malgré son nom (qui signifie « haricot »), le *Fasol* n'est pas un restaurant végétarien, mais de nombreux plats équilibrés figurent sur la carte. Cadre moderne et service rapide. Son superbe emplacement au bord de la Moïka en fait le meilleur endroit pour se sustenter au cours d'une promenade le long des canaux.

Suliko Сулико €
Kazanskaïa oulitsa 6 ***Tél.*** *314 7373* ***Plan*** *6 E2*

L'un des rares restaurants asiatiques de la ville où la qualité de la cuisine est égale à celle du cadre. Mobilier en bois blond, murs blancs et grande propreté. Excellente cuisine indonésienne, avec quelques plats japonais et un saté de qualité. Service efficace tout en sérénité. Notre-Dame-de-Kazan se trouve juste devant et Nevski prospekt à 200 m.

Aragvi €€
Nab reki Fontanki 9 ***Tél.*** *570 5643* ***Plan*** *2 F5*

La vue de la Fontanka offerte par de grandes fenêtres ajoute au plaisir procuré par une cuisine géorgienne dont la carte propose presque tous les classiques. Ils comprennent le *satsivi* (sauce à la noix), le *khachapuri* (galettes fourrées au fromage) et le porc *shashlyk* (en brochettes marinées).

Café littéraire Литературное кафе €€
Nevski prospekt 18 ***Tél.*** *312 6057* ***Plan*** *6 E1*

Ancienne confiserie Wolf et Béranger où le poète adulé Pouchkine se rendit avant l'heure fatale de son combat en duel, l'endroit est toujours fréquenté par les amateurs de littérature russe auxquels se joignent les touristes, bien que son intérêt soit plus historique que gastronomique. Plats traditionnels assez lourds (nombreuses viandes en sauce).

Fartuk Фартук €€
Oul. Roubinchteïna 15/17 ***Tél.*** *764 5256* ***Plan*** *1 A2*

Aux beaux jours, le Fartuk offre l'un des cadres les plus détendus où dîner en plein air dans le centre. Essayez la citronnade maison en rafraîchissement. La carte est sous influence européenne, notamment méditerranéenne. Les tables collectives lui donnent l'aspect d'un établissement de campagne. Elles nécessitent de réserver.

Kalinka-Malinka Калинка-Малинка €€
Italianskaïa oulitsa 5 ***Tél.*** *314 2681* ***Plan*** *6 F1*

Du nom de la célèbre chanson qui exprime si bien l'âme russe. L'intérieur vous transporte dans un cabanon en rondins. Presque chaque soir, la cuisine russe traditionnelle se déguste au son de la musique folklorique et de chants romantiques. Le restaurant accueille beaucoup de touristes et de groupes, mais cela n'est pas gênant.

Ket u Mimino Кэт у Мимино €€
Karavannaïa oulitsa 24 ***Tél.*** *315 3800* ***Plan*** *7 A1*

Confortable petit restaurant installé dans un sous-sol spécialisé dans la cuisine européenne et géorgienne : le propriétaire se targue d'être le descendant d'un prince géorgien. Un établissement sans prétention et l'un des rares du centre-ville à attirer une clientèle en majorité d'habitués. Un endroit idéal pour se mélanger aux « anciens » Russes.

Kvartirka Квартирка €€
Nevski prospekt 51 ***Tél.*** *315 5561* ***Plan*** *7 A2*

Ce café a pour thème l'époque soviétique et, pour rester dans le ton, les serveurs affectent une fausse rudesse tout au long du repas. Péterbourgeois et visiteurs dans le secret s'y côtoient, attirés par de copieuses portions de rustiques plats traditionnels russes. Tous les plats sont frais malgré leurs prix raisonnables.

Mama Roma Мама Рома €€
Karavannaïa oulitsa 3 ***Tél.*** *314 0347* ***Plan*** *7 A1*

L'un des premiers restaurants italiens authentiques, il accueille une nombreuse clientèle russe des classes moyennes. Comme dans tous les bons restaurants italiens, la salle est claire et spacieuse et les enfants sont les bienvenus (menu « enfants » et jeux). L'excellent Vinarium au sous-sol vend du vin.

Barbaresco €€€
Koniouchennaïa plochtchad 2 ***Tél.*** *647 8282* ***Plan*** *2 E5*

Fréquenté par l'ancienne génération artistique de la ville, ce restaurant italien, dont les salles intimes occupent deux niveaux, sert une cuisine simple mais haut de gamme. Du vin du nord de la péninsule s'accorde avec les classiques, notamment aux fruits de mer, qui remplissent les assiettes. Le menu « dégustation » mérite un essai.

Erivan Ериванъ €€€
Naberejnaïa reki Fontanki 51 ***Tél.*** *703 3820* ***Plan*** *6 F2*

Trois salles décorées dans le style arménien avec des tentures, des nappes colorées et de la faïence. Allez directement dans la « salle campagnarde ». Cuisine traditionnelle avec beaucoup de mouton et de veau et quelques plats rares.

Kavkaz Bar Кавказ-бар — €€€

Karavannaïa oulitsa 18 ***Tél.*** *312 1665* — ***Plan*** *7 A1*

Ce restaurant est superbement placé près de Nevski prospekt. Dans une atmosphère intime, on y déguste une cuisine de la région du Caucase (géorgienne et arménienne) avec les meilleures brochettes végétariennes de la ville et d'excellents vins et alcools géorgiens. Possibilité de s'attabler dans le café moins formel donnant sur la place.

Caviar — €€€€

Grand Hôtel Europe, Mikhaïlovskaïa oulitsa 1-7 ***Tél.*** *329 6651* — ***Plan*** *6 F1*

Le summum pour la présentation (aussi élégante que variée) du caviar et du poisson ! Essayez le caviar dans son œuf de caille, le saumon mariné à la vodka ou l'une des spécialités régionales russes du mois. La salle minuscule avec sa petite fontaine ressemble à une grotte dans un parc du XVIIIe siècle. Ouvert seulement le soir.

Ruskaïa Charka Русская Чарка — €€€

Reki Fontanki naberejnaïa 92 ***Tél.*** *495 5558* — ***Plan*** *6 E3*

Des peintures murales et des tentures composent un décor traditionnel dans ce restaurant russe qui compte parmi les plus authentiques de la ville. Le Ruskaïa Charka se distingue par sa carte où figurent des spécialités de tout le pays, entre autres de vieilles recettes sibériennes de gibier.

Baky Баку — €€€€€

Sadovaïa oulitsa 12/23 ***Tél.*** *941 3756* — ***Plan*** *6 F1*

Invitation au dépaysement, le Baky reconstitue une pittoresque et colorée oasis d'Asie centrale pleine de lumière. Il sert des spécialités d'Europe continentale et du Caucase. Il est aussi possible de commander des banquets complets pour des groupes d'au minimum quatre personnes. Il accueille des animations le soir.

L'Europe Европа — €€€€

Grand Hôtel Europe, Mikhaïlovskaïa oulitsa 1/7 ***Tél.*** *329 6630* — ***Plan*** *6 F1*

La grande salle Art nouveau est dominée par une verrière d'époque, restaurée avec goût. Cuisines européenne gastronomique (soupe de homard, steak tartare) et russe pour les occasions spéciales. Le brunch dominical attire beaucoup de Russes et d'expatriés.

Saint-Pétersbourg Санкт-Петербург — €€€€€

Naberejnaïa kanala Griboïedova 5 ***Tél.*** *314 4947* — ***Plan*** *6 E2*

Prix élevés pour une cuisine russe sans surprise (portions néanmoins copieuses). Après les groupes de musique à 20 h, un spectacle de danse folklorique avec balalaïkas se tient tous les jours, sauf le dimanche, à 21 h sur la petite scène. Tout cela n'a peut-être rien d'authentique, mais l'ambiance est très animée et vous passerez une bonne soirée.

SENNAÏA PLOCHTCHAD

Apchéron Апшерон — €

Kazanskaïa oulitsa 39 ***Tél.*** *312 7253* — ***Plan*** *6 D2*

Ici, la cuisine à base de viande vient d'Azerbaïdjan et le chef est originaire de Bakou, la capitale du pays. La carte propose aussi un grand choix de plats végétariens et même des vins azéris. Trois salles confortables et colorées à l'atmosphère chaleureuse, loin du concept minimaliste souvent en vigueur dans la ville.

Wasabi Васаби — €€

Iefimova oulitsa 3 ***Tél.*** *244 7303* — ***Plan*** *6 E3*

Ce restaurant japonais de chaîne propose, dans une galerie marchande, un large choix de plats chauds et de sushis d'une grande fraîcheur. Sa situation en fait un bon endroit où prendre un rafraîchissement entre visite touristique et shopping. Il organise des cérémonies du thé sur réservation.

Entrée Антрэ — €€€

Nikolskaïa plochtchad 6 ***Tél.*** *572 5201* — ***Plan*** *5 C4*

Bien qu'excentré entre le théâtre Mariinski et Sennaïa plochtchad, ce bistrot français mérite une visite. Il pratique des prix raisonnables pour une cuisine de qualité – entre autres, un carpaccio de saumon et des plats traditionnels. Bœuf et canard figurent parmi les viandes. Les pâtisseries du salon de thé sont réputées les meilleures en ville.

Mozzarella Bar Моццрелла Бар — €€€

Griboïedova naberejnaïa Kanala 64 ***Tél.*** *244 7303* — ***Plan*** *6 D3*

Le Mozzarella Bar attire dans le centre une clientèle jeune et décontractée séduite par un assortiment inhabituel de mets italiens et japonais. Le personnel se montre accueillant, prévenant et courtois. L'éclectisme de la carte en fait une adresse recommandée pour un groupe de convives aux goûts différents.

Bella Vista Белла Виста — €€€€

Angliïskaïa naberejnaïa 26 ***Tél.*** *312 3238* — ***Plan*** *5 B1*

À courte distance à pied de plusieurs théâtres, dont le Mariinski, un cadre évoquant une élégante demeure rurale, des spécialités italiennes haut de gamme, un service impeccable et la vue de la Neva offrent le contexte idéal à un tête-à-tête romantique avant ou après une représentation. La terrasse permet de dîner en plein air en été.

Catégories de prix *voir p. 184* **Légende des symboles** *voir le rabat arrière de couverture*

EN DEHORS DU CENTRE

À L'EST DE LA FONTANKA Laguidzé Лагидзе €

Belinskovo oulitsa 3 ***Tél.*** *579 1104* ***Plan*** *7 A1*

Situé à quelques minutes à pied du centre, dans une petite rue comptant les meilleurs restaurants de la ville, le Laguidzé est un restaurant géorgien au cadre modeste et néanmoins moderne et aux prix modiques. Essayez la *lodka* (pain chaud fourré au fromage avec un œuf) et le *satsivi* (poulet sauce aux noix). Vins et alcools géorgiens.

À L'EST DE LA FONTANKA Baklazhan Баклажан €€

Ligovski prospekt 30 ***Tél.*** *677 7372* ***Plan*** *7 C3*

Difficile de trouver plus détendu que ce restaurant d'inspiration géorgienne au sommet d'un centre commercial proche de la gare principale. Il pratique des prix doux pour des déclinaisons soignées de classiques asiatiques. Les nouilles maison et les pâtisseries méritent une chaude recommandation. Le service est professionnel et souriant.

À L'EST DE LA FONTANKA Bufet Буфет €€

Pouchkinskaïa oulitsa 7 ***Tél.*** *764 7888* ***Plan*** *7 B2*

Restaurant proche de Nevski prospekt dans un décor rappelant celui d'un bel appartement du Saint-Pétersbourg d'autrefois. Avec ses quelques tables (20 couverts), ses vieux mémentos et photos aux murs, il fait presque illusion. La cuisine est russe et sans chichi, l'atmosphère chaleureuse et les prix modérés. Une adresse qui sort de l'ordinaire.

À L'EST DE LA FONTANKA Imbir €€

Zagorodny prospekt 15 ***Tél.*** *713 3215* ***Plan*** *7 A3*

Ancien restaurant oriental *(imbir* signifie « gingembre ») proposant aujourd'hui un choix éclectique de nouilles, sushis, plats de viande et poisson russes assez légers (essayez le saumon poché). Vins sans prétention, mais bons. Son style café attire une clientèle tranquille plutôt jeune. Bon endroit pour voir et être vu. Un plat nouveau chaque mois.

À L'EST DE LA FONTANKA Palermo €€

Naberejnaïa reki Fontanki 50 ***Tél.*** *764 3764* ***Plan*** *7 A2*

Photos de Sicile et murs dans les tons sable et olive. Ici, même le chef est sicilien, mais inutile d'avoir peur de la Mafia car il s'agit d'un restaurant familial de qualité. Carte sicilienne classique avec quelques spécialités russes, principalement des plats de viande assez lourds.

À L'EST DE LA FONTANKA Povari Повари €€

Bolchoï prospekt 38-40, Petrogradskaïa ***Tél.*** *233 7042* ***Plan*** *1 C2*

Ici pas de pizza, mais des pâtes fraîches de toutes sortes comme les *fettuccini* sauce aux champignons et aux truffes. En hiver, les tables sont rentrées, mais dès que la température s'adoucit, la terrasse couverte donnant sur la place se remplit de fauteuils en osier. L'endroit idéal pour observer la foule qui fait ses achats à Petrogradskaïa.

À L'EST DE LA FONTANKA Cherbet Шербет €€

Vosstania oulitsa 26 ***Tél.*** *716 0874* ***Plan*** *7 C1*

Un coin de l'Ouzbékistan du XXIe siècle avec son ambiance décontractée, ses élégantes tables éclairées aux chandelles et ses canapés agrémentés de coussins de soie. La carte n'est pas entièrement ouzbek (le *plof*, ou « pilaf », est à recommander), mais allie le meilleur de la cuisine orientale et quelques plats turcs. Moins 20 % au déjeuner.

À L'EST DE LA FONTANKA Chinok Шинок €€

Zagorodny prospeks 13 ***Tél.*** *571 8262* ***Plan*** *7 A3*

Ce restaurant ukrainien traditionnel sert une bonne cuisine robuste qui change de l'élégante cuisine minimaliste des restaurants les plus décontractés de Saint-Pétersbourg. Cinq sortes de *salo* (porc salé) et de la vodka ukrainienne pour arroser le tout. Musique du folklore ukrainien très enlevée tous les soirs à 21 h.

À L'EST DE LA FONTANKA Stary Dom Старый Дом €€

Nekrassova oulitsa 25 ***Tél.*** *579 8343* ***Plan*** *7 B1*

Café-restaurant en sous-sol avec de simples tables et bancs en pin proposant une cuisine d'Azerbaïdjan familiale : soupe *khartcho* à la viande et *tcheboureki* végétariens farcis aux herbes aromatiques. L'excellent vin géorgien est servi dans des cruches en faïence. Très nombreuse clientèle géorgienne.

À L'EST DE LA FONTANKA Soundouk Сундук €€

Fourchtatskaïa oulitsa 42 ***Tél.*** *272 3100* ***Plan*** *3 C4*

Le Soundouk, qui se dit café artistique, est un trop bon restaurant pour figurer à la rubrique « Vie nocturne » de ce guide. Imposante carte des cocktails, plats de cuisines russe et européenne qui tiennent au corps et bons groupes de jazz après 20 h 30 (supplément de 2 €). La salle du fond est la plus tranquille. Clown le dimanche entre 12 h et 17 h.

À L'EST DE LA FONTANKA Tres Amigos €€

Roubinchteïna oulitsa 25 ***Tél.*** *572 2685* ***Plan*** *7 A3*

Cuisines mexicaine, péruvienne, colombienne et équatorienne dans un cadre entre le style aztèque et le style taverne à bière. Ce restaurant mérite surtout une mention pour sa salle de jeux avec toboggan et balançoires, son menu « enfants » et la baby-sitter qui s'occupe des enfants le week-end pendant que les adultes boivent leur tequila.

À L'EST DE LA FONTANKA Xren €€

Zagorodny prospekt 13 ***Tél.*** *347 8850* ***Plan*** *7 A3*

Trois salles de style différent d'où vous pourrez observer l'animation du « carrefour des Cinq-Rues », non loin de Nevski prospekt. Sur la carte figurent notamment un gaspacho aux deux couleurs, du canard et différents couscous. La présentation des plats est élégante. DJ le week-end.

À L'EST DE LA FONTANKA Demidoff Демидов €€€

Reki Fontanki naberejnaïa 14 ***Tél.*** *272 9181* ***Plan*** *3 A5*

Restaurant touristique et néanmoins correct avec deux salles : une élégante salle XIXe siècle et une salle pseudo « Russie éternelle » (avec des fresques très colorées). Mais la carte panrusse est la même, avec de tout depuis les œufs de caille aux crêpes et au caviar. Musique tsigane tous les soirs à partir de 20 h.

À L'EST DE LA FONTANKA Jean-Jacques Rousseau Жан-Жак Руссо €€€

Marata oulitsa 10 ***Tél.*** *315 4903* ***Plan*** *7 B2*

Ce bistrot français au personnel accueillant et aux tarifs abordables accueille principalement, au petit déjeuner comme le midi et le soir, une clientèle décontractée de jeunes employés. Les alcools servis au bar complètent une riche carte des vins. Il programme régulièrement des événements à l'intention des familles et de leurs enfants.

À L'EST DE LA FONTANKA Marcelli's Марчелли's €€€

Vosstania oulitsa 15 ***Tél.*** *702 8010* ***Plan*** *7 C1*

Dans un cadre spacieux et sans prétention, cette association d'un café-restaurant et d'une épicerie fine compte parmi les hauts lieux des amateurs de cuisine italienne. Le midi, les plats du jour témoignent de la volonté d'offrir le meilleur possible au coût le plus réduit. Le soir, opulence et raffinement prennent le pas.

À L'EST DE LA FONTANKA Matroskaïa Tichina Матросская Тишина €€€

Marata oulitsa 54/34 ***Tél.*** *764 4413* ***Plan*** *7 B4*

La publicité qui annonce « côté poissons » est bien trouvée : un vrai chalutier en plusieurs morceaux, des aquariums remplis de homards, d'huîtres et de langoustes ainsi que des crevettes tigrées, des coquilles Saint-Jacques et exactement les vins qu'il faut pour les accompagner. Ici, rien n'est surgelé : tout est frais et conservé sur la glace.

À L'EST DE LA FONTANKA Probka €€€

Belinskovo oulitsa 5 ***Tél.*** *273 4904* ***Plan*** *7 A1*

Élégant bar à vins italiens au décor minimaliste à l'image de la cuisine : des sauces légères et non les consistantes pâtes et pizzas de certains autres restaurants italiens de la ville. Quand il fait chaud, les immenses fenêtres sont ouvertes. Même direction que l'Il Grappolo situé à côté, mais qui est plus cher.

À L'EST DE LA FONTANKA Novaya Istoriya Новая История €€€€

Belinskovo oulitsa 8 ***Tél.*** *579 8550* ***Plan*** *7 A1*

C'est l'un des rares restaurants de poisson de Saint-Pétersbourg. Il propose des mets d'inspiration italienne et abrite un comptoir alimenté en coquillages et crustacés en provenance d'Europe, tous les jours, par avion. Les carnivores ne sont pas oubliés avec des plats de bœuf, de porc et de gibier. L'atmosphère est sophistiquée mais chaleureuse.

À L'EST DE LA FONTANKA Troïka Тройка €€€€

Zagorodny prospekt 27 ***Tél.*** *407 5343* ***Plan*** *6 F3*

Une des scènes de variétés ayant survécu au bon vieux temps des Soviets, avec acrobates (des filles à la fine silhouette faisant des numéros étonnants avec des cerceaux), chants et danses folkloriques et paillettes. Pas de numéro érotique comme dans certains endroits ouverts plus récemment. Carte quelconque, mais on vient ici pour le spectacle.

À L'EST DE LA FONTANKA Kompot €€€€

Joukovskovo oulita 10 ***Tél.*** *719 6542* ***Plan*** *7 B1*

Ce restaurant a obtenu le prix du meilleur chef de l'année en 2005. Cadre moderne et haute cuisine aux tonalités italienne, européenne et asiatique, avec de savoureux plats de fruits de mer, une excellente sélection de fromages et une grande carte des vins. Attention aux marches glissantes de l'escalier métallique en entrant !

À L'EST DE LA FONTANKA Dickens Restaurant Колхида €€€€€

Reki Fontanki naberejnaïa 108, 2e ét. ***Tél.*** *702 6263* ***Plan*** *6 E3*

Cette émanation, à l'étage, du populaire Dickens Club a pour spécialité les steaks et les recettes de gibier. Une vue magnifique de la Fontanka, le charme suranné d'un décor très « british », une respectable carte des vins et une sélection de cigares cubains le rendent particulièrement adapté à une célébration.

À L'OUEST DU CENTRE-VILLE Aux pêcheurs russes Русская рыбалка €€

Ioujnaïa doroga 11, Krestovski ostrov ***Tél.*** *323 9813*

Cabane de pêcheurs stylisée avec un vivier où l'on peut pêcher son poisson (truite, esturgeon, etc.) et le regarder cuire. Clientèle surtout familiale dans la journée en raison des espaces de jeux intérieurs et extérieurs. Pour le dîner, les adultes redeviennent majoritaires et peuvent se montrer bruyants en début de soirée.

À L'OUEST DU CENTRE-VILLE Karl et Friedrich Карл и Фридрих €€€

Ioujnaïa doroga 15, Krstovski ostrov ***Tél.*** *320 7978*

Restaurant-brasserie de l'île Krestovski, près du golfe de Finlande, accessible uniquement en taxi. L'établissement s'adresse aux familles et met à leur disposition une nounou entre 19 h et 22 h la semaine et deux nounous ainsi qu'un clown le week-end entre 14 h et 22 h. Carte axée principalement sur les viandes. La bière est excellente.

Catégories de prix *voir p. 184* **Légende des symboles** *voir le rabat arrière de couverture*

À L'OUEST DU CENTRE-VILLE Krestovski sad Крестовский сад €€€

Ioujnaïa doroga 15, Krestovski ostrov ***Tél.*** *320 7978*

Autre restaurant du complexe de la brasserie Karl et Friedrich *(ci-avant),* où en été l'agneau cuit sur la broche en plein air. Parfait pendant les Nuits blanches pour regarder le soleil décliner lentement au-dessus du golfe de Finlande. Vous pouvez également choisir d'aller au petit café ouvert en saison qui se trouve sur la plage non loin de là.

AU NORD DE LA NEVA 7 : 40 €€

Bolchoï Sampsonievski prospekt 108 ***Tél.*** *492 3444*

Le meilleur restaurant juif de la ville. Son nom (*sem-sorok* en russe) fait référence aux célèbres chansons et danses juives dont le rythme de plus en plus rapide entraîne l'assistance dans un tourbillon effréné. Tel est l'esprit exubérant de ce sympathique endroit haut en couleur. Grand choix de plats de la cuisine juive traditionnelle.

AU NORD DE LA NEVA Pirosmani Пиросмани €€

Bolchoï prospekt 14, Petrogradskaïa ***Tél.*** *235 4666* ***Plan*** *1 B3*

Restaurant géorgien figurant un village à flanc de colline avec des maisons en torchis, une verrière et même de vrais étangs (en réservant, demandez une table sur un radeau). Aux murs, des tableaux de Pirosmani, sans doute le plus grand peintre géorgien du XXe siècle. Essayez le *lobio* (haricots rouges en sauce épicée) arrosé d'un vin de Tbilissi.

AU NORD DE LA NEVA Staraïa Derevnia Старая Деревня €€

Savouchkina oulitsa 72 ***Tél.*** *431 0000*

L'un des premiers restaurants privés de Saint-Pétersbourg et toujours l'un des plus sympathiques. Très excentré, il est néanmoins très facile d'accès pour ceux qui reviennent en voiture du golfe de Finlande. Service personnalisé et cadre informel – comme dans un appartement ancien. Chants russes, juifs et tsiganes en soirée.

AU NORD DE LA NEVA Ryba Рыба €€€€

Oulitsa Akademika Pavlova 5 ***Tél.*** *234 5060*

Au dernier étage d'un centre d'affaires, le Ryba ménage un panorama à couper le souffle des toits de Saint-Pétersbourg. La carte offre le choix entre des classiques italiens, avec notamment une large gamme de plats de pâtes, de pizzas et de spécialités asiatiques au wok.

AUX ENVIRONS DE SAINT-PÉTERSBOURG

NOVGOROD Iourievskoïe Podvorié Юрьевское Подворье €€

Iourievskoïe chosse 6a ***Tél.*** *(8162) 946066*

Superbement situé à côté du kremlin (appelé Detinets), ce restaurant est moins fréquenté que certains autres du centre-ville. Authentique carte campagnarde russe avec notamment le bouillon aux *rastegaï* (boulettes de poisson) ou les grosses saucisses que vous dégusterez avec une bonne bière russe.

NOVGOROD Volkhov Гостиница Волхов €€€

Predtechenskaïa oulitsa 24 ***Tél.*** *(8162)225 509*

Fréquenté par les touristes visitant le kremlin voisin, mais également animé le soir, le restaurant d'un des plus populaires hôtels de Novgorod sert une cuisine provinciale russe. Mieux vaut réserver car des banquets occupent parfois toute la salle le week-end. Le café adjacent propose des plats plus légers et moins coûteux.

PAVLOVSK Podvorié Подворье €€

Filtrovskoïe chosse 16, Pavlosk ***Tél.*** *4668544*

Particulièrement agréable en été, ce restaurant offre un cadre idéal pour échapper à la foule et au bruit des établissements plus proches du centre. Il possède deux grandes salles et une plus petite où l'on peut avoir un dîner intime. Les plats russes comptent des salades, du caviar sur canapé, le borchtch et l'*ukha* (soupe de poisson).

POUCHKINE Staraïa Bachnia Старая Башня €

Akademitcheski prospekt 14 ***Tél.*** *466 6698*

Avec son immense carte et ses nombreux vins, ce restaurant est une trouvaille dans cette petite ville provinciale : les prix sont deux fois moins élevés qu'à Saint-Pétersbourg. À proximité du célèbre quartier Fiodorovski gorodok construit en 1913 à l'occasion du tricentenaire de la dynastie des Romanov.

REPINO Tchaliapine Шаляпин €€€

Nagornaïa oulitsa 1 ***Tél.*** *432 0775*

En été, beaucoup de cafés des bords du golfe de Finlande servent des *chachlyk* (brochettes), mais, quelle que soit la saison, la meilleure adresse de Repino est le Tchaliapine. Oubliez l'extérieur en béton et l'emplacement au-dessus d'un supermarché : l'intérieur est charmant avec une grande cheminée en hiver. Terrasse en été entourée d'arbres.

CHOUVALOVKA Krapiva €€

Saint-Pétersbourg chosse 111, entre Strelna et Petrodvorets ***Tél.*** *450 5393*

Installé dans une tour de style russe au cœur du Village russe de Chouvalovka, sorte de Disneyland sur la route de Peterhof, ce restaurant est un bon endroit pour goûter la cuisine campagnarde traditionnelle en écoutant des chansons du folklore russe, même pour ceux qui n'ont pas dévalé les pentes neigeuses ni fait de tour en troïka.

Repas légers et en-cas

Malgré leurs tables en métal et leurs chaises en plastique, les cafés russes et ethniques (repérables au mot *Кафе*) servent souvent une très bonne cuisine allant du simple sandwich au plat de viande plus substantiel. Les plus prudents pourront essayer les adresses de la page suivante, où les prix sont d'ailleurs souvent moins élevés entre 12 h et 16 h. Beaucoup de bars et de « cafés artistiques » avec musique *live* *(p. 205)* proposent aussi une excellente cuisine (l'ambiance y est plus calme à midi que le soir). En été, beaucoup ont une terrasse, mais, par temps froid, les cafés se trouvant le long de la Moïka ou ceux des hôtels Radisson, le Jili-bili et l'Il Patio, ont également leur charme.

CUISINE RUSSE

Les plats traditionnels tels que le borchtch et les *draniki* sont très courants. *Pelmeni* et *vareneki* ont leurs restaurants spécialisés. Ainsi, ceux qui servent les *pelmeni* sont typiques, sans décor tape-à-l'œil ni touriste, comme le **Pelmeni Bar** derrière la forteresse Pierre-et-Paul. Salés ou sucrés, blinis et *blintchiki* (crêpes fines) se dégustent chez **Cherdak**.

Quelques établissements répertoriés sont très simples et placés près des sites touristiques. Le **Priboy** se trouve derrière l'Ermitage *(p. 84-93)*, le **Sadko** à côté du théâtre Mariinski, le **Café de Clie** à côté de la forteresse Pierre-et-Paul, le **Glosscafe** dans la cour (chauffée) du palais Stroganov *(p. 112)* et le café végétarien **Idiot** près de la place Saint-Isaac *(p. 79)*. Le **Luna** est assez abordable et plein d'animation ; l'**Ou Kamina** est connu pour son feu de cheminée et ses portions généreuses.

CUISINES GÉORGIENNE ET ARMÉNIENNE

Elles ont un grand succès à Saint-Pétersbourg. Le **Kavkaz-Bar** *(p. 188)* et le **Magrib** ont aussi un petit espace « café ». Beaucoup de petits établissements servent de la cuisine caucasienne ; d'autres, comme l'**Asia**, un restaurant bon marché et très animé se trouvant dans le quartier des consulats, servent une cuisine ouzbek copieuse.

RESTAURATION RAPIDE, PIZZAS, PÂTES ET BLINIS

La restauration rapide russe propose des sandwichs au fromage ou au salami et des *pirojki* (petits pains) au riz, au chou ou aux pommes. Les meilleurs *pirojki* se mangent au **Stolle** ou au **Boulotchnaïa** (un peu moins cher). Évitez d'acheter des *pirojki* dans la rue et ne mangez jamais de *pirojki* à la viande frits.

À côté des chaînes connues, il y a des enseignes locales comme le **Layma**, ouvert 24 h/24 et l'**Ou Tiochi Na Blinakh**. Le **Teremok** sert des crêpes et la chaîne **Troïtski Most** est dédié aux végétariens. Pizzerias et restaurants de pâtes sont aussi très appréciés (**Il Patio** est idéal avec des enfants). **Ou Tiochi Na Blinakh** et **Teremok** proposent aussi des blinis authentiques.

PÂTISSERIES ET DOUCEURS

Friands de sucre, les Russes prennent toujours le thé avec des gâteaux et mangent des glaces toute l'année. **Sladkoïejka** a un choix étonnant de desserts à la crème et de pâtisseries : c'est sans doute l'adresse favorite des Pétersbourgeois pour les douceurs. Les cafétérias comme **Bushe** et la chaîne **Idealnaïa Tchachka** proposent un grand choix de cheese-cakes et de gâteaux. À **Stirka 40°**, les clients dégustent le thé en attendant que leur lessive se termine.

PUBS ET BARS

Tous les bars servent à manger. À côté des pubs anglais et irlandais, où la cuisine est conventionnelle et la clientèle composée surtout d'expatriés, il existe des « pubs » russes tels le **Pivnaïa 0.5** qui propose d'excellentes bières locales. Au **Vdali ot zhen** et au **Tinkoff**, la bière est fabriquée sur place. L'un des plaisirs de l'été est de boire une bière sur l'un des pontons qui font leur apparition le long des berges, notamment aux alentours de Nevski prospekt. En général, pubs et bars ne servent pas à manger, mais les clients peuvent s'y attarder pour assister au coucher du soleil.

SUSHIS

L'engouement pour les bars à sushis – qui sont en général de qualité – est tel qu'il existe de nombreux endroits pour manger rapidement et sainement le midi à Saint-Pétersbourg. Essayez le **Dvé Palotchki** ou le **Planet Sushi**. La photo de chaque plat figure sur la carte, ce qui permet de choisir aisément.

EN DEHORS DU CENTRE

Il est moins facile de trouver un endroit pour un déjeuner léger quand on sort de la ville. Pavlovsk *(p. 158-161)* et Peterhof *(p. 148-151)* ont des cafés corrects situés dans l'enceinte du palais, bien que le nombre des places soit limité en été. Le minuscule **Trapeza** est un endroit couru à Peterhof. Tsarskoïe Selo *(p. 152-155)* compte divers cafés le long et aux alentours d'Oranjeneïnaïa oulitsa, à la sortie du parc. Il y a aussi des cafés dans le parc du palais de Gatchina *(p. 147)* et il y en a même un minuscule à Oranienbaum *(p. 146)*. Mais, en général, il est préférable d'emporter un pique-nique (**Stolle** vend de délicieuses tourtes à emporter). À Novgorod *(p. 162-165)*, vous trouverez au **Golden Ladle** un vaste choix de bières et d'en-cas.

ADRESSES

CUISINE RUSSE

Barberry
Kamennoostrovski prospekt 10. **Plan** 2 E2.
Tél. *954 0022.*

Café de Clie
Kronverkski prospekt 27.
Plan 2 D2. ***Tél.*** *232 3606.*

Carousel
Карусcель
Oulitsa Kirochnaïa 8.
Plan 3 B5. ***Tél.*** *272 1778.*

Chaynaïa Khijina
ЧайнаI.я Хижина
Bolchaïa Koniouchennaïa oulitsa 19 (entrée sur Volynski pereoulok).
Plan 6 E1.
Tél. *314 9786.*

Cherdak
Чердак
Ligovski prospekt 17.
Plan 7 C1.
Tél. *272 5564.*

Glosscafe
Nevski prospekt 17.
Plan 6 E1. ***Tél.*** *315 2315.*

Idiot
Плиот
Reki Moïki naberejnaïa 82.
Plan 5 C2.
Tél. *315 1675.*

Jili-bili
Жили-были
Nevski prospekt 52.
Plan 6 F1.
Tél. *314 6230.*

Luna
Луна
Bolchaïa Koniouchennaïa oulitsa 7. **Plan** 2 E5.
Tél. *312 4260.*

More
Troïtski most :
Kamennoostrovski prospekt 9/2. **Plan** 2 E4.
Tél. *232 6693.*

Ou Kamina
У Камина
Maly prospekt 29, Petrogradskaïa Storona.
Plan 1 C1. ***Tél.*** *235 0458.*

Pelmeni Bar
Пельмени-бар
Kronverkski prospekt 53a (entrée sur Markina oulitsa). **Plan** 1 C3.
Tél. *498 0977.*

Priboy
Прибой
Reki Moïki naberejnaïa 19.
Plan 2 E5.
Tél. *571 8285.*

Sadko
Салко
Oulitsa Glinki 2.
Plan 5 B3.
Tél. *903 2373.*

Soirée
Суаре
Joukovskovo oulitsa 28.
Plan 7 B1. ***Tél.*** *272 3512.*

CUISINES DU MONDE

Asia
Азия
Ryleeva oulitsa 23.
Plan 3 B5.
Tél. *272 0168.*

Magrib
Магриб
Nevski prospekt 84.
Plan 7 B2.
Tél. *275 4470.*

RESTAURATION RAPIDE, PIZZAS, PÂTES ET BLINIS

Boulotchnaïa
Булочная
Bolchaïa Koniouchennaïa oulitsa 15. **Plan** 2 E5.

Nevski prospekt 66.
Plan 7 A2.
Tél. *314 8559.*

Il Patio
Nevski prospekt 30.
Plan 6 E1. ***Tél.*** *314 8215.*

Nevski prospekt 182.
Plan 8 E3. ***Tél.*** *271 3177.*

Layma
Лаима
Kanala Griboïedova naberejnaïa 16.
Plan 6 E1.
Tél. *315 5545.*

Nyamburg
Нямбург
Nevski prospekt 78.
Plan 6 E1.
Tél. *272 7573.*

Ou Tiochi Na Blinakh
У тёщи на блинах
Ligovski prospekt 29.
Plan 7 C2.
Tél. *275 9782*

Stolle
Штолле
Dekabristov oulitsa 33.
Plan 5 C3. ***Tél.*** *714 2571.*

Koniouchenny pereoulok 1/6. **Plan** 2 E5.
Tél. *312 1862.*

Teremok
Теремок
Nevski prospekt 60.
Plan 7 A2.
Tél. *314 2701.*

Troïtski Most
Троицкий Мост
Kronverkski prospekt 35.
Plan 2 D2. ***Tél.*** *326 8221.*

6-ïa liniïa 27, Vassilevski ostrov. **Plan** 1 A5.
Tél. *327 4622..*

CAFÉ, PÂTISSERIES ET DOUCEURS

Bushe
Буше
Vostanïa oulitsa 10.
Plan 7 B1.
Tél. *273 7459.*

Café Singer
Кафе Зингер
Nevski prospekt 28.
Plan 6 E1.
Tél. *571 8223.*

Denisov-Nikolaev Confectionery
Денисов и Николаев
Kanala Griboïedova naberejnaïa 77. **Plan** 6 D3.
Tél. *571 9495.*

Idealnaïa Tchachka
Идеальная Чашка
Kamennoostrovski prospekt 2.
Plan 2 E2.
Tél. *233 4953.*

Sladkoïejka
Сладоежка
Marata oulitsa 2.
Plan 7 B2.
Tél. *571 1420.*

Sadovaïa oulitsa 60.
Plan 5 C4.
Tél. *310 8144.*

Gorokovaïa 44.
Plan 6 E3.
Tél. *310 8005.*

Stirka 40°
Стирка 40°
Kazanskaïa oulitsa 26.
Plan 6 D2. ***Tél.*** *314 5371.*

PUBS ET BARS

Pivnaïa 0.5
Пивная 0.5
44/2 Zagorodny prospekt.
Plan 6 E4.
Tél. *315 1038.*

Tinkoff
Тинкофф
Kazanskaïa oulitsa 7.
Plan 6 E2.
Tél. *718 5566.*

Vdali ot zhen
Bolchaïa Koniouchennaïa oulitsa 15.
Plan 6 E1.
Tél. *571 0154.*

SUSHIS

Dvé Palotchki
Две Палочки
Vostanaïa oulitsa 15.
Plan 7 C1.
Tél. *244 7779.*

Eurasia
Евразия
Nevski prospekt 13.
Plan 6 D1.
Tél. *315 1858.*

Planet Sushi
Планета Суши
Nevski prospekt 94.
Plan 7 B2.
Tél. *275 7533.*

EN DEHORS DU CENTRE

Golden Ladle
Золотой Ковш
Novo-Loutchanskaïa oulitsa 14, Novgorod.
Tél. *(8162) 73 05 99.*

Linea
Sankt-Petersbourgski prospekt 46, Petrodvorets (Peterhof).
Tél. *450 7878.*

Trapeza
Трапеза
Kalininskaïa oulitsa 9, Petrodvorets (Peterhof).
Tél. *450 6393.*

BOUTIQUES ET MARCHÉS

Boutiques et marchés de Saint-Pétersbourg donnent un aperçu de la vie quotidienne en Russie. Mais le shopping dans ce pays demande un peu de flexibilité car vous ne serez jamais sûr de trouver ce que vous désirez. Si de nombreux produits d'importation ont remplacé, ces dernières années, les produits de fabrication locale, la confection russe, les fameux chocolats Kroupskaïa, la vodka, le caviar et l'artisanat restent cependant de beaux cadeaux à rapporter. Les grands magasins se concentrent autour des grandes artères comme Nevski et Bolchoï prospekt et près des stations de métro, dont Sennaïa Plochtchad et Vassilievski Ostrov. N'hésitez pas non plus à entrer dans les boutiques qui se trouvent au bas des immeubles.

Matriochka

Mode féminine dans l'une des nombreuses boutiques de luxe de Nevski prospekt

HEURES D'OUVERTURE

Les commerces sont en général ouverts de 10 h à au moins 19 h et plus pour les petites boutiques. Peu ferment à l'heure du déjeuner, hormis les magasins bon marché. Les grands magasins et enseignes importantes ouvrent le dimanche. En été, certains petits commerces peuvent réduire leurs horaires et fermer le week-end. Vous trouverez des magasins d'alimentation ouverts 24 h/24 dans toute la ville.

COMMENT PAYER

Les commerces n'affichent plus les prix en « y.e. » *(ouslovnaïa iedinitsa)*, ou « unité relative», mais certains restaurants ont gardé cette pratique. Un y.e. équivaut en général à un dollar américain ou un euro (demandez le taux de change pratiqué). Vous réglerez pourtant la note en roubles, car payer en monnaie étrangère constitue un délit, sauf sur les marchés touristiques. Il existe de nombreux bureaux de change fiables et des distributeurs automatiques à l'extérieur des banques et dans les stations de métro *(p. 214)*.

Les cartes de paiement sont acceptées dans beaucoup de magasins. Dans certains, les articles se trouvent derrière le comptoir. Il faut les montrer du doigt en disant *« Mojno »* (« Est-ce que je peux ? ») pour les voir. Vous irez ensuite régler vos achats à la caisse avec le papier sur lequel le vendeur aura inscrit le prix, si vous ne parlez pas russe, et vous reviendrez les chercher auprès du vendeur.

MARCHANDAGE

Sur les marchés, les prix sont fixes. Si rien n'est indiqué, on peut obtenir un rabais en négociant, surtout depuis qu'il est possible de majorer les prix pour les touristes (et les nouveaux riches russes). En Russie, marchander est une affaire sérieuse et faites-le si vous voulez vraiment acheter.

Appareil photo russe (v. 1920)

ANTIQUITÉS ET OBJETS D'ART

Selon la législation russe, l'exportation d'objets datant d'avant 1956 et de matériaux précieux comme l'or, l'argent, les pierres précieuses et la fourrure est réglementée. Œuvres d'art, aquarelles contemporaines et livres publiés avant 1946 sont soumis à cette réglementation.

S'il y a désormais à la douane une file « marchandises à déclarer » et une « rien à déclarer » (et même si les bagages ne sont pas tous passés aux rayons X), sachez que les contrôles sont fréquents et aléatoires. Dans la pratique, les douaniers ferment les yeux sur les gravures et les aquarelles non encadrées.

Les livres, excepté les rares, peuvent en général sortir du pays sans autorisation. Pour tous les autres cas, le règlement est strictement appliqué. Pour obtenir l'autorisation d'exporter livres et œuvres d'art, adressez-vous au ministère de la Culture. La procédure est assez rapide.

Enseigne de bouquiniste

AUTORISATION D'EXPORTATION

Ministère de la Culture

Министерство Культуры

Ministerstvo Koultoury

Malaïa Morskaïa oulitsa 17.

Plan 6 D1. ***Tél.*** *571 0302.*

lun.-ven. 11h-17h.

Tertia *(p. 199)* vend des antiquités exportables pour tous les budgets

Le galeriste ou l'artiste qui vous a vendu l'objet vous aidera dans vos démarches. S'il n'y a pas eu de tentative manifeste de fraude, tout objet non autorisé à sortir du territoire pourra être remis à une personne restant à Saint-Pétersbourg. Par contre, s'il y a le moindre soupçon de fraude, l'objet sera mis au dépôt de l'aéroport et vous devrez payer pour le récupérer. Tout objet non réclamé au bout d'un an sera confisqué, tout comme les marchandises ayant été dissimulées à la douane. Il arrive que les pièces de valeur soient données à un musée.

GRANDS MAGASINS

Appelés *ounivermag* (« magasins universels »), ils reprenaient jadis le modèle des rangées de kiosques où chaque commerce appartenait à une personne différente. Ils ont beaucoup évolué et forment aujourd'hui des complexes de boutiques avec des rayons distincts. Si les produits proposés ne sont guère différents de ceux vendus en Europe, les visiteurs doivent visiter le **Gostiny Dvor** *(p. 108-109)*, le plus ancien et le plus grand centre commercial de la ville, et le **Passaj** *(p. 148)*, plus petit et plus prestigieux, où produits luxueux et travées étroites rappellent un autre âge.

Les grands magasins plus récents comme le **Vladimirski Passaj** *(p. 199)* et le Grand Palace ressemblent davantage, avec leurs boutiques de luxe, à ceux des centres commerciaux d'Europe occidentale et d'Amérique.

MARCHÉS ET BAZARS

Il existe onze marchés paysans *(rynok)* éparpillés dans différents quartiers de la ville. Le plus central, **Koujnetchny** *(p. 199)*, se trouve près de Nevski prospekt. Ses éventaires se composent de fleurs, fruits, légumes, fromage frais maison et miel naturel. Les prix sont, en général, plus élevés que dans les supermarchés mais il est possible de marchander. Jadis situé à quelques pâtés de maisons, le marché d'Apraksine dvor, populaire pour toutes sortes d'articles allant des cigares aux CD, a déménagé en périphérie, rue Rustavelli. Autre marché réputé, **Ounona** *(p. 199)* dresse ses stands à la station de métro Avtoyo. Mieux vaut s'y méfier des pickpockets. Les marchés aux puces se déplacent sans cesse, mais quelques vendeurs viennent tenter leur chance sur d'autres marchés. Les chineurs se retrouvent le vendredi et le samedi matin à la station de métro Oudelnaïa où un grand marché à la sauvette s'étend le long de la voie. Spécialisé dans l'art et l'artisanat pour touristes, le marché en plein air de **Vernissaj** *(p. 199)* se tient toute l'année autour de l'église Sainte-Catherine *(p. 48)* de Nevski prospekt. Le **Rynok Souvenirov** *(p. 199)*, proche de l'église du Sauveur-sur-le-Sang *(p. 100)*, offre le choix et les prix les plus intéressants pour acquérir des matriochkas *(p. 196)*. Vous y trouverez aussi des jeux d'échecs artisanaux, des montres, des chapkas, de vieux appareils photo, des tee-shirts et du bric-à-brac militaire et de l'ère soviétique.

Étals de souvenirs du marché touristique situé face à l'église du Sauveur-sur-le-Sang

Boutique du musée de l'Ermitage

BOUTIQUES DE MUSÉES

La meilleure, celle de l'**Ermitage** *(p. 84-93)*, vend des lithographies et des reproductions d'objets d'art, des livres sur la ville et son patrimoine artistique, des bijoux et des foulards en soie. Ces articles sont aussi vendus sur le site : www.hermitagemuseum.org

Le **Musée russe** *(p. 104-107)* possède plusieurs boutiques dont il n'est pas toutefois le gérant. La meilleure est celle du palais Stroganov *(p. 112)*. Parmi les autres boutiques de musées, les plus intéressantes sont celles de la **forteresse Pierre-et-Paul** *(p. 66-67)* et des palais de **Pavlovsk**, de **Peterhof** et de **Tsarskoïe Selo** *(p. 148-161)*. Elles vendent surtout des souvenirs : pierres semi-précieuses et bijoux en ambre, matriochkas, coffrets laqués et livres sur Saint-Pétersbourg.

Qu'acheter à Saint-Pétersbourg

Boîte en bois décorée

Il est facile de trouver à Saint-Pétersbourg de beaux objets à emporter. L'artisanat traditionnel ayant été encouragé par le régime soviétique, beaucoup de techniques anciennes se sont maintenues, et les artisans continuent à fabriquer des objets tels que de petits insignes en émail bon marché, de coûteuses boîtes de Palekh peintes à la main, des samovars et des pierres semi-précieuses taillées. Les plateaux et bols peints, les échiquiers, les jouets en bois et les matriochkas restent aussi très populaires, de même que les objets typiques de l'époque soviétique.

Samovar
Les samovars (p. 183), *qui servent à bouillir l'eau du thé, existent en plusieurs tailles. Il faut une autorisation pour exporter un modèle ancien.*

Vodkas et caviar
Il existe de multiples variétés de vodkas, nature ou aromatisées (au citron et au poivre) (p. 182). *Elles accompagnent à merveille le caviar* (ikra), *noir ou rouge, et sont souvent servies avec des blinis.*

Vodka aromatisée

Vodka nature

Caviar rouge

Caviar noir

Œuf en malachite

Bague d'ambre

Pierres semi-précieuses
La malachite, l'ambre, le jaspe et plusieurs variétés de marbre des montagnes de l'Oural sont utilisés pour faire toutes sortes d'objets : bijoux, échiquiers et dessus de tables marquetés.

Jouets en bois
Ces adorables jouets en bois grossièrement taillés, appelés bogorodskié, *font de charmants cadeaux.*

Matriochkas
Ces poupées gigognes peintes existent dans tous les styles. Les poupées traditionnelles sont les plus jolies, mais celles qui représentent des dirigeants russes et étrangers ont beaucoup de succès.

Échiquier
Les échecs sont un passe-temps extrêmement répandu en Russie. Des échiquiers sont confectionnés dans toutes sortes de matières, y compris la malachite. Le beau modèle ci-dessus est en bois, peint dans le même style russe traditionnel que les matriochkas.

OBJETS LAQUÉS

Les objets en bois ou papier mâché laqués sont très appréciés. Les boîtes laquées de Palekh, peintes à la main, peuvent atteindre des prix élevés, mais les œufs décorés et les traditionnels bols rouge, noir et or sont plus abordables.

Boîte de Palekh
L'art de la miniature sur papier mâché date de la fin du XVIIIe siècle. Les artistes des villages de Palekh, Fedoskino, Mstera et Kholoui fabriquent encore aujourd'hui ces merveilles peintes à la main. Les images sont inspirées des contes et légendes russes.

Œuf en bois peint

Bol et cuillère
Les bols et les cuillères peints de couleurs vives et connus sous le nom de khokhloma *sont revêtus d'une couche de laque dure qui ne résiste pas aux liquides bouillants.*

Plateau russe peint à la main

Instruments de musique traditionnels
La musique folklorique russe utilise une grande variété d'instruments. Ce gousli, qui ressemble à la cithare, se joue en pinçant les cordes des deux mains. La balalaïka et le garmon (accordéon) font également partie des instruments de musique russes.

Châle russe
Ces châles traditionnels en laine de couleurs vives protègent efficacement du froid en hiver. On trouve aussi des châles en polyester dans les grands magasins, fabriqués en série, mais ils ne sont pas aussi chauds.

Vase de Gjel
La ville de Gjel, près de Moscou, fabrique des objets en céramique – figurines ou vaisselle – ornés de motifs bleus sur fond blanc caractéristiques. Ils sont très prisés des Russes comme des étrangers.

Souvenirs soviétiques
Il y a un grand choix d'objets de l'époque soviétique à acheter : vieux billets de banque, pièces de monnaie, montres de poche, et pièces d'uniformes de l'Armée Rouge, comme des boucles de ceinture ou bien encore des insignes.

Montre de poche

Insigne soviétique

Ceinture de l'Armée Rouge

Faire des achats à Saint-Pétersbourg

Les grands magasins du centre-ville abondent en souvenirs d'excellente qualité (vodka, fourrures, etc.). Pour certains produits locaux, mieux vaut aller dans les boutiques spécialisées du centre-ville ou à proximité. Ville d'intellectuels, Saint-Pétersbourg produit livres et objets d'art. Les souvenirs soviétiques connaissent aussi un grand succès ces dernières années.

VODKA ET ÉPICERIE FINE

La bonne vodka se trouve un peu partout. Évitez celles bon marché présentées dans un emballage fantaisie : elles sont de piètre qualité. Gjelka et Diplomat sont des marques convenables. Certaines boutiques d'alimentation et les grands magasins vendent du caviar. Le **supermarché de Passaj** et **Gostiny Dvor** sont les adresses centrales les plus intéressantes pour le caviar et la vodka. Les enseignes **Liviz** vendent un large choix de spiritueux. Pour d'autres spécialités russes, allez au marché **Koujnetchny**. Viandes et fromages s'achètent chez **Stockmann Delicatessen**.

La chocolaterie pétersbourgeoise **Kroupskaïa Fabrika** est connue depuis lontemps dans tout le pays. Le **musée du Chocolat** propose des créations en forme de maisons.

ARTISANAT

L'été, les marchands ambulants s'installent près des sites touristiques et jonchent la ville de matriochkas, boîtes à musique en forme d'églises, objets laqués et jeux d'échecs. En hiver, l'activité est plus restreinte. **Rynok Souvenirov** et le marché **Vernissaj** sont ouverts toute l'année. Les grands magasins Gostiny Dvor et Passaj proposent un vaste choix de cadeaux. Les boutiques des musées, telles celles du palais Stroganov *(p. 112)* et de Tsarskoïe Selo *(p. 152-153)*, vendent des souvenirs, et celle de l'Ermitage *(p. 84-85)* vend des reproductions et des livres d'art. La fabrique de **Porcelaine impériale**, qui produit des tasses rustiques ainsi que des copies de pièces de la Révolution, est très appréciée. **Ounona** à Avtovo est un marché local fréquenté par les habitants.

SOUVENIRS SOVIÉTIQUES

Les objets de l'ère soviétique sont destinés aux touristes. Soyez prudent, car ceux vendus dans la rue ont l'air authentique mais ne sont souvent que des reproductions récentes. Vous trouverez des pièces originales sur **Rynok Souvenirov** ou dans des magasins d'antiquités comme **Nado Zhe** et **Sobiratel**, plus fiables. Essayez aussi les petites boutiques d'occasion ou de fripes. Les insignes soviétiques sont des objets faciles à transporter. La librairie **D.V.K.** vend des objets militaires au 1er étage.

ANTIQUITÉS

Si les antiquités et la majorité des œuvres d'art doivent être dédouanées, les petites aquarelles, par exemple, peuvent être exemptées de droits de douane. Beaucoup de magasins pratiquent des prix exorbitants, à l'exception de **Tertia** qui vend des objets prêts à l'exportation pour toutes les bourses. **Larusse** recèle également des trésors pour les amateurs. Toutefois, n'achetez une pièce d'un prix élevé que si vous êtes certain d'obtenir l'autorisation d'exportation *(p. 194)*. **Antikvariat** doit pouvoir fournir les documents nécessaires pour les achats effectués dans ce centre. Les galeries sont habilitées à délivrer une autorisation d'exportation pour les tableaux. Allez d'abord chez **Anna Nova, S.P.A.S.** ou **Boreï**. L'**Union des artistes** expose des peintres traditionnels. Les expositions organisées le week-end par le collectif **Pouchkinskaïa 10** proposent des tableaux à la vente.

LIVRES, FILMS ET MUSIQUE

Les Pétersbourgeois considèrent à juste titre leur ville comme un centre intellectuel doté d'un glorieux passé littéraire et artistique. Des chaînes de librairies comme **Bookvoïed** ont investi le centre-ville, mais de petites librairies proposant livres neufs et d'occasion ont fait leur apparition : les meilleures sont **Dom Knigui** et le **Writers' Bookshop**. On trouve peu de romans en français, mais certains livres en anglais chez **Anglia**, Bookvoïed, Dom Knigui, **Akademkniga** ou **Na Liteïnom**. Vous trouverez des partitions de musique, du classique au folk, chez **Severnaïa Lira**, ainsi que des instruments, des CD et des ouvrages de musique. Dom Knigui vend des livres d'art neufs et **Staraïa Kniga** des livres d'occasion. Les DVD de films en langue anglaise et les CD sont très bon marché chez **Kaïlas**.

MODE ET ACCESSOIRES

Vêtements et accessoires sont souvent importés. De belles boutiques se trouvent à Gostiny Dvor et dans Kanala Griboïedova naberejnaïa et Joukovskovo oulitsa. Certains stylistes locaux ont des boutiques, tels **Tatiana Parfionova** dont les créations ont été achetées par le Musée russe. **Paloma** et **Hat Shop** vendent des chapeaux. Pour les fourrures, allez chez **Lena**, Paloma et au Gostiny Dvor. D'élégantes blouses et des *kossovorotka* (jupes paysannes typiques) s'achètent chez **Slavianski Stil**, la mode dernier cri chez **Toto**. **Russkié Samotsvety** vend des bijoux en pierres semi-précieuses de l'Oural et en ambre de la Baltique, de l'argenterie, des miniatures en bronze et des émaux cloisonnés.

ADRESSES

GRANDS MAGASINS

Gostiny Dvor
Гостиный Двор
Nevski prospekt 35.
Plan 6 F2.

Passaj
Пассаж
Nevski prospekt 48.
Plan 6 F1.

Vladimirski Passaj
Владимирский Пассаж
Vladimirski prospekt 19.
Plan 7 A3.

MARCHÉS

Andreïevski
Андреевский рынок
Bolchoï prospekt 18, île Vassilevski.
Plan 5 A1.

Koujnetchny
Кузнечный рынок
Koujnetchny pereoulok 3.
Plan 7 A3.

Ounona
Юнона
Rustavelli most. Bus K-60 ou K-80 depuis la station de métro Avtovo.
Tél. 747 0200.

Rynok Souvenirov
Рынок Сувениров
Kanal Griboïedova naberejnaïa, près de l'église du Sauveur-sur-le-Sang.
Plan 2 E5.

Vernissaj
Вернисаж
Nevski prospekt 32-34.
Plan 6 E1.

VODKA ET ÉPICERIE FINE

Kroupskaïa Fabrika
Кондитаерская Фабрика им. Н.К. Крупской
Vostanïa oulitsa 15.
Plan 7 C1.
Tél. *329 1362.*

Liviz
Ливиз
Joukovskovo oulitsa 27.
Plan 7 B1. ***Tél.*** *272 1969.*

Musée du Chocolat
Музей Шоколада
Nevski prospekt 17.
Plan 6 E1.
Tél. *315 1348.*

Stockmann Delicatessen
Гастроном Стокманн
Nevski prospekt 114-116.
Plan 7 B2.
Tél. *313 6000.*

Supermarché de Passaj
Nevski prospekt 48.
Plan 6 F1.
Tél. *315 5257.*

SOUVENIRS SOVIÉTIQUES

D.V.K. (Dom Voyennoy Knigui)
Д.В. К. (дом Военной Книги)
Nevski prospekt 20.
Plan 6 E1.
Tél. *312 0563.*

Nado Zhe
Ндо Же
Roubinchteïna oul. 11.
Plan 7 A2.
Tél. *314 3247.*

Sobiratel
Совбиратель
Sadovaïa oulitsa 13.
Plan 6 F1.
Tél. *960 6186.*

ANTIQUITÉS, ART ET ARTISANAT

Anna Nova
Joukovskovo oulitsa 28.
Plan 7 B1.
Tél. *275 9762.*

Antikvariat
Антиквариат
Malaïa Morskaïa oulitsa 21.
Plan 6 D1.
Tél. *571 2643.*

Boreï
Борей
Liteïni prospekt 58.
Plan 7 A1.
Tél. *273 3693.*

Larusse
Stremiannaïa oul. 3.
Plan 7 C2.
Tél. *572 2043.*

Galerie Marina Gisich
Fontanaka 121.
Plan 6 D3.
Tél. *314 4380.*

Porcelaine impériale
Императорский фарфоровый завод
Oboukhovskoï oborony prospekt 151. **Plan** 8 F4.
Tél. *560 8544.*

Vladimirski prospekt 7.
Plan 7 A2. ***Tél.*** *713 1513.*

Nevski prospekt 160.
Plan 8 D3. ***Tél.*** *717 4838.*

Pouchkinskaïa 10
Пушкинская 10
(Galeries Door, Naviuila Artis, Art-Liga, Nouvelle Académie des beaux-arts, musée des Non-Conformistes).
Ligovski prospekt 53.
Plan 7 B3. ***Tél.*** *764 5371.*

Renaissance Antiques
Pestela 8. **Plan** 3 A5.
Tél. *272 2894.*

Rousskaïa Starina
Русская Старина
Nekrassova 6.
Plan 6 E1. ***Tél.*** *273 2603.*

S.P.A.S.
С. П.А.С.
Reki Moïki naberejnaïa 93.
Plan 5 C2. ***Tél.*** *571 4260.*

Tertia
Терция
Italianskaïa oulitsa 5.
Plan 6 E1. ***Tél.*** *710 5568.*

Union des artistes
Союз художников
Bolchaïa Morskaïa oul. 38.
Plan 6 D2. ***Tél.*** *314 7721.*

LIVRES, FILMS ET MUSIQUE

Akademkniga
Академкнига
Liteïni prospekt 57.
Plan 7 A1. ***Tél.*** *273 1398.*

Anglia
Англия
Reki Fontanki naberejnaïa 40. **Plan** 7 A2.
Tél. *579 8007.*

Bookvoïed
Буквоед
Ligovski prospekt 10.
Plan 7 C2. ***Tél.*** *346 5327.*

Dom Knigui
Дом Книги
Nevski prospekt 28.
Plan 6 E1. ***Tél.*** *448 2355.*

Kaïlas
Кайлас
Pouchkinskaïa oulitsa 10.
Plan 7 B2.
Tél. *764 2668.*

Na Liteïnom
На Литейном
(Livres et antiquités.)
Liteïni prospekt 61
Plan 7 A2. ***Tél.*** *275 3874.*

Severnaïa Lira
Северная Лира
Nevskiy prospekt 26.
Plan 6 E1. ***Tél.*** *312 0796.*

Staraïa Kniga
Старая Книга
Nevski prospekt 3
Plan 6 D1. ***Tél.*** *312 1620.*

Writers' Bookshop
Лавка Нисатсля
Nevski prospekt 66.
Plan 7 A2. ***Tél.*** *314 4858.*

MODE ET ACCESSOIRES

Hat Shop
Шляпнвый Магазин
Joukovskovo oulitsa 11.
Plan 7 B1.

Lena
Лена
Kronverkskaïa 7.
Plan 6 F1.
Tél. *244 7246.*

Paloma
Палома
Nevski prospekt 19.
Plan 6 E1.
Tél. *571 6091.*

Russkié Samotsvety
Русские Самоцветы
Bolchoï prospekt 45.
Plan 1 C2.
Tél. *232 7856.*
http://russam.ru

Slavianski Stil
Славянский Стикль
Pouchkinskaïa oulitsa 3.
Plan 7 B2.
Tél. *325 8599.*

Tatiana Parfionova
Татьяна Парфенова модный дом
Nevski prospekt 51.
Plan 7 B2. ***Tél.*** *713 3669.*

Toto
Nevski prospekt 19.
Plan 6 E1.
Tél. *579 3590.*

SE DISTRAIRE À SAINT-PÉTERSBOURG

Saint-Pétersbourg offre un choix impressionnant de spectacles. Son opéra, ses ballets, ses orchestres classiques et son théâtre comptent parmi les meilleurs au monde. La vie nocturne est aussi très animée grâce aux nombreux clubs de rock et de jazz, et aux bars, cafés artistiques, discothèques et casinos. De plus en plus, les artistes internationaux viennent présenter leur spectacle à Saint-Pétersbourg. À côté des représentations classiques, il existe une scène musicale, théâtrale et cinématographique underground. La Philharmonie de Saint-Pétersbourg, le ballet et l'opéra du Mariinski (Kirov) sont célèbres dans le monde entier et partent régulièrement en tournée *(p. 119)*. Les distractions varient également selon les saisons. L'hiver est la période des concerts et autres spectacles traditionnels en salle. L'été débute par les célèbres Nuits blanches suivies de festivals et spectacles en plein air.

Danseuse folklorique

La somptueuse salle du théâtre Ioussoupov avec ses nombreuses dorures

PROGRAMMES

Il peut être difficile de suivre l'actualité culturelle de Saint-Pétersbourg, car les spectacles, officiels ou non, sont programmés peu de temps à l'avance. Dans les théâtres, ils ne sont jamais annoncés plus de deux mois à l'avance et il faut donc faire vite pour être sûr d'avoir des places.

Le programme en anglais le plus complet figure dans l'édition du vendredi du journal bihebdomadaire *St Petersburg Times* et dans le mensuel *Pulse (p. 217)*, tous deux gratuits et disponibles dans les hôtels, les bars étrangers et les musées. Pour des informations nettement plus complètes (mais en russe), vous aurez le choix entre les revues bihebdomadaires *Afisha* (www.spb.afisha.com) et *Time Out* en version russe (www.spb.timeout.ru). Les places peuvent être réservées sur le site russophone : www.bileter.ru

Beaucoup de salles de spectacles font relâche en juillet, en août et une partie de septembre, période de tournée de leurs orchestres et compagnies, mais certaines en profitent pour accueillir des troupes moscovites et étrangères. Des lieux comme le théâtre de l'Ermitage *(p. 84)* et le théâtre Alexandra (ou Alexandrinski, *p. 203)* ont une programmation estivale destinée aux touristes.

Colonne à affiches

Même s'ils restent souvent divertissants, les opéras et les ballets présentés ne sont pas toujours d'une grande qualité. En règle générale, les matinées commencent à midi et les représentations du soir à 19 h. Vérifiez au préalable sur vos billets.

ACHAT DES BILLETS

Vous pourrez acheter en espèces des billets sur place dans divers points de vente et kiosques ouverts 7 j/7 de 10 h à 13 h et de 16 h à 19 h, partout dans la ville. Le programme des différents spectacles y est affiché (en russe) pendant 20 jours. On peut retirer les places un mois à l'avance.

Les guichets des théâtres sont ouverts de 11 h à 15 h et de 16 h à 19 h. Si vous ne parlez pas russe, il vous suffira d'indiquer du doigt la date de votre choix. Les concierges des hôtels peuvent aussi faire des réservations. Le théâtre Mariinski a un excellent site Internet en russe et en anglais ainsi qu'une billetterie (www.mariinsky.ru). Le site www.artis.spb.ru propose des services similaires pour d'autres théâtres.

Dans certains endroits comme le Mariinski *(p. 119)*, le prix des billets est moins élevé pour les Russes. Les non-Russes qui essaient d'utiliser ces billets peuvent se voir refuser l'entrée ou réclamer la différence. Même si un spectacle du Mariinski affiche complet, on peut toujours tenter sa chance en se présentant le jour même.

Comme dans la plupart des villes, des revendeurs vous proposeront des places pour les têtes d'affiche – mais attention aux faux billets et au surplus de prix !

Représentation du célèbre ballet de *La Belle au bois dormant*

TRANSPORTS NOCTURNES

Les stations de métro ferment peu après minuit et les bus ne circulent plus après 0 h 15 (parfois 23 h). Prévoyez donc de prendre un taxi, mais évitez ceux qui attendent devant les hôtels étrangers et les bars, car leurs tarifs sont prohibitifs *(p. 227)*.

SPECTACLES POUR ENFANTS

Les pièces de théâtre pour enfants en langue russe sont nombreuses (voir la rubrique « enfants » d'*Afisha* ou de *Time Out*). Seuls quelques spectacles en anglais sont présentés pour le Nouvel An. Vous éviterez le problème de langue en choisissant le **Cirque** de Saint-Pétersbourg ou le **Delphinarium**.

Les meilleurs spectacles et concerts pour enfants ont lieu au **Zazerkalié**. Les spectacles de marionnettes sont, en général, basés sur des contes de fées célèbres. Pour leur donner une idée de l'hiver russe, offrez-leur un tour en troïka à Pavlosk *(p. 158-161)* ou à **Chouvalovka**, reconstitution d'un village russe située à 30 km. Pour y aller, prenez un minibus pour Peterhof à la station de métro Avtovo et demandez au conducteur de s'arrêter à Chouvalovka. Isbas du XVIIe siècle, patinoire, toboggans de glace, forge en activité et beau musée de la Vie paysanne logent dans ce parc, ouvert toute l'année.

FESTIVALS

Plusieurs festivals des Nuits blanches *(p. 51)* attirent quelques-uns des grands noms de la musique classique et de la musique pop (avec des prix en conséquence pour les concerts et les hôtels). Mais d'autres festivals comme celui des Jours blancs (qui débute le 7 janvier, date du Noël russe, quand la ville est toute blanche) et celui de Mardi gras mettent l'accent sur la culture russe. La musique est présente toute l'année à Saint-Pétersbourg avec des festivals de jazz (dont SKIF en avril) et de musique ancienne (sept.-oct.). Découvrez aussi les festivals de films longs métrages et de documentaires.

LE CIRQUE RUSSE

Les cirques ont fait leur apparition en Russie au début du XIXe siècle, mais ce n'est qu'en 1876-1877 que le premier cirque permanent a été construit pour la troupe italienne de Gaetano Ciniselli. Le Cirque de Saint-Pétersbourg, qui occupe ce site historique, a été modernisé en 1963. Il perpétue la tradition avec ses numéros d'adresse et de domptage qui ont fait la célébrité du cirque russe dans le monde entier.

Acrobates du Cirque de Saint-Pétersbourg

ADRESSES

ADRESSES UTILES

Bureau central des billets de théâtre
Nevski pr 42. **Plan** 6 F1.
Tél. *571 3183.*
www.bileter.ru (en russe seul.)

Kiosques à billets
Foyer de l'Ermitage. **Plan** 2 D5.
Ostrovskovo pl. **Plan** 6 F2.
Gostiny Dvor (angle de Lomonosova oul.). **Plan** 6 F2.
Métro Gostiny Dvor. **Plan** 6 F1.

GUIDE SUR INTERNET

www.bileter.ru
www.mariinsky.ru
www.spb.afisha.ru
www.spb.kassir.ru
www.timeout.ru

SPECTACLES POUR ENFANTS

Chouvalovka
Шуваловка
Sankt-Peterbourgskoïe chosse 111. ***Tél.*** *450 5393.*
www.russian-village.ru

Cirque
Цирк
Tsirk
Reki Fontanki nab 3. **Plan** 7 A1.
Tél. *570 5390.*

Delphinarium
Дельфкарий
Delfinari
Konstantinovski pr 19.
Tél. *235 4631.*

Grand Théâtre de marionnettes
Большой Театр Кукол
Bolchoï teatr koukol
Nekrasova oul. 10. **Plan** 7 B1.
Tél. *273 6672.* **www**.puppets.ru

Théâtre enchanteur de marionnettes
Кукольный Теарт Сказки
Koukolny Teatr skajki
Moskovski pr 121. **Plan** 6 D3.
Tél. *388 0031.*

Théâtre de marionnettes
Театр марионеток
Teatr marionetok
Nevski pr 52. **Plan** 6 F1.
Tél. *310 5879.*

Zazerkalié
Зазеркалье
Roubinschteïna oul. 13.
Plan 7 A2. ***Tél.*** *712 5135.*
www.zazerkal.spb.ru

Danse, musique, théâtre et cinéma

Réputée pour sa tradition de ballets et de musique classique, Saint-Pétersbourg offre un large éventail de manifestations culturelles. Une soirée au théâtre Mariinski ou dans sa salle de concert est toujours mémorable. D'autres lieux méritent également le détour afin de profiter de la diversité culturelle de la ville. Les Russes aiment la musique classique et les orchestres pétersbourgeois sont très demandés à l'étranger. Il y a également les chorales des églises, les musiciens, chanteurs et danseurs des cabarets, ainsi que les festivals organisés pour faire connaître les jeunes musiciens, compositeurs, cinéastes et danseurs.

THÉÂTRE MARIINSKI

Fleuron du ballet et de l'opéra russes, le **Mariinski** *(p. 119)* attend toujours sa nouvelle scène. Il reste néanmoins ouvert au public et donne très régulièrement des représentations. Dans sa salle de concert, inaugurée en 2007, se produisent nombre des têtes d'affiche du Festival des nuits blanches. Les guides culturels *(p. 200)* et son site Internet vous renseigneront sur sa programmation.

BALLETS

Quelques-uns des meilleurs danseurs du monde viennent du théâtre **Mariinski** *(p. 119)*. Il est difficile de trouver des places pour les ballets avec les danseuses étoiles Ouliana Lopatkina et Diana Vichneva. La représentation de Noël du ballet *Casse-Noisette* par les enfants de l'école de ballet Vaganova *(p. 110)* est toujours un grand événement. Les spectacles du **théâtre Mikhaïlovski** et du **théâtre de l'opéra-ballet du Conservatoire** *(p. 120)* sont de qualité plus variable, mais agréables à voir.

En été, des troupes se produisent dans les théâtres, mais ces spectacles destinés aux touristes sont plus ou moins bons. Prisés des Pétersbourgeois, le ballet moderne de Boris Eifmann et le ballet Moujskoï de Valery Mikhaïlovski, composé seulement de danseurs masculins, se produisent, entre autres, à la **Grande Salle d'Octobre**.

OPÉRAS

Eugène Onéguine de Piotr Tchaïkovski et *Boris Godounov* de Modest Moussorgski restent les piliers du répertoire russe. Les œuvres se jouent en langue originale aux théâtres **Mikhaïlovski** et **Mariinski**. Essayez d'aller écouter des divas locales comme Anna Netrebko et Olga Borodina ou le ténor Vladimir Galouzine. Des œuvres moins connues, comme des opéras de chambre du XVIIIe siècle, sont présentées par l'**Opéra de Saint-Pétersbourg** sur sa propre scène, ainsi qu'au théâtre de l'**Ermitage** et au **Ioussoupov**. Essayez de voir l'une des brillantes productions du théâtre pour enfants **Zazerkalié** *(p. 201)*.

MUSIQUE CLASSIQUE

Les orchestres de la ville ont un vaste répertoire classique. Tchaïkovski, Chostakovitch, Moussorgski et Rimski-Korsakov ont vécu à Saint-Pétersbourg et leur musique y est fréquemment jouée.

La **Grande Philharmonie** *(p. 98)*, la **Petite Philharmonie** *(p. 48)* et l'**Académie Capella** *(p. 112)* sont des lieux historiques pour la musique classique. L'Ermitage *(p. 84)* et les palais de Tsarskoïe Selo *(p. 150)* et Cheremetev *(p. 129)* accueillent aussi des concerts (rarement annoncés dans la presse habituelle). La salle **Dom Kotchnevoï** est un endroit intime idéal pour écouter de la musique de chambre.

MUSIQUE SACRÉE

La musique des chœurs orthodoxes est l'une de celles qui évoquent le mieux la Russie. Les meilleures chorales se produisent le samedi soir et le dimanche matin à la **cathédrale de la Sainte-Trinité**, située dans l'enceinte du monastère Alexandre-Nevski *(p. 130)*, et à la **cathédrale de la Transfiguration** *(p. 127)*. Les offices de **Notre-Dame-de-Kazan** *(p. 111)* sont remarquables, ceux de la **cathédrale de Smolny** *(p. 128)* plus protocolaires.

MUSIQUE FOLKLORIQUE

Certains spectacles de danses et musiques folkloriques sont de très bonne qualité. Les meilleurs se déroulent aux **palais Belosselski-Belozerski** et **Nicolaïevski**. Beaucoup de restaurants, comme le **Saint-Pétersbourg** *(p. 188)*, ont un cabaret – souvent un peu kitsch et bruyant. Le **Podvorié** *(p. 191)* à Pavlovsk dispose d'un excellent petit ensemble.

MUSIQUE DE RUE

La démocratie a permis à des activités informelles de pouvoir s'exprimer. Parmi elles, la musique de rue a révélé quelques grands talents. On entend beaucoup de musiciens et de chanteurs en plein air. Les deux passages souterrains de Nevski prospekt, à proximité du métro Gostiny Dvor, sont un haut lieu de ce genre de musique, tout comme les stations de métro où de vieilles dames chantent des romances russes.

THÉÂTRE

Tous les spectacles sont joués en russe. Pour les non-russophones, les pièces telles que *La Cerisaie* de Tchekhov peuvent être intéressantes, mais cela sera plus difficile pour des pièces moins connues.

Depuis l'époque soviétique, le **Théâtre dramatique Bolchoï** (TDB) tient le haut du pavé.

Le **théâtre Alexandrinski** *(p. 110)* est le plus ancien de Russie et le **théâtre Molodiojny** (« jeunesse ») le plus récent. Le directeur du **Théâtre dramatique Maly** (TDM), Lev Dodine, a conféré à son théâtre une stature internationale en en faisant un « théâtre de l'Europe » (mais toutes les pièces sont jouées en russe).

CINÉMA

Beaucoup de salles de cinéma projettent des films américains à grand succès. Ils sont doublés et pas sous-titrés. Seuls le **Mirage** et quelques autres comme le **Dom Kino** passent des films en V.O.

Lors des festivals annuels, les films sont projetés en V.O. Le *St Petersburg Times*, *Afisha* et *Time Out* couvrent ces événements cinématographiques, dont le plus important est le **Festival des festivals** *(p. 51)* en juin.

ADRESSES

BILLETS

Les billets sont en vente dans les kiosques de la ville et dans les théâtres, sauf indication contraire.

BALLETS ET OPÉRAS

Concert Octobre
Большой концертный зал Октябрьский
Bolchoï kontsertni zal Oktiabrski
Ligovski pr 6. **Plan** 7 C1.
Tél. *275 1300.*

Opéra de Saint-Pétersbourg
Санкт-Петербург Опера
Sankt-Petersbourg Opera
Galernaïa oul 33.
Plan 5 B2. ***Tél.*** *312 3982.*

Théâtre de l'Ermitage
Эрмитажный театр
Ermitazhni teatr
Dvortsovaïa nab 34.
Plan 2 E5. ***Tél.*** *579 0226.*
(Billets seul. dans les kiosques et les hôtels.)

Théâtre de l'opéra-ballet du Conservatoire
Театр оперы и балета Консерватории
Teatr opery i baleta Konservatorii
Teatralnaïa pl. 3.
Plan 5 C3. ***Tél.*** *312 2519.*

Théâtre Mariinski
Мариинский театр
Mariinski teatr
Teatralnaïa pl. 1.
Plan 5 B3. ***Tél.*** *326 4141.*
www.mariinsky.ru

Théâtre Mikhaïlovski
Театр Михайловский
Teatr Mikhailovskiy
Iskoustv pl. 1. **Plan** 6 E1.
Tél. *5954305.*
fin juil.-août.
www.mmikhailovsky.ru

Théâtre Ioussoupov
Юсуповский театр
Ioussoupovski teatr
Palais Ioussoupov, reki Moïki nab. 94. **Plan** 5 B3.
Tél. *314 9883, 314 8995.*

MUSIQUE CLASSIQUE

Académie Capella
Академическая Капелла
Akademicheskaïa Kapella
Reki Moïki nab. 20.
Plan 2 E5.
Tél. *314 1058, 314 1034.*

Dom Kotchnevoï
Дом Кочневой
Reki Fontanki nab. 41.
Plan 6 F2. ***Tél.*** *310 2987.*

Grande Philharmonie
Большой зал филармонии
Bolchoï zal Filarmonii
Mikhaïlovskaïa oul. 2.
Plan 6 F1.
Tél. *710 4257.*

Petite Philharmonie
Малый зал филармонии
Mali zal Filarmonii
Nevski pr 30.
Plan 6 F1. ***Tél.*** *571 8333.*

MUSIQUE SACRÉE

Cathédrale Notre-Dame-de-Kazan
Собор Казанский Богоматери
Sobor Kazanskoï Bogomateri
Kazanskaïa plochtchad 2.
Plan 6 E1.
t.l.j. 9h-19h30.

Cathédrale de la Sainte-Trinité
Свято-Троицкий собор
Sviato-Troïtski sobor
Monastère Alexandre-Nevski, pl. Alexandra-Nevskovo. **Plan** 8 E4.
t.l.j. 10h-18h.

Cathédrale de Smolny
Смольный собор
Smolny sobor
Rastrelli plochtchad 3.
Plan 4 F4.
Tél. *577 1421.*

Cathédrale de la Transfiguration
Спасо-Преображенский собор
Spasso-Preobrajenski sobor
Preobrajenskaïa pl. 1.
Plan 3 B5.
t.l.j. 10h-18h.

MUSIQUE FOLKLORIQUE

Palais Belosselski-Belozerski
Дворец Белосельских-Белозерских
Dvorets Belosselski-Belozerski
Nevski pr. 41.
Plan 7 A2.
Tél. *315 5236.*

Palais Nicolaïevski
Николаевский дзорец
Nikolaïevski dvorets
Trouda pl. 4.
Plan 5 B2. ***Tél.*** *312 5500.*

THÉÂTRE

Théâtre Alexandrinski
Александринский театр
Alexandrinski teatr
Ostrovskovo plochtchad 6.
Plan 6 F2.
Tél. *312 1545.*

Théâtre dramatique Bolchoï (TDB)
Большой драматический Театр
Bolchoï dramatitcheski Teatr
Reki Fontanki naj. 65.
Plan 6 F2.
Tél. *310 9242.*

Théâtre dramatique Maly
МДТ – Театр Европы
MDT – Teatr Evropy
Rubinchteïna oul. 18.
Plan 7 A2.
Tél. *713 2078.*

Théâtre Molodiojny
Молодёжный театр на фонтанке
Molodiojny teatr na Fontanké
Reki Fontanki naj. 114.
Plan 6 D4.
Tél. *316 6564.*

CINÉMA

Aurora
Аврора
Nevski pr. 60.
Plan 7 A2.
Tél. *315 5254.*

Crystal Palace
Кристаль Палас
Kristal Palace
Nevski pr. 72.
Plan 7 A2.
Tél. *272 2382.*

Dom Kino
Дом Кино
Karavannaïa oul.12.
Plan 7 A1.
Tél. *314 0638.*

Mirage
Мираж
Bolchoï pr. 35, Petrogradskaïa.
Plan 1 C2.
Tél. *238 7412.*

Concerts et vie nocturne

Jadis centre de la scène rock soviétique underground, Saint-Pétersbourg fournit aujourd'hui le meilleur de la production musicale russe. Les soirées techno et pop *mainstream* (les deux grands courants actuels) ont lieu dans des espaces baignés de lumières stroboscopiques, fréquentés par les jeunes Russes fortunés. Les cafés artistiques organisent en alternance concerts, défilés de mode et projections de films. Consultez la presse pour les heures de concerts. Les boîtes acceptant les étrangers ou dont l'entrée est gratuite pour les filles sont souvent moins bien fréquentées.

CLUBS ET CAFÉS ARTISTIQUES

Fish Fabrique a survécu aux cahots de l'histoire récente de la Russie, mais il est aujourd'hui concurrencé par le **Café Club Che**, qui propose un mélange de concerts classiques et de jazz, de lectures de poésie et de matinées pour les enfants le dimanche. Le **GEZ-21** réussit à mélanger concerts de rock et lectures de philosophie.

ROCK

À l'époque soviétique, le rock de Leningrad exprimait surtout la révolte qui ne pouvait être ouvertement politique. S'il insiste moins désormais sur la mélodie poétique pour revendiquer l'esprit de liberté face à la répression, le rock russe doit beaucoup à son passé de rebelle, mais réussit à intégrer les dernières tendances occidentales.

Le **Kosmonavt** accueille des formations internationales. Le **Pïatnitsa** ravira les amateurs de groupes punk. Le *rockabilly* a donné naissance au **Money Honey** et au **City Club** (plus adultes), qui ont fait à leur tour exploser le nombre de groupes rock dans la ville.

Les concerts de stars du rock et de la pop se déroulent dans de grandes salles comme l'**Oktiabrski Bolchoï Kontsertny Zal** ou bien le **Ledovy Dvorets**, la plus prestigieuse de toutes. Quand Paul McCartney s'est produit dans la ville, une scène a été spécialement érigée sur la place du Palais.

JAZZ

Le père du jazz russe a pour nom David Golochtchokine, fondateur du **Jazz Philharmonic Hall**. Cette salle reçoit des concerts de jazz traditionnels où on ne peut ni danser ni parler. Le **JFC** a ouvert la porte à l'innovation et à l'improvisation. Les artistes invités ont souvent une renommée internationale.

Arrivant juste derrière, le **Jimi Hendrix Blues Club** propose un mélange de blues et de rock ainsi qu'une bonne cuisine. Par ailleurs, des restaurants comme le **Soundouk** *(p. 190)* font souvent venir de bons groupes. Le **Street Life** est un restaurant-club chic d'une capacité de 150 personnes.

BARS MUSICAUX

Les formations, qui se produisent dans de nombreux bars, se révèlent dans l'ensemble déplorables. Mieux vaut s'en tenir aux clubs en place plus fiables.

Au **Liverpool**, par exemple, les musiciens ne se cantonnent pas toujours aux reprises des Beatles. Le **Manhattan** propose parfois de bons moments de jazz. Le petit **Hallelujah Bar** organise des soirées à thème où des groupes d'étudiants prometteurs jouent gratuitement.

DISCOTHÈQUES

Les grands complexes comme **Metro** (avec trois niveaux) s'adressent aux jeunes et aux nouveaux riches qui viennent écouter de la house, de la techno et de la musique de danse russe.

Haut de gamme, le **Barrel** comprend un restaurant et une salle de karaoké. Des DJ invités officient derrière les platines. Le **Tribunal** se limite à la musique *mainstream* et attire en été une foule de jeunes touristes.

Plus modeste, le club underground **Griboïedov** fait toujours partie de la culture alternative en passant les derniers tubes en provenance de l'Europe et en organisant des défilés de mode et autres.

La musique est différente dans chaque salle au **Begemot**, prisé pour les *sets* de ses DJ. Son autre atout est son restaurant, dont la cuisine reste ouverte toute la nuit. Du tango à la house, le **Typographia** répond à tous les goûts musicaux. Il doit aussi sa réputation à sa large sélection de vodkas.

CLUBS GAY

À Saint-Pétersbourg, rares sont les clubs gay qui restent ouverts plus de quatre ou cinq ans. Le **Central Station** fait exception et continue à avoir un grand succès, de même que le **Cabaret**. La culture gay est ici étroitement liée au monde artistique, et les manifestations sont annoncées dans les expositions qui ont lieu le samedi à la Nouvelle Académie des beaux-arts *(10 Pouchkinskaïa oulitsa)*. Le **TriEl** est le seul club lesbien de Saint-Pétersbourg.

BILLARDS ET BOWLINGS

Les salles de billard et les bowlings comptent parmi les établissements de distraction nocturne appréciés des Pétersbourgeois. Alliant chic et décontraction, ils proposent une palette complète de boissons alcoolisées et possèdent des restaurants très convenables, avec souvent une carte étendue. Nombre de leurs habitués ne s'approchent jamais d'une table ou d'une allée mais viennent parce qu'ils apprécient l'atmosphère.

ADRESSES

CLUBS ET CAFÉS ARTISTIQUES

Café Club Che
Кафе клуб
Poltavskaïa oul. 3.
Plan 8 D3.
Tél. *277 7600.*
24h/24.
www.cafeclubche.ru

Fish Fabrique
Ligovski pr. 53.
Plan 7 B3.
Tél. *764 4857.*
t.l.j. 15h-6h.
www.fishfabrique.ru

GEZ-21
ГЕЗ-21
Ligovski pr. 53.
Plan 7 B3.
Tél. *764 5263.*
www.tac.spb.ru

ROCK

Arctica Club
Арктика
Beringa oul. 38.
Tél. *337 3277.*

Kosmonavt
Космонавт
Bronnitskaïa oul. 24.
Plan 6 E5.
Tél. *922 1300.*
www.kosmonavt.su

Ledovy Dvorets
Ледовый дворец
Piatiletok pr. 1.
Tél. *718 6620.*
www.newarena.spb.ru

Money Honey /City Club
Apraksine dvor block 13, Sadovaïa oul. 28-30.
Plan 6 E2.
Tél. *310 0549.*
www.money-honey.ru

Oktiabrski Bolchoï Kontsertny Zal
БКЗ Октябрьский
Ligovski prospekt 6.
Plan 7 C1.
Tél. *275 1300.*

Pïatnitsa
Пятница
Moskovski pr. 10-12.
Plan 6 D3.
Tél. *310 2317.*
www.clubfriday.ru

Ioubileïni Dvorets Sporta
Дворец Спорта Юбилейный
Dobrolioubova pr. 18.
Plan 1 B3.
Tél. *702 1622.*

JAZZ

Jazz Philharmonic Hall
филармоник Лжазовой Музыки
Zagorodny prospekt 27.
Tél. *764 8565*
mar.-dim. 20h-23h.

JFC
Chpalernaïa oul. 33.
Plan 3 C4.
Tél. *272 9850.*
t.l.j. 19h-23h.
www.jfc-club.spb.ru

Jimi Hendrix Blues Club
Джимн Хендрикс Бдюз-кдуб
Liteïny pr. 33.
Plan 3 A5.
Tél. *579 8813.*
t.l.j. 11h-1h.
Concerts à 20h30.

Street Life
2-ïa Krasnoïarmeïskaïa oul. 6. **Plan** 6 D5.
Tél. *575 0545.*
www.street-life.spb.ru

BARS MUSICAUX

Datcha
Дача
Dumskaïa oul. 9.
Plan 6 E2.
t.l.j. 18h-6h.

Hallelujah Bar
Injenernaïa oul. 7/8.
Plan 6 F1.
Tél. *940 510.*
www.hallebar.ru

Liverpool
Ливерпуль
Maïakovskovo oul 16.
Plan 7 B1.
Tél. *579 2054.*

Manhattan
Reki Fontanki nab. 90.
Plan 6 E3.
Tél. *713 1945.*
t.l.j 12h-5h.
www.manhattanclub.ru

DISCOTHÈQUES

Barrel
Kazanskaïa oul. 5.
Plan 6 E2.
Tél. *929 8298*
www.project-barrel.ru

Begemot
Бегемот
Sadovaïa oul. 12.
Plan 6 F1.
Tél. *925 4000.*
www.bar-bergemot.ru

Griboïedov
Грибоедов
Voronejskaïa oul. 2A.
Plan 7 B4.
Tél. *764 4355.*
t.l.j. 18h-6h.
www.griboedovclub.ru

Metro
Метро
Ligovski pr. 174.
Tél. *766 0204.*
t.l.j. 22h-6h.
www.metroclub.ru

Port
Порт
Antonenko per. 2 (cour).
Plan 6 D2.
Tél. *314 2609.*
t.l.j. 15h-6h.

Revolution
Sadovaïa oul. 28/30.
Plan 6 E2.
Tél. *717 5915 ou 571 2391.*
t.l.j. 13h-6h.

Tribunal
karavannaïa oul. 26.
Plan 5 C1.
Tél. *314 2423.*
t.l.j. 12h-6h.

Typographia
Типография
Oul. Mira 3
Plan 2 D2.
Tél. *600 4448.*
www.typograf-club.ru

CLUBS GAY

Cabaret (A.K.A. Matrosskaïa Tichina)
Кабаре
Obvodnogo kanala nab.181.
Tél. *259 9512.*
www.cabarespb.ru

TriEl
5-ïa Sovetskaïa oul. 45.
Plan 8 D2.
Tél. *710 2016.*
www.triel.spb.ru

BILLARDS ET BOWLINGS

Art Billiard
Арт Бильярд
Bolshaïa Morskaïa oul. 52.
Plan 5 C2.
Tél. *312 3077.*
www.art-billiard.ru.

Bowling City Senaya
Боулинт Сити Сенная
Oul. Yefimova 3.
Plan 6 E3.
Tél. *380 3005.*
www.bowlingcity.ru.

The Cellar
Birjevoï proïezd 2/24.
Plan 1 C5.
Tél. *335 2207.*

Trick-Shot Billiard Club
Трик-Шот
Oul. Marata 73.
Plan 7 A4.
Tél. *164 9876.*
www.trik-shot.narod.ru

Intouris

RENSEIGNEMENTS PRATIQUES

SAINT-PÉTERSBOURG MODE D'EMPLOI

Les panneaux et les plans de Saint-Pétersbourg en cyrillique ne sont pas aussi indéchiffrables qu'ils paraissent à première vue, et les principaux sites de la ville sont peu à peu signalés en anglais. En outre, le personnel des hôtels, des restaurants et des magasins est toujours prêt à vous aider pour vous orienter et vous déplacer. Il n'existe pas d'offices de tourisme dans la ville, mais vous trouverez des bureaux de renseignements, des bureaux de change ou d'autres services dans les hôtels et les endroits fréquentés par les étrangers. Si vous vous sentez un peu désorienté au début, avec un minimum de patience vous pourrez toujours vous débrouiller pour téléphoner à l'étranger, changer de l'argent ou trouver un service médical d'urgence. Les télécommunications se modernisent rapidement, mais leurs prix restent parfois plus élevés que leurs équivalents occidentaux.

Enseigne de Neva Travel Company

Réception du Grand Hôtel Europe

INFORMATIONS

N'hésitez pas à vous adresser d'abord à votre hôtel. Dans les grands et les mini-hôtels, la réception propose toutes sortes de services de réservation, notamment de voyages. Les établissements plus simples fournissent sensiblement les mêmes services, mais ils sont plutôt médiocres. **Cosmos**, **Neva Travel Company** et **MIR Travel Company** disposent de services d'information touristique fiables et peuvent réserver des chambres d'hôtel et des places de spectacles. Essayez aussi le site en anglais www.petersburg city.com. Les journaux en anglais *(p. 217)* fournissent également des renseignements.

EXCURSIONS

En dehors des visites de la ville et des croisières sur les canaux, il existe des excursions d'une journée vers les palais des environs et vers Novgorod *(p. 142-165).*

Les visites organisées par la ville partent de la place du Palais *(p. 83)* et de Portik Rouska, sur Nevski prospekt *(p. 48)*, tout comme les croisières sur les rivières et canaux *(p. 226)*, qui sont en général en russe seulement.

Le week-end, en été, un hélicoptère de tourisme part de la forteresse Pierre-et-Paul *(p. 66-67).* **Baltic Airlines** se charge des réservations.

PRIX DES BILLETS

Le prix d'entrée de nombreux musées et théâtres est toujours beaucoup plus élevé pour les étrangers que pour les Russes, même s'il reste inférieur à ce que l'on paie habituellement en Europe. Il existe des tarifs réduits pour les étudiants et les enfants. Les cartes bancaires sont rarement acceptées dans tous les sites.

Attention ! Le guichet *(kassa)*, signalé par l'enseigne KACCA, se trouve assez souvent loin de l'entrée.

Publicité de MIR Travel Company

Hélicoptère de tourisme, près de la forteresse Pierre-et-Paul

HEURES D'OUVERTURE

La plupart des sites sont ouverts tous les jours de 10 h ou 10 h 30 à 18 h sans interruption et sont fermés un jour par semaine. Un jour vers la fin du mois est réservé au nettoyage. Les parcs et les jardins des palais sont accessibles de 8 h à 20 h et plus tard pendant les Nuits blanches.

« Ouvert » *(otkryto)*

« Fermé » *(zakryto)*

ÉGLISES

Assister à un office orthodoxe est très intéressant, mais, ceux-ci durant plusieurs heures, vous pouvez n'y rester qu'un moment. Les messes les plus importantes ont lieu le samedi soir, le dimanche matin et pendant les fêtes religieuses. Il est courtois de laisser une contribution et de porter des tenues correctes. Les hommes doivent ôter leur chapeau et éviter les shorts, les femmes se couvrir la tête, les épaules et la poitrine.

◁ **Une imposante colonne rostrale avec la cathédrale Saint-Pierre-et-Saint-Paul à l'arrière**

Deux amis se serrant la main

Si le port du pantalon pour les femmes est toléré dans les églises de la ville, il reste strictement interdit dans les monastères. Les églises sont en général ouvertes toute la journée. L'horaire des offices est publié dans l'édition du vendredi du *St Petersburg Times* *(p. 217)*.

LANGUE

La langue russe s'écrit en alphabet cyrillique. Le mot vient de Cyrille *(p. 17)*, le moine grec qui, avec l'assistance de son frère Méthode, inventa vers 860-870 l'alphabet qui est l'ancêtre de celui d'aujourd'hui. Il existe plusieurs systèmes pour la translittération des caractères cyrilliques en caractères romains *(p. 252)*, mais ils diffèrent peu. Les Russes ayant des contacts réguliers avec des étrangers parlent souvent un peu l'anglais. Essayez d'apprendre quelques mots de russe *(p. 260-264)* : ce sera très apprécié et considéré comme une marque de respect.

USAGES

La langue et les usages sont en train de s'occidentaliser, mais fumer et boire font partie des habitudes. Il est interdit de fumer dans les cinémas, les musées, les théâtres et les transports publics, où des espaces sont réservés aux fumeurs. S'il est interdit de boire de l'alcool dans la rue, les Russes multiplient les occasions de prendre un verre et portent un toast à tout propos. Lorsqu'on est invité chez quelqu'un, il est d'usage de boire à la santé de la maîtresse *(za khoziaïkou)* ou du maître *(za khoziaïna)* de maison. Pour se saluer entre amis, on se serre la main ou on s'embrasse.

Numéro et nom de rue en cyrillique

PAIEMENT ET POURBOIRE

Le rouble est la seule monnaie utilisée en Russie *(p. 215)*. Dans certains grands magasins importants et dans les hôtels, les prix sont parfois affichés en dollars américains ou en euros, mais les paiements en espèces doivent être effectués en roubles. Les cartes de paiement sont acceptées dans certains restaurants, dans la plupart des hôtels et dans les boutiques.

Le pourboire n'est pas obligatoire, mais, à l'aéroport ou dans les gares, les porteurs attendent et réclament parfois des sommes exorbitantes. Gardez votre calme : un euro ou un dollar suffit.

ADRESSES

Les adresses russes s'écrivent dans l'ordre suivant : code postal, ville, nom de rue, numéro de la maison *(dom)*, numéro de l'appartement *(kvartira)* et destinataire. Après la Révolution de 1917, lorsque la ville fut renommée Leningrad, de nombreuses rues ont changé de nom pour éviter les connotations impériales ou pour commémorer les nouveaux héros soviétiques. La ville ayant repris son nom d'origine après le référendum de 1991, la plupart des rues ont aussi retrouvé leur ancienne dénomination.

Les environs de la ville sont encore désignés sous le nom de « région de Leningrad ».

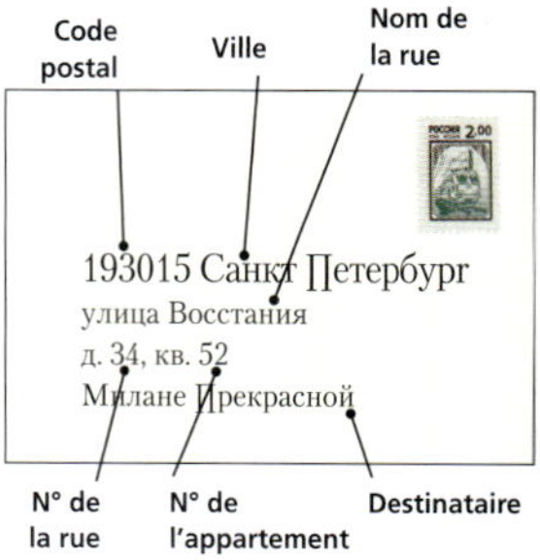

Levée du Dvortsovy most (qui mène à l'île Vassilevski) permettant la navigation sur la Neva

HEURES D'OUVERTURE DES PONTS

De début avril à mi-novembre, lorsqu'il est possible de naviguer sur la Neva, tous les ponts sont levés entre 2 h et 5 h du matin, sauf Vantovi most. Assurez-vous de vous trouver du bon côté de la rivière à ce moment-là.

Alexandra Nevskovo most : 1h30-5h05
Birjevoï most : 2h00-4h55
Blagovechtchenski most : 1h40-4h55
Bolcheokhtinski most : 2h20-5h10
Dvortsovy most : 1h25-4h50
Liteiny most : 1h10-4h45
Toutchkov most : 2h10-3h05 et 3h35-4h55
Troïtski most : 1h50-4h50
Volodarski most : 2h10-3h45 et 4h15-5h45

Le bureau d'information donne des renseignements et des brochures

VISA

Les ressortissants de presque tous les pays ont besoin d'un visa pour entrer en Russie. Pour les Européens et les Canadiens, il existe quatre types de visas : touristique (si vous résidez à l'hôtel), d'affaires (professionnels, étudiants, stagiaires), privé (si vous êtes invité dans une famille ou chez des particuliers) et de transit.

Tous les renseignements spécifiques pour l'obtention de ces différents visas sont à demander aux services consulaires de la Fédération de Russie : il y en a trois en France (Paris, Marseille et Strasbourg), deux en Belgique et trois au Canada. Un serveur vocal permet d'obtenir des informations sur les visas.

Les formalités ne sont pas particulièrement faciles, ni rapides, pour les voyageurs indépendants. Le moyen le plus commode pour obtenir n'importe quel type de visa est de passer par une agence spécialisée dans les visas ou dans les voyages en Russie (à condition d'y réserver un billet d'avion ou d'autres prestations). En France, **Action-Visas**, **Home Visas** et **Visas Express** sont recommandées. Les formalités pour les visas touristiques seront effectuées par les voyagistes pour ceux qui s'inscrivent à leurs voyages organisés. Les visas sont généralement valables trois mois, et les visas touristiques ne peuvent normalement pas être prolongés. Les grands hôtels d'une certaine catégorie vous assisteront dans vos démarches.

DOUANE ET IMMIGRATION

Passeports et visas subissent un examen sérieux à l'arrivée. Les visiteurs remplissent une carte d'immigration disponible en russe et en anglais. Ils en conservent une partie à présenter impérativement en partant. L'importation de devises n'est pratiquement pas limitée. Il est désormais possible de sortir des roubles du pays, tant que la somme n'excède pas 10 000 $.

Les objets de valeur comme les ordinateurs et les bijoux sertis de pierres précieuses doivent être déclarés sur une fiche de douane à l'entrée. Les laisser en Russie donne lieu à une taxe d'importation. Tous les bagages sont contrôlés aux rayons X à l'arrivée comme au départ.

La douane effectue au moment du départ des vérifications très strictes en ce qui concerne les œuvres d'art et les antiquités *(p. 194-195)* qui sortent du pays. Les biens de consommation courante en petite quantité ne posent pas de problème.

ENREGISTREMENT

Tous les étrangers doivent s'enregistrer auprès des services de l'**OVIR** dans les trois jours suivant leur arrivée. Les hôtels se chargent de cette formalité, mais si vous habitez chez un particulier, vous devez vous rendre au bureau de l'OVIR qui vous a délivré l'invitation. Pour prolonger un visa, vous devez vous adresser à ce bureau. Ceux qui oublient cette formalité sont passibles d'une amende et ne peuvent parfois quitter le territoire sans avoir mis leurs papiers en règle.

CONSULATS

La France, la Belgique et la Suisse disposent d'une ambassade à Moscou et d'un consulat à Saint-Pétersbourg ; pour le Canada, toutes les formalités devront se faire à Moscou. Si vous avez l'intention de rester plus de trois mois en Russie, vous devrez vous faire enregistrer auprès du consulat de votre pays. En cas de problème (vol, hospitalisation, emprisonnement, etc.), le consulat peut vous conseiller utilement et, au besoin, fournir un interprète ou émettre un nouveau passeport.

VOYAGEURS HANDICAPÉS

Saint-Pétersbourg n'a presque pas d'équipements adaptés aux handicapés. Les transports publics sont inaccessibles, les entrées des bâtiments étroites et souvent précédées d'escaliers, et les ascenseurs publics sont rares.

ÉTUDIANTS

Les cartes d'étudiant internationales donnent droit à des réductions dans les principaux musées, ainsi que pour les billets de train et d'avion réservés auprès de l'**Auberge de jeunesse internationale** *(p. 170)*.

HOSTELLING RUSSIA

Enseigne de l'Auberge de jeunesse internationale

VOYAGER AVEC DES ENFANTS

Les Russes adorent les enfants – et ceux qui visitent le pays avec leurs parents auront sans doute droit à des compliments. Mais on dit aussi que les grand-mères russes *(babouchki)* sont parfois un peu trop curieuses et se permettent de faire des critiques, même bien intentionnées, sur la manière dont ils sont habillés.

Vous trouverez de nombreux parcs et des aires de jeux, dont certaines spécialement installées lors des congés scolaires. Musées et transports publics sont gratuits pour les enfants de moins de 5 ans. Au-dessus de cet âge, ils ont droit à des réductions pour l'entrée des musées, mais pas dans les transports.

Toilettes « hommes »

Toilettes « femmes »

Château gonflable installé sur la place du Palais

TOILETTES PUBLIQUES

La situation s'arrange, mais les toilettes publiques restent souvent très rudimentaires et beaucoup de cafés et de bars ne sont pas équipés de toilettes. Il est préférable d'aller dans l'hôtel le plus proche ou d'utiliser les toilettes payantes des magasins. L'employé qui encaisse votre argent vous donnera du papier hygiénique.

PHOTOGRAPHIES

Les interdictions strictes de photographier ont plus ou moins disparu, sauf dans le métro. Toutefois, vous aurez souvent un droit à payer dans les musées pour pouvoir utiliser les appareils photo et les caméras.

HEURE

Saint-Pétersbourg suit l'heure de Moscou, qui est en avance de 3 h sur celle de Greenwich (GMT) et de 2 h sur Paris : quand il est 8 h à Paris, il est 10 h à Saint-Pétersbourg. La Russie s'est alignée sur le reste de l'Europe en appliquant l'heure d'été et l'heure d'hiver.

ADAPTATEURS ÉLECTRIQUES

Le courant électrique en Russie est de 220 volts et nécessite des prises à deux fiches, comme en France et en Belgique. Les vieilles prises soviétiques ne sont toutefois pas adaptées aux prises modernes européennes dont les fiches sont plus grosses. Les Canadiens n'auront aucune difficulté à se procurer des adaptateurs dans les magasins de Saint-Pétersbourg.

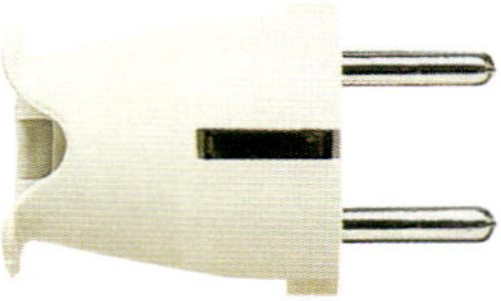

ADRESSES

AMBASSADES DE RUSSIE

En France
40-50, bd Lannes 75116 Paris. ***Tél.*** *01 45 04 05 50.*
www.france.mid.ru.
t.l.j. 9h-12h.
Prévoir d'au moins 5 j pour obtenir un visa.
Consulats à Marseille et Strasbourg.

En Belgique
Avenue de Fré 66, 1180 Bruxelles.
Tél. *02 374 3400.*

Au Canada
285, Charlotte St., Ottawa, Ontario, K1N 8L5. ***Tél.*** *613 235-4341.* **http://**ottawa.rusembassy.org
Consulats à Montréal et Toronto.

CONSULATS À SAINT-PÉTERSBOURG

Consulat de France
Nab. reki Moïki 15. **Plan** 2 E5. ***Tél.*** *332 2270.* *sur r.-v. : lun.-ven. 9h-16h.*

Consulat de Belgique
11, Saperni pereoulok. **Plan** 3 B5. ***Tél.*** *579 5791.* *t.l.j. 9h-13h, 14h-17h30.*

Consulat de Suisse
Tchernychevskogo pr. 17. **Plan** 3 B4. ***Tél.*** *336 5777.*

VISA EN FRANCE

Action-Visas
10-12, rue du Moulin-des-Prés 75013 Paris.
Tél. *01 45 88 56 70.*
www.action-visas.com

Home Visas
55, av. Édouard-Vaillant, 92100 Boulogne Billancourt.
Tél. *01 46 21 80 40.*
www.homevisas.com

Visas Express
54, rue de l'Ouest, 75014 Paris.
Tél. *08 25 08 10 20.*
www.visas-express.fr

VISA EN RUSSIE

OVIR
Овир *(Tsentralny)*
Service étranger
Pereoulok Krylova 5.
Plan 6 F2. ***Tél.*** *315 7936.*
lun.-ven. 10h-18h.
Oul. Kirotchnaïa 4.
Plan 3 B5. ***Tél.*** *278 3486.*
www.visatorussia.com

INFORMATIONS

Pas d'office de tourisme à l'étranger ou dans la ville. Des agences privées peuvent renseigner :

Baltic Airlines
Nevski pr. 7-9, bureau 12.
Plan 6 D1. ***Tél.*** *710 1676.*
www.baltairlines.ru

Cosmos
Île Vassilevski, 2-ïa Linia 35.
Plan 1 A5. ***Tél.*** *327 7256.*
www.cosmos-dmc.ru

MIR Travel Company
Nevski prospekt 11.
Plan 6 D1. ***Tél.*** *325 7122.*
www.mir-travel.com

Neva Travel Company
Oul. Prof Popova 28.
Tél. *234 0082.*
www.nevatravel.ru

Santé et sécurité

Si tout ce qu'on rapporte sur la Mafia russe dans les médias est fondé, Saint-Pétersbourg reste une ville relativement sûre. Comme dans d'autres grandes cités, il suffit de prendre quelques précautions pour éviter d'être la cible des petits malfaiteurs. Faites des photocopies de votre passeport et de votre visa, inscrivez en lieu sûr les numéros de chèques de voyage et de carte de paiement, et gardez sur vous votre adresse écrite en russe. Il est indispensable de prendre une assurance médicale car les services médicaux ne sont pas aussi efficaces qu'en Occident. Les services où l'on parle anglais et l'évacuation sanitaire vers la Finlande sont très chers.

Contrôle des papiers par la GAI

SÉCURITÉ DES BIENS

Il est obligatoire de souscrire une assurance voyage avant de partir. Une fois en Russie, soyez prudent lors de vos déplacements. Évitez de prendre de grosses sommes en liquide, portez une ceinture-portefeuille et laissez votre passeport, vos billets et vos objets de valeur dans le coffre-fort de l'hôtel. Dans les hôtels occidentaux, les services de sécurité sont très attentifs ; dans tous les autres, mettez les objets importants en lieu sûr. Les chèques de voyage *(p. 14)* sont couverts par une assurance, mais ils ne sont pas économiques à utiliser et peuvent être « blanchis » en Russie.

Prenez garde à certains faux mendiants sur Nevski prospekt : s'ils s'approchent de vous, faites attention à vos objets personnels. En cas de vol, faites une déclaration au commissariat de police afin d'être couvert par votre assurance.

SÉCURITÉ DES PERSONNES

Les pickpockets et les délinquants ont parfois recours à la violence si on leur résiste. Comme partout ailleurs, il est préférable de se soumettre à leurs exigences, surtout sous la menace. La Mafia, dont on parle dans les médias, ne s'intéresse quasiment pas aux étrangers.
Les femmes seules ont peu de risque de se faire aborder, sauf par des dragueurs motorisés : le mieux est de ne pas y prêter attention et d'éviter de prendre un taxi seule la nuit. Aucun lieu n'étant tout à fait sûr, soyez vigilant et assurez-vous que vous êtes en sécurité à tout moment. En revanche, la circulation est un réel danger, car les automobilistes russes considèrent les piétons comme des gêneurs. Méfiez-vous aussi des plaques d'égout, qui ont tendance à basculer ou à s'effondrer sous vos pieds.

POLICE

Il existe différentes brigades de policiers dans les rues de Saint-Pétersbourg.

Voiture de police nouvelle génération

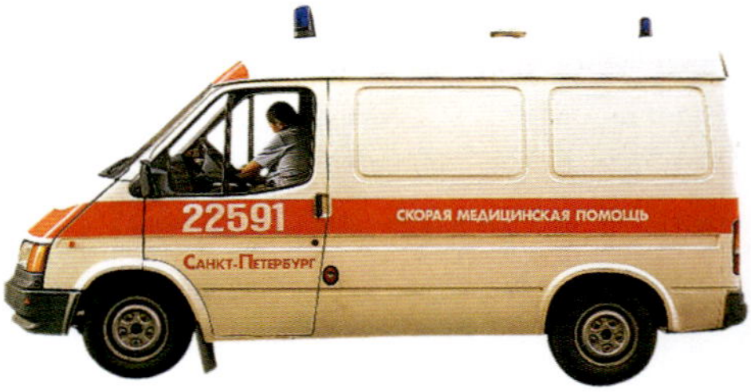

Ambulance publique gratuite

Camion de pompiers

Policier

Leur uniforme diffère selon les saisons (en hiver, ils portent de grosses parkas et des chapeaux en fourrure). Les officiers de police des rues portent un uniforme de combat bleu-gris foncé, et la plupart sont armés. Leur uniforme est semblable à celui des unités anti-émeutes (OMON), mais leurs insignes sont différents. Indépendants de ces deux corps, les agents de la police routière, dont l'uniforme porte le logo DPS, sont habilités à arrêter les véhicules pour contrôler les papiers. Pour arrondir leur maigre salaire, les agents de la circulation infligent souvent des contraventions pour des délits mineurs.

PHARMACIES

Les meilleures pharmacies *(apteka)* se trouvent sur Nevski prospekt. On y vend de nombreux médicaments importés, dont les notices sont en russe ou dans la langue d'origine du produit. Tous les médicaments, même les plus puissants, peuvent être délivrés sans ordonnance. Les pharmaciens peuvent vous donner des médicaments de substitution. Si vous suivez un traitement spécifique, apportez ce dont vous avez besoin, notamment l'insuline.

TRAITEMENTS MÉDICAUX

Pour les problèmes de santé sans gravité, adressez-vous au médecin recommandé par l'hôtel. Le **Medem International Clinic** et l'**Euromed**, centres médicaux s'adressant plus spécifiquement aux étrangers, dispensent de nombreux soins et organisent des rapatriements sanitaires. Leurs tarifs sont assez élevés, mais ils sont habitués à traiter avec les assurances étrangères. Pour les urgences sans gravité, le **Complexe polyclinique** est efficace et moins coûteux, et certains médecins russes y parlent anglais.

Pour les cas plus graves, la **Clinique de traumatologie du district central**, située près de Nevski prospekt, prend en charge les blessés. Le personnel ne parle pas anglais, mais assure les premiers soins en cas d'accident. Si on vous emmène d'office dans un hôpital local, contactez votre consulat ou les centres médicaux pour étrangers cités ci-dessus. Ils peuvent vous faire transférer dans un autre centre médical ou au moins faire contrôler votre traitement.

Les soins dentaires sont très onéreux. Les services médicaux listés ici dispensent de bonnes prestations couvertes par les assurances. Le **Dental Palace** est également fiable, mais non remboursé.

Enseigne de pharmacie *(apteka)*

PRÉCAUTIONS SANITAIRES

Ne buvez que de l'eau en bouteille et évitez les glaçons, car l'eau du robinet contient des métaux lourds et des *guiardia*, des parasites qui peuvent causer des maux d'estomac. La nourriture russe reste sans danger. Évitez toutefois de manger des fruits et des légumes crus qui ont été lavés à l'eau courante, et les petites tourtes à la viande vendues dans la rue.

De nombreux cas de diphtérie sont apparus ces dernières années, et il est vivement conseillé de se faire vacciner avant le départ. Par ailleurs, l'augmentation des MST, comme la syphilis et le sida, est inquiétante.

MOUSTIQUES

Les moustiques *(komary)* sont un véritable fléau entre juin et fin septembre, surtout près du golfe de Finlande ou dans les bois.

Les insectifuges russes ne sont guère efficaces, et il est préférable d'en apporter dans votre valise.

ADRESSES

SERVICES D'URGENCE

Pompiers *(pojanye)*
Tél. *01.*

Police
Tél. *02.*

Ambulance
(skoraïa pomochtch)
Tél. *03.*

SERVICES MÉDICAUX

American Medical Clinic
Nab. reki Moyki 78. **Plan** 2 E5.
Tél. *740 2090.* ◯ *24h/24.*
www. amclinic.ru

Clinique de traumatologie du district central
Travmpounkt pri poliklinike n. 35
Malaïa Koniouchennaïa oul. 2.
Plan 6 E1. ***Tél.*** *717 4396.*
◯ *24h/24.*

Complexe polyclinique
Ao Poliklinitcheski complex
Moskovski pr. 22. **Plan** 6 D5.
Tél. *777 9777.* ◯ *24h/24.*

Dental Palace
Petropaulouskaïa 4. **Plan** 2 D1.
Tél. *325 7500.*
www. dentalpalace.ru

Euromed
Suvorovski pr. 60. **Plan** 4 E4.
Tél. *327 0301.* ◯ *24h/24.*
www. euromed.ru

Medem International Clinic and Hospital
Oul. Marata 6. **Plan** 7 B2.
Tél. *336 3333.* ◯ *24h/24.*
www. medem.ru

PHARMACIE 24 H/24

Nevski pr. 22.
Tél. *314 5401.*

Zagorodny pr. 21.
Tél. *315 2743.*

Nevski pr. 98.
Tél. *275 8189.*

Banques et monnaie

Saint-Pétersbourg entre dans l'ère de la carte bancaire et les principales cartes européennes sont acceptées dans les hôtels et dans certains restaurants et magasins. Mais partout ailleurs, il est d'usage de payer en roubles, le rouble étant la seule monnaie légale en Russie. Les bureaux de change et les distributeurs automatiques de billets sont nombreux – les devises les plus courantes étant le dollar et l'euro. Avant de changer de l'argent, comparez plusieurs bureaux de change car tous ne prennent pas la même commission. Les chèques de voyage sont de moins en moins utilisés.

CHANGER DE L'ARGENT

Il est très difficile de se procurer des roubles en dehors de la Russie, mais il existe de nombreux bureaux de change dans toute la ville et aux aéroports. Certains sont ouverts 24 h/24. Pour changer de l'argent, il faut présenter son passeport. Tout billet étranger ayant un défaut, en particulier des déchirures verticales ou des taches d'encre ou d'eau, perd sa validité en Russie et sera refusé. Assurez-vous donc que les billets qui vous voulez changer sont en bon état.

Lors du change, on vous remettra un reçu. Le taux de change étant favorable dans les banques de Saint-Pétersbourg, ne changez jamais d'argent dans la rue même si le taux qu'on vous propose semble intéressant.

Évitez aussi de changer dans les aéroports ainsi que dans les hôtels.

Distributeur automatique de billets

Enseigne d'un bureau de change *(obmen valiouty)*

BANQUES ET BUREAUX DE CHANGE

Quelques banques étrangères de Saint-Pétersbourg ont des services au guichet. La banque russe la plus fiable est la **Sberbank**. Ses taux de change ne sont pas trop élevés et elle dispose de plusieurs succursales. Les bureaux de change sont très nombreux à Saint-Pétersbourg et ouverts très tard. On peut y changer de l'argent ou retirer du liquide avec une carte de paiement. Les agences les plus importantes acceptent aussi les chèques de voyage.

Renseignez-vous auprès de votre banque sur les conditions et le prix des transferts d'argent vers la Russie.

CARTES BANCAIRES

On peut retirer de l'argent liquide (roubles ou dollars) avec une carte bancaire dans les grandes banques, aux distributeurs automatiques de certaines agences, et dans les grands hôtels. La commission de change est de 2 à 5 %, à laquelle s'ajoutent les frais d'opération par carte (ce qui peut revenir au même prix, voire moins cher, que de changer des espèces). Visa, Mastercard et Eurocard sont les cartes le plus souvent acceptées dans les commerces.

ADRESSES

BANQUES

Alfabank
Альфабанк
Nab. kanala Griboïedova 6/2.
Plan 6 E1. ***Tél.*** *324 4430.*
lun.-sam. 9h-20h, dim. 11h-17h.
www.alfabank.ru

American Express
Malaïa Morskaïa oul. 23.
Plan 6 D1. ***Tél.*** *326 4500.*
t.l.j. 9h-21h.

Citybank
Nevski pr. 45/2. **Plan** 7 B2.
Tél. *336 7575.*
lun.-ven. 10h-20h, sam.-dim. 10h-18h.

Crédit agricole
Nevski pr. 12. **Plan** 6 D1.
Tél. *449 1100.*
lun.-ven. 10h-15h.

Raffeisen Bank
Volynski per. 3A (entrée par Griboïedova kanala nab.).
Plan 5 A4.
Tél. *334 4343.*
lun.-ven. 10h-20h.
Reki Moïki nab.
Plan 6 E1.
Tél. *334 4343.*

Sberbank
Сбербанк
Doumskaïa oul. 3. **Plan** 6 F2.
Tél. *329 8799.*
lun.-sam. 10h-14 h, 15h-20h, dim. 11h-17h.
www.sbrf.ru

EN CAS DE PERTE OU DE VOL DE CARTE

Visa
Tél. *363 2400, attendez la 2e tonalité et tapez 866 654 0164.*

MasterCard
Tél. *(1 636) 722 7111.*

American Express
Tél. *(+33) 1 47 77 72 00.*

Les distributeurs d'**Alfabank** et ceux de l'Ermitage permettent d'effectuer des retraits importants.

La commission est moins élevée pour le retrait de roubles. La perte ou le vol doit être signalé à la banque qui a délivré la carte.

CHÈQUES DE VOYAGE

Ils sont de moins en moins utilisés. Les banques (comme Alfabank et Sberbank) prennent une commission d'au moins 3 % pour les encaisser. Pour les chèques American Express, la commission n'est que de 2 % s'ils sont encaissés au bureau d'American Express. Les chèques de voyage ne peuvent être utilisés que dans quelques grands hôtels et ne sont acceptés qu'en dollars et euros. Pour changer ou payer en chèques de voyage, le passeport est obligatoire.

MONNAIE

L'unité monétaire russe est le rouble (écrit *рубль*, ou en abrégé *р* ou *руб*). Le rouble est divisé en 100 kopecks. Les dessins des billets ont changé depuis 1990. Les pièces et billets émis avant 1998 (date de la réévaluation du rouble) n'ont plus cours.

Au moment du change, vérifiez que les billets reçus correspondent bien à ceux (actuels)qui sont photographiés ci-dessous.

En mars 2012 : 1 € valaient 39 roubles, et 100 roubles valaient 2,6 €.

Billets de banque

Les billets russes existent en coupures de 10, 50, 100, 500, 1 000 et 5 000 roubles. Soyez vigilant, car ils ressemblent aux billets d'avant la réévaluation de début 1998, lesquel n'ont plus cours !

10 roubles

50 roubles

100 roubles

500 roubles

1 000 roubles

Pièces

La réévaluation du rouble début 1998 avait redonné une nouvelle vie au kopeck, qui a gardé une valeur surtout sentimentale. Traditionnellement, le rouble a toujours valu 100 kopecks. En plus des pièces de 1, 2 et 5 roubles, il en existe de 1, 5, 10 et 50 kopecks. Toutes les pièces émises avant 1998 (avant la réévaluation) ne valent plus rien. Il faut donc vérifier la monnaie qu'on vous rend et refuser les vieilles pièces.

1 rouble

2 roubles

5 roubles

1 kopeck

5 kopecks

10 kopecks

50 kopecks

Communications et médias

Téléphone international

Les télécommunications sont en plein essor en Russie occidentale. Les services téléphoniques obsolètes se sont modernisés et utilisent des lignes numériques et par satellite permettant d'appeler directement à l'étranger. Dans le même temps, on a assisté à une explosion des magazines, des journaux et des chaînes de télévision. Si les services postaux n'ont pas évolué aussi rapidement, il existe d'autres options efficaces et peu coûteuses.

TÉLÉPHONE

Le système local, le réseau téléphonique pétersbourgeois (PTS ou *ПТС* en cyrillique), est efficace et peu onéreux. Les cabines vertes du PTS se trouvent dans la rue et dans certaines stations de métro. Les appels internationaux peuvent être passés directement d'un téléphone à carte PTS. Ces cartes sont disponibles dans les kiosques, les bureaux de poste et les agences de la Sberbank *(p. 214)*.

Les communications internationales ou interurbaines sont moins chères entre 22 h et 8 h ainsi que le week-end. Les autres téléphones à pièces, réservés aux appels locaux, ont presque tous disparu. Dans la plupart des cabines, les instructions ne sont qu'en russe.

Les communications locales à partir d'un téléphone privé sont gratuites car elles sont incluses dans le prix de l'abonnement, mais cela peut changer. Les appels internationaux sont beaucoup moins chers avec une carte téléphonique comme la Zebra, qui s'achète dans les kiosques et à la Sberbank, et qui permet aussi d'avoir accès à Internet.

Pour savoir si votre mobile fonctionne sur le réseau russe, renseignez-vous avant de partir auprès de votre opérateur. Sachez toutefois que les appels à partir d'un téléphone portable sont extrêmement chers en Russie.

Les **services d'urgence** peuvent être contactés gratuitement en faisant un numéro à deux chiffres : 01 pour les pompiers, 02 pour la police, 03 pour les ambulances.

OBTENIR LE BON NUMÉRO

- Pour appeler Saint-Pétersbourg depuis l'étranger : 00 + 7 (indicatif de la Russie) + 812 (indicatif de Saint-Pétersbourg) + n° du correspondant.
- Renseignements locaux : 09 (il n'y a pas de renseignements internationaux depuis la Russie).
- Communications interurbaines : 07.
- Appel international par opérateur : 315 0012.
- Indicatifs internationaux :
  - France : 8 (tonalité) + 1033 + n° du correspondant sans le 0 initial.
  - Belgique : 8 (tonalité) + 1032.
  - Suisse : 8 (tonalité) + 10 41.
  - Canada : 8 (tonalité) + 101.
- Renseignements carte France Télécom (en France) : 0800 102040.
- Numéro France Direct (en Russie) : 8 (tonalité) + 10 800 110 10 33.
- Renseignements internationaux Russie (en France) : 32 12.

UTILISER UN TÉLÉPHONE PTS À CARTE

1 Décrochez le combiné.

2 Attendez que l'on vous signale d'insérer la carte.

3 Insérez la carte. Elle doit y rester toute la durée de votre appel.

4 La carte acceptée, composez le numéro et appuyez sur « étoile » dès que la communication est établie.

5 Une fois la communication terminée, raccrochez et attendez les instructions pour retirer la carte.

Carte PTS

SERVICES POSTAUX

Les services d'expédition internationaux effectués par la Poste russe sont, en général, lents et d'une fiabilité très médiocre. En revanche, **Westpost** et **Post International** sont des services privés peu chers et plus efficaces. Ils proposent l'envoi du courrier ordinaire et en express, ainsi que des services de poste restante et de messagerie.

American Express *(p. 214)* dispose également d'un service de poste restante (réservé uniquement à ses clients). Les services postaux de l'**hôtel Europe** et du **Corinthia Nevski Palace** *(p. 176)* sont rapides et peu coûteux.

Westpost, sur Nevski prospekt

La **Poste centrale** *(p. 122)*, ainsi que les autres postes et celles des hôtels vendent timbres, cartes postales et cartes téléphoniques. Les boîtes aux lettres locales, indiquées par le mot russe *Почта (Potchta)*, sont nombreuses. Les boîtes bleu clair sont réservées aux envois internationaux.

FAX ET E-MAIL

La plupart des hôtels ont des services de fax. Sachez qu'il est prévu que la Poste centrale reste ouverte 24 h/24. **Post International** et **Westpost** offrent des services de fax et d'e-mail. Internet est accessible aussi depuis certains cafés comme **Café Max** et **5,3 GHz**, ou bien depuis le **Centre d'information de la Bibliothèque nationale russe**, ou encore de l'Ermitage. Ils disposent d'une base de données sur la ville.

SOCIÉTÉS DE MESSAGERIE

DHL et **FedEx** assurent la liaison avec l'Europe en trois jours et avec le Canada en quatre jours. Les services de Westpost et de Post International sont plus économiques.

Tous les envois qui ne sont pas sur support papier (disquettes, CD, etc.) sont contrôlés à la douane et leur acheminement peut demander un jour de plus.

RADIO ET TÉLÉVISION

La télévision russe est envahie par les séries étrangères et les jeux. Les meilleures chaînes pour les informations en russe sont NTV, Rossia et Channel 1. La plupart des hôtels de Saint-Pétersbourg ont la télévision par satellite et reçoivent des chaînes occidentales. On peut donc visionner France 24 (en anglais), TV5 Monde et écouter RFI sur 1180 OM.

PRESSE

Plusieurs journaux et magazines gratuits en anglais sont disponibles dans les hôtels, les grands restaurants et les fast-foods. *St Petersburg Times*, bihebdomadaire, fournit des nouvelles internationales et régionales et des comptes rendus sportifs. Spectacles et critiques sont publiés dans l'édition du vendredi. *Pulse* est spécialisé dans les loisirs. *Neva News* offre un plan détachable de la ville et des principaux sites. Le **Grand Hôtel Europe** reçoit *Le Monde* et *Le Figaro* et la médiathèque de l'**Institut français** est bien achalandée.

Journaux de Saint-Pétersbourg

ADRESSES

TÉLÉPHONE

Peregovorny punkt (centre public d'appel)
Bolchaïa Morskaïa oul. 85.
Plan 7 C2.
Tél. *312 0126.*
7h-23h.

TÉLÉPHONE MOBILE

Megafon
Мегафон
Artilleriiskaïa oul.1.
Plan 3 B5.
Tél. *8 800 333 0500.*
www.megafon.ru

MTS
МТС
Kazanskaïa oul. 45.
Plan 6 D2.
Tél. *380 0000.*
www.mts.ru

SERVICES POSTAUX

Poste centrale
Главпочтамт
Glavpochtamt
Pochtamtskaïa oul. 9.
Plan 5 C2.
Tél. *315 8022.*
lun.-dim. 9h-21h.
j.f.

Post International
Nevski prospekt 30.
Plan 6 E1.
Tél. *570 4472.*
lun.-ven. 10h-19h, sam. 11h-16h.

Westpost
Nevski prospekt 86.
Plan 7 B2.
Tél. *275 0784 ou 336 6352.*
Fax *275 0806.*
lun.-ven. 9h30-20h, sam.-dim. 12h-20h.
www.westpost.ru

SOCIÉTÉS DE MESSAGERIE

DHL
Nevski prospekt 10.
Plan 7 B2. ***Tél.*** *326 6400.*
Fax *326 6410.*
lun.-ven. 8h-21h, sam.-dim. 10h-16h.

Savouchkina 83.
Tél. *326 6400.*
lun.-ven. 8h-21h, sam.-dim. 10h-16h.

FedEx
Per Grivtsova 6.
Plan 6 D2. ***Tél.*** *325 8825.*
lun.-jeu. 9h-20h, ven. 9h-19h.

CAFÉS INTERNET

Café Max
Кафе Макс
Nevski prospekt 90-92.
Plan 6 E1. ***Tél.*** *273 6655.*
t.l.j. 24h/24.

Bibliothèque nationale russe
Российская библиотека
Sadovaïa oul 20.
Plan 5 A5.
Tél. *310 9676.*
lun.-sam. 10h-20h.

5,3 GHz
Кво Вадис
Nevski prospekt 11.
Plan 6 E1.
Tél. *314 6705.*
t.l.j. 24h/24.

PRESSE

Grand Hôtel Europe
Angle Nevski pr. et Mikhaïlovski oul.1/7
Plan 6 F1.
Tél. *329 6000.*

Institut français
Nevski pr. 12.
Plan 6 D1.
Tél. *571 0995.*

ALLER À SAINT-PÉTERSBOURG

Après une baisse de popularité au début des années 1990, Saint-Pétersbourg est de nouveau une destination en vogue. Pour répondre aux besoins, en particulier des déplacements professionnels, les liaisons aériennes et les autres moyens de transport se sont développés. L'avion reste le moyen le plus utilisé par les voyageurs individuels ou les groupes, mais il est possible de venir en train depuis Moscou ou Helsinki. Le voyage individuel en Russie est assez compliqué et coûteux et il peut être plus avantageux de s'adresser à une agence spécialisée proposant des séjours organisés combinant Moscou et Saint-Pétersbourg. Les prix sont assez élevés car les réservations restent peu nombreuses. Choisissez les formules les plus intéressantes : les vols avec escales, ou encore les forfaits proposés en basse saison.

Avion d'Aeroflot, à Saint-Pétersbourg

Architecture stalinienne de Poulkovo 2, l'aéroport international

TRANSPORTS AÉRIENS

Air France et **Rossiya Airlines** assurent des vols directs pour Saint-Pétersbourg en 3 h environ. **Lufthansa** et **Swiss International Airlines** proposent cette destination avec une escale à Francfort, Genève ou Zurich. Comparez les offres d'**Austrian Airlines**, de **Finnair** et, pour les charters, de **Transaero**. Les Canadiens devront faire escale en Europe selon la compagnie, car les vols directs arrivent à Moscou. Air France relie ainsi Montréal à Saint-Pétersbourg avec une escale à Paris, et **Air Canada** à Munich ou Francfort.

Voyages-sncf.com propose ses meilleurs prix sur les billets d'avion, hôtels, locations de voitures, séjours clés en main ou Alacarte®. Vous avez également accès à des services exclusifs : l'envoi gratuit des billets à domicile, Alerte Résa qui signale l'ouverture des réservations, le calendrier des meilleurs prix, les offres de dernière minute et promotion. www.voyages-sncf.com

Les agences de voyages telles que **Amslav**, **Voyageurs du monde en Russie** et celles citées pages 170-171 proposent de nombreux services : du circuit individuel sur mesure au voyage en groupe. À l'arrivée, si vous devez reconfirmer vos vols, adressez-vous à la compagnie avec laquelle vous voyagez ou à la **Central Air Communication Agency** sur Nevski prospekt.

AÉROPORT

Malgré sa modernisation, le terminal 2 de l'**aéroport international de Poulkovo** reste modeste et un peu rudimentaire. Il existe un bureau de change dans la salle d'arrivée et des boutiques hors taxes, et uniquement celles-ci, dans le hall de départ. À l'arrivée, c'est surtout le contrôle des passeports qui prend du temps. Les week-ends sont parfois chaotiques, et, en haute saison, il est même conseillé d'arriver 1 h 30 avant le départ de l'avion.

Le terminal 1 est réservé aux vols intérieurs. Le bâtiment est étroit et sombre, mais les étrangers et les voyageurs des vols d'affaires à destination de Moscou ont des salles de départ et d'arrivée qui leur sont réservées, situées au premier étage.

REJOINDRE LE CENTRE-VILLE

Les deux aéroports sont situés à 17 km au sud du centre-ville. Les grands hôtels proposent des navettes pour 35 €. Ce service,

Limousine du Grand Hôtel Europe *(p. 175)*

Taxi jaune devant Poulkovo 1, l'aéroport national

Bus n° 13, reliant Poulkovo 2 au métro Moskovskaïa

Minibus ou *marchroutnoïe taksi*

que vous pouvez régler avec votre note d'hôtel, doit être réservé en même temps que votre chambre. Les taxis, qui attendent devant l'aéroport, ne sont qu'un peu moins chers que les véhicules des hôtels ; les taxis jaunes ordinaires ne prennent en revanche que l'équivalent de 22 € en roubles, mais on en trouve difficilement à l'aéroport international.

Si votre budget est limité, changez un peu d'argent à l'aéroport et empruntez le bus n° 13 (à Poulkovo 2) et le n° 39 (à Poulkovo 1) jusqu'à la station de métro Moskovskaïa. Des minibus (appelés *marchroutnoïe taksi)* suivent un itinéraire identique, mais sont un peu plus chers *(p. 225-226)*.

TRAIN

Un moyen relativement économique pour se déplacer en Russie ou pour rejoindre Saint-Pétersbourg, si on vient de Finlande, est de prendre le train.

Plus de dix trains par jour relient dans les deux sens Moscou à Saint-Pétersbourg (**gare de Moscou** et **gare de Ladojski**). Deux trains effectuent la liaison entre Helsinki et la **gare de Finlande**. Pour ceux qui ont le temps et que l'aventure tente, il est possible d'aller à Saint-Pétersbourg par train, mais le voyage dure presque trois jours avec de multiples changements et est plus cher que l'avion. Les trains sont confortables et en général ponctuels, mais les wagons sont bondés et des pickpockets peuvent sévir.

Guichet ou *kassa* à la réservation centrale

Pour traverser certains pays, comme l'Ukraine et la Biélorussie, un visa de transit est exigé. Les trains qui desservent l'Europe de l'Est arrivent et partent de la **gare de Vitebsk**. À Saint-Pétersbourg, vous pourrez acheter des billets dans la salle des réservations située à l'étage, à la **Réservation centrale des billets de train**, ou à la **gare de Moscou**.

Toutes les gares sont reliées entre elles par des transports publics efficaces, qui reviennent beaucoup moins cher que les taxis.

La gare de Finlande, point de départ des trains en direction de Repino et du golfe de Finlande

DE MOSCOU À SAINT-PÉTERSBOURG

On peut arriver à Moscou et repartir de Saint-Pétersbourg ou vice versa. Dix trains par jour relient les deux villes. Les trains de jour font le voyage en 10 h, les trains de nuit en 8 h 30. Les prix varient selon le type de train et la formule choisie (la *Flèche Rouge* est le plus cher).

« Saint-Pétersbourg – Moscou » écrit sur un wagon

Tous les trains ont des compartiments pour deux personnes *(SV)* et pour quatre personnes *(coupé)*, et des compartiments libres pour plusieurs personnes *(platzkarte* ou *sidiachtchi)*. Les trains sont équipés de couchettes sauf les *sidiachtchi*, qui sont plus économiques et plus confortables que le *platzkarte* si l'on voyage de jour. Le prix d'un aller varie entre l'équivalent de 75 € en roubles pour un *SV* à 22 € pour un *sidiachtchi*. Il faut payer un supplément pour les draps lorsque vous prenez votre billet. Dans les trains les moins chers, c'est un employé, le *provodnik*, qui vous remet vos draps et perçoit le supplément. Emportez des provisions car le train ne dispose pas toujours d'un wagon-restaurant. Des vols réguliers relient les deux villes en 1 h à 1 h 30, et sont proposés par Aeroflot ou des compagnies privées, comme Rossiya et Transaero. Les tarifs sont peu élevés : 70 € pour un aller en classe économique et 105 € en classe affaires. Les billets sont vendus à l'aéroport ou à la **Central Air Communication Agency**. En été, vous pouvez aussi prendre un bateau *(p. 220)*.

Compartiment *SV* de la *Flèche Rouge* reliant Moscou à Saint-Pétersbourg

Car de Finnord

AUTOCAR

Les autocars qui partent d'Helsinki sont confortables et plus économiques que le train. **Finnord** assure un trajet de jour et un de nuit dans les deux directions. Les compagnies n'utilisent pas toujours les gares routières pétersbourgeoises, mal situées, et déposent les passagers en divers points de la ville. Le terminus de Finnord se trouve sur Italianskaïa oulitsa. Pensez à réserver votre billet à l'avance, car les Russes choisissent souvent cette solution pour aller faire leurs courses à Lappeenranta ou à Helsinki.

BATEAU

Le bateau est un moyen original de découvrir la ville. Il n'existe pas de lignes régulières et il vaut mieux s'adresser à une agence de voyages pour réserver un ferry ou une croisière.

Les ferrys en provenance de Scandinavie débarquent les passagers au **Terminal maritime**, situé à l'ouest de l'île Vassilevski. Le trolleybus n° 10 et le bus n° 7 relient le terminal au centre-ville ou rejoignent, dans la direction opposée, le métro Primorskaïa. En été, les croisières entre Moscou et Saint-Pétersbourg empruntent la Volga et le lac Ladoga. Ce voyage agréable dure deux semaines et permet de voir divers sites intéressants. Pour réserver, adressez-vous à une agence spécialisée. Les bateaux accostent au **Terminal fluvial** de Saint-Pétersbourg, situé à 10 min à pied du métro Proletarskaïa. Les compagnies fluviales assurent la navette en bus avec le centre-ville.

Les croisières de luxe arrivent au port des cargos, situé à 5 km au sud-ouest du centre-ville. L'accès à ce port est restreint et les compagnies disposent d'autobus pour emmener les visiteurs dans le centre et pour les ramener.

Ferry accosté au Terminal maritime situé à l'ouest de l'île Vassilevski

ADRESSES

AÉROPORTS

Poulkovo
Пулково
Terminal 1 : ***Tél.*** *704 3822.*
Terminal 2 : ***Tél.*** *704 3444.*

COMPAGNIES AÉRIENNES

Air France
Tél. *36 54.*
À Saint-Pétersbourg : Malaïa Morskaïa 23.
Plan 6 D1. ***Tél.*** *336 2900.*

Air Canada
Tél. *1 888 247 2262 (Canada) ;* ***Tél.*** *812 740 3820 (Saint-Pétersbourg).*

Austrian Airlines
Tél. *0820 816 816 (France).*

Finnair
Tél. *0821 025 111 (France) ;* ***Tél.*** *303 9898 (Saint-Pétersbourg).*

Lufthansa
Tél. *892 231 690 (France) ;* ***Tél.*** *(495) 9809999 (Russie).*

Rossiya Airlines
Poulkovo-Express, 1-ïa Nevski pr. 61.
Plan 6 E1. ***Tél.*** *633 3800 (Russie) ;* ***Tél.*** *01 48 62 59 97 (France).*

Swiss International Airlines
Tél. *848 700 700 (Suisse).*

Transaero
10-ïa Sovetskaïa 4-6.
Plan 8 D1.
Tél. *602 00 00 (Russie).*

ASSISTANCE

Central Air Communication Agency
Nevski pr. 7-9. **Plan** 6 D1.
Tél. *315 0072 (vols internationaux) ;* ***Tél.*** *571 8093 (vols intérieurs).*

AGENCES DE VOYAGES

Amslav Tourisme
60, rue de Richelieu, 75002 Paris. ***Tél.*** *01 44 88 20 40.*
www.amslav.com

Voyageurs du monde en Russie
55, rue Sainte-Anne, 75002 Paris.
Tél. 01 42 86 16 00.
www.vdm.com

Voyages SNCF
www.voyages-sncf.fr

TRAINS

Renseignements
Tél. *055 (de Russie).*

Réservation centrale des billets
Центральные железнодорожные кассы
Tsentralnye jeleznodorojnye kassy
Nab kanala Griboïedova 24.
Plan 6 E2. ***Tél.*** *067.*

Gare de Finlande
финляндский вокзал
Finliandski vokzal
Pl. Lenina 6. **Plan** 3 B3.

Gare de Ladojski
Ладожский вокзал
LadoJkni vokzal
Zanevski pr. 73.

Gare de Moscou
Московский вокзал
Moskovski vokzal
Pl. Vosstania. **Plan** 7 C2.

Gare de Vitebsk
Витебский вокзал
Vitebski vokzal
Zagorodny pr. 52.
Plan 6 E4.

BUS

Finnord
Italianskaïa oul. 37.
Plan 6 F1.
Tél. *314 8951.*

BATEAUX

Terminal fluvial
Речной вокзал
Rechnoï vokzal
Prospekt Obukhovskoï Oborony 195.
Tél. *262 0239*

Terminal maritime
Морской пассажирский вокзал
Morskoï passajirski vokzal
Pl. Morskoï Slavy.
Tél. *322 6073.*

CIRCULER À SAINT-PÉTERSBOURG

En regardant un plan de Saint-Pétersbourg, on s'aperçoit que la ville a été organisée en suivant un tracé rationnel, qui permet de se repérer facilement. La cité bénéficie en outre d'un réseau de transports publics efficaces et très bon marché. Toutefois, le moyen le plus agréable de découvrir et d'apprécier la ville est de la parcourir à pied. Lorsque la fatigue se fait sentir, prenez un bateau pour partir à la découverte des canaux, qui vous permettront aussi de vous familiariser avec les différents quartiers. De Nevski prospekt, on peut rejoindre à peu près n'importe quelle destination dans la ville. Cette grande artère est, en effet, le carrefour des avenues et des transports urbains. Les lignes de métro, tramways, bus et trolleybus en partent pour sillonner la ville et la tisser d'un réseau de rails et de fils électriques suspendus.

Panneau de passage pour piétons

SAINT-PÉTERSBOURG À PIED

Dans certains quartiers, notamment aux abords du quai du Palais, les sites sont si proches les uns des autres qu'il est préférable de s'y rendre à pied. Les sites les plus excentrés sont parfois à 20 min de marche des transports publics, et vous n'aurez pas toujours d'autre choix que d'effectuer le trajet à pied.

Marcher est le meilleur moyen d'explorer la ville, d'observer les détails architecturaux et les sculptures des façades. Dès le lever du soleil, hiver comme été, les habitants sortent dans les rues et dans les parcs, se promènent sur Nevski prospekt ou flânent tard aux alentours de la Neva, pendant les Nuits blanches *(p. 51)*.

Les jardins Mikhaïlovski, derrière le Musée russe *(p. 104-107)*

Les jardins d'Été *(p. 95)* et les jardins Mikhaïlovski sont depuis longtemps prisés des Pétersbourgeois. Si vous aimez les longues promenades et l'architecture, ne manquez pas les îles Kamenni et Élaguine *(p. 136-137)*, avec leurs demeures du début du XXe siècle.

Plaque de rue, Nevski prospekt

Pour une promenade romantique loin de la circulation, longez la Moïka ou le canal Griboïedov *(p. 134-135)*. Au sud de Nevski prospekt, vous passerez devant des immeubles majestueux, puis des blocs d'immeubles du XIXe siècle plus modestes, avec des rangées d'arbres longeant les voies d'eau, des places et des cours verdoyantes.

La circulation représente un réel danger, car les automobilistes ne respectent pas les piétons. S'il y en a, prenez les passages souterrains ; sinon, ne traversez qu'aux passages pour piétons équipés de feux de signalisation, avec des pictogrammes verts et rouges, comme en Europe. Les passages pour piétons non lumineux sont signalés par un panneau bleu, mais ne vous y fiez pas : les automobilistes ne sont pas obligés de s'arrêter. Attention ! si vous traversez la rue en dehors d'un passage réservé, la police de la circulation peut vous verbaliser *(p. 213)*.

Panneau de passage souterrain

Panneaux indiquant rues et grands magasins

Si les cyclistes restent peu nombreux, ils ont tendance à ignorer le Code de la route. Ils représentent un danger supplémentaire pour le piéton. Sur les artères principales de la ville, les noms de rues sont inscrits en russe et en anglais sur des plaques bleu foncé. Ailleurs, ils ne sont écrits qu'en cyrillique, en noir sur fond blanc. Des plans, comme celui du *Neva News (p. 217)*, gratuits, vous indiquent les noms des rues principales en cyrillique, avec leur translittération. Si vous vous perdez, il vous sera plus facile de demander de l'aide avec un plan bilingue.

Russie Autrement *(p. 171)* propose des visites à pied en français ; **Peter's Tours**, via l'Auberge de jeunesse internationale *(p. 171)*, organise des circuits guidés en anglais et à pied. Voir le site : www.peterswalk.com.

Circuler en métro

Enseigne du métro

Bus, tramway et trolleybus sont les moyens les plus pratiques de se déplacer dans la ville, et le métro pétersbourgeois sert surtout à aller et venir de la périphérie. Les stations, ces « palais du Peuple » instaurés par Staline, sont fascinantes à visiter et absolument sans danger. Tout le réseau fonctionne jusqu'après minuit. Pour éviter la cohue (deux millions de passagers par jour), prenez-le de préférence en fin de soirée. Malgré les panneaux principalement écrits en cyrillique, il est relativement simple de s'y diriger, dans la mesure où le réseau ne comporte que cinq lignes.

Station de métro Plochtchad Vosstanïa

LE MÉTRO : SITE TOURISTIQUE

Les meilleurs architectes soviétiques ont travaillé à la construction du métro de Saint-Pétersbourg. Des milliers de tonnes de marbre, de granite et de calcaire ont servi à recouvrir les murs, et les sculptures, les mosaïques et les lustres ont été commandés à de grands artistes.

La première ligne fut ouverte en 1955. Huit stations reliaient Plochtchad Vosstanïa aux immeubles staliniens du sud-ouest et à la plus grande usine de la ville, l'usine Kirov. Cette ligne est la plus intéressante parce qu'elle est l'incarnation de l'idéal stalinien, dont la station Kirovski Zavod, vaste basilique, temple à la gloire des ouvriers, est un bon exemple. Celle d'Avtovo, avec sa richesse de style et de détails avec ses colonnes en verre moulé, est elle aussi remarquable. Les 63 stations ont une atmosphère différente : lugubre à Plochtchad Moujestva (« Place-du-Courage », 1975) près du cimetière de Piskarovskoïe *(p. 126)*, vulgaire à Oudelnaïa, ou calme à Komendantski Prospekt (2005).

Mosaïques et colonnes de verre à Avtovo, station richement décorée

RÉSEAU

Le métro est idéal pour atteindre les hôtels excentrés et l'aéroport. Ses cinq lignes relient la périphérie au centre-ville, où elles se croisent à sept stations. En journée, les rames circulent à quelques minutes d'intervalle et le soir toutes les 5 min. Les portes des stations ferment à minuit, mais les derniers trains partent du centre 10 min plus tard. Le métro est bondé toute la journée, ; il n'y a pas d'heure de pointe. L'employé posté dans une cabine en bas de chaque escalier mécanique peut vous renseigner, mais vous ne trouverez pas d'autre personnel sur le quai.

Escaliers mécaniques vers les quais

Le métro descend très profondément sous terre pour passer sous les cours d'eau qui sillonnent la ville. Des escaliers mécaniques très longs vous amènent jusqu'aux quais. Tenez votre droite pour ne pas gêner ceux qui montent ou préfèrent marcher. De nouvelles stations sont en construction. Les dernières sont Krestovski Ostrov, Staraïa Derevnïa et Komendantski Prospekt sur la ligne jaune.

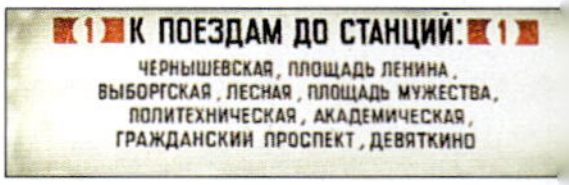

Panneau en cyrillique indiquant les arrêts

Panneau de correspondance et liste des stations

PRENDRE LE MÉTRO

Avant de pénétrer dans le métro de Saint-Pétersbourg, munissez-vous d'un plan avec les noms des stations en cyrillique et leur translittération. Presque toutes les indications à l'intérieur du métro sont en cyrillique et les cartes sont rares près des guichets ou dans les wagons. Attention ! selon les stations, le nom est inscrit au milieu ou aux deux bouts du quai.

Les stations très fréquentées du centre-ville possèdent

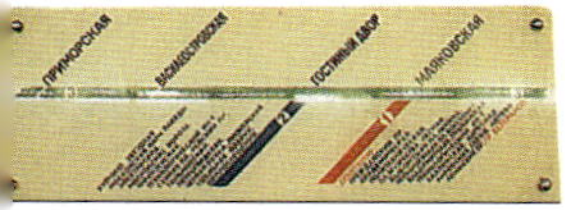

Stations et correspondances indiquées sur le quai du métro

des portillons de sécurité entre le hall central et la rame. Lorsque celle-ci s'arrête, les portillons s'ouvrent et alors seulement les portes de la rame s'ouvrent aussi. Dans ces stations, le trajet de la ligne sur laquelle vous circulez est affiché dans le hall. Dans les autres stations, le trajet est affiché au bout du quai.

Avant que les portes de la rame ne se referment, une voix annonce : « *Ostorojno ! dveri zakrivaïoutsia* » (« Attention ! les portes vont se fermer »). À l'approche d'une station, la voix l'annonce, avec parfois la correspondance, et donne le nom de la station suivante. Comptez les arrêts si vous ne comprenez pas ces différentes indications. Pour changer de ligne, suivez les panneaux indiquant *переход (perekhod* signifie « traversée »), sauf à la station Tekhnologuitcheski Institout, où les deux lignes sud sont sur des quais parallèles, ainsi que les deux lignes nord. Pour continuer dans la même direction avec l'autre ligne, il suffit de traverser le hall central.

Выход (vykhod) indique la sortie. Certaines stations, comme Moskovskaïa (pour l'aéroport) et Gostiny Dvor, en ont plusieurs, assez éloignées les unes des autres.

PLAN DU MÉTRO DE SAINT-PÉTERSBOURG

Jeton de métro

TICKETS ET CARTES D'ABONNEMENT

Pour prendre le métro, il faut se procurer des jetons *(jetonn)* qui s'achètent dans les stations. Vous pouvez aussi utiliser une carte magnétique valable pour plusieurs voyages.

Les barrières sont installées en haut des escaliers mécaniques ; la plupart d'entre elles prennent cartes magnétiques et jetons. Vous devez insérer la carte, bande magnétique vers le haut. Si vous tentez de passer sans payer, une barrière automatique se ferme devant vous. Au bout de la rangée des machines, l'employé qui vérifie les cartes vous laisse insérer votre jeton dans la machine qui n'a pas de barrière automatique. Mais, avec une carte magnétique, vous ne pouvez pas passer là. Les cartes magnétiques mensuelles donnent droit à 70 voyages dans le métro et à une quantité illimitée de trajets sur le réseau routier. Elles peuvent être achetées entre le 10e et le 20e jour du mois et sont valables jusqu'au 15 du mois suivant.

Pour les séjours plus longs, achetez une carte « smart » (photo obligatoire) qui peut se recharger dans toutes les stations. Il s'agit d'une carte magnétique à présenter devant un lecteur signalé par un cercle blanc (à ne pas confondre avec les machines pour les jetons). Les titres de transport ne sont plus contrôlés au-delà des barrières à l'entrée des stations. Il n'y a pas de contrôle une fois les barrières franchies.

Carte magnétique valable dans le métro

Circuler en tramway, bus et trolleybus

Panonceau de tram au-dessus des rails

Si les transports, en surface, sont bondés, surtout aux heures de pointe, ils restent un excellent moyen de découvrir la ville ou de faire de petits trajets. N'espérez pas cependant y trouver une place assise. Dans le centre-ville, trolleybus et trams tissent un réseau de lignes au sol et de caténaires au-dessus des chaussées. Les trolleybus, plus fréquents, ont des itinéraires commodes, mais sont bondés. Les trams le sont moins, mais restent bruyants. Enfin, les bus sont irréguliers. Bus privés et minibus sont plus chers, mais plus fréquents. Les quartiers de la périphérie ne sont accessibles qu'en bus, mais aux heures de pointe vous irez plus vite à pied. Pour plus d'informations, voir le rabat arrière de couverture.

Arrêt de bus et de minibus près du théâtre Mariinski

RENSEIGNEMENTS PRATIQUES

Trams, bus et trolleybus partent vers 5 h 30 du dépôt. Les services, qui fonctionnent à intervalles assez irréguliers en journée, sont rares après 23 h et s'arrêtent vers minuit. Les horaires des bus ne sont affichés que sur quelques lignes. Chacun de ces moyens de transport a ses propres arrêts, qui peuvent être très éloignés les uns des autres.

Les files d'attente ne sont jamais respectées : il faudra jouer des coudes. On peut monter par l'avant, le milieu ou l'arrière des véhicules. Huit places sont réservées aux handicapés, aux personnes âgées ou avec des enfants, qui ont priorité pour entrer par l'avant. Vous payez le receveur une fois à bord. À l'approche d'un arrêt, si vous êtes près de la sortie, vous entendrez « *Vy vykhodite ?* » (« Vous descendez ? ») – ce qui veut dire « écartez-vous ! ». Aux heures de pointe, tenez-vous près de la sortie bien avant l'arrêt ou préparez-vous à encore jouer des coudes.

Pour découvrir les sites principaux, prenez le trolley n° 10, qui part de Plochtchad Vosstanïa. Vous traverserez le centre-ville et l'île Vassilevski *(p. 56-63)* jusqu'au métro Primorskaïa. Le bus n° 46 part du Champ de Mars *(p. 94)* et se dirige vers la station de métro Tchernaïa Retchka ; le bus n° 22 part de l'Institut Smolny *(p. 128)*, passe par la place Saint-Isaac *(p. 79)* et le théâtre Mariinski *(p. 119)*, et continue vers le sud-ouest. Les bus nos 46 et 76 partent du Champ de Mars et remontent Kamennoostrovski pr. *(p. 70)* jusqu'à l'île Kamenni *(p. 136)*.

Montée dans le tramway

TRAMWAY

Avec les trams, vous pourrez explorer le centre-ville et des quartiers moins touristiques. Ils sont moins bondés que les trolleybus et il est possible d'y trouver une place assise. Les arrêts sont indiqués par des panonceaux rouge et blanc suspendus au-dessus des rails. En-dehors du centre, les grandes artères ont des terre-pleins en leur milieu où les usagers peuvent attendre l'arrivée du véhicule. Ailleurs, ils attendent sur le trottoir. Lorsque les portes du tram s'ouvrent, la circulation s'arrête pour permettre aux passagers d'aller et de venir du tram au trottoir. Soyez prudents : cette priorité n'est pas toujours respectée.

Lorsque le conducteur s'arrête à un croisement pour changer l'aiguillage des rails, il descend par la porte avant.

Arrêt de bus, avec nom de l'arrêt et numéro du bus

BUS ET MINIBUS

Les bus passent environ toutes les 20 min, parfois moins souvent. Les arrêts de bus dans le centre-ville sont indiqués par des panneaux blanc et jaune avec un « A » *(avtobus)* en rouge,

Wagon de tramway

Trolleybus sur Nevski prospekt

***Marchroutki* sur l'île Vassilevski**

placés sur un réverbère. Ils remplacent peu à peu les anciennes plaques jaunes.

Certains itinéraires sont doublés par des bus, dont le numéro est précédé d'un « K », ou par des minibus privés appelés *marchroutki*.

Leurs tarifs sont deux fois plus chers que ceux des bus publics. Comme tout le monde, vous paierez le receveur en montant ou en descendant.

TROLLEYBUS

Le trolleybus est le moyen de transport le plus utilisé sur Nevski prospekt et le plus pratique, mais ses arrêts sont fréquents et il est souvent bondé. Les contrôles y sont également plus nombreux.

Les arrêts sont indiqués par des petits panonceaux bleu et blanc, suspendus aux caténaires-réverbères, qui indiquent le numéro des véhicules. Sur les artères principales, ils sont indiqués aussi sur les murs des immeubles, par un « T » (pour *trolleybus)* qui ressemble à un « M » bleu aplati sur fond blanc.

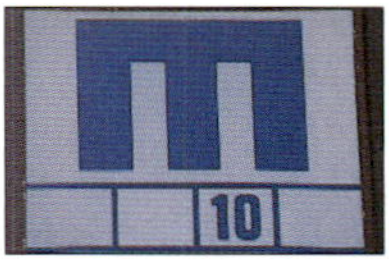

Arrêt de trolleybus

Les perches qui sont sur le toit des trolleybus, sont appelées familièrement « cornes » *(roga)* ou « petites moustaches » *(oussiki)*. Elles se décrochent parfois des caténaires et le conducteur doit s'arrêter pour les rattacher, mais cela ne cause qu'un léger retard.

TICKETS ET CARTES D'ABONNEMENT

Un tarif unique est appliqué à tous les transports publics, quelle que soit la distance. Les tickets s'achètent au receveur, reconnaissable à sa veste bleu et jaune, ou au conducteur, dans les bus *marchroutki*. Après être monté, vous devez acheter votre ticket avant l'arrêt suivant et, pour les bagages, payer un supplément. Les amendes pour défaut de paiement peuvent être exigées sur-le-champ par des contrôleurs en civil.

Si vous restez quelque temps à Saint-Pétersbourg, la carte mensuelle ou la carte valable un demi-mois – acceptées dans tous les transports, y compris le métro *(p. 222-223)* – sont les titres de transport les plus économiques. La carte magnétique mensuelle, ou *ediny bilet*, est valable du 16 au 15 du mois suivant et peut s'acheter entre le 10 et le 20 du mois. Les cartes pour un demi-mois sont valables du 1er au 15 du mois et s'achètent à partir du dernier jour du mois jusqu'au 5 du mois suivant. Il existe aussi des cartes mensuelles spécifiques à chaque type de transport. Avec les cartes d'abonnement, on peut aller jusqu'à Tsarskoïe Selo et Pavlovsk, mais pas à Peterhof, Gatchina et Oranienbaum *(p. 228)*.

Arrêt de trolleybus sur Nevski prospekt, près de plochtchad Vosstanïa

Promenades sur les rivières et les canaux

Arrêt de bateau-taxi

Pierre le Grand fit construire Saint-Pétersbourg sur le modèle d'Amsterdam *(p. 20-21)*. Il intégra les multiples voies d'eau existantes dans ses plans, en en créant ou en en modifiant d'autres, et la ville est devenue une « Venise du Nord ». Un grand choix de promenades pour quelques personnes ou pour un plus grand nombre, en bateau ouvert ou fermé, vous est offert au départ des ponts de Nevski prospekt. C'est un excellent moyen pour visiter la ville, surtout pour ceux qui ne peuvent marcher longtemps. La Fontanka, bordée de palais néoclassiques, la Moïka, aux berges arborées et aux ponts métalliques, et le canal Griboïedov avec ses méandres font partie de tous les trajets. Pensez à emporter un pique-nique et un bon pull-over.

Croisière sur la Moïka

RENSEIGNEMENTS PRATIQUES

La navigation sur les canaux dépend du temps. La plupart des bateaux circulent tous les jours de mi-mai à fin septembre. Les travaux de reconstruction des berges de granite des canaux peuvent modifier l'itinéraire des circuits.

Les marées du golfe de Finlande affectent la Neva et les canaux. Les promenades sont parfois annulées en raison de vents violents.

VISITES GUIDÉES SUR LES CANAUX

De gros bateaux couverts partent toutes les 30 min, de 11 h 30 à 20 h, du pont Anitchkov sur Nevski prospekt *(p. 49)*. Les billets pour la croisière s'achètent au kiosque de l'embarcadère. Si les files d'attente sont trop longues, il est parfois possible de prendre son billet à l'avance pour une excursion, mais dans la même journée. Le voyage dure 1 h 10 et passe par la Moïka, le canal Griboïedov et la Fontanka. Lorsque le temps le permet, les navires vont sur la Neva, d'où l'on a des vues superbes sur l'ensemble de la cité.

Kiosque à billets, pont Anitchkov

Les billets coûtent entre 450 et 900 roubles pour les étrangers (11 à 22 €), un peu plus cher que pour les Russes. Les visites guidées se font uniquement en russe, mais **Russie Tourisme** *(p. 171)* propose des promenades en bateau-mouche en français.

L'été, il fait parfois chaud à l'intérieur des bateaux couverts, et les fenêtres en Plexiglas, souvent rayées, n'offrent pas une bonne visibilité. Moyennant un petit supplément, vous pourrez mieux voir en vous installant sur la plate-forme arrière du bateau. Apportez boissons et sandwichs car vous trouverez rarement de quoi vous restaurer sur ces bateaux.

ADRESSES

Bureau de tourisme
Solvavaïa oul. 28-30. **Plan** 6 E2.
***Tél.** 312 0527.*

MIR Travel Company
Nevski pr. 11. **Plan** 6 D1.
***Tél.** 325 2595.*
www.mir-travel.com

Réservations de taxi
***Tél.** 600 0000 ou 068 320 0200.*

Rousskié Krouizy
Nevski pr. 51. **Plan** 7 B2.
***Tél.** 325 6120.*
www.russian-cruises.ru

CROISIÈRES SUR LA NEVA

Un grand choix de bateaux empruntent la Neva entre le golfe de Finlande et la gare de la Rivière *(Retchnoï vokzal)*, au sud-est. Les départs ont lieu toutes les heures entre 10 h et 22 h, et le voyage dure une heure. Les billets (achat à l'embarcadère ou sur le bateau) ne sont pas chers, mais les étrangers paient plus que les Russes.

Les bateaux partent de l'embarcadère qui se trouve en face du *Cavalier de bronze*, sur la place des Décembristes, ou de celui qui est situé près de l'entrée principale de l'Ermitage *(p. 75)*. Ces croisières guidées sont un agréable passe-temps, plutôt qu'une manière de visiter la ville. On y sert souvent des boissons et des snacks. On peut aussi réserver des croisières de luxe. **MIR** et **Rousskié Krouizy** offrent un choix de parcours sur la Neva et les canaux de la ville.

Bateau de croisière sur la Neva. Vue sur l'Ermitage et le quai du Palais

Bateaux-taxis amarrés sur le canal Griboïedov, près de Kazanski most, Nevski prospekt

BATEAUX-TAXIS

Les bateaux-taxis sont identiques aux embarcations privées, qui transportent de 4 à 20 personnes. Pendant les Nuits blanches, ils circulent très tard dans la nuit.

Pour un petit bateau, attendez à l'embarcadère situé au nord de Zeleny most, à l'endroit où Nevski prospekt *(p. 46-49)* croise la Moïka, ou près de la station de métro Gostiny Dvor, sur le canal Griboïedov, près de Kazanski most. Les plus gros bateaux se réservent au moins 2 h à l'avance.

Il vaut mieux négocier les prix, qui varient entre 30 et 50 € selon la dimension du bateau et l'itinéraire choisi. Une heure vous emmène dans les canaux, et une demi-heure supplémentaire vous fait traverser la Neva autour de la forteresse Pierre-et-Paul *(p. 66-67)* avec de très belles vues sur les quais.

La plupart des capitaines peuvent vous signaler les sites principaux en anglais, et certains vous offrent une visite guidée sommaire. Vous pouvez demander un guide en anglais, mais vous devrez vous y prendre à l'avance.

Il est possible de réserver un bateau-taxi moyennant un petit acompte ; ils sont nombreux et vous n'aurez aucune peine à en trouver. Les bateaux-taxis ne sont pas couverts et il peut faire assez froid, surtout le soir. Pensez à prendre des vêtements chauds, même en été. Il y a, en général, une couverture à bord, pour le passager non prévoyant.

Bateaux-taxis sur la Moïka, près de Zeleny most

Les conducteurs vous permettent de faire ce que vous voulez à bord, tant que vous respectez les règles de sécurité.

Taxis

Les taxis jaunes officiels de la ville sont peu à peu supplantés par les taxis privés de toutes les couleurs. La plupart des habitants préfèrent héler un *tchastnik*, qui peut être n'importe quelle voiture qui passe.

Taxi jaune pétersbourgeois

TAXIS OFFICIELS

La flotte de taxis jaunes doit faire face à la concurrence croissante des sociétés de taxis privées dont le parc automobile se compose de voitures modernes importées. Avec un taxi privé, il est possible de négocier le prix de la course au départ. Ne prenez jamais les taxis stationnés devant un hôtel, un restaurant, un site touristique ou à l'aéroport, car leurs tarifs sont exorbitants. Allez plus loin et attendez de voir passer un taxi pour lui faire signe. Quelle que soit l'option que vous choisirez, annoncez votre destination avant de monter. Les chauffeurs ne sont pas tenus de vous emmener, s'ils ne vont pas dans votre direction. Les taxis récents sont équipés de compteurs modernes, mais ceux des plus vieux véhicules ne sont pas fiables ou ne fonctionnent pas. Il vaut mieux donc fixer le prix de la course avant le départ. Si vous estimez que l'on vous demande trop cher, vous pouvez tenter de protester.

Dans les quartiers où l'on ne trouve pas de taxis, il faut les réserver par téléphone ou espérer prendre un *tchastnik*.

TCHASTNIK

Les Russes se sont habitués à héler les voitures privées, plus accessibles et plus économiques que les taxis officiels. C'est pourquoi, dès que vous levez la main pour héler un taxi, une voiture privée peut s'arrêter. Certains véhicules sont parfois en mauvais état, mais le conducteur est souvent plus accommodant pour les bagages qu'un chauffeur de taxi officiel, et la note est moins élevée. Si le chauffeur n'est pas seul, il est préférable de ne pas monter. La nuit, il n'est pas recommandé de prendre un *tchastnik* ni un taxi que vous n'avez pas commandé si vous êtes seul.

Comme pour les taxis, annoncez votre destination et négociez le prix avant le départ.

Pétersbourgeois hélant un *tchastnik*

Circuler dans les environs

Quelle que soit la saison, de nombreux Pétersbourgeois quittent la ville pendant le week-end pour retrouver leurs datchas, se promener dans les bois, cueillir les fruits ou les légumes de saison, faire du ski de fond ou visiter les anciennes résidences impériales. Les bus et les trains de banlieue circulent toute l'année, seuls moyens de transport vers ces lieux excentrés, à l'exception de Peterhof, accessible en hydroglisseur par le golfe de Finlande. Les étrangers ont tendance à choisir des visites organisées, mais, avec un minimum de préparation, voyager par soi-même peut faire partie du plaisir.

Voyageurs empruntant un train de banlieue à la gare de Vitebsk

Dans un train de banlieue pétersbourgeois

TRAINS DE BANLIEUE

Le train est un moyen très pratique pour sortir de la ville. Les billets s'achètent aux guichets des gares *(prigorodnïe kassy)*, où un horaire est affiché. Un billet aller-retour coûte le même prix que deux allers simples. Notez qu'il est interdit de fumer dans les trains et que le trafic s'interrompt parfois entre 10 h et midi.

Restaurant modern style à la gare de Vitebsk

ALLER À TSARSKOÏE SELO ET À PAVLOVSK

Les trains pour Tsarskoïe Selo *(p. 152-155)* et Pavlovsk *(p. 159-161)* partent toutes les 20 min à partir de la **gare de Vitebsk**. Cette ligne a été construite pour permettre à la famille impériale d'accéder à ses résidences d'été. La gare est un magnifique exemple d'architecture Art nouveau russe. Le guichet se trouve à droite du bâtiment principal. Tous les trains de banlieue font le trajet en 25 min avec un arrêt à Tsarskoïe Selo (Detskoïe Selo), puis à Pavlovsk.

À la gare de Detskoïe Selo, les bus nos 371 et 382 vont à Tsarskoïe Selo et s'arrêtent près du palais.

La gare de Pavlovsk est située juste en face de l'entrée du parc que l'on traverse à pied – agréable promenade d'une demi-heure.

De nombreux minibus partent de la station de métro Moskovskaïa pour Tsarskoïe Selo (Pouchkine) et Pavlosk. Ils sont pratiques et fiables.

ALLER À PETERHOF ET À ORANIENBAUM

Toutes les 20 min, des trains partent de la **gare de la Baltique** pour Peterhof *(p. 158-151)* et pour Oranienbaum *(p. 146-147)*. Ceux qui s'arrêtent à Oranienbaum sont aussi ceux qui vont à Kalichtche.

Pour Peterhof, descendez à Novy Peterhof (à 40 min de la ville), puis prenez le bus n° 348, 350, 351, 352 ou 356 jusqu'au palais. En été, vous pourrez prendre un hydroglisseur qui part devant l'Ermitage. Le prix du billet en roubles équivaut à environ 11 €.

À Oranienbaum, tournez à droite en sortant de la gare et marchez environ 200 m jusqu'à la rue principale. L'entrée se trouve presque en face et le Grand Palais, au cœur du parc, est à 5 min de marche.

Un service de bus efficace va à Peterhof et à Oranienbaum au départ de la station de métro Avtovo.

ALLER À GATCHINA

Environ toutes les 30 min, des trains partent de la **gare de la Baltique** pour Gatchina *(p. 147)*. Le trajet dure 1 h.

En face de la gare de Gatchina se trouve une petite route qui mène directement à la place située face au palais.

On peut également prendre le bus n° 431 ou des minibus rapides depuis la station de métro Moskovskaïa.

Attention ! ni les tickets de bus ni les cartes mensuelles ne sont valables sur cet itinéraire.

ALLER À REPINO ET AU GOLFE DE FINLANDE

Les trains partent toutes les 20 min de **la gare de Finlande** à destination de Repino *(p. 146)* et du golfe de Finlande. Les billets s'achètent au guichet, dans le bâtiment principal. Évitez les trains qui portent l'inscription *Beloostrov* ou *Krougovoï*. À Repino, traversez la rue principale, dirigez-vous vers le golfe de Finlande et tournez à gauche sur la route bitumée jusqu'à Penaty.

Le bus n° 211, qui part du métro Tchernaïa Retchka, dessert aussi Repino.

Bus pour Novgorod

ALLER À NOVGOROD

Les bus pour Novgorod *(p. 162-165)* partent toutes les 2 h de la **Gare routière 2**. Même s'il leur arrive de tomber en panne en cours de route, ces vieux autobus sont toujours plus fiables que les trains. Le trajet dure 4 h. La solution plus simple est de prendre un billet d'excursion *(p. 208)*.

CONDUIRE À SAINT-PÉTERSBOURG

Louer un véhicule n'est pas très répandu en Russie. Souvent les voitures et les minibus se louent avec chauffeur, sauf chez **Hertz** et **Europcar** dont les tarifs sont très élevés et qui n'acceptent les règlements que par carte bancaire.

Pour conduire, il faut un permis de conduire international, une assurance internationale, des papiers prouvant que vous êtes en droit de conduire, et le contrat de location portant votre nom ou, à défaut, une déclaration certifiée en russe du propriétaire du véhicule. La police de la route *(p. 213)* a le droit de vous arrêter pour vérifier vos papiers. Il se peut que, pour des infractions mineures (plaque d'immatriculation sale, absence de trousse de premiers secours) ou pour des délits plus graves (conduite en état d'ébriété), elle ne vous fasse pas payer l'amende sur-le-champ mais, comme le veut la procédure, qu'elle vous remette un avis de contravention à payer dans un délai d'un mois auprès de la banque nationale (Sberbank). Les agents de la police routière sont pleins de zèle car les contraventions sont un moyen d'augmenter leur salaire. Attention ! les Russes tendent à ignorer le Code de la route. Gardez votre droite et ne tournez pas à gauche dans une grande rue, sauf si un panneau vous y autorise. L'hiver, soyez équiper de pneus à clous car les chaînes détériorent les rails des trams, et vice versa. N'utilisez pas le frein à main par temps froid, car il a tendance à geler. Pour l'essence, n'utilisez rien en dessous de 95 d'indice d'octane. Le stationnement est gratuit presque partout dans le centre-ville. Les hôtels Nevski Palace et Europe *(p. 175-176)* disposent d'un parking surveillé 24 h/24.

Panneau « Stop » en cyrillique

HYDROGLISSEURS POUR PETERHOF

Hydroglisseur à l'embarcadère de l'Ermitage

L'hydroglisseur est la façon la plus agréable et de loin la plus spectaculaire de se rendre au palais de Peterhof. Le trajet dure 45 min pour traverser le golfe de Finlande. Le service est assuré de juin à début octobre. L'embarcadère est le deuxième situé près de l'Ermitage *(p. 75)*. Un horaire hebdomadaire y est affiché. Un départ a lieu toutes les heures dès 9 h 30. Le dernier bateau rentre à 18 h. Achetez votre billet de retour à l'arrivée à Peterhof car l'entrée du Parc inférieur est payante, et ce billet vous sera demandé lorsque vous le retraverserez pour reprendre l'hydroglisseur.

ADRESSES

GARES FERROVIAIRES ET ROUTIÈRES

Gare de la Baltique
Балтийский вокзал
Baltiïski vokzal
Nab. Obvodnovo kanala 120.

Gare de Finlande
Финляндский вокзал
Finliandski vokzal
Pl. Lenina 6. **Plan** 3 B3.

Gare de Moscou
Московский вокзал
Moskovski vokzal
Pl. Vosstanïa. **Plan** 7 C2.

Gare de Vitebsk
Витебский вокзал
Vitebski vokzal
Zagorodny pr. 52. **Plan** 6 E4.

Gare routière 2
Автобусный вокзал
Avtobousny vokzal
Nab. Obvodnovo kanala 36.
Plan 7 C5. ***Tél.*** *766 5777.*

Informations pour le train
Tél. *055.*

LOCATION DE VOITURES

Europcar
Poulkovo 2. Arrivées.
Tél. *336 3255.*

Hertz
Poulkovo 2. Arrivées.
Tél. *326 4505.*

ATLAS DES RUES

Le schéma ci-dessous indique les quartiers de Saint-Pétersbourg détaillés dans l'*Atlas des rues*. Les reports au plan indiqués pour chaque site, monument, restaurant, hôtel, magasin ou salle de spectacle décrits dans ce guide se rapportent aux plans de cet atlas. Les principaux sites sont faciles à localiser. La légende ci-dessous contient d'autres pictogrammes figurant sur les plans. Le répertoire des noms de rues désigne les noms en translittération française, suivis des noms en caractères cyrilliques (ces derniers ne figurant que pour les rues principales). Les anciens noms de rues, qui ont remplacé ceux de l'époque soviétique *(p. 209)*, ont été utilisés. Les lieux à visiter sont, en revanche, traduits en français.

Devant la cathédrale de Kazan

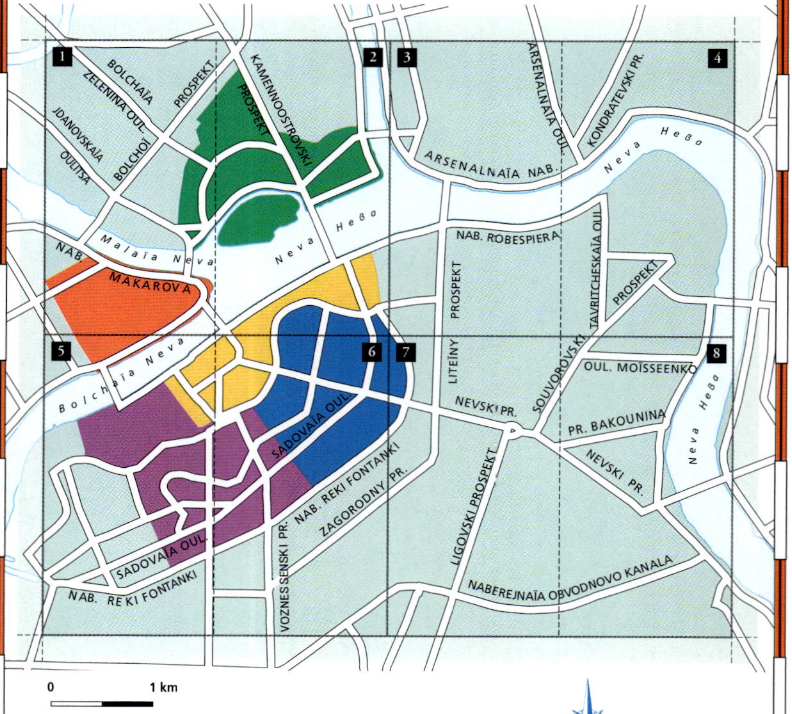

LÉGENDE DES PLANS

- Site exceptionnel
- Site intéressant
- Édifice intéressant
- Station de métro
- Gare ferroviaire
- Arrêt de tramway
- Terminus de trolleybus
- Terminus de bus
- Embarcadère
- Station de taxis
- Hôpital
- Poste de police
- Église orthodoxe
- Église
- Synagogue
- Mosquée
- Bureau de poste
- Voie ferrée
- «45 N° de bâtiment (rue principale)

ÉCHELLE DES PLANS

0 300 m

Index des rues

A

MOTS UTILES

chosse	route	**oulitsa**	rue
most	pont	**plochtchad**	place
naberejnaïa	ruelle/ allée	**prospekt**	avenue
		sad	jardin

B

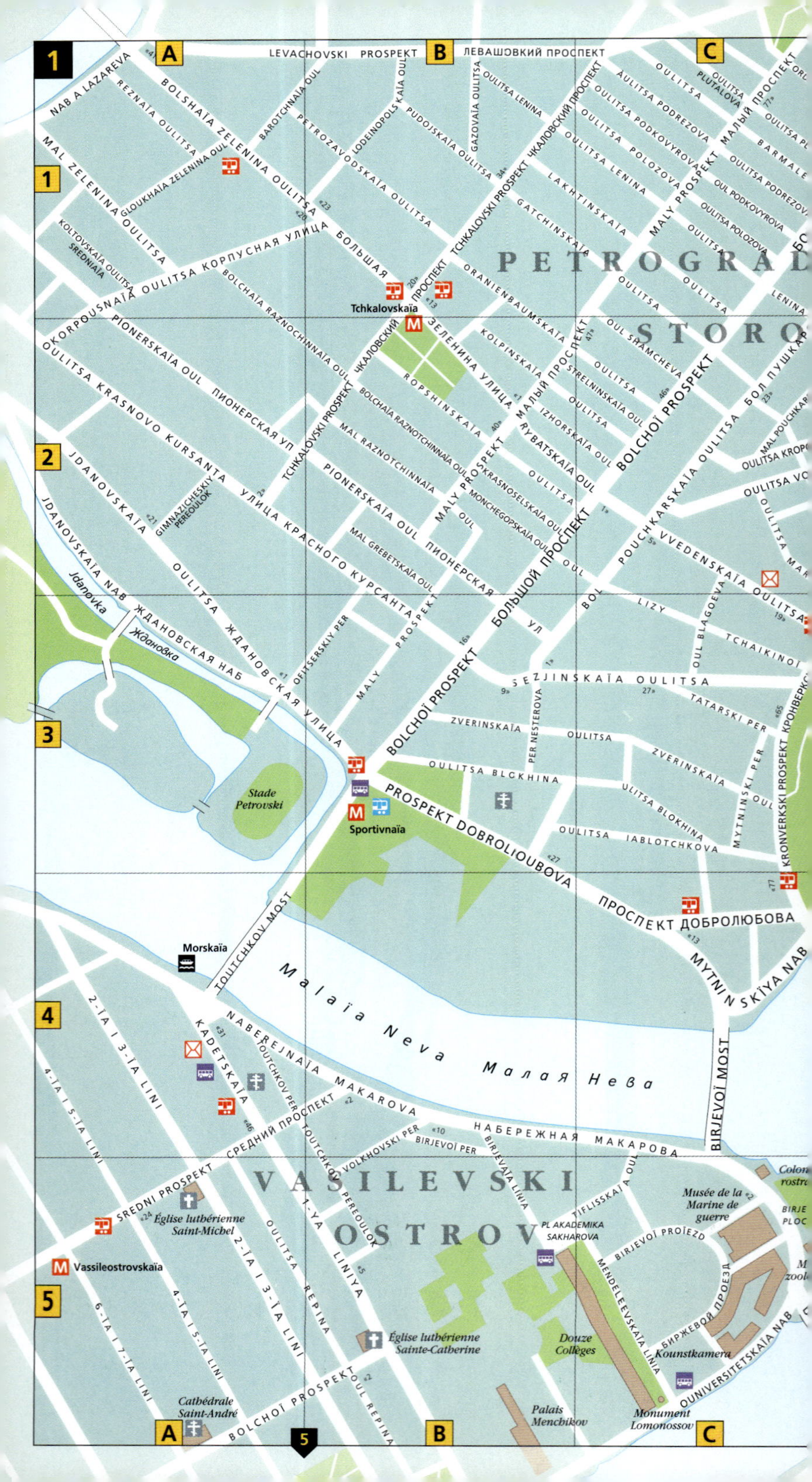
A
B
C
1
2
3
4
5
LEVACHOVSKI PROSPEKT
ЛЕВАШОВКИЙ ПРОСПЕКТ
NAB A LAZAREVA
REZNAÏA OULITSA
BOLSHAÏA ZELENINA OULITSA
BAROTCHNAÏA OUL
PETROZAVODSKAÏA OULITSA
LODEINOPOLSKAÏA OUL
PUDOJSKAÏA OULITSA
GAZOVAÏA OULITSA
OULITSA LENINA
TCHKALOVSKI PROSPEKT
ЧКАЛОВСКИЙ ПРОСПЕКТ
OULITSA PLUTALOVA
OULITSA PODREZOVA
OULITSA PODKOVYROVA
OULITSA POLOZOVA
MALY PROSPEKT
МАЛЫЙ ПРОСПЕКТ
BARMALEEVA
LAKHTINSKAÏA
GATCHINSKAÏA
MAL ZELENINA OULITSA
GLOUKHAÏA ZELENINA OUL
KOLTOVSKAÏA SREDNIAÏA OULITSA
OKORPOUSNAÏA OULITSA
КОРПУСНАЯ УЛИЦА
БОЛЬШАЯ
BOLCHAÏA RAZNOCHINNAÏA OUL
Tchkalovskaïa
ЗЕЛЕНИНА УЛИЦА
ORANIENBAUMSKAÏA
PETROGRAD
STORO
KOLPINSKAÏA
ROPSHINSKAÏA
STRELNINSKAÏA OUL
OUL SHAMCHEVA
BOLCHOÏ PROSPEKT
БОЛ ПУШКАР
MAL POUCHKAR
OULITSA KROP
OULITSA VO
PIONERSKAÏA OUL
ПИОНЕРСКАЯ УЛ
OULITSA KRASNOVO KURSANTA
УЛИЦА КРАСНОГО КУРСАНТА
TCHKALOVSKI PROSPEKT
BOLCHAÏA RAZNOTCHINNAÏA OUL
MAL RAZNOTCHINNAÏA
IZHORSKAÏA OUL
RYBATSKAÏA OUL
KRASNOSELSKAÏA OUL
MONCHEGORSKAÏA OUL
POUCHKARSKAÏA OULITSA
VVEDENSKAÏA OULITSA
JDANOVSKAÏA
GIMNAZICHESKIY PEREOULOK
PIONERSKAÏA OUL
ПИОНЕРСКАЯ
MAL GREBETSKAÏA OUL
БОЛЬШОЙ ПРОСПЕКТ
BOL
LIZY
OUL BLAGOEVA
TCHAIKINOÏ
JDANOVSKAÏA NAB
Jdanovka
Ждановка
ЖДАНОВСКАЯ НАБ
OULITSA
ЖДАНОВСКАЯ УЛИЦА
OFITSERSKIY PER
MALY PROSPEKT
BOLCHOÏ PROSPEKT
SEZJINSKAÏA OULITSA
TATARSKI PER
ZVERINSKAÏA OULITSA
PER NESTEROVA
KRONVERKSKI PROSPEKT
Stade Petrovski
OULITSA BLOKHINA
MYTNINSKI PER
Sportivnaïa
PROSPEKT DOBROLIOUBOVA
OULITSA JABLOTCHKOVA
ПРОСПЕКТ ДОБРОЛЮБОВА
MYTNINSKÏYA NAB
TOUTCHKOV MOST
Morskaïa
Malaïa Neva
Малая Нева
BIRJEVOÏ MOST
2-ÏA I 3-ÏA LINI
4-ÏA I 5-ÏA LINI
KADETSKAÏA
NABEREJNAÏA MAKAROVA
TOUTCHKOV PER
СРЕДНИЙ ПРОСПЕКТ
НАБЕРЕЖНАЯ МАКАРОВА
VOLKHOVSKI PER
BIRJEVOÏ PER
BIRJEVAÏA LINIA
TIFLISSKAÏA OUL
SREDNI PROSPEKT
VASILEVSKI
OSTROV
Église luthérienne Saint-Michel
Vassileostrovskaïa
1-YA LINIYA
OULITSA REPINA
PL AKADEMIKA SAKHAROVA
Musée de la Marine de guerre
BIRJEVOÏ PROÏEZD
БИРЖЕВОЙ ПРОЕЗД
MENDELEEVSKAÏA LINIA
Douze Collèges
Kounstkamera
OUNIVERSITETSKAÏA NAB
6-ÏA I 7-ÏA LINI
4-ÏA I 5-ÏA LINI
2-ÏA I 3-ÏA LINI
Église luthérienne Sainte-Catherine
BOLCHOÏ PROSPEKT
OUL REPINA
Cathédrale Saint-André
Palais Menchikov
Monument Lomonossov
Colonnes rostrales

D
E
F
2
1
2
3
4
5
3
3
6
OULITSA LVA
TOLSTOVO
УЛИЦА ЛЬВА ТОЛСТОГО
OUL RENTGENA
УЛ РЕНТГЕНА
OULITSA CHAPAEVA
KAZARMENNY PEREOULOK
PETROGRADSKAÏA NABEREJNAÏA
ПЕТРОГРАДСКАЯ НАБЕРЕЖНАЯ
PIROGOVSKAÏA NAB
ПИРОГОВСКАЯ НАБ
Bol Nevka
Бол Невка
KAMENNOOSTROVSKI PROSPEKT
КАМЕННООСТРОВСКИЙ ПРОСПЕКТ
MONETNAÏA OUL
БОЛЬШАЯ МОНЕТНАЯ УЛ
OUL KOTOVSKOVO
MALAÏA MONETNAÏA OULITSA
OULITSA MIRA
OUL MIRA
УЛ МИРА
Musée Kirov
BOLCHAÏA
DIVENSKAÏA OULITSA
PEVTCHESKI PEREOULOK
BOLCHAÏA POSADSKAÏA OULITSA
MAL POSADSKAÏA OULITSA
PINSKI PER
УЛИЦА ЧАПАЕВА
KRONVERKSKAÏA OUL
КРОНВЕРКСКАЯ УЛ
KRONVERKSKI PROSPEKT
КРОНВЕРКСКИЙ ПРОСПЕКТ
SAMPSONIEVSKI MOST
Gorkovskaïa
KONNY PER
MITCHOURINSKAÏA OULITSA
УЛ КУЙБЫШЕВА
OUL KOUIBYSHEVA
PENKOVAÏA OULITSA
Hôtel de Kchessinskaïa
Académie navale Nakhimov
Croiseur Aurora
PARC ALEXANDROVSKI
Musée de l'Artillerie
КРОНВЕРКСКАЯ НАБ
KRONVERKSKAÏA NAB
ZOO SAD
IOANNOVSKI MOST
Place de la Trinité
Maisonnette de Pierre
PETROVSKAÏA NAB
ПЕТРОВСКАЯ НАБ
Porte de Pierre
Maison des Ingénieurs
Cathédrale Saint-Pierre-et-Saint-Paul
Maison des Commandants
Porte de la Neva
Komendantski
Bastion Troubetskoï
KRONVERKSKI MOST
TROÏTSKI MOST
Pont de la Trinité
Neva Нева
Letni sad
NAB KOUTOUZOVA
НАБ КУТУЗОВА
Palais d'Été
NAB REKI FONTANKI
НАБ РЕКИ ФОНТАНКИ
Fontanka Фонтанка
Jardin d'Été
LETNI SAD
SUVOROVSKAÏA PLOCHTCHAD
Palais de Marbre
DVORTSOVAÏA NAB
ДВОРЦОВАЯ НАБ
MILLIONNAÏA OULITSA
APTEKARSKI PER
NAB LEBIAZHEVO KANALA
Champ de Mars
MARSOVO POLE
PANTELEÏMONOVSKI MOST
1-Y INJENERNI MOST
TEATRALNY MOST
НАБЕРЕЖНАЯ РЕКИ МОЙКИ
Moïka Мойка
Théâtre de l'Ermitage
Ermitaj
NAB REKI MOÏKI
NABEREJNAÏA
Maison-musée Pouchkine
Écuries du Tsar
KONIOUCHENNAÏA PLOCHTCHAD
TSENTRALNY
Église Saint-Sauveur-sur-le-Sang
MIKHAÏLOVSKI SAD
SADOVAÏA OUL
Château des Ingénieurs
ZAMKOVAÏA OULITSA
Ermitage et palais d'Hiver
PEVTCHESKI MOST
Académie Capella

3
A
B
C
1
2
3
4
5
7
VYBORGSKAÏ STORONA
BOL SAMPSONIEVSKI PR
БОЛ САМПСОНИЕВСКИЙ ПР
VYBORGSKAÏA OULITSA
LESNOÏ PROSPEKT
ЛЕСНОЙ ПРОСПЕКТ
OULITSA
BOBRIOUYSKAÏA
MINERALNAÏA OULITSA
ARSENALNAÏA OULITSA
SMIRNOVA
OULITSA KOMISSARA
УЛИЦА АКАДЕМИКА ЛЕБЕДЕВА
SAKHARNY PER
ORENBURGSKAÏA OUL
SARATOVSKAÏA OUL
BOTKINSKAÏA OULITSA
OULITSA AKADEMIKA LEBEDEVA
FINSKI PER
KLINITCHESKAÏA OUL
PIROGOVSKAÏA NAB
Plochtchad Lenina
Gare de Finlande
OUL MIKHAÏLOVA
OULITSA KOMSOMOLA
УЛИЦА КОМСОМО
PLOCHTCHAD LENINA
ARSENALNAÏA NAB
АРСЕНАЛЬНАЯ Н
LITEYNY MOST
Neva
Нева
Nab Koutouzova
NAB KOUTOUZOVA
НАБ КУТУЗОВА
NABEREJNAÏA ROBESPERA
НАБЕРЕЖНАЯ РОБЕСПЬЕРА
CHPALERNAÏA OULITSA
ШПАЛЕРНАЯ УЛИЦА
SHPALERNAÏA OULITSA
OUL GAGARINSKAÏA
ZAKHAREVSKAÏA OULITSA
PR TCHERNYCHEVSKOVO
ПР ЧЕРНЫШЕВСКОГО
ПОТЕМКИНСКАЯ УЛ
POTEMKINSKAÏA OUL
OULITSA TCHAÏKOVSKOVO
LITEYNY PROSPEKT
ЛИТЕЙНЫЙ ПРОСПЕКТ
SOLIANOÏ PEREOULOK
MOKHOVAÏA OULITSA
FOURCHTATSKAÏA OULITSA
Tchernyshevskaïa
UL KIROCHNAÏA
УЛИЦА КИРОЧНАЯ
PREOBRAJENSKAÏA PLOCHTCHAD
Cathédrale de la Transfiguration
MANEJNY PEREOULOK
Musée Stieglitz
OUL PESTELÏA
УЛ ПЕСТЕЛЯ
OULITSA KOROLENKO
OULITSA RYLEEVA
ARTILLERISKAÏA OUL
ULITSA MAYAKOVSKOVO
GRODNENSKI PEREOULOK
OULITSA VOSSTANIA
OULITSA RADISHCHEVA
SAPERNY PER
VILENSKI PEREOULOK
BASKOV PEREOULOK
TSENT RA

4
D
E
F
1
2
3
4
5
POLIOUSTROVSKI PROSPEKT
OULITSA JOUKOVA
OUL JUKOVA
FEODOSISKAÏA OUL
FEODOSISKAÏA OULITSA
OULITSA VATOUTINA
КОНДРАТЬЕВСКИЙ ПРОСПЕКТ
УЛИЦА ВАТУТИНА
KONDRATEVSKI PROSPEKT
СВЕРДЛОВСКАЯ НАБ
SVERDLOVSKAÏA NAB
Neva
Нева
SMOLNAÏA NABEREJNAÏA
ORLOVSKAÏA OULITSA
ОРЛОВСКАЯ УЛИЦА
ORLOVSKAÏA OUL
ОРЛОВСКАЯ УЛ
ТАВРИЧЕСКАЯ УЛ
VODOPROVODNY PER
TAVRITCHESKI PER
TAVRITCHESKI
PEREOULOK
OULITSA SMOLNOVO
KAVALERGARDSKAÏA OULITSA
STAVROPOLSKAÏA OULITSA
DIKTATURY
PLOCHTCHAD RASTRELLI
Couvent Smolny
CHPALERNAÏA OULITSA
ШПАЛЕРНАЯ УЛИЦА
Palais de Tauride
TAVRICHESKAÏA OUL
STAVROPOLSKAÏA OUL
PROLETARSKOÏ
PER KVARENGI
SAD SMOLNOVO
SMOLNY PROÏEZD
TVERSKAÏA OULITSA
ТВЕРСКАЯ УЛИЦА
PLOCHTCHAD PROLETARSKOY DIKTATURY
ALLEÏA SMOLNOVO
Institut Smolny
avricheski Sad
KALUZHSKI PER
KAVALERGARDSKAÏA OULITSA
ODESSKAÏA OUL
OCHAKOVSKAÏA OUL
OULITSA
SMOLNY PROSPEKT
MARIINSKI PROEZD
ТАВРИЧЕСКАЯ УЛ
SOUVOROVSKI PROSPEKT
UL BONCH-BRUEVICHA
TOULSKAÏA OULITSA
YAROSLAVSKAÏA OULITSA
NOVGORODSKAÏA OULITSA
OUL KRASNOVO TEXTILCHTCHIKA
SINOPSKAÏA NAB
TAVRICHESKAÏA OUL
DEGTIARNY PER
8

5
A
B
C
1
2
3
4
5
Palais Menchikov
Roumyantsevski sad
Académie des beaux-arts
Ouniversitetskaïa nab Университетская наб
Bolshoï prospekt
Nab Leïtenanta Shmidta
Blagovechtchenski most
Pont Blagovechtchenski
Большая Нева
Bolchaïa Neva
Plochtchad Dekabristov
Admiralteyskaïa nab
Cavalier de bronze
Place des Décembristes
Proïezd Dekabristov
Cathédrale Saint-Isaac
Manège des Chevaliers-Gardes
Angliskaïa naberejnaïa
Galernaïa oulitsa
Konnogvardeïski boulvar
Bureau de poste
Pochtamtskaïa oulitsa
Plochtchad Trouda
Nab Admiralteïskovo kanala
Nab Novoadmiralteïskovo kanala
Nouvelle Hollande
Bolchaïa Morskaïa oulitsa
Potchtamtski most
Fonarny most
Naberejnaïa reki Moïki
Мойка
Palais Ioussoupov
Potselouïev most
Oulitsa Dekabristov
Oulitsa Pissareva
Angliski prospekt
Nab reki Priajki
Conservatoire Rimski-Korsakov
Teatralnaïa plochtchad
Théâtre Mariinski
Kanal Krioukov
Nab Krioukova kanala
Lvini most
Kanal Griboïedova
Улица Декабристов
Soiouza Petchatnikov oulitsa
Проспект Римского-Корсакова
Nikolskaya ploshchad
Cathédrale Saint-Nicolas
Nikolski pereoulok
Prospekt Rimskovo-Korsakova
Plochtchad Koulibina
Vitebskaïa oul
Pskovskaïa oul
Kanonerskaïa oul
Oulitsa Садовая
Lermontovski prospekt
Plochtchad Tourgueneva
Plochtchad Repina
Sadovaïa oulitsa
Laboutina
Klimov per
Smezhny most
Egipetskiy most
Naberejnaïa reki Fontanki
Fontanka Фонтанка
Angliiski most
Набережная реки Фонтанки
Troïtski prospekt
13-ïa Krasnoarmeïskaïa oul
8-ïa Krasnoarmeïskaïa oul
9-ïa Krasnoarmeïskaïa oul
10-ya Krasnoarmeïskaïa oulitsa
Yakobshtadtski per
Lermontovski pr
Oul Tsiolkovskovo
Rijski prospekt Рижский проспект
Derptski pereoulok
Izmaïlov

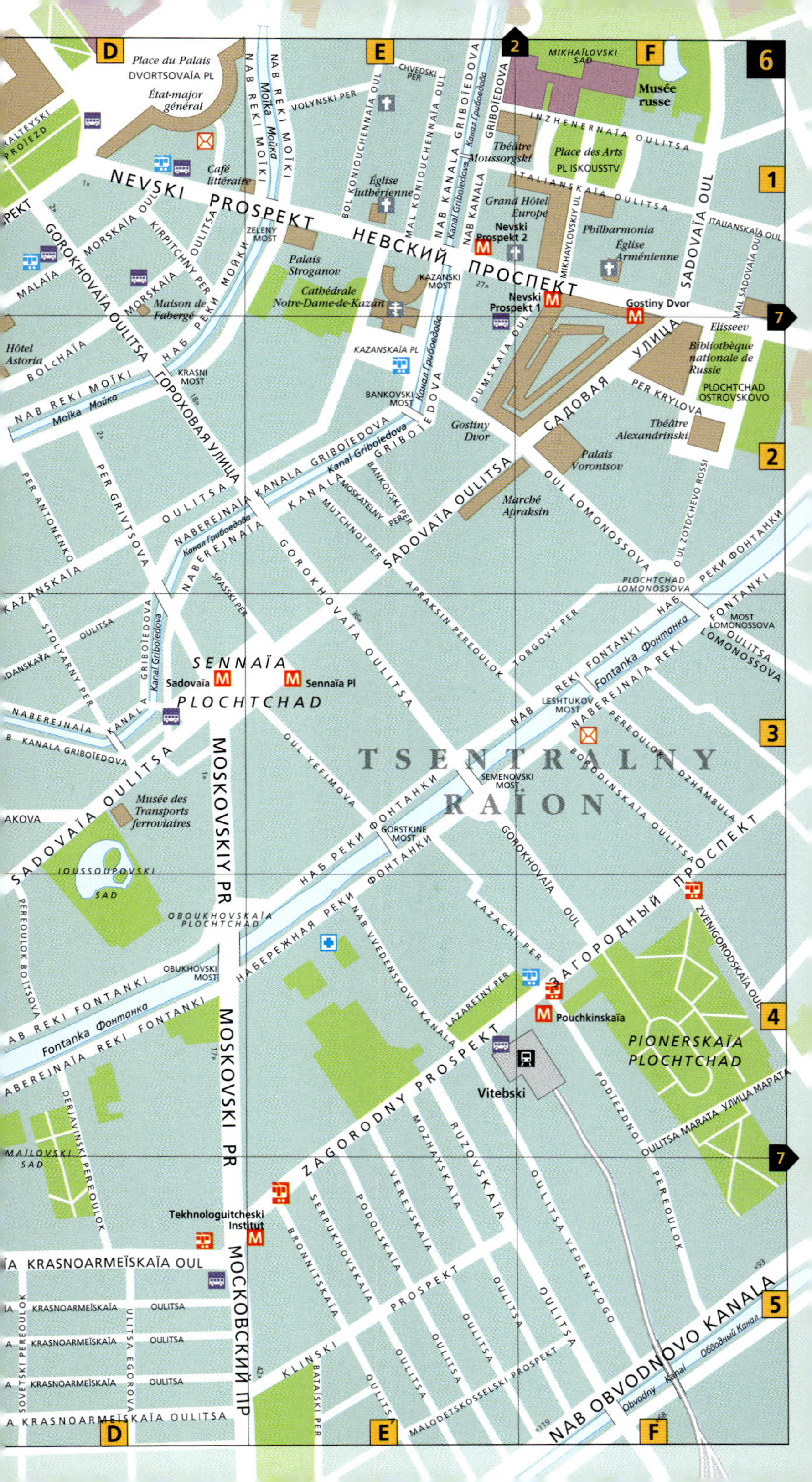

D
E
F
6
2
7
1
2
3
4
5
Place du Palais
DVORTSOVAÏA PL
État-major général
MIKHAÏLOVSKI SAD
Musée russe
Place des Arts
PL ISKOUSSTV
Théâtre Moussorgski
Grand Hôtel Europe
Philharmonia
Église Arménienne
Café littéraire
NEVSKI PROSPEKT
НЕВСКИЙ ПРОСПЕКТ
Église luthérienne
Nevski Prospekt 2
Nevski Prospekt 1
Gostiny Dvor
Elisseev
Bibliothèque nationale de Russie
PLOCHTCHAD OSTROVSKOVO
Théâtre Alexandrinski
Palais Vorontsov
Marché Apraksin
Palais Stroganov
Cathédrale Notre-Dame-de-Kazan
KAZANSKI MOST
KAZANSKAÏA PL
BANKOVSKI MOST
Gostiny Dvor
Maison de Fabergé
Hôtel Astoria
ZELENY MOST
KRASNI MOST
GOROKHOVAÏA OULITSA
ГОРОХОВАЯ УЛИЦА
NAB REKI MOÏKI
Moïka Мойка
MALAÏA MORSKAÏA
BOLCHAÏA MORSKAÏA
KIRPITCHNY PER
VOLYNSKI PER
CHVEDSKI PER
BOL KONIOUCHENNAÏA OUL
MAL KONIOUCHENNAÏA OUL
NAB KANALA GRIBOÏEDOVA
Kanal Griboïedova Канал Грибоедова
INZHENERNAÏA OULITSA
ITALIANSKAÏA OULITSA
MIKHAYLOVSKIY UL
SADOVAÏA OUL
MAL SADOVAÏA OUL
САДОВАЯ УЛИЦА
PER KRYLOVA
DUMSKAÏA OUL
OUL LOMONOSSOVA
OUL ZOTDCHEVO ROSSI
PLOCHTCHAD LOMONOSSOVA
MOST LOMONOSSOVA
LOMONOSSOVA OULITSA
NAB REKI FONTANKI
Fontanka Фонтанка
НАБ РЕКИ ФОНТАНКИ
PER ANTONENKO
PER GRIVTSOVA
KAZANSKAÏA OULITSA
STOLYARNY PER
SPASSKI PER
MOSKATELNY PER
BANKOVSKI PER
MUTCHNOÏ PER
SADOVAÏA OULITSA
APRAKSIN PEREOULOK
TORGOVY PER
LESHTUKOV MOST
SENNAÏA PLOCHTCHAD
Sadovaïa
Sennaïa Pl
TSENTRALNY RAÏON
SEMENOVSKI MOST
GORSTKINE MOST
OUL YEFIMOVA
PEREOULOK DZHAMBULA
BORODINSKAÏA OULITSA
GOROKHOVAÏA OUL
KAZACHI PER
ZAGORODNY PROSPEKT
ЗАГОРОДНЫЙ ПРОСПЕКТ
ZVENIGORODSKAÏA OUL
Pouchkinskaïa
PIONERSKAÏA PLOCHTCHAD
Vitebski
OULITSA MARATA УЛИЦА МАРАТА
PODIEZDNOÏ PEREOULOK
LAZARETNY PER
NAB VVEDENSKOVO KANALA
НАБЕРЕЖНАЯ РЕКИ ФОНТАНКИ
Musée des Transports ferroviaires
IOUSSOUPOVSKI SAD
SADOVAÏA OULITSA
OBOUKHOVSKAÏA PLOCHTCHAD
OBUKHOVSKI MOST
MOSKOVSKIY PR
MOSKOVSKI PR
МОСКОВСКИЙ ПР
PEREOULOK BOÏTSOVA
DERJAVINSKI PEREOULOK
MAÏLOVSKI SAD
Tekhnologuitcheski Institut
KRASNOARMEÏSKAÏA OUL
KRASNOARMEÏSKAÏA OULITSA
SOVETSKI PEREOULOK
ULITSA EGOROVA
BRONNITSKAÏA
SERPUKHOVSKAÏA
PODOLSKAÏA
VEREYSKAÏA
MOZHAYSKAÏA
RUZOVSKAÏA
OULITSA VEDENSKOGO
KLINSKI PROSPEKT
BATAÏSKI PER
MALODETSKOSSELSKI PROSPEKT
NAB OBVODNOVO KANALA
Obvodny Kanal Обводный Канал

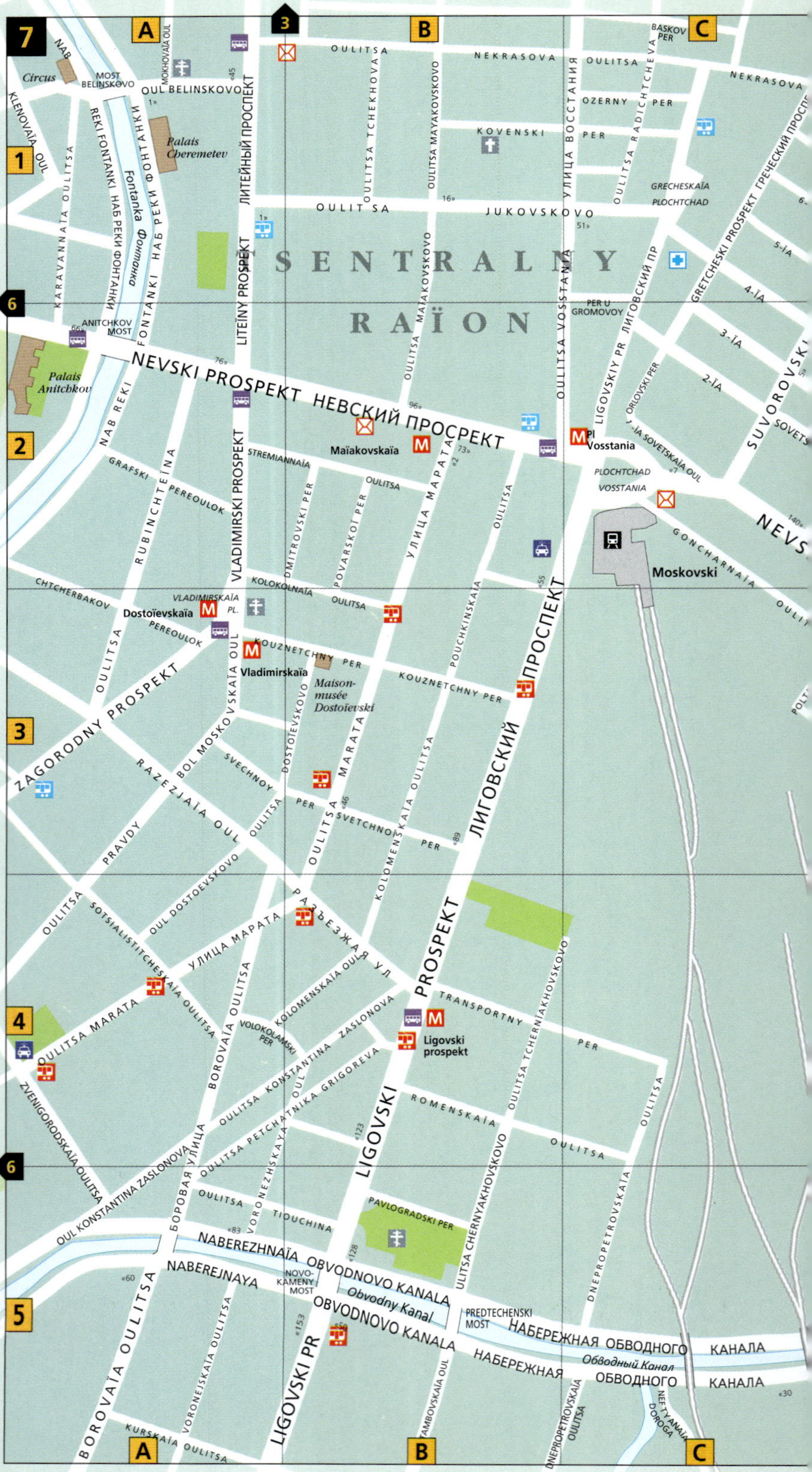
7
A
B
C
3
6
1
2
3
4
5
Circus
MOST BELINSKOVO
OUL BELINSKOVO
MOKHOVAÏA OUL
KLENOVAÏA OUL
KARAVANNATA OULITSA
REKI FONTANKI
НАБ РЕКИ ФОНТАНКИ
Fontanka
Фонтанка
FONTANKI
НАБ РЕКИ ФОНТАНКИ
Palais Cheremetev
ЛИТЕЙНЫЙ ПРОСПЕКТ
LITEÏNY PROSPEKT
OULITSA
NEKRASOVA
OULITSA TCHEKHOVA
OULITSA MAÏAKOVSKOVO
KOVENSKI
PER
OZERNY
PER
OULITSA RADICHTCHEVA
BASKOV PER
NEKRASOVA
УЛИЦА ВОССТАНИЯ
OULITSA
JUKOVSKOVO
GRECHESKAÏA PLOCHTCHAD
GRETCHESKI PROSPEKT
ГРЕЧЕСКИЙ ПРОСП
TSENTRALNY
RAÏON
OULITSA MAÏAKOVSKOVO
OULITSA VOSSTANIA
PER U GROMOVOY
LIGOVSKIY PR
ЛИГОВСКИЙ ПР
ORLOVSKI PER
5-ÏA
4-ÏA
3-ÏA
2-ÏA
1-ÏA SOVETSKAÏA OUL
SUVOROVSKI
SOVETS
ANITCHKOV MOST
Palais Anitchkov
NAB REKI
NEVSKI PROSPEKT
НЕВСКИЙ ПРОСПЕКТ
Maïakovskaïa
Pl Vosstania
PLOCHTCHAD VOSSTANIA
NEVS
Moskovski
GONCHARNAÏA
OULI
STREMIANNAÏA
OULITSA
GRAFSKI PEREOULOK
RUBINCHTEÏNA
VLADIMIRSKI PROSPEKT
DMITROVSKI PER
POVARSKOÏ PER
УЛИЦА МАРАТА
OULITSA
CHTCHERBAKOV
KOLOKOLNAÏA
OULITSA
VLADIMIRSKAÏA PL.
Dostoïevskaïa
PEREOULOK
OULITSA
KOUZNETCHNY PER
Vladimirskaïa
Maison-musée Dostoïevski
KOUZNETCHNY PER
POUCHKINSKAÏA
ЛИГОВСКИЙ ПРОСПЕКТ
ZAGORODNY PROSPEKT
BOL MOSKOVSKAÏA OUL
DOSTOÏEVSKOVO
MARATA
OULITSA
KOLOMENSKAÏA OULITSA
SVECHNOY PER
SVETCHNOY PER
RAZEZJAÏA OUL
OULITSA
PRAVDY
OULITSA
SOTSIALISTITCHESKAÏA OULITSA
OUL DOSTOEVSKOVO
УЛИЦА МАРАТА
РАЗЪЕЗЖАЯ УЛ
PROSPEKT
KOLOMENSKAÏA OUL
TRANSPORTNY PER
Ligovski prospekt
OULITSA MARATA
BOROVAÏA OULITSA
VOLOKOLAMSKI PER
OULITSA KONSTANTINA ZASLONOVA
OULITSA TCHERNIAKHOVSKOVO
OULITSA
ROMENSKAÏA
OULITSA
ZVENIGORODSKAÏA OULITSA
OULITSA PETCHATNIKA GRIGOREVA
VORONEZHSKAYA
LIGOVSKI
БОРОВАЯ УЛИЦА
OUL KONSTANTINA ZASLONOVA
OULITSA
TIOUCHINA
PAVLOGRADSKI PER
ULITSA CHERNYAKHOVSKOVO
DNEPROPETROVSKAÏA
NABEREZHNAÏA OBVODNOVO KANALA
NABEREJNAYA OBVODNOVO KANALA
NOVO-KAMENY MOST
Obvodny Kanal
PREDTECHENSKI MOST
НАБЕРЕЖНАЯ ОБВОДНОГО КАНАЛА
Обводный Канал
НАБЕРЕЖНАЯ ОБВОДНОГО КАНАЛА
NEFTYANAÏA DOROGA
BOROVAÏA OULITSA
VORONEJSKAÏA OULITSA
LIGOVSKI PR
TAMBOVSKAÏA OUL
DNEPROPETROVSKAÏA OULITSA
KURSKAÏA OULITSA

8
D
E
F
4
1
2
3
4
5
OULITSA MOÏSEENKO
УЛИЦА МОИСЕЕНКО
OULITSA MOÏSEENKO
DEGTIARNY PER
СУВОРОВСКИЙ ПР
SOVETSKAÏA
10-ÏA SOVETSKAÏA
МЫТНИНСКАЯ УЛИЦА
KIRILLOVSKAÏA OUL
NOVGORODSKAÏA OULITSA
8-ÏA SOVETSKAÏA OUL
STAROROUSSKAÏA OULITSA
MYTNINSKAÏA OULITSA
DEGTYARNAÏA OULITSA
EVGENEVSKAÏA OUL
NOVGORODSKAÏA OUL
SAD IM TCHERNYCHEVSKOVO
PROSPEKT BAKOUNINA
ПРОСПЕКТ БАКУНИНА
SINOPSKAÏA NAB
СИНОПСКАЯ НАБ
Neva
Нева
MALOOKHTINSKI PR
KHERSONSKAÏA OULITSA
KONNAÏA
PEREKOUPNOÏ
PEREOULOK
KHERSONSKI PROÏEZD
НЕВСКИЙ ПР
ISPOLKOMSKAÏA
TELEJNAÏA OULITSA
OUL ALEXANDRA NEVSKOVO
MOST ALEXANDRA NEVSKOVO
Plochtchad Alexandra Nevskovo
PLOCHTCHAD ALEXANDRA NEVSKOVO
OUL PROF IVACHENTSEVA
TELEJNAÏA OUL
MIRGORODSKAÏA OULITSA
CIMETIÈRE SAINT-LAZARE
CIMETIÈRE TIKHVINE
Monastère Alexandre-Nevski
CIMETIÈRE SAINT-NICOLAS
PR OBUKHOVSKOÏ OBORONY
KREMENTCHOUGSKAÏA OULITSA
КРЕМЕНЧУГСКАЯ УЛИЦА
KONSTANTINOGRADSKAÏA OUL
NAB R MONASTYRKI
НАБЕРЕЖНАЯ ОБВОДНОГО КАНАЛА
NABEREJNAÏA OBVODNOVO KANALA
Obvodny Kanal
Обводный Канал
TAMANSKAÏA OULITSA
ATAMANSKI MOST
GLOUKHOOZERSKOÏE CHOSSE
МЕЛЬНИЧНАЯ УЛИЦА
MELNITCHNAÏA OULITSA
ZERKALNAÏA PER
GLINIANAÏA OULITSA
GLINYANAÏA OULITSA
KHROUSTALNAÏA OULITSA
UL PROF KACHALOVA
OUL 2-Y LUCH

Index

Les numéros de pages en **gras** renvoient aux principales entrées.

C

D

E

F

G

H

I

J

K

N

Remerciements

L'éditeur remercie les personnes suivantes dont la contribution a permis la préparation de cet ouvrage.

Auteurs

Chistopher Rice est titulaire d'un doctorat d'histoire russe de l'Université de Birmingham. Avec sa femme Mélanie, également écrivain, il a fait un premier séjour en Russie en 1978, et tous deux n'ont cessé d'y retourner régulièrement depuis. Ils ont écrit de nombreux guides sur Moscou et sur d'autres destinations, notamment Prague, Berlin et Istanbul, et aussi le guide de cette collection sur Moscou.

Catherine Phillips, spécialiste en histoire de l'art, habite en Russie depuis 1985, et plus particulièrement à Saint-Pétersbourg depuis 1989. Elle a été grand reporter durant les premières années de la Perestroïka pour des chaînes de télévision et des stations de radio britanniques et américaines. Elle a aussi collaboré à la rédaction des premiers guides de voyage sur la nouvelle Russie. Aujourd'hui, elle se consacre à la traduction et à la publication de textes spécialisés et d'ouvrages de référence.

Autres collaborateurs

Rose Baring a commencé à étudier le russe dès l'âge de 12 ans. Titulaire d'une maîtrise d'histoire moderne, elle a fait de nombreux séjours à Moscou et Saint-Pétersbourg au début des années 1990. Elle est l'auteur de plusieurs guides de voyages, notamment sur Moscou, Saint-Pétersbourg et, dans la collection des Guides Voir, sur Istanbul.

Avec le concours spécial de

Marc Bennets (rédaction des promenades), Anastasia Makarova (vérification), Hilary Bird (index), Ian Wizniewski (nourriture et boissons), Valera Katsouba (autorisations de photographier), Marina Maïdaniouk (documentation), Oleksi Nesnov (langue), Victoria Ratchevskaïa (langue), Ioulia Motovilova de l'Agence de tourisme de Saint-Pétersbourg, et le personnel de Peter TiPS.

Relecture

Stewart J. Wild.

Collaboration artistique et éditoriale

Gillian Allan, Douglas Amrine, Liz Atherton, Andrei Bogdanov, Laurence Broers, Lucinda Cooke, Vivien Crump, Dawn Davies-Cook, Hannah Dolan, Alexandra Farrell, Claire Folkard, Freddy Hamilton, Paul Hines, Leanne Hogbin, Vicki Ingle, Kathryn Lane, Sam Merrell, Fiona Morgan, Jane Olivier, Helen Partington, Marianne Petrou, Amir Reuveni, Ellen Root, Luke Rozkowski, Alison Stace, Ingrid Vienings, Veronica Wood.

Illustrations d'appoint

Claire Littlejohn, John Woodcock.

Photographies d'appoint

Valentin Baranovsky, Andrei Bogdanov, Victoria Buyvid, Andy Crawford, Erich Crichton, Neil Fletcher, Steve Gorton, Paul Miller, Ian O'Leary, Clive Streeter, Agence Kommersant (Yevgueni Pavlenko, Sergueï Semienov).

Autorisations de photographier

L'éditeur remercie tous ceux qui lui ont donné l'autorisation de prendre des photos dans les palais, musées, églises, hôtels, magasins, et autres sites trop nombreux pour être tous cités.

Crédits photographiques

h = en haut ; hg = en haut à gauche ; hgc = en haut à gauche au centre ; hc = en haut au centre ; hdc = en haut à droite au centre ; hd = en haut à droite ; cgh = au centre à gauche en haut ; ch = au centre en haut ; chd = au centre en haut à droite ; cg = au centre à gauche ; c = au centre ; cd = au centre à droite ; cgb = au centre à gauche en bas ; cb = au centre en bas ; cbd = au centre en bas à droite ; bg = en bas à gauche ; b = en bas ; bc = en bas au centre ; cbg = au centre en bas à gauche ; bd = en bas à droite ; d = détail.

L'éditeur remercie les personnes, entreprises et agences de photographies suivantes d'avoir donné l'autorisation de reproduire leurs photographies :

AISA, Barcelone : 18h, 44h, 106hd, 55 (médaillon) ; AKG, Londres : 16, 17h, 20bg, 20cg, 20-21c, 25hg, 26cg, 27c, 28bd, Erich Lessing 28bg, 29c, 37b, 42cg, 42bg, 42bd, 43bd ; Musée russe, St-Pétersbourg : 105cbd ; Alamy Images : Art Kowalsky 10cg ; BRT Russia 81hc ; MedioImages 10bd ; Robert Harding Picture Library 10hc,

138cd ; Robert Harding Picture Library/ Sylvain Grandadam 108cg ; P. Timuss 138bd ; Ancient Art & Architecture Collection : 45cd ; APA : Jim Holmes 93hg ; Archives nationales de photographies et de documents filmés, Saint-Pétersbourg : 42h, 72c, 110c, 118bg ; Axiom : Jim Holmes 153b.

Valentin Baranovsky : 84bg, 85hg, 201h ; Ian Bavington-Jones : 130h ; Iouri Belinsky : 31h ; Bridgeman Art Library, Londres/New York : 153c ; Forbes Magazine Collection 28-29c ; Ermitage, St-Pétersbourg 21cb, 24-25c, 25cg, 86h, 86b, 87h, 87b, 88b, 89hd, 89b, 90h, 90b, 91h, 91c, *La Danse* de Henri-Matisse (1910) © Succession Henri Matisse/DACS 2006 87c ; *Affiche de propagande du XXe siècle* (1920), collection privée, D. Moor © DACS 2006 29hd ; Musée russe, St-Pétersbourg, *Le Cycliste* de Natalia Gontcharova (1913) © ADAGP, Paris et DACS, Londres 2006 40b, *Portrait de la princesse Olga Konstantinovna Orlova* de Valentin Alexandrovitch Serov (1918) 104cgb ; galerie Tretiakov, Moscou 19h, *Le Cirque* de Marc Chagall, 1919 © ADAGP, Paris et DACS, Londres 2006 45hg.

Camera Press : Roxana Artacho 85bg ; Demetrio Carrasco : 2-3, 6b, 15b, 36h, 53bg, 76ch, 80bg, 93cd, 93bd, 102-103 ; Jean-Loup Charmet : 23h ; Christie's Images : 82b ; Corbis : Dean Conger 52hd, Antoine Gyori 139h ; E. O. Hoppe/ Bettmann 118cd ; Rob Howard 181c ; Bob Krist 201b ; Library of Congress 28hg ; Michael Nicholson 152h ; Gianni Dagli Orti 8-9, 119bg ; Steve Raymer 31cbd, 118bd, 138cg ; Gregor Schmid 138hg ; Ermitage, St-Pétersbourg 24bg ; Musée russe 25bg.

E T Archive : Bibliothèque nationale, Paris 17cg ; Ermitage, St-Pétersbourg 88h, 89hg.

Getty Images : Hulton Archive 43hd, 118cg, 121c, 182hd ; The Image Bank/ Harald Sund 11bd ; Giraudon : Musée russe 43cd, 105cd ; galerie Tretiakov, Moscou 165cd.

Michael Holford : 18c, 19c, 21bg ; Hôtel Dostoïevski : 173c.

Interior Archive : Fritz von der Schulenburg 161c.

Katz Pictures : 167ch ; KEA Publishing Services : Francesco Venturi 92cgh, 92cgb, 92b ; David King Collection : 29hg, 30h, 45b, 69b, 129c.

Lonely Planet Images : Jonathan Smith 11hd, 139cdb.

Mary Evans Pictury Library : 9ch, 19b, 21bd, 22c, 23c, 24cg, 24bd, 25bd, 26h, 29bd, 62b, 141ch, 161bg, 207ch ; Paul Miller : 51cd ; Mir Travel Co : 208hc ; Musée russe : 7cd ; *La Crête bleue,* Vassili Kandinsky (1917) © ADAGP, Paris et DACS, Londres 2006 39bd ; 93hd, 104cg, 104bg, 104bd, 105hg, 105bd, 106hg, 106b, 107hg, 107b, 110b.

Novosti, Londres : 20bd, 21hg, 26b, 27h, 30cg, 31c, 43hg, 50c, 51b, 78b, 165h, 165g.

Oronoz, Madrid : 22h, 43bg.

Park Inn Pribaltiskaïa : 168cg ; Plodimex Aussenhandels, Hambourg : 178cd, 178bg.

Natacha Razina : 152b, 153h ; Renaissance St-Pétersbourg Baltic Hotel 172c ; Rex Features : V. Sichov/SIPA Press 30cd ; Robert Harding Picture Library : 84bd ; Rocco Forte Hotels, St-Pétersbourg : 169bd ; Ellen Rooney : 53h, 79h, 83b, 140-141.

Gregor M. Schmid : 50bd ; Science Photo Library : CNES, 1989 Distribution Spot Image 11cd ; Vladimir Sidoropolev : 182bd.

Travel Library : Stuart Black 85bd.

Visual Arts Library : 44b ; Ermitage, St-Pétersbourg; *L'Homme aux bras croisés* de Pablo Picasso (1905) © Succession Picasso/DACS 2006 91b, 123c.

Couverture

Première de couverture : Alvaro Leiva/ AGE Fotostock (visuel principal et dos) ; Hemera/Thinkstock (détourage).

Quatrième de couverture : allOver/TPH/ AGE Fotostock (hg) ; imagebroker/hemis.fr (cg) ; Yadid Levy/AGE Fotostock (bg).

Toutes les autres photos : © Dorling Kindersley. Plus d'informations sur : **www.DKimages.com**

Lexique

La translittération des mots, noms de rues, sites et personnages russes adoptée dans ce guide suit les règles préconisées par l'Institut d'études slaves de Paris. Toutefois, certains noms de personnages et sites célèbres ont gardé l'orthographe la plus usitée (par exemple *Léon Tolstoï* et non *Lev*), et certains personnages historiques sont traduits en français (comme *Pierre le Grand*). Tout au long du guide, cette translittération peut être une indication pour la prononciation. Toutefois, le lexique indique plus précisément la transcription phonétique de quelques mots russes de la vie quotidienne.

Règles de prononciation

L'alphabet cyrillique comprend 33 lettres, dont 5 seulement (а, к, м, о, т) correspondent exactement aux lettres équivalentes françaises. En russe, il existe deux prononciations (dure et molle) pour chaque voyelle, et plusieurs consonnes n'ont pas d'équivalent en français. Ci-dessous, la colonne de droite indique les sons français correspondant aux lettres de l'alphabet russe. Toutefois, certaines lettres ont une prononciation différente selon leur position dans le mot. Les exceptions importantes sont signalées.

Dans les pages suivantes, la colonne de gauche comprend les mots en français, celle du milieu le mot russe et sa translittération. La colonne de droite donne une transcription phonétique, et le caractère gras indique l'accent tonique. Dans la partie consacrée aux menus, l'ordre est inversé : à gauche les mots russes et à droite la traduction française. Les formes pouvant varier selon le genre, certaines phrases sont données au masculin et au féminin.

L'alphabet cyrillique

А а	a	b**as**
Б б	b	**b**on
В в	v	**v**er
Г г	g	**g**ai *(voir note 1)*
Д д	d	**d**on
Е е	e	h**ie**r *(voir note 2)*
Ё ё	e	**yo**ga
Ж ж	j	**j**eu
З з	z	**z**èle
И и	i	v**i**e
Й й	y	pa**y**er *(voir note 3)*
К к	k	**k**aki
Л л	l	**l**oup
М м	m	**m**ain
Н н	n	**n**ez
О о	o	**o**ttoman *(voir note 4)*
П п	p	**p**ois
Р р	r	**r**at *(roulé, comme en italien)*
С с	s	**s**top
Т т	t	**t**oit
У у	ou	b**ou**t
Ф ф	f	**f**eu
Х х	kh	*(sans équivalent)*
Ц ц	ts	**ts**ar
Ч ч	tch	**Tch**ad
Ш ш	ch	**ch**at
Щ щ	chtch	
ъ		signe dur *(ne correspond pas à un son, mais voir note 5)*
Ы ы	y	livre
ь		signe mou *(ne correspond pas à un son, mais voir note 5)*
Э э	e	n**e**t
Ю ю	iou	**you**goslave
Я я	ya	**ya**ck

Notes

1) Г Prononcé *v* dans les terminaisons « -oro » et « -ero ».
2) Е Toujours prononcé *ié* au début d'un mot, et au milieu plutôt *ie*.
3) Й Cette lettre n'a pas de son propre. Elle allonge généralement la voyelle qui précède.
4) О Non accentué, se prononce comme « a ».
5) ъ, ь Le signe dur (ъ) est rare et indique une pause très brève avant la lettre suivante. Le signe mou (ь, marqué dans le guide de prononciation par ') adoucit la consonne précédente et ajoute un léger son *y* : par exemple, « n' » se prononce *gn* comme dans « compa**gn**e ».

En cas d'urgence

Au secours !	Помогите! *Pomoguite !*	pamagu**i**tié !
Stop !	Стоп! *Stop !*	stop
Laissez-moi tranquille !	Оставьте меня в покое! *Ostavte menia v pokoïe !*	ost**a**vtié mienia v pak**o**ïe
Appelez un docteur !	Позовите врача! *Pozovite vratcha !*	pazav**i**tié vratch**a**
Appelez une ambulance !	Вызовите скорую помощь! *Vyzovite skorouïou pomochtch !*	vizav**i**tié skor**o**uyou pomach'
Au feu !	Пожар! *Pojar !*	paj**a**r
Appelez les pompiers !	Вызовите пожарных! *Vyzovite pojarnykh !*	vizav**i**tié paj**a**rnikh
Police	Милиция! *Militsia !*	mil**i**tsi-ia
Où est le plus proche...	Где ближайший... *Gde blijaïchi...*	gdié blij**a**ïchi...
téléphone ?	телефон? *telefone ?*	...tiéliéf**o**ne ?
hôpital ?	...больница? *bolnitsa ?*	bal'nitsa ?
poste de police ?	отделение милиции? *otdelenié militsi ?*	atdieli**é**nie militsi ?

L'essentiel

Oui	Да *Da*	da
Non	Нет Net	nièt
S'il vous plaît	Пожалуйста *Pojalouista*	paj**a**lsta
Merci	Спасибо Spassibo	spass**i**ba
Je vous en prie	Пожалуйста *Pojalouista*	paj**a**lsta
Excusez-moi	Извините *Izvinite*	izvin**i**tié
Bonjour	Здравствуйте *Zdravstvouite*	zdr**a**stvouitié
Au revoir	До свидания *Do svidania*	da svidania
Bonjour (le matin)	Доброе утро *Dobroe outro*	d**o**braïe **o**utra
Bonjour (a-m / journée)	Добрый день *Dobri den*	d**o**bri dien'
Bonsoir	Добрый вечер *Dobry vetcher*	d**o**bri vi**é**tcher
Bonne nuit	Спокойной ночи *Spokoïnoï notchi*	spak**o**ïnaï n**o**tchi
Matin	утро *outro*	**ou**tra
Après-midi	день *den*	dien'
Soir	вечер *vetcher*	vi**é**tchier
Hier	вчера *vtchera*	ftchiér**a**
Aujourd'hui	сегодня *sevodnia*	sev**o**dnia
Demain	завтра *zavtra*	z**a**ftra
Ici	здесь *zdes*	zdies'

Là	там *tam*	tam
Quoi ?	что? *tchto ?*	cht**o** ?
Où ?	где? *Gde*	gdié ?
Pourquoi ?	почему? *potchemou*	patche**mou** ?
Quand ?	когда? *kogda*	kagd**a**
Maintenant	сейчас *seïtchas*	séïtch**a**ss
Plus tard	позже *pozje*	P**o**zje
Puis-je ?...	можно? *mojno ?*	m**o**jna... ?
C'est possible/ permis	можно *mojno*	m**o**jna
Ce n'est pas possible/permis	нельзя *nelzia*	nielz**ia**

Quelques phrases utiles

Comment allez-vous ?	Как дела? *Kak dela ?*	kak diel**a** ?
Très bien, merci	Хорошо, спасибо *Khorocho, spassibo*	kharach**o**, spass**i**ba
Enchanté	Очень приятно *Otchen prïatno*	otchen pri**ia**tna
Comment va-t-on à... ?	Как добраться до...? *Kak dobratsia do ?...*	kak dabr**a**t'sia da... ?
Pouvez-vous me dire quand nous arrivons à ?	Скажите, пожалуйста, когда мы приедем в...? *Skajite, pojalouista kogda mi priedem v ?*	skaj**i**tié, paj**a**lsta, kagd**a** mi pri-**ié**diem v... ?
C'est très loin ?	Это далеко? *Eto daleko ?*	**e**ta daliék**o** ?
Parlez-vous anglais ?	Вы говорите по-английски? *Vy govorite po-angliiski ?*	vi gavar**i**t-ié po-angl**i**iski ?
Je ne comprends pas	Я не понимаю *Ia ne ponimaiou*	ia nié panim**a**iou
Pouvez-vous parler plus lentement ?	Говорите медленнее *Govorite medlennee*	gavaritié m**ie**dlieniéié
Pouvez-vous répéter s'il vous plaît ?	Повторите, пожалуйста *Povtorite, pojalouista*	paftar**i**tié, paj**a**lsta
Je suis perdu	Я заблудился (заблудилась) *Ia zabloudilsia (zabloudilas)*	ia zabloud**i**lsia (zabloud**i**las')
Comment dit-on... en russe ?	Как по-русски...? *Kak po-rousski... ?*	kak par**ou**ski ?

Quelques mots utiles

grand	большой *bolchoï*	bal'ch**oï**
petit	маленький *malenki*	m**a**lien'ki
chaud (eau, nourriture)	горячий *goriatchi*	gari**a**tchi
chaud (temps)	жарко *jarko*	j**a**rka
froid	холодный *khlodony*	khal**o**dni
bon, bien	хорошо *khorocho*	kharach**o**
mauvais, mal	плохо *plokho*	pl**o**kha
très bien, bon	нормально *normalno*	narm**a**l'na
près	близко *blizko*	bl**i**zka
loin	далеко *daleko*	daliék**o**
en haut	наверху *naverkhou*	navierkh**ou**
en bas	внизу *vnizou*	vniz**ou**
tôt	рано *rano*	r**a**na
tard	поздно *pozdno*	p**o**zdna
libre	свободно *svobodno*	svab**o**dna
gratuit	бесплатно *besplatno*	biespl**a**tna
caisse, guichet	касса *kassa*	k**a**ssa
avenue	проспект *prospekt*	praspi**e**kt
pont	мост *most*	most
quai	набережная *naberejnaïa*	n**a**biéréjnaïa
grande route, autoroute	шоссе *chosse*	chass**é**
ruelle	переулок *pereoulok*	piérié**ou**lak
place	площадь *plochtchad*	pl**o**chat'
rue	улица *oulitsa*	**ou**litsa
appartement	квартира *kvartira*	kvar**ti**ra
étage	этаж *etaj*	ét**a**ch
maison, immeuble	дом *dom*	dom
entrée	вход *vkhod*	fkhot
sortie	выход vykhod	v**y**khot
rivière	река *reka*	rik**a**
maison de campagne	дача *datcha*	d**a**tcha
piscine	бассейн *basseïn*	bassi**eï**n
ville	город *gorod*	**go**rat
toilettes	туалет *toualet*	toual**ié**t

Au téléphone

Est-ce que je peux téléphoner à l'étranger d'ici ?	Можно отсюда позвонить за границу ? *Mojno otsiouda pozvonit za granitsou ?*	mojn**a** atsi**ou**da pazvan**i**t' za gran**i**tsou ?
Je voudrais parler à...	Позовите, пожалуйста... *Pozovite, pojalouista...*	pazav**i**tié, paj**a**lsta...
Pouvez-vous lui (il, elle) laisser un message ?	Вы можете передать ему/ей? *Vy mojete peredat emy/eï ?*	vi m**o**jetié pieriéd**a**t' iém**ou**/iaï ?
Mon numéro est...	Мой номер... *Moï nomer...*	moï n**o**mier...
Je rappellerai plus tard	Я позвоню позже *Ia pozvoniou pozje*	ia pazvani**ou** p**o**zje

Le tourisme

château	замок *zamok*	z**a**mak
cathédrale	собор *sobor*	sab**o**r
église	церковь *tserkov*	ts**é**rkaf'
cirque	цирк *tsirk*	tsirk
fermé pour nettoyage,	санитарный день *sanitarny den*	sanit**a**rny dien'
en cours de restauration	ремонт *remont*	rem**o**nt
exposition	выставка *vystavka*	v**y**stafka
forteresse	крепость *krepost*	kri**e**post'
galerie	галерея *galereïa*	galer**ïëï**a

jardin	сад *sad*	sad
île	остров *ostrov*	**o**straf
kremlin / ville fortifiée	кремль *kreml*	krieml'
bibliothèque	библиотека *biblioteka*	bibliati**é**ka
monument	памятник *pamiatnik*	p**a**miatnik
mosquée	мечеть *metchet*	mietch**ie**t'
musée	музей *mouzeï*	mouzi**éï**
palais	дворец *dvorets*	dvari**e**ts
parc	парк *park*	park
parlement	дума *douma*	d**ou**ma
synagogue	синагога *sinagoga*	sinag**o**ga
information touristique	пункт информации для турнстов *pounkt informatsii dlia touristov*	pounkt infarm**a**tsii dlia tour**i**staf
zoo	зоопарк *zoopark*	zaap**a**rk

Les achats

ouvert	открыто *otkryto*	atkr**y**ta
fermé	закрыто *zakryto*	zakr**y**ta
Combien cela coûte-t-il ?	Сколько это стоит? *Skolko eto stoit?*	sk**o**l'ka **e**ta st**o**it ?
Je voudrais acheter	Я хотел (хстела) бы купить... Ia khotel (khotela) *by koupit...*	ia khat**ie**l (khat**ie**la) bi koup**i**t...
Avez-vous... ?	У вас есть.. ? *Ou vas iest... ?*	ou vass ï**e**st'...?
Prenez-vous les cartes de crédit ?	Кредитные карточки вы принимаете? *Kreditnye kartotchki vy prinimaïete ?*	krie**di**tniyé k**a**rtatchki vy prinim**a**ïetié ?
À quelle heure ouvrez-vous/ fermez-vous ?	Во сколько вы открываете/ закрываете? *Vo skolko vy otkryvaete/ zakrivaete ?*	Va sk**o**l'ka vy atkryv**a**ïetiés'/ zakryv**a**ïtiés' ?
celui-ci	этот *etot*	**e**tat
cher	дорого *dorogo*	d**o**raga
bon marché	дёшево *dechevo*	di**o**chiéva
taille	размер *razmer*	razmi**é**r
blanc	белый *bely*	bi**é**ly
noir	чёрный *tcherny*	tchi**o**rny
rouge	красный *krasny*	kr**a**sny
jaune	жёлтый *jelty*	j**o**lty
vert	зелёный *zeleny*	ziéli**o**ny
bleu foncé	синий *sini*	s**i**ni
bleu clair	голубой *golouboï*	galoub**oï**
brun	коричневый *koritchnevy*	kar**i**tchnievy

Les magasins

la boulangerie	булочная *boulotchnaïa*	b**ou**latchna-ïa
la librairie	книжный магазин *knijny magazine*	kn**i**jny magazine
la boucherie	мясной магазин *miasnoï magazine*	miasn**oï** magaz**i**ne
le photographe	фото-товары *foto-tovary*	f**o**to-tav**a**ry
la pharmacie	аптека *apteka*	apti**é**ka
le magasin d'alimentation	гастроном *gastronom*	gastran**o**m
le grand magasin	универмаг *ounivermag*	ouniviérm**a**g
le fleuriste	цветы *tsvety*	tsviét**y**
l'épicier	бакалея *bakaleïa*	bakali**é**-ïa
le coiffeur	парикмахерская *parikmakherskaïa*	parikm**a**khierskaïa
le marché	рынок *rynok*	r**y**nak
le kiosque à journaux	газетный киоск *gazetny kiosk*	gazietny ki**o**sk
la poste	почта *potchta*	p**o**tchta
le disquaire	грампластинки *gramplastinki*	gramplast**i**nki
le magasin de chaussures	обувь *obouv*	**o**bouf'
l'agence de voyages	бюро путешествий *biouro poutechestvi*	biour**o** pouti**e**chestvi
la banque	банк *bank*	bank

À l'hôtel

Avez-vous une chambre libre ?	У вас есть свободный номер? *Ou vas iest svobodny nomer ?*	ou vas iést' svab**o**dny n**o**miér ?
une chambre pour deux personnes avec un grand lit	номер с двуспальной кроватью *nomer s dvouspalnoï krovatiou*	n**o**miér dvousp**a**l'noï krav**a**t'-iou
une chambre à deux lits	двухместный номер *dvoukhmestny nomer*	dvoukhmi**é**stny n**o**miér
une chambre pour une personne	одноместный номер *odnomestny nomer*	adnami**é**stny nomiér
salle de bains	ванная *vannaïa*	v**a**nna-ïa
douche	душ *douch*	douch
le porteur	носильщик *nossilchtchik*	nass**i**l'chik
la clé	ключ *klioutch*	klioutch

Au restaurant

Une table pour deux s'il vous plaît	Стол на двоих, пожалуйста	stol na dva-**ï**kh, paj**a**lsta
J'aimerais réserver une table	Я хочу заказать стол *ia khatchou zakazat stol*	Ia khatch**ou** zakaz**a**t' stol
L'addition s'il vous plaît	Счёт, пожалуйста *Stchet, pojalouista*	stchiot, paj**a**lsta
Je suis végétarien	Я вегетерианец (вегетерианка) *Ia vegueterianets (vegueterianka)*	ia viéguiéteri**a**niéts (viéguiéteri**a**nka)
le petit déjeuner	завтрак *zavtrak*	z**a**ftrak
le déjeuner	обед *obed*	abi**è**t
le dîner	ужин *oujine*	**ou**jine
Garçon !	официант! *ofitsiant !*	afitsi-**a**nt !
la serveuse	официантка! *ofitsiantka!*	afitsi-**a**ntka!
le plat du jour	фирменное блюдо *firmennoïe bliouda*	f**i**rmiénoïé bli**ou**da
l'entrée	закуски *zakouski*	zak**ou**ski

le plat principal	второе блюдо *vtoroïe bilioudo*	ftar**oï**é bli**ou**da
les viandes et volailles	мясные блюда *miasnye bliouda*	mi**a**snyie bli**ou**da
les poissons	рыбные блюда *rybnie bliouda*	r**y**bnyie bliouda
les légumes	овощные блюда *ovochtchnie bliouda*	avachtch**ni**ye bli**ou**da
le dessert	десерт *dessert*	diess**ie**rt
les boissons	напитки napitki	nap**i**tki
les légumes	овощи *ovochtchi*	**o**vachtchi
le pain	хлеб *khleb*	khli**éb**
la carte des vins	карта вин *karta vine*	k**a**rta vine
saignant (steak)	недожаренный *nedojarenny*	niédaj**a**renny
bien cuit (steak)	прожаренный *projarenny*	proj**a**reny
le verre	стакан *stakan*	stak**a**n
la bouteille	бутылка *boutylka*	bout**y**lka
le couteau	нож *noj*	noch
la fourchette	вилка *vilka*	v**i**lka
la cuillère	ложка *lojka*	l**o**chka
l'assiette	тарелка *tarelka*	tari**é**lka
la serviette	салфетка *salfetka*	salfi**é**tka
le sel	соль *sol*	sol'
le poivre	перец *perets*	pi**é**riéts
le beurre / huile	масло *maslo*	m**a**sla
le sucre	сахар *sakhar*	s**a**khar

Lire le menu

l'abricot	абрикос *abricos*	abrik**o**s-
l'orange	апельсин *apelsine*	apiel's**i**ne
le jus d'orange	апельсиновый сок *apelsinovy sok*	apiel's**i**navy sok
la pastèque	арбуз *arbouz*	arb**ou**z
le vin blanc	белое вино *beloïe vino*	bi**é**laïé vin**o**
le bifteck	бифштекс *bifchteks*	bifcht**iè**ks
les crêpes	блины *blini*	blin**y**-
le borchtch (soupe à la betterave)	борщ *borchtch*	borchtch
la confiture russe	варенье *varenie*	vari**é**n'ié
bouilli	варёный *vareny*	var**io**ni
le jambon	ветчина *vetchina*	vietchin**a**
l'eau	вода *voda*	vad**a**
le bœuf	говядина *goviadina*	gav**ia**dina
les champignons	грибы *griby*	grib**y**
la poire	груша *groucha*	gr**ou**cha
l'oie	гусь *gous*	gous
la confiture	джем *djem*	djem
rôti/grillé/frit	жареный *jareny*	**ja**riéni
le caviar noir	икра *ikra*	ikr**a**
le caviar rouge	икра красная/кета *ikra krasnaïa keta*	ikr**a** kr**a**sna-ïa ki**é**ta
le chou	капуста *kapousta*	kap**ou**sta
la pomme de terre	картофель *kartofel*	kart**o**fiel
le kvass (*boisson sucrée, peu alcoolisée*)	квас *kvas*	kvas
les fraises	клубника *kloubnika*	kloubn**i**ka
le saucisson	колбаса *kolbassa*	kalbas**sa**
le café	кофе *kofe*	k**o**fie
le vin rouge	красное вино *krasnoïe vino*	kr**a**snoïé vin**o**
les crevettes	креветки *krevetki*	krievi**é**tki
le poulet	курица *kouritsa*	k**ou**ritsa
l'oignon	лук *louk*	louk
les framboises	малина *malina*	mal**i**na
l'eau minérale	минеральная вода *mineralnaïa voda*	miner**a**l'naïa vad**a**
la crème glacée	мороженое *morojenoïe*	mar**o**jéna-ïé
la viande	мясо *miasso*	mi**a**ssa
le concombre	огурец *ogourets*	agouri**é**ts
l'esturgeon	осетрина *ossetrina*	assiétr**i**na
raviolis à la viande ou au poisson	пельмени *pelmeni*	piel'mi**é**ni
la pêche	персик *persik*	p**ie**rsik
le biscuit	печенье *petchenie*	piétchi**é**n'ié
le foie	печёнка *petchenka*	piétch**io**nka
cuit au four	печёный *petcheny*	piétch**io**ny
la bière	пиво *pivo*	p**i**va
un pâté	пирог pirog	pir**o**k-
petits pâtés	пирожки *pirojki*	pirach**ki**
la tomate	помидор *pomidor*	pamid**o**r
les fruits de mer	продукты моря *prodoukty moria*	prad**ou**kty mor**ia**
le poisson	рыба *ryba*	r**i**ba
la salade	салат *salat*	sal**a**t
le porc	свинина *svinina*	svin**i**na
le hareng	сельдь *seld*	sie'ld
les saucisses	сосиски *sossiski*	sass**i**ski
le fromage	сыр *syr*	sir
cru	сырой *syroï*	syr**oï**
le canard	утка *outka*	**ou**tka
les haricots	фасоль *fassol*	fass**o**l'
la truite	форель *forel*	far**e**l'
le thé	чай *tchaï*	tchaï
l'ail	чеснок *tchesnok*	tchiesn**o**k
les brochettes	шашлык *chachlyk*	chachl**i**k
l'œuf	яйцо *iaïtso*	iaïts**o**
la prune	слива *sliva*	sl**i**va
fruits	фрукты *froutky*	fr**ou**kti
la pomme	яблоко *iabloko*	**ia**blaka

Transports publics de Saint-Pétersbourg